Carl Friedrich Vitzthum von Eckstädt

St. Petersburg und London in den Jahren 1852-1864

Aus den Denkwürdigkeiten des damaligen k. sächsischen ausserordentlichen gesandten und

bevollmächtigten Ministers am k. grossbritannischen Hofe Carl Friedrich, Graf Vitzthum von

Eckstädt

Carl Friedrich Vitzthum von Eckstädt

St. Petersburg und London in den Jahren 1852-1864
Aus den Denkwürdigkeiten des damaligen k. sächsischen ausserordentlichen gesandten und bevollmächtigten Ministers am k. grossbritannischen Hofe Carl Friedrich, Graf Vitzthum von Eckstädt

ISBN/EAN: 9783743411579

Hergestellt in Europa, USA, Kanada, Australien, Japan

Cover: Foto ©ninafisch / pixelio.de

Manufactured and distributed by brebook publishing software (www.brebook.com)

Carl Friedrich Vitzthum von Eckstädt

St. Petersburg und London in den Jahren 1852-1864

ST. PETERSBURG UND LONDON

IN DEN JAHREN

1852–1864

AUS DEN DENKWÜRDIGKEITEN

DES DAMALIGEN

K. SÄCHSISCHEN AUSSERORDENTLICHEN GESANDTEN UND BEVOLLMÄCHTIGTEN MINISTERS
AM K. GROSSBRITANNISCHEN HOFE

CARL FRIEDRICH GRAF VITZTHUM VON ECKSTÄDT

ZWEITER BAND

STUTTGART

VERLAG DER J. G. COTTA'SCHEN BUCHHANDLUNG

1886

Inhalt

des zweiten Bandes

1860—1864.

Missstimmung gegen Frankreich — Befestigung der Dictatur Palmerston's — Disraeli in Windsor — Parlaments-Eröffnung — Lady William Russell — *The old Italian Masters* — Fall von Gaëta — Victor Emanuel König von Italien — La Marmora in Berlin — Französische Zustände — Englisch-preussischer Federkrieg — Krönung Wilhelm's I. — Ableben der Herzogin von Kent — Tod Cavour's — Ricasoli — Earl Russell — Ministerielle Veränderungen — Parlamentsschluss — Deutsche Zustände — „Oesterreichs und Preussens Mediatisirung" — Todesfälle in Portugal — Winterreise nach Portugal — Tod des Prinzen Albert — Eine Emeute *à l'eau de rose.*

Aus Privatbriefen 1861.

London 1863

„*Napoléon III. et la Pologne*" — Die polnische Frage — Ana-
logie der politischen Constellation mit der vom Januar 1815 —
Die Prinzessin von Wales — Prinz und Prinzessin Georg von
Sachsen in Scarborough — Der deutsche Fürstentag in Frankfurt und dessen Folgen — Tod Friedrich's VII. von Dänemark —
Napoleon's Einladung zu einem europäischen Congress — Englands Ablehnung — Die schleswig-holsteinische Frage — Geheimgeschichte des Londoner Protokolls von 1850 — Der Londoner Vertrag von 1852 — „*A German who is fond of facts*" —
Aussichten und Gefahren.

Aus Privatbriefen 1863.

Lord Robert Cecil predigt den Krieg gegen Deutschland in
der „Quarterly Review" — Lord Palmerston's Kriegsplan —

Besprechung mit Disraeli — Antwort des Freiherrn von Beust
auf eine Depesche Lord Russell's den Londoner Tractat betreffend — Privatbrief an Lord Russell — Correspondenz mit
Lord Derby — Haltung der Königin — Lord Derby's Friedenspredigt im Oberhause — Sieg der Königin über Lord Palmerston — Journalistisches Duell mit Lord Robert Cecil in den
Spalten der „Times" — Passivität Frankreichs und Russlands —
Garibaldi in London — Berufung einer europäischen Conferenz
nach London — Erfolglosigkeit derselben — Kein Friede, aber
Vernichtung des Londoner Vertrages — Parlaments-Debatten
über die dänische Frage — Im Oberhause geschlagen, retten
sich die Minister im Unterhause durch Cobden's Amendement —
Deutschland schützt die Elbherzogthümer — Wiener Friede.

Aus Privatbriefen 1864.

Inhalt.

London

1860.

Kaum war ich wieder in London, als zwei Ministerwechsel die Sachlage der noch immer brennenden italienischen Frage veränderten. Walewski, unzufrieden mit einer jener Flugschriften, in denen der Kaiser Napoleon die öffentliche Meinung zu bearbeiten liebte, hatte seine Entlassung gegeben und war nicht ohne Anstand abgetreten. Der weit fähigere Thouvenel hatte die Erbschaft der durch die Widersprüche der napoleonischen Politik geschaffenen Verlegenheiten angetreten. Er hoffte einen Ausweg zu finden und die Idiosynkrasien seines Herrn ohne neuen Krieg mit den Anforderungen der Realpolitik einigermassen in Einklang zu bringen. Die Aufgabe war nicht leicht, da das muthwillig heraufbeschworene, ungelöst gebliebene italienische Problem dem unschlüssigen Kaiser offenbar über den Kopf gewachsen war. Dies zeigte sich recht deutlich, als Victor Emanuel den Moment für gekommen erachtete, den Grafen Cavour wiederum an die Spitze der Regierung zu berufen.

Solange die Idee eines europäischen Congresses noch in der Luft schwebte, würde der Wiedereintritt Cavour's bedenklich gewesen sein. Er selbst fühlte, dass er keine *persona grata* bei der europäischen Diplomatie sei, und dass ein anderer

auf einem Congresse für Piemont mehr erreichen würde als er.
Nun war bei dem wachsenden Misstrauen Englands gegen die
napoleonische Politik an einen Congress nicht mehr zu denken.
Die britischen Minister ermuthigten die sardinische Regierung
unter der Hand, trotz Frankreichs Einspruch die nationalen Einheitsbestrebungen durchzuführen. Hierzu war die Arbeitskraft
und die unleugbare Popularität Cavour's unentbehrlich. Er begann damit, das französische Cabinet durch jenes in Plombières
in Aussicht gestellte Trinkgeld zu ködern, auf welches Napoleon
nach Villafranca verzichtet zu haben schien. Walewski hatte
schon im Herbste 1859 Lord Cowley hingeworfen, falls Sardinien
sich durch die Annexion von Parma und Modena vergrössere,
werde sich Frankreich genöthigt sehen, auf der Abtretung von
Savoyen und Nizza zu bestehen. Man hatte jedoch dieser In-
sinuation auffallenderweise in England keine Beachtung geschenkt
und wurde durch den Vertrag überrascht, welchen Cavour nunmehr mit Benedetti abschloss. Der erläuternde Commentar
Cavour's „maintenant vous êtes nos complices" stellte dieses Abkommen in das wahre Licht.

Die Entrüstung Palmerston's und Lord John Russell's wurde
dadurch noch erhöht, dass Napoleon diese Annexion als eine
Wiederherstellung der natürlichen Grenzen Frankreichs bezeichnete
und die vertragsmässigen Rechte der Schweiz unbeachtet liess.
Alle Parteien waren um so mehr empört über diese Rücksichts-
losigkeit des französischen Machthabers, je schärfer sich die
Sympathien für ein einheitliches Italien aussprachen. Lord John
Russell gab seiner persönlichen Indignation im Unterhause Ausdruck. Palmerston beauftragte Lord Cowley, dem Kaiser Napoleon
die Freundschaft förmlich aufzukündigen. Vergebens versuchte
Persigny, diese Missstimmung zu bekämpfen. Selbst der alte
Graf Flahault erhielt von dem erzürnten Premier den Bescheid,
dass England einen Bruch mit Frankreich nicht fürchte.

Diese Haltung des englischen Cabinets kam dem Kaiser der
Franzosen um so unerwarteter, als er gehofft hatte, durch einen

persönlich mit Cobden verabredeten Handelsvertrag die öffentliche
Meinung Englands ganz für sich gewonnen zu haben. Dieser
Handelsvertrag, von vielen als ein Meisterwerk der napoleonischen
Politik gepriesen, fand anfangs diesseits und jenseits des Kanals
sehr entschiedenen Widerspruch. Die französische Industrie beklagte sich darüber, den Freihandelsprinzipien aufgeopfert worden
zu sein. In England fragte man sich, ob es zeitgemäss sei,
den Einfuhrzoll auf französische Weine zu ermässigen und den
vermuthlichen Gegnern den Bezug von englischem Eisen und
englischen Kohlen gewissermassen freizugeben. Der Beredsamkeit Gladstone's gelang es, den Handelsvertrag im Parlamente
durchzubringen. Vorläufig jedoch liess sich kein politisches
Kapital aus dieser beiden Ländern aufgedrungenen Neuerung
schlagen. Die Wogen der nationalen Antipathien gingen höher
und höher. *Old Pam* liess keinen Zweifel darüber, dass die von
ihm energisch betriebenen Vertheidigungsmassregeln gegen Frankreich allein gerichtet waren.

Man begegnet in den Strassen von London häufig einem
Karren voll abgerichteter, von Natur einander feindlicher Thiere
und nennt diese Schaustellung „eine glückliche Familie". Eine
solche *happy family* bildete in dieser Krisis Ihrer Majestät Regierung. Es gehörte die Energie, die Erfahrung und der Geschäfts-
takt Palmerston's dazu, um dieses angeblich starke Gouvernement
zusammenzuhalten. Die drei hervorragendsten Mitglieder: der
Premier, Lord John Russell und Gladstone, hatten eigentlich nichts
miteinander gemein, als ihre blinde Vorliebe für die italienische
Revolution. Ueber die Ausdehnung des Wahlrechtes herrschte
zwischen Palmerston und Russell eine so intensive Meinungsverschiedenheit, dass letzterer wiederholt mit seinem Austritte
drohte. Andererseits war Gladstone durchaus nicht gewillt, sein
Budget zu modificiren. Er wollte die Papiersteuer abschaffen,
die daraus fliessenden Einnahmen aufgeben und trotzdem von
der Anleihe nichts hören, die für Küstenbefestigungen und
Panzerschiffe nöthig war. Auch e r drohte wiederholt mit seinem

Rücktritte. Er rechnete auf die Unterstützung der mächtigen Friedenspartei, die im französischen Handelsvertrage ein Universal-Heilmittel erblickte.

Unter diesen Umständen würde Palmerston kaum Herr der Lage geblieben sein, wären ihm seine politischen Gegner nicht zu Hilfe gekommen. Lord Derby bewährte sich in diesem kritischen Augenblicke als ein Staatsmann, welchem das Heil des Landes mehr am Herzen lag als das eigene Partei-Interesse. Er war mit Malmesbury ganz davon durchdrungen, ein neuer Versuch, mit einer Minderheit im Unterhause zu regieren, könne zu nichts weiter führen als zu einer Schwächung der Machtstellung Englands und zu einer Discreditirung seines parlamentarischen Systems. Er liess daher Lord Palmerston im geheimen wissen, er werde ihm helfen, gegen Russell sowohl, als gegen Gladstone und die Manchester-Männer. Zu letzterem Zwecke machte sich der Tory-Chef anheischig, die vom Unterhause bereits angenommene Aufhebung der Papiersteuer durch die Lords rückgängig zu machen und für die Beschaffung der für die Landesvertheidigung nöthigen Gelder nach Kräften Sorge zu tragen. Lord Derby machte bei diesem Anerbieten nur die Reserve, seine Unterstützung werde aufhören, falls Lord Palmerston's Regierung einen Angriff auf Venetien geschehen lasse. Mit dieser einzigen für den *leader* der conservativen Partei ehrenvollen Ausnahme gab er Lord Palmerston nach aussen und nach innen gewissermassen freie Hand.

Ich verdankte diesen Einblick hinter die Coulissen der parlamentarischen Komödie einigen Andeutungen Disraeli's. Das Geheimniss dieses Abkommens wurde den zunächst Betheiligten gegenüber, Russell und Gladstone, ebenso streng bewahrt, als es der Presse und dem Publikum verborgen blieb. Die Eingeweihten konnten sich jedoch, wie ihrer Zeit die römischen Auguren, des Lächelns nicht erwehren, als Zug für Zug die Partie, wie verabredet, gespielt und gewonnen wurde. Palmerston hatte Russell den Gefallen gethan, dessen Bill die zweite Lesung passiren zu

lassen. Da sich aber in und ausser dem Hause die grösste
Apathie zeigte, so wurde die Reform-Bill, wie die drei anderen
Frühgeburten dieser Gattung, *ad acta* gelegt. Lord John weinte
helle Thränen darüber, aber er hatte schon solchen Geschmack
am Redigiren unnöthiger Depeschen gefunden, dass er seinen
Kummer hinunterschluckte und im Amte blieb. Gladstone zeigte
sich ungebärdiger. Er hielt eine fulminante Rede gegen seinen
Chef und protestirte gegen die von diesem dringend befürworteten
Befestigungen. Schliesslich gab er klein bei, da er nicht hoffen
konnte, mit Bright und Cobden ein Ministerium zu bilden. Er
reservirte sich komischer Weise nur das Recht, im nächsten Jahre
gegen weitere Vertheidigungsmassregeln zu protestiren. Als nun
gar gegen Ende der Session nach einer patriotischen Rede des acht-
undachtzigjährigen Lord Lyndhurst das Oberhaus mit immenser
Majorität die abgeschaffte Papiersteuer wieder herstellte, da
kannte Gladstone's Wuth keine Grenzen. Es bedurfte aller
Geschicklichkeit des Premier-Ministers, um einem Conflicte zwischen beiden Häusern vorzubeugen und den Pairs auch in
dieser Geldsache das Recht des Einspruches zu wahren. Lord
Derby verglich die Kunstfertigkeit, mit welcher Palmerston sich
und sein Ministerium durch die Klippen dieser heiklen Frage
siegreich steuerte, einem halsbrecherischen Tanze auf dem straffen
Seile. Gladstone aber blieb im Schatzamte, wie Russell im Auswärtigen.

Dass unter so abnormen Verhältnissen Palmerston den Muth
fand, es auf einen Bruch mit Frankreich ankommen zu lassen,
verdient alle Anerkennung. Die Ueberraschung von Villafranca
und die Annexion von Savoyen und Nizza hatten ihn von seinen
französischen Sympathien gründlich geheilt. Das Misstrauen,
welches die Winkelzüge der französischen Politik hervorgerufen,
führte zu einer Verständigung mit Berlin und Wien. Oesterreich,
Preussen und England verpflichteten sich gegenseitig, etwaige
Eröffnungen, welche Napoleon einem oder dem anderen dieser
drei Höfe über Territorial-Veränderungen machen sollte, unver-

züglich zur Kenntniss der beiden anderen zu bringen. So ward
dem *remaniement de la carte de l'Europe* und einer ferneren
Ausdehnung der sogenannten „natürlichen Grenzen" Frankreichs
ein Riegel vorgeschoben.

Eingedenk dieser Verabredung hatte der. Prinz-Regent von
Preussen zu der Entrevue, welche er am 16. Juni dem Kaiser
Napoleon in Baden-Baden gewährte, die hervorragendsten deut-
schen Fürsten gezogen, um auch den leisesten Schein einer
geheimen Verabredung zu vermeiden. Napoleon machte gute
Miene zum bösen Spiele. Er überhäufte den Prinz-Regenten,
wie die Könige von Sachsen, Hannover und Württemberg mit
Friedensversicherungen.

Wie wenig Werth man in London auf diese schönen Worte
legte, bewies die energische Fortsetzung der Rüstungen zu Land
und See. Die schon seit Jahresfrist vom Prinzen Albert be-
begünstigte Errichtung von freiwilligen Schützencorps hatte Fort-
schritte gemacht. Die Königin hielt eine Revue über dieselben
im Hyde Park ab (23. Juni). 21,000 wohlbewaffneter und auf
eigene Kosten uniformirter Volontärs waren an diesem Tage versammelt. London allein hatte 15,000, die Provinzen 6,000 Mann
gestellt. Letztere bestritten die Reisekosten grossentheils selbst.
nur ein Theil wurde von einigen grossen Grundbesitzern auf
eigens von ihnen gemietheten Expresszügen nach der Hauptstadt befördert. Disraeli, der ein schönes Haus in Grosvenor
Crescent, einem der Park-Eingänge gegenüber, bewohnte,
hatte eine zahlreiche Gesellschaft eingeladen, dem Schauspiele
von seinen Fenstern aus beizuwohnen. Ich folgte dieser Einladung, und es war mir interessant, dort die unbefangenen Urtheile mehrerer hochgestellter Generale über den militärischen
Werth dieser Freischaaren zu vernehmen. Die Anerkennung der
Haltung und Disciplin dieser improvisirten Truppe war eine
allgemeine und aufrichtige. Die Königin erschien in offenem
Wagen an der Seite des Königs der Belgier, Prinz Albert zu
Pferde. Der Herzog von Cambridge, als Obercommandant der

britischen Armee, erwies den Freiwilligen die Ehre, die Revue selbst zu commandiren. Eine ungeheure Menschenmenge füllte den Park. Der Enthusiasmus war ein ungeheuchelter. Nach der Revue cursirte ein Bonmot Lord Palmerston's, der den Wagen der Königin zu Pferde begleitete. Als sich nämlich Ihre Majestät in nächster Nähe der aufgestellten Bataillone befand, soll sie den Premier-Minister gefragt haben, was denn das für ein eigenthümlicher Geruch heute im Parke sei?

„Esprit du corps, Madame!" lautete die lakonische Antwort.

Als anti-französische Demonstration hatte dieser Tag eine Bedeutung, die nicht unterschätzt werden darf. Napoleon ermass erst jetzt das Terrain, welches er in England verloren. Alle Klassen der Bevölkerung vereinigten sich, um ihm ein „Bis hierher und nicht weiter!" zuzurufen. Er wurde entschieden ängstlich, nicht weil er einen Bruch mit England vom militärischen Standpunkte aus fürchtete, sondern weil er einsah, dass seine Stellung im eigenen Lande und in Europa von der guten Meinung Englands wesentlich abhänge. Er that daher wiederum hinter dem Rücken seiner Minister einen Schritt, welcher, wie Thouvenel richtig vorausgesehen, seine Verlegenheit zum öffentlichen Geheimnisse machte. Er schrieb an Persigny einen eigenhändigen, von Friedensversicherungen überströmenden Brief, der Palmerston's Misstrauen nur verschärfte. Das würde wenig zu sagen gehabt haben, hätte sich diese Kundgebung nur auf die Regierungskreise beschränkt. Der Kaiser beging jedoch den Fehler, dieses Billet im „Moniteur" abdrucken zu lassen, eine Veröffentlichung, die seine eigenen Minister verstimmte und in England die Vermuthung wach rief, der Brief sei nicht sowohl an die englische Regierung als an die englische Friedenspartei gerichtet und von Cobden inspirirt. Persigny wusste nicht mehr, wo aus noch ein; niemand traute ihm mehr; seine Botschafter-Rolle war ausgespielt. Dass aber er, der für den Erfinder und Hauptträger der englischen Allianz galt, es erleben musste, von demselben Palmerston geradezu

fortgeschickt zu werden, für dessen Wiedereinsetzung er so viel
Mühe und Geld verwendet, das war eine Nemesis, deren sich
der ehemalige Unteroffizier nicht versehen hatte. Und doch
kam es so. Nach einer heftigen Scene forderte Palmerston die
Abberufung Persigny's, welcher vorläufig durch den alten Grafen
Flahault ersetzt wurde.

Dieser frühere Ordonnanz-Offizier Napoleon's I. und Botschafter Louis Philippe's lebte seit 1848 als Privatmann in England. Seine Frau war *Peeress in her own right,* seine Tochter mit
Lord Shelburne, später Marquis von Lansdowne, vermählt. Er
galt für den Vater Morny's, des Halbbruders Napoleon's III. Morny
aber war der Urheber des Staatsstreiches vom 2. December 1851
und die rechte Hand des Kaisers. Flahault war zu alt, um den
Botschafterposten definitiv zu übernehmen. Da es sich jedoch darum
handelte, schnell einen Ersatz für den unmöglich gewordenen
Persigny zu finden, und es vor Allem darauf ankam, eine dem
englischen Hofe angenehme, dem Ministerium Vertrauen ein-
flössende Persönlichkeit zu wählen, so konnte kaum eine glück-
lichere Wahl getroffen werden. Niemand war mehr von der
Nothwendigkeit des Friedens und eines freundschaftlichen Ein-
vernehmens mit England durchdrungen als Flahault, dessen
feine Formen mit den Excentricitäten Persigny's und Malakoff's
auf das angenehmste contrastirten. Das italienische Abenteuer
hatte er von Hause aus, wie Morny selbst, dem Kaiser wider-
rathen.

Inzwischen hatten die Dinge in Italien eine höchst bedenkliche Wendung genommen. Garibaldi, der sich durch die Vertheidigung Roms gegen die Franzosen einen Namen gemacht,
hatte im Hafen von Genua einige Tausend *desperados* um sich
versammelt. Er schiffte sich mit denselben ein in der Absicht,
den Aufständischen in Sicilien zu Hilfe zu eilen. Da Garibaldi
wegen der Abtretung Nizza's, seiner Vaterstadt, dem Grafen
Cavour grollte, war es lange zweifelhaft, ob und in wie weit
dieser Minister jenes kecke Unternehmen unterstützt oder gar

provocirt hat. Aus zuverlässiger italienischer Quelle erfuhr ich darüber Folgendes.

Kurz nach seinem Wiedereintritte erhielt Cavour eines Morgens den Besuch eines ihm unbekannten Engländers. Der Unbekannte schilderte dem sardinischen Premier-Minister die Lage Italiens und die Aufgabe des Turiner Cabinets mit solcher Sachkenntniss, dass Cavour die Unterredung mit dem Ausrufe unterbrach: „Wie kommen Sie, ein Fremder, dazu, Geheimnisse zu kennen, von denen ich ausser meinem Könige und mir nur höchstens einen unterrichtet glaubte, den verbannten Republikaner Mazzini?"

„Woher ich meine Wissenschaft schöpfe, kann Ihnen gleichgiltig sein," erwiderte der Fremde. „Ich habe Ihnen nur zeigen wollen, dass ich unterrichtet bin. Ich halte Sie für einen guten Italiener. Ich liebe Italien wie Sie selbst. Nun denn, im Namen Italiens, hören Sie mich an! Ich will Ihnen sagen, was ich thun würde, wäre ich Premier-Minister Victor Emanuel's."

„Die Stunde der italienischen Republik hat noch nicht geschlagen. Vor Allem muss Italien geeinigt werden, und das ist nur durch Victor Emanuel möglich. Davon sind Mazzini wie Garibaldi überzeugt. Man muss daher letzteren gewähren lassen und unter der Hand unterstützen. Hat er Sicilien und Neapel den Bourbonen entrissen, dann ist es Zeit, einzuschreiten, mit Waffengewalt Umbrien und die Marken zu unterwerfen und das so gewonnene Gebiet zu organisiren. Die Eroberung Roms und Venetiens muss vertagt werden, um die Intervention fremder Mächte zu vermeiden."

Cavour konnte diesen Plan nur billigen. Beim Abschiede nahm der geheimnissvolle Fremde seine rothe Perücke ab und sagte lächelnd in italienischer Sprache: „Sie hatten es errathen. Ich bin Mazzini. Nun liefern Sie mich Ihrer Polizei aus, wenn Sie es für gut finden."

Se non è vero . . . sagte ich mir damals. Als sich jedoch die Vorhersagungen meines italienischen Berichterstatters Zug

für Zug bestätigten, musste ich ihm Gerechtigkeit widerfahren
lassen.

Die Geschichte Italiens im Jahre 1860 gleicht einem drama-
tischen Märchen. Mit ächtem Carlyle'schen Heroen-Cultus feierten
die Engländer Garibaldi's Heldenthaten. Wunder hat derselbe
nicht verrichtet. Seine Taschenspielerkünste haben jedoch Dank
der Inaction Europas und der trostlosen Zustände des Königreiches beider Sicilien unerwartete Erfolge gehabt. Von diesen
Taschenspielerkünsten nur ein Beispiel. Einige Wochen nach
dem Einzuge Garibaldi's in Neapel wurde ein früherer neapoli-
tanischer General in Paris arretirt. Er hatte, ohne es zu ahnen,
falsche Banknoten ausgegeben. Die Untersuchung ergab, dass
er von Garibaldi damit bestochen worden war. Man wusste nun,
mit welchen Mitteln dieser seine Siege erkaufte.

In Paris hatte man den Gedanken, aus dem italienischen Chaos
ein Königreich Etrurien zu Gunsten des Prinzen Napoleon zu gründen,
ebenso schnell gefasst als aufgegeben. Cavour aber sah den Augenblick gekommen, jetzt die Maske der Legalität ganz abzuwerfen.
Nachdem er sich in Chambéry der Neutralität Frankreichs versichert, wagte er, von den englischen Ministern ermuthigt, einen
völkerrechtswidrigen Schritt. Er sandte ein Ultimatum nach Rom.
Der Papst, von seinen italienischen Sympathien längst geheilt,
hatte auf des Cardinal Antonelli Rath aus Schweizern und französischen Legitimisten zur Vertheidigung des Kirchenstaates eine
kleine Armee gebildet. General Lamoricière übernahm das Commando der päpstlichen Truppen. Der Marquis de Pimodan, früher
in österreichischen Diensten, war einer der tapfersten Führer
dieser Schaar. Beide hatten unter Napoleon nicht dienen wollen.
Die französische Regierung, welche selbst zum Schutze des Papstes
Rom besetzt hielt, legte ihnen kein Hinderniss in den Weg.
Mehr als etwa 8000 Mann hatte man nicht zusammengebracht.
Diese bestanden mit Ausnahme einiger Schweizer Regimenter
aus Freischaaren. Der Papst hatte unbestreitbar das Recht,
Truppen zu werben und zur Vertheidigung des Kirchenstaates zu

verwenden. Völkerrechtswidrig verlangte Cavour deren Ent-
waffnung in seinem Ultimatum. Ohne Kriegserklärung brachen
etwa 40,000 Piemontesen in den Kirchenstaat ein, überrannten
und besetzten einige feste Plätze und schlugen die Päpstlichen
bei Castelfidardo. Lamoricière durchbrach die piemontesischen
Reihen mit einigen tausend Mann und rettete sich nach Ancona,
das nach kurzer Belagerung capitulirte. Glücklicher als sein
General, hatte Pimodan den Heldentod auf dem Schlachtfelde
gefunden. Diese Schlacht von Castelfidardo, an sich unbedeutend,
da die päpstlichen Truppen von einer mehr als dreifachen Uebermacht erdrückt wurden, entschied das Schicksal Italiens. Nunmehr konnte der König Victor Emanuel wie ein *Deus ex machina*
der Garibaldi'schen Komödie in Neapel ein Ende machen, Besitz
vom Königreiche beider Sicilien ergreifen und die Festung Gaëta
belagern. König Franz II. hatte sich mit wenigen treugeblie-
benen Truppen in diese Festung gerettet. Vergebens hatte der
von Allen verlassene Fürst die Heiligkeit der Verträge und die
Hilfe der europäischen Mächte angerufen. Diese beugten sich
vor den vollendeten Thatsachen und zogen Victor Emanuel's
Usurpation der Garibaldi'schen Anarchie vor.

Eines schien bei diesem Drama unbegreiflich: die Unthätigkeit Oesterreichs. Cardinal Antonelli hat mir noch fünf Jahre
später die Frage vorgelegt, was den Kaiser von Oesterreich wohl
habe abhalten können, dem Papste und dem Könige von Neapel
im Jahre 1860 zu Hilfe zu kommen. Seiner Ansicht nach würde
eine kaiserliche Armee von 50—60,000 Mann ausgereicht haben,
die Piemontesen niederzuwerfen und die Ordnung wiederherzustellen. Ich konnte dem Cardinal damals nur erwidern, die
Befürchtung eines zweiten Krieges mit Frankreich habe wahrscheinlich die österreichische Armee in den Grenzen des Kaiserstaates festgehalten. Diese Besorgniss war, wie ich seitdem
erfahren, völlig unbegründet. Napoleon hat den Einmarsch der
Oesterreicher nicht bloss erwartet, sondern gewünscht. Mein
Gewährsmann ist der Fürst Latour d'Auvergne, Napoleon's III.

letzter Minister des Auswärtigen. Er erzählte mir gegen Ende
der sechziger Jahre, Thouvenel und der Kaiser Napoleon hätten
ihm 1860 gesagt, sie erwarteten stündlich ein Telegramm aus
Wien mit der Nachricht, dass die Oesterreicher die Gelegenheit benutzt, um den Piemontesen den Gedanken eines Angriffs
auf Venetien für immer zu vertreiben. Das französische Cabinet
werde ruhig zusehen, solange man den Frieden von Zürich
respectire.

Wenn hiernach die sich darbietende günstige Gelegenheit,
der italienischen Revolution Halt zu gebieten, versäumt worden
ist, so wird der Grund dieser Versäumniss weniger in den
äusseren als in den inneren Schwierigkeiten Oesterreichs zu
suchen sein. Wäre Frankreich neutral geblieben, so würden
die platonischen Sympathien Englands Italien vor einer gut geführten österreichischen Armee nicht gerettet haben. Lord John
Russell hatte nicht versäumt, seinen Sympathien in einer an Sir
James Hudson gerichteten Depesche Ausdruck zu geben und das
piemontesische Gouvernement zu seinem völkerrechtswidrigen Vorgehen geradezu aufzumuntern. Als ich einem englischen Freunde
mein Erstaunen über dieses in den Annalen der Diplomatie bei-
spiellose Schriftstück aussprach, sagte er mir sehr gelassen: „Sie
sind ja nun lange genug in England, um zu wissen, dass alle
unsere Depeschen nur für das Unterhaus *„for home consumption"*
geschrieben werden." Ist dieser Grundsatz allgemein anerkannt,
so kann die persönliche Popularitätshascherei eines ehrgeizigen
Ministers die Regierung jeden Augenblick compromittiren. Andererseits werden die Staatsmänner des Auslandes nachgerade den schriftlichen Ergiessungen des Auswärtigen Amtes keinen übergrossen
Werth beilegen.

Gegen Ende der Saison vereinigte sich in London der
internationale statistische Congress. Prinz Albert eröffnete die
Sitzungen mit einer meisterhaften Rede. Niemand ahnte damals,
dass dies die letzte Ansprache dieser Art war, die der Prinz
halten sollte. Er besass die seltene Gabe, bei solchen Gelegen-

heiten nicht zu viel noch zu wenig zu sagen und die Hörer durch eigenartige Gedanken zu überraschen.

Zu dem nicht geringen Kummer der Jagdliebhaber hatten sich hauptsächlich in Folge der unfruchtbaren Debatten über Lord John Russell's schliesslich zurückgezogene Reform-Bill die Sitzungen des Parlamentes weit länger hinausgezogen als gewöhnlich. Die Vertagung erfolgte erst am 28. August.

Aus Privatbriefen.

1860.

London, 14. Januar 1860.

Ich wollte nicht verfehlen, den Prinzen Albert über die Conferenzen der deutschen Mittelstaaten in Würzburg und München vertraulich zu unterrichten. Der Prinz ertheilt in der Regel keine Audienzen in Windsor, er machte jedoch eine Ausnahme, und ein eigenhändiges Billet beschied mich für gestern Nachmittag 5 Uhr dahin. Die Unterredung währte fast zwei Stunden und trug einen desultorischen Charakter. Wir wurden zweimal durch dringende Depeschen unterbrochen, auf welche der Prinz in meiner Gegenwart resolviren musste.

Gestatten Sie mir die Aeusserungen Seiner Königlichen Hoheit unter zwei Hauptgesichtspunkten zusammenzufassen. Ich beginne mit der deutschen Frage und lasse die Bemerkungen Seiner Königlichen Hoheit über Frankreich, England und die europäische Sachlage folgen.

Der Standpunkt des Prinzen in der deutschen Frage ist

bekannt [1]). Er lebt unverändert in dem liberalen Ideenkreise, welcher in den dreissiger Jahren in unserer gelehrten Welt vorherrschte. Die Erfahrungen der Jahre 1848 und 1849 sind von ihm in Deutschland nicht mit durchgelebt worden. So glaubt er z. B., das Frankfurter Parlament habe lediglich deshalb keinen praktischen Erfolg gehabt, weil das deutsche Volk noch nicht gelernt, sich vor Majoritäten zu beugen. Der Bundestag ist und bleibt in den Augen Seiner Königlichen Hoheit eine Calamität, ein Werkzeug in den Händen der österreichischen Schüler Loyola's, dessen sie sich nur bedienen, um in Deutschland jeden Fortschritt niederzuhalten, jede gesunde Entwickelung im Keime zu ersticken. Nicht der Bundes-Verfassung, der europäischen Constellation allein sei es zu danken, wenn trotz des unversöhnlichen Zwiespaltes zwischen Oesterreich und Preussen dem Vaterlande ein Bürgerkrieg bisher erspart worden.

Ich wurde sofort mit der Boutade begrüsst, wir könnten von Glück sagen, dass der Prinz von Preussen kein Victor Emanuel und unter seinen Ministern kein Cavour zu finden sei. Dieser Gedanke wurde im Laufe des Gespräches noch weiter ausgeführt und die italienischen Vorgänge als Gegenstand eines heilsamen Studiums warm empfohlen. Wie die Fürsten dort, weil sie sich auf Oesterreich verlassen, Land und Leute verloren, so auch würde es uns ergehen, wenn wir uns nicht warnen liessen. Wie dort die Bevölkerungen dazu getrieben würden, sich dem verhassten Sardinien anzuschliessen, nur um dem alles Leben erstickenden Drucke Oesterreichs zu entgehen, so werde es auch in Deutschland kommen.

Praktische Resultate seien weder aus Würzburg, noch aus Eisenach zu erwarten. Diese Bewegungen oder Bestrebungen würden im Sande verlaufen, aus verschiedenen Gründen. Ganz abgesehen von seinen preussischen Sympathien, schien der Prinz

---

[1]) Am klarsten und ausführlichsten hat der Prinz seinen Standpunkt entwickelt in seinem Schreiben an Lord John Russell vom 18. März 1860. Siehe: Martin's Life of the Prince Consort. Bd. 5, S. 62—69.

hinter der Würzburger Conferenz ultramontane Tendenzen zu
wittern und nicht zu ahnen, dass Bayern nur äusserlich die
Hauptrolle dabei gespielt hat. Bayern theilt offenbar mit Oesterreich die Antipathien Seiner Königlichen Hoheit, Antipathien,
welche sich unter Anderem in der sarkastischen Bemerkung
Luft machten, dem bayerischen Bundes-Contingente habe es im
vorigen Jahre an Allem gefehlt: an Uniformen, Schuhen, Leuten
und Pferden. Wenn wir uns schmeichelten, 18 Millionen unter
einen Hut gebracht zu haben, factisch werde das wenig
ändern. Jene 18 Millionen Deutsche verfügten am Bundestage über mehr Stimmen als Oesterreich und Preussen zusammen. Oesterreich und Preussen könnten daher, den Fall
gesetzt, dass sie sich über eine gewisse Frage einigten, von
den Uebrigen überstimmt werden. Da ein Einverständniss
zwischen beiden Grossmächten aber kaum denkbar, so würden
die Würzburger Regierungen immer mit Oesterreich stimmen
gegen Preussen, welches sich wie bisher Majoritätsbeschlüssen
nicht unterwerfen werde.

Ich habe mich diesem Raisonnement gegenüber selbstverständlich jeder Recrimination enthalten und mich einfach auf
den Boden der Thatsachen gestellt. An den nationalen Auf-
schwung, welcher sich im vorigen Jahre in allen Theilen
Deutschlands gezeigt, erinnernd, hob ich den Bodensatz von Enttäuschungen hervor, welchen der lahme Ausgang des italienischen Feldzuges zurückgelassen. Ich knüpfte daran die Betrachtung, das Berliner Cabinet habe eine Gelegenheit zu
moralischen Eroberungen versäumt, welche Preussen thatsächlich
an die Spitze Deutschlands gestellt haben würden.

Dem ward widersprochen und die Schuld auf Oesterreich
geschoben, welches bis zum letzten Augenblicke unterlassen,
die Hand zur Verständigung zu bieten. Hochmüthig habe man
in Wien darauf bestanden, Preussen möge seine Armee dem
Kaiser einfach zur Verfügung stellen. Derselbe Hochmuth be-
herrsche noch immer das k. k. Cabinet. Man habe nichts ge-

lernt und nichts vergessen. Die durch den Frieden von Villafranca gewonnene Frist sei nicht benutzt worden und der Krieg
in Italien werde im nächsten Frühjahre wahrscheinlich unter
noch weit ungünstigeren Umständen wieder ausbrechen.

„Wie dem auch sei,“ fiel ich ein, „Thatsache ist, dass die
gerechten Erwartungen des deutschen Volkes getäuscht worden
sind. Preussen schiebt die Schuld auf die Kriegsverfassung des
Bundes. Kann man es uns verdenken, wenn wir eine Umgestaltung derselben verlangen?“ Die Mittelstaaten, fügte ich hinzu,
wünschten ja nichts anderes, als den Bund zu stärken und einen
neutralen Boden zu schaffen, auf welchem sich die Eifersüchteleien der beiden Grossmächte ausgleichen und austragen
könnten. Denn würde die demokratische Bewegung, welche sich
jetzt hinter der Partei der sogenannten Gothaner verberge, nicht
rechtzeitig eingedämmt, so könne Preussen wider Willen in
Bahnen getrieben werden, vor welchen der Prinz-Regent Ab-
scheu hege. Wir befänden uns im Zustande gerechter Noth-
wehr. Wir hätten offen in Wien und in Berlin daran erinnert, dass in Deutschland 18 Millionen Menschen lebten,
welche ein Interesse daran hätten, endlich einige lange der Erledigung harrende Fragen zum Heile des Vaterlandes gelöst
zu sehen. Zu diesen gehörten die Befestigungen der Nord-
und Ostseeküsten.

Der Prinz erkannte diesen Gedanken als gesund an, erinnerte
aber daran, dass die in Würzburg vertretenen Regierungen die
Bildung einer deutschen Flotte mit vereitelt hätten.

Meine Bemerkung, dass eine Flotte ohne befestigte Häfen
und Küsten kaum in der Lage gewesen sein würde, ihre Aufgabe zu erfüllen, fand Beistimmung.

Der Prinz, welcher absichtlich, wie er mir sagte, über die
Würzburger Conferenz bisher nichts gelesen, war meiner Auseinandersetzung anfangs kühl und skeptisch gefolgt. Als er
jedoch erkannte, um was es sich handelte, steigerte sich seine
Aufmerksamkeit.

„Ich gestehe,“ bemerkte S. K. H., „dass ich bisher von der Ansicht ausging, nur ein durch ultramontane Tendenzen geschürter Hass gegen Preussen habe die Mittelstaaten nach Würzburg geführt. Von Verbindungen, die der Hass geschlossen, kann ich für Deutschland kein Heil erwarten. Ich danke Ihnen für die mir anvertrauten Actenstücke; vermag ich daraus die Ueberzeugung zu gewinnen, dass Liebe, echte Liebe zum gemeinsamen Vaterlande diesen Bestrebungen zu Grunde liegt, so können Sie meiner warmen Theilnahme versichert sein.“

Nach dieser nicht immer erquicklichen Discussion folgte ich dem Prinzen mit wahrem Vergnügen auf das Feld der europäischen Politik. Die Gewohnheit, die Dinge von oben zu betrachten, hat seinen Blick geschärft und sein Urtheil hoch über die Nebelgebilde vorgefasster Parteileidenschaft erhoben. Auf diesen Höhen ist hier zu Lande niemand so zu Hause, wie der Gemahl der Königin. Ich bedauere nur, dass es meiner Feder kaum gelingen wird, das eines grossen Geschichtsschreibers würdige Porträt des Kaisers der Franzosen wiederzugeben, welches Seine Königliche Hoheit in kurzen, markigen Aphorismen entwarf. Meine jüngsten Pariser Eindrücke, welche mit denen, die Lord Cowley nach Windsor mitgebracht, übereinstimmten, boten zu dieser Charakterschilderung Anlass.

„Ich möchte,“ hob Seine Königliche Hoheit an, „den Kaiser Napoleon nicht unberechenbar nennen. Ich sehe nichts Räthselhaftes in dieser Erscheinung. Die Ereignisse, welche wir noch zu gewärtigen haben, werden mich im ganzen und grossen nicht überraschen. Er ist, wie er selbst wohl zuweilen ahnen mag, einem fatalistischen Verhängnisse verfallen. Seine Handlungen sind folgerichtige Consequenzen gegebener Prämissen. Er will weit seltener, als er muss. Er ist mehr zu beklagen und zu bedauern, als zu verdammen. Seine ganze Macht ist auf Lüge gegründet. Sein System beruht auf ungelösten und unlösbaren Widersprüchen, die sich gegenseitig aufheben. Wenn nicht das Individuum selbst, so wird das System tragisch daran zu

Grunde gehen. Die Versöhnung sich aufhebender Gegensätze
ist nicht denkbar. Napoleon möchte Kaiser von Gottes Gnaden
und zugleich *par la volonté nationale* sein. Er kann das eine
oder das andere sein, beides zugleich niemals. In Frankreich
hat er seine Macht, wenn nicht von den katholischen Priestern
empfangen, so doch auf dieselben gestützt. In Italien ist er
genöthigt, um den Dolchen der Genossen Orsini's zu entgehen
und die den Carbonari gegebenen Versprechungen einzulösen,
die römische Kirche zu bedrohen und anzugreifen. Ebenso
steht das *l'empire c'est la paix* mit der Nothwendigkeit im Widerspruche, seine Armee zu beschäftigen. Auf die Länge wird er
ohne die Gloriole einer Rhein-Campagne nicht leben können.
Ja auch in anscheinend untergeordneten Dingen verfolgt ihn
die Nemesis unlösbarer Gegensätze. Nehmen wir nur die Verschönerungen von Paris. Unsummen werden verschwendet, um
brodlosen Arbeitern den Mund zu stopfen. Stadttheile werden
eingerissen und wieder aufgebaut. Ist aber das Werk vollendet,
so wird in der schönsten Metropole Europas niemand mehr reich
genug sein, um ihre Schönheit zu geniessen.

„Das Auffallendste ist, der Kaiser ist im Grunde ehrlich in
beiden Richtungen. Er glaubt aufrichtig an das, was er heute
sagt, ebenso aufrichtig an das Gegentheil, das er morgen verkündet. Wenn es bisher so leidlich gegangen, so hat er es
seiner unleugbaren Geschicklichkeit und einer gewissen Vernünf-
tigkeit zu danken. Bei aller seiner Begabung vermag er jedoch
nicht, sich Rechenschaft zu geben über den unlösbaren Conflict,
dessen Opfer er in einer gegebenen Zeit werden muss. Er ist
kein philosophischer Geist. Dass ich mich vergebens bemüht
habe, dem ehrlichen Persigny das klar zu machen, wird Sie nicht
überraschen.

„Die einzige Politik, welche meines Erachtens England diesem
Treiben gegenüber zu befolgen hat, lässt sich in zwei Worten
aussprechen: Würdevolles Schweigen. Möge es gelingen, uns
die Hände rein zu erhalten. Freilich ist das leichter gesagt als

gethan in einem Lande, wo die Presse frei und das Parlament eine Macht ist. Wenn es nach mir ginge, würde die Regierung das Schweigen nicht brechen. Das würde genügen. Was jetzt geschieht, erklärt sich ganz einfach. Unsere nationale Bewegung, die freiwilligen Schützencorps, haben mehr noch als unsere See-rüstungen in den Tuilerien den Wunsch rege gemacht, John Bull wieder einzuschläfern. Bis auf einen gewissen Punkt kann dies auch gelingen. Wir befinden uns jetzt in England leider nicht in normaler Lage. Es fehlt uns seit 1846 eine Persön-lichkeit und weil sie fehlt, arbeitet die Staatsmaschine nicht, wie sie sollte. Diese Persönlichkeit ist ein *leader* der Conservativen im Unterhause wie Sir Robert Peel. Seit seinem Tode fehlt der Felsen, an welchem sich die Brandung der Demokratie bricht, die Stimmgabel, welche im Unterhause immer den rechten Ton des ‚Bis hierher und nicht weiter‘ anzuschlagen vermag.‘

Charakteristisch war, dass das Unglück, welches Oesterreich betroffen, als die Nemesis hingestellt wurde für die Verblendung des demokratischen Ministers Bach, der in dem französischen Cäsarismus das Vorbild für die Neugestaltung des Kaiserstaates gesucht habe.

Dass die Königin am Neujahrstage die seit dem Kriege ab-gebrochene Privat-Correspondenz mit dem Kaiser der Franzosen wieder aufgenommen, wurde beiläufig erwähnt. Der Prinz fügte hinzu, Ihre Majestät habe mit grösster Vorsicht jedes Wort auf die Wagschale gelegt.

Schliesslich ward des Werkes gedacht, welches Professor Gneist vor kurzem über die englische Verfassung und Verwaltung veröffentlicht hat. Der erste Theil wurde gelobt und die Gelehr-samkeit anerkannt, mit welcher das reiche Material zusammen-getragen und verarbeitet worden. „Englische Staatsmänner selbst,“ äusserte der Prinz, „können daraus lernen. Denn wie Gesunde sich wenig um die Anatomie ihres Körpers und das Geflecht ihrer Adern zu kümmern pflegen, so wissen die Engländer in der Regel wenig von ihren Institutionen.“ Als absurd wurden die Con-

clusionen des zweiten Theiles verworfen und der Gedanke des
Berliner Professors verlacht, England mit einem Heere preussischer Bureaukraten beglücken zu wollen.

Mr. Disraeli hat mich gestern in einer anderthalbstündigen
vertraulichen Unterredung in den Stand gesetzt, über die Auffassungen der Opposition und deren Feldzugsplan für die am 24. d.
zu eröffnende Parlaments-Session einige Andeutungen zu geben.

Der Führer der Opposition theilt in keiner Weise die Abneigung seiner Landsleute, sich mit dem, was man hier „*German
politics*" nennt, zu beschäftigen. Ich fand in ihm einen aufmerksamen Zuhörer, als ich es versuchte, ihm ein möglichst klares
Bild von den Bestrebungen der in München und Würzburg vereinigten Regierungen zu geben. Ich hob dabei hervor, dass,
wenn es gelänge, durch zeitgemässe gemeinnützige Reformen den
deutschen Bund und dadurch Oesterreichs Stellung in demselben
zu stärken, die Aufgabe Englands nur erleichtert werden würde.
Die Nothwendigkeit könne eintreten, die Kräfte des Festlandes
gegen den grossgezogenen Bonapartismus zu gemeinschaftlicher
Abwehr zu vereinigen. Ich habe die in Paris unlängst gewonnenen
Eindrücke dazu verwerthet, Mr. Disraeli darauf aufmerksam zu
machen, dass wir es mit einem festangelegten, auf den Umsturz
alles Bestehenden gerichteten Plane zu thun haben. Die Incorporation von Savoyen und Nizza werde die Alpenpässe und
damit die Herrschaft über Italien in die Hand des europäischen
Imperators legen. Derselbe werde dann an die „natürlichen
Grenzen" am Rheine denken und, wenn England in selbstsüchtiger
Verblendung alle Elemente des Widerstandes zerbröckelt, an die
vielversprochene Rache für Waterloo gehen.

Mr. Disraeli dankte für die, wie er sagte, ihm sehr schätzens-
werthen und interessanten Mittheilungen über die deutschen Zustände und bezeichnete die Auffassung der europäischen Sachlage
unumwunden als die seinige.

„Man täuscht sich in Paris," versicherte er, „wenn man
glaubt, die Tories würden für die Erhaltung der weltlichen Herrschaft des Papstes kein thätiges Interesse zeigen. Obgleich in
Folge der Bedrohung des Papstes die Katholiken die Opposition
verstärkt haben, werden wir uns wohl hüten, Lord Palmerston den
Vorwand zu einer Parlamentsauflösung zu bieten. In der Hoffnung,
nächstes Jahr ein starkes Gouvernement zu bilden, werden wir uns
nicht übereilen, die Frucht zu brechen, solange sie uns nicht reif
in den Schoss fällt. Lord Palmerston, die Wahrheit zu sagen,
fängt nachgerade an, kindisch zu werden (*he is in the dotage*). Die
Weiber beherrschen ihn völlig und durch die Weiber der sardinische Gesandte. Im Cabinet hat er Lord John Russell für sich
gewonnen, welchen er am Narrenseile seiner italienischen Sympathien herumführt. Auch Gladstone ist von dem Premier erkauft (*bought over*). Auch er schwärmt für Italien, aber noch
mehr hat ihn die Aussicht geködert, mit Frankreich einen Handelsvertrag abschliessen zu dürfen. Die übrigen Minister jedoch,
obgleich sie keinen Führer, keine parlamentarische Grösse in
ihrer Mitte haben, bilden die Majorität des Cabinets und werden
hinter den Coulissen mit Takt und Umsicht vom Hofe geleitet.
Lord Clarendon inspirirt seinen Bruder Charles Villiers und seinen
Schwager Cornewall Lewis, welche beide der anti-französischen
Partei angehören. Wir haben die Macht dieser Partei im Laufe
des vorigen Sommers und am 10. d. kennen und respectiren gelernt. In dem Cabinets-Conseil am letztgedachten Tage sind Palmerston und Russell, welche ein Schutz- und Trutzbündniss mit
Frankreich abzuschliessen bereit waren, in der Minorität geblieben.
Diese Lage der Dinge kann uns nur in unserer Politik des Zuwartens bestärken. Wir werden fortfahren, dem Hofe und der
gemässigten Mehrheit des Cabinets Muth einzuflössen, indem wir
beweisen, dass es nicht in unserer Absicht liegt, jetzt eine Ministerkrisis herbeizuführen. Wir bleiben so in der Lage, Palmerston
und Russell scharf zu überwachen und sie zu zwingen, nach aussen
unsere Politik zu machen. Vorläufig sind wir in der Opposition

nützlicher und mächtiger als auf der Ministerbank. Wenn wir uns jeder Territorialvergrösserung Frankreichs widersetzen, werden wir Palmerston am Ende paralysiren und dem Kaiser Napoleon den Beweis liefern, dass seine Allianz mit dem edlen Viscount ihm die greifbaren Vortheile nicht einbringt, welche er davon erwartet. Dann werden dem Grafen Persigny und seinem Herrn die Augen wohl endlich aufgehen. Das Uebrige findet sich von selbst. Am wichtigsten für uns ist, genau zu wissen, in wie weit wir auf Oesterreich rechnen können. Trotz aller Niederlagen erblicken wir in Oesterreich den Mittelpunkt (*the centre and the nucleus*) aller conservativen Bestrebungen auf dem Felde der europäischen Politik. Wenn Oesterreich nirgends mehr zu finden ist, was sollen wir thun? Was Sie mir von Oesterreichs Stellung in Deutschland sagen und von den staatsmännischen Bestrebungen, dieselbe zu stärken, freut mich, aber genügt mir nicht. Ich möchte so genau als möglich über folgende Punkte unterrichtet sein: Wie steht es in Ungarn? Wie steht es mit den Finanzen des Kaiserreichs? und welche Widerstandskraft kann man vorkommenden Falles in Venetien entwickeln?"

„Nach Allem, was ich aus Wien höre," erwiderte ich, „sieht Rechberg, der nicht zu den Optimisten gehört, die innere Lage keineswegs für verzweifelt an. Die Zeitungen übertreiben. Ohne Zweifel bedarf Oesterreich des Friedens, um die in Angriff genommenen Reformen durchführen und seine Finanzen regeln zu können. Man wird daher Alles thun, um den Ausbruch des Krieges im nächsten Frühjahre zu verhindern, insoweit die Ehre es gestattet. Sollten die Italiener einen Angriff auf das Festungs-Viereck wagen, so würde dies für die conservativen Interessen nur erwünscht sein. Auf die Defensive zurückgeworfen, würde Oesterreich eine Zähigkeit zeigen, welche, wie die Geschichte lehrt, die Welt schon oft in Erstaunen gesetzt hat."

Disraeli wiederholte die Bitte, ihn möglichst genau über die drei obengedachten Punkte zu unterrichten. Er werde, versicherte er, die Waffen, die man ihm in die Hand gebe, treulich benutzen.

um die Lügen und Verleumdungen zu bekämpfen, welche die
Minister gegen Oesterreich zu schleudern pflegten. Er ver-
sprach mir zugleich, mich über Alles, was hier vorgehe, auf dem
Laufenden zu erhalten.

London, 28. Januar 1860.

Selten hat eine Parlaments-Session unter günstigeren Au-
spicien für die Minister des Tages begonnen als die jetzige.
Mit Recht davon überzeugt, die Opposition werde der Regierung
die Erledigung der Reformfrage mit allen ihren Verlegenheiten
überlassen, thun sie nun Alles, um die Entscheidung dieser
wichtigen inneren Frage hinauszuschieben. Die Reformbill soll
erst am 20. Februar eingebracht werden. Vor Ostern ist an
eine Erledigung der Sache gar nicht zu denken. Unmöglich
wäre es jedoch nicht, dass sich alle diese Berechnungen als
nicht stichhaltig erwiesen. Der politische Barometer ist in den
letzten acht Tagen gefallen und deutet auf Sturm. Der französische Handelsvertrag hat hier nicht den Eindruck gemacht,
welchen man in Paris, wo man hastig zum Abschlusse drängte,
davon erwartete. Einzelne gehen so weit, denselben für ein
todtgeborenes Kind zu halten und an die *Conspiracy Bill* zu erinnern, welche den Sturz Palmerston's herbeiführte und die französische Allianz aus den Fugen brachte. Am 6. Februar soll
mit dem Budget zugleich dieser Handelsvertrag dem Unterhause
vorgelegt werden. Man ist auf einen ernsten Kampf gefasst.
Viele glauben, die Führer der Opposition könnten wider ihren
Willen von ihrer eigenen Partei gezwungen werden, ohne die
Reformbill abzuwarten, Schach zu bieten. Ein Ministerwechsel
im anti-französischen Sinne würde gerade jetzt schwere Folgen
nach sich ziehen. Niemand ist davon mehr durchdrungen als
Lord Derby und Disraeli, welche ihren wohldurchdachten Plan
nicht aufgegeben haben. Die Frage ist nur, ob sie stark genug
sein werden, ihre kluge Politik des Zuwartens durchzuführen.
Ein Pair des Reiches glaubt dies nicht. Er bot mir gestern

eine Wette an: der Handelsvertrag werde im Unterhause nicht durchgehen.

„Lord Derby," sagte er, „ist nicht Herr seiner eigenen Partei, Disraeli noch weniger. Das Land wird beide zwingen, vorzugehen. Disraeli ist in einer zu delicaten Lage, um es zu wagen, sich direct in Widerspruch mit der grossen Phalanx der Tories zu setzen, welche seiner Führung nur *faute de mieux* folgen. Werfen wir einen Blick auf das Unterhaus, zunächst auf die irische Brigade. Sie wissen, Bowyer hat die gemessensten Befehle aus Rom mitgebracht, den Sturz Palmerston's um jeden Preis zu bewirken. Bei der ersten Cabinetsfrage, welche gleichviel über welchen Gegenstand auftaucht, werden die Irländer wie ein Mann gegen die Regierung stimmen. Dasselbe wird die grosse Masse der conservativen Partei thun, um sich der demokratischen Reformbill zu entledigen. Beide, die Irländer wie die Conservativen, haben das gemeinschaftliche Interesse, die täglich steigende Gährung gegen den Handelsvertrag zu nähren. Dieser hat zwei mächtige Körperschaften zu geschworenen Feinden, die Brauer und die Destillateure. Beide protestiren gegen die Einführung wohlfeiler französischer Weine; ebenso die Gast- und Schenkwirthe, welche auf die niederen Volksklassen, insbesondere aber auf die Wähler in den Grafschaften einen bedeutenden Einfluss ausüben. Mit den Vertretern der Grafschaften werden aber gegen den Handelsvertrag alle diejenigen stimmen, die sich keinen Sand in die Augen streuen lassen. Es kommt darauf an, diese Gelegenheit zu benutzen, um die neu angeknüpften, intimen Beziehungen zwischen der Regierung und dem französischen Imperator zu zerreissen und so dessen Vergrösserungspläne zu vereiteln. Wegen Savoyen und Nizza einen Krieg anzufangen, ist unmöglich. Man wird es sich jedoch in Paris zweimal überlegen, diese Annexion in Scene zu setzen, wenn der zerrissene Handelsvertrag den Beweis liefert, dass das britische Unterhaus die Intrigue durchschaut und nicht in die Falle gegangen ist."

Ich gebe diese Auffassung, ohne dieselbe vertreten zu wollen. Die Minister tragen die grösste Zuversicht zur Schau, obgleich viele ihrer Freunde den Handelsvertrag für einen politischen Fehler halten.

London, 4. Februar 1860.

Bezüglich der italienischen Wirren hatte Lord A. Loftus im Auftrage des britischen Gouvernements dem k. k. Cabinet vier Punkte zur Annahme empfohlen:

1. Oesterreich und Frankreich verpflichten sich, von jeder bewaffneten Intervention in Italien abzustehen, es sei denn, dass dieselbe vorher von den fünf Mächten gebilligt worden.

2. Die französischen Truppen aus der Lombardei und aus dem Kirchenstaate werden zurückgezogen. Letztere jedoch mit der nöthigen Vorsicht, um der päpstlichen Regierung Zeit zu lassen, ihre Streitkräfte zu reorganisiren.

3. Alle Mächte enthalten sich aller und jeder Einmischung in die Angelegenheiten der dem Kaiser von Oesterreich in Gemässheit des Züricher Friedens in Italien verbleibenden Besitzungen; deren Verwaltung wird dem Ermessen Seiner K. K. Apostolischen Majestät anheimgestellt.

4. Der König von Sardinien wird aufgefordert, sich des Einmarsches in die Staaten von Mittel-Italien zu enthalten, solange sich die Bevölkerungen nicht von neuem für die Annexion aussprechen. Zu diesem Zwecke sollen Neuwahlen veranstaltet und den daraus hervorgehenden Versammlungen die Entscheidung dieser Frage vorbehalten werden. Fiele diese Entscheidung im Sinne der Annexion aus, so würde Victor Emanuel dennoch einzuladen sein, sich des Einmarsches in die Romagna zu enthalten.

Lord John Russell ist billig genug, die Annahme dieses 4., mit den Stipulationen von Villafranca und Zürich in Widerspruch stehenden Punktes sowie die Anerkennung Italiens Oesterreich nicht zuzumuthen. Die Hintergedanken des englischen Cabinets

sind leicht zu errathen. Die Idee einer italienischen Conföderation wird begraben und Oesterreich in die Unmöglichkeit versetzt, sich der Concessionen, welche es Venetien machen könnte,
als Unterhandlungsobjecte zu bedienen.

Die Rückäusserung des Grafen Rechberg ist gestern durch
Courier hier eingetroffen:

ad 1. Oesterreich habe nicht die Absicht, mit bewaffneter
Hand zu interveniren, könne sich jedoch des Rechtes, dies zu
thun, nicht begeben, falls einer der Betheiligten (Toskana und
Modena) es begehre. Uebrigens müsse ein „*concert européen*"
erst hergestellt werden, bevor eine einzelne Macht die Aus-
sprüche eines europäischen Areopags anerkennen könne.

ad 2. Oesterreich habe keine Truppen ausserhalb seines
Gebietes, dieser Punkt gehe daher nur Frankreich an.

ad 3. Selbstverständlich werde Oesterreich jeden Eingriff
in seine Souveränetätsrechte zurückzuweisen wissen.

ad 4. Wie Lord John Russell vorausgesehen, könne Oesterreich das factische Vorgehen Sardiniens nicht anerkennen und
werde seine Reversions- und sonstigen Rechte wahren, auch
gegen jeden Angriff auf dieselben protestiren.

Der Ton der Depesche ist ein für das französische Cabinet
sehr freundlicher. Dass dasselbe den vierten Punkt ablehnen
werde, wird als unzweifelhaft hingestellt und jeder Ausdruck
des Misstrauens vermieden, als könne sich Kaiser Napoleon von
den in Villafranca eingegangenen internationalen Verpflichtungen
lossagen wollen. Dieses Vertrauen wird durch die Sprache
gerechtfertigt, welche Kaiser Napoleon dem Fürsten Metternich
zu vernehmen gegeben hat. Auch ist letzterer davon überzeugt,
dass die französische Antwort auf die englische Depesche *ad* 1,
2, 3 zustimmend, *ad* 4 ablehnend lauten wird.

Es würde voreilig sein, eine Vermuthung darüber aufzu-
stellen, wer in Paris getäuscht wird, ob Oesterreich, ob England oder beide. Eines ist gewiss, Kaiser Napoleon hatte gestern
die Maske noch nicht abgeworfen, vielmehr Alles gethan, um

den Fürsten Metternich davon zu überzeugen, das in Villafranca
verpfändete kaiserliche Wort solle allenthalben redlich gehalten
werden. Die Thatsachen stehen in wundersamem Widerspruche
mit diesen Versicherungen. Während die Zeitungen Abrüstungen
und Beurlaubungen verkündigen, hört man andererseits, die französische Armee in der Lombardei solle verdoppelt, auf 100,000
Mann gebracht und ausserdem bei Chalons unter dem Marschall
Canrobert ein Lager von 40,000 bis 50,000 Mann gebildet werden.
Dass in Betreff der Einverleibung Savoyens eine Pause eintreten
werde, gilt für wahrscheinlich. Diese von dem Hause Rothschild verbreitete Nachricht hat einen günstigen Einfluss auf die
Börse gehabt. Kaiser Napoleon wird jedenfalls den Ausgang der
Parlamentsdebatten über den Handelsvertrag abwarten wollen,
bevor er sein Spiel aufdeckt.

Trotz der vorgestrigen unbedeutenden Schlappe — das Ministerium blieb mit 29 Stimmen in der Minorität — ist alle Aussicht vorhanden, dass sich das drohende parlamentarische Gewitter zertheilen werde. Mehrere Umstände kommen dem
Schatzkanzler sehr zu statten. Vor Allem ist am Ende des
laufenden Finanzjahres die Schuld abgetragen, welche durch
Convertirung von 4^coigen Consols in $3^0/_0$ige dem Staate erwachsen war. Freilich reicht die dadurch erzielte Ersparniss
von £ 6,000,000 nicht aus, um die Rüstungen zu decken, da
die Kosten der Küstenbefestigungen allein auf £ 10,000,000
veranschlagt werden. Die vereinfachte Modalität der Grund-
steuer wird den Conservativen weniger, den Radicalen desto
mehr gefallen. Schliesslich sind die durch den Handelsvertrag
gebotenen Tarif-Ermässigungen so geschickt mit dem ganzen
Finanzplan verwoben, dass es dem Unterhause kaum möglich
sein wird, einen Stein aus dem Gebäude zu verwerfen, ohne
das ganze umzustürzen. Wenigstens versichern dies Gladstone's
Freunde. Was den Ministern am meisten zu statten kommt, ist,
dass die Tories die irische Brigade zu einem blossen Partei-
manöver nicht verwenden können. Als solches würde jede

Ministerkrisis erscheinen, solange die Opposition nicht in der
Lage ist, ein stärkeres Gouvernement zu bilden als das jetzige.
Vor Entscheidung der Reformfrage ist das unmöglich. Jedenfalls liegt es im Interesse der conservativen Partei, diese Entscheidung thunlichst hinauszuschieben und der bedenklichen
Auction ein Ende zu machen, in welcher sich Whigs und Tories
zur Freude der Radicalen überbieten.

London, 12. Februar 1860.

In Turin hat man keinen Augenblick verloren, um dem
englischen Gouvernement vertraulich zu eröffnen, Sardinien werde
sich keineswegs um die vier Vorschläge kümmern. Venetien,
Parma, Modena und die Romagna betrachtet König Victor
Emanuel bereits als sardinische Provinzen. Das genügt ihm
nicht, Rom und Neapel müssen unterwühlt und angegliedert, die
ewige Stadt zur Kapitale Italiens gemacht werden. Dies das
Programm, welches hier den lautesten Beifall findet. Frankreich
wird natürlich die Verwirklichung solcher Ideen zu hintertreiben
trachten. Schon stellen einige Blätter ein zweites Villafranca
in Aussicht, falls des Grafen Arese Sendung keinen Erfolg
haben sollte.

Um die Verlegenheiten zu ermessen, welche sich Kaiser
Napoleon bereitet hat, ist es unabweislich, auf den geheimen
Vertrag zurückzugehen, dessen Existenz Lord Grey neulich im
Oberhause ableugnete, weil er keine Regierung für fähig halten
könne, eine solche Infamie zu begehen. Trotzdem versichern
Wohlunterrichtete, dieser aus nur drei Artikeln bestehende Vertrag sei von dem Marschall Niel und Herrn Pietri, als Bevollmächtigten Frankreichs, mit dem Grafen Cavour zwischen dem
15. und 22. Januar vorigen Jahres unterzeichnet worden. Es
würde dieser Act sonach etwa vierzehn Tage nach dem Neujahrsgrusse an Baron Hübner und in die Zeit fallen, als man in Paris
sich allen Anschein gab, den von Russland vorgeschlagenen
Congress aufrichtig zu wünschen. Graf Walewski soll nicht im

Geheimnisse gewesen sein und scheint auch heute nichts davon
zu ahnen. Cavour, der die Desavouirung der französischen Bevollmächtigten befürchtete, soll den Kaiser Napoleon in einer
schwachen Stunde vermocht haben, das Actenstück eigenhändig
zu ratificiren. Es würde dies nur beweisen, wie wenig man sich
gegenseitig traute und wie berechtigt das famose „*Je le tiens*"
des geriebenen Piemontesen gewesen ist.

Was nun den Inhalt des geheimen Vertrages anlangt, so
soll der erste Artikel die Cession des Königreiches Lombardo-
Venetien an den König von Sardinien stipuliren, wogegen sich
dieser verpflichtet, Savoyen an Frankreich abzutreten. Im zweiten
Artikel soll Sardinien die Cession der Grafschaft Nizza versprochen
haben, falls es dem Kaiser Napoleon gelänge, die Herzogthümer
und die Romagna für Victor Emanuel zu erobern. Ueber den
Inhalt des dritten Artikels verlautet nichts und dürfte sich derselbe auf die Ratification beziehen.

Die Argumentation des Grafen Cavour steht ganz im Einklange mit diesen Stipulationen. Er sagt: Savoyen könne nicht
abgetreten werden, da Venetien nicht befreit worden, Nizza
nicht, weil die Herzogthümer und die Romagna von französischen Truppen nicht erobert worden, die Bevölkerungen vielmehr
sich aus freien Stücken dem Könige Victor Emanuel unterworfen
hätten [1]). Die Logik der Thatsachen ist diesem Raisonnement
nicht abzusprechen.

In einem Anfluge wirklicher oder erheuchelter Aufrichtigkeit
sagte Kaiser Napoleon dem Fürsten Metternich vor kurzem: „*Si
j'obtiens la Savoie, Nice et la frontière du Rhin, la France sera
satisfaite.*" Sollte er nun gegen den Willen Sardiniens, mit
Gewalt, die Annexion Savoyens durchsetzen wollen, so würde er
sich der Veröffentlichung des geheimen Vertrages aussetzen, und
sich in der bedenklichsten Weise blossstellen. Dass er bei solchem

---

[1]) Diese Angaben werden in dem nachstehenden Schreiben vom
14. Februar berichtigt und vervollständigt.

Beginnen auf die moralische Unterstützung Englands nicht rechnen kann, das wird ihm aus der Oberhaus-Sitzung vom 7. d. klar geworden sein. Napoleon III. findet sich hiernach vor einem gefährlichen Entweder — Oder. Entweder er muss die Erwerbung Savoyens bis zur dereinstigen Eroberung ·Venetiens vertagen, um Victor Emanuel's Stillschweigen zu erkaufen. Dann muss er folgerichtig der sardinischen Regierung allen nur möglichen Vorschub leisten zur Verwirklichung ihrer dem französischen Staats-Interesse augenscheinlich zuwiderlaufenden Pläne. Oder Napoleon muss dem k. k. Cabinet seinen geheimen Vertrag mit Sardinien eingestehen und sich zu einem demüthigenden *pater peccavi* entschliessen. Dann muss er Sardinien und Italien völlig aufopfern, um mit Hilfe Oesterreichs die italienische Revolution bekämpfen und Savoyen erwerben zu können.

Angesichts dieses Dilemmas ist die Vermuthung aufgetaucht, Napoleon werde die italienische Frage vorläufig ganz in den Hintergrund drängen und wie im Jahre 1853 eine unerwartete Verwirrung im Oriente herbeiführen, um sein Spiel zu verbergen. Thouvenel's mehrjährige Studien in Constantinopel, die in den Zeitungen geflissentlich verbreiteten dunkeln Gerüchte von Agitationen, Intriguen und Revolutionen, vor Allem die Thatsache, dass sich in den unteren Donauländern eine ernste Krisis vorbereitet, alle diese Symptome werden angezogen, um diese Vermuthung zu begründen. Schon spricht man von einer Wiederaufnahme des durch die Juli-Revolution verhinderten Projectes von 1829, von einer Verständigung zwischen Russland und Frankreich. Letzteres würde dadurch freie Hand gewinnen, sich seiner angeblich „natürlichen" Grenzen in den Alpen und am Rheine zu bemächtigen, Russland aber sich von den lästigen Fesseln des Pariser Vertrages von 1856 befreien.

Diese Gerüchte werfen auf den eigentlichen Zweck des mit England abgeschlossenen Handelsvertrages ein neues Schlaglicht. Der Urheber desselben, Cobden — den die radicalen Zeitungen den eigentlichen Premier-Minister nennen — befände sich in einer

ähnlichen Lage wie Fiesco's Mohr, nachdem er seine Schuldigkeit
gethan. Mag der Handelsvertrag angenommen oder verworfen
werden, England ist in jedem Falle paralysirt. Das Schlimmste,
was Frankreich begegnen kann, Palmerston's Sturz, würde entweder eine Parlaments-Auflösung herbeiführen oder ein schwaches
Derby-Ministerium.

Als ich Brunnow fragte, ob sich eine Coalition wie in den
Jahren 1813—14 gegen Frankreich vorbereite? wollte er davon
nichts wissen. Er antwortete nach seiner Art mit einigen
dunkeln Orakelsprüchen.

Unzweideutig hat sich Lord Palmerston neulich in einer
längeren Unterredung einem meiner Freunde gegenüber ausgesprochen. Er werde, versicherte der Premier-Minister, in allen
continentalen Fragen an dem Princip der Nicht-Intervention
festhalten. Sollte jedoch Russland das Selbstbestimmungsrecht
der Völker im Oriente anrufen oder sich dessen als Vorwand
bedienen, so werde es das Interesse Englands gebieterisch erheischen, Constantinopel ohne weiteres zu besetzen, nicht um
es zu erobern, aber um es als Pfand in der Hand zu behalten.

Ganz in Uebereinstimmung damit sagte mir gestern ein
in den auswärtigen Fragen sehr bewandertes Mitglied des
Unterhauses: „Wegen Savoyen und Italien werden wir keinen
Krieg führen, aber es giebt drei Punkte, deren Bedrohung uns
zwingen würde, das Schwert zu ziehen: Gibraltar, Antwerpen
und Constantinopel.“

London, 14. Februar 1860.

Zur Vervollständigung der Actenstücke, welche ich neulich
in den Händen des Prinzen Albert gelassen, hatte ich mich
beeilt, Seiner Königlichen Hoheit die sächsische Denkschrift
vom 19. Januar zu übersenden. Ich hielt es für unbescheiden,
wieder um eine Audienz zu bitten und war daher um so an-
genehmer überrascht, als mich der Prinz aus freien Stücken zu
sich beschied und mich gestern Abend zu empfangen geruhte.

Die Denkschrift ist einer aufmerksamen Prüfung gewürdigt worden, wie die eigenhändigen Marginalbemerkungen auf dem anbei zurückfolgenden Exemplare beweisen. Zur Erläuterung dieser Randglossen ging der Prinz die Pièce ganz geschäftsmässig mit mir durch.

„Ich kann Ihnen nicht verhehlen,“ hob Seine Königliche Hoheit an, „dass ich den Standpunkt der sächsischen Regierung nicht zu theilen vermag. Ueber den Zweck: Erhaltung der Selbständigkeit und Souveränetät der deutschen Mittel- und Kleinstaaten, sind wir einverstanden, nicht über die Mittel. Ich halte den deutschen Particularismus für einen Segen, für ein echt deutsches Element, welches gewahrt und gepflegt werden muss. Die Bildung eines centralisirten Einheitsstaates scheint mir nicht möglich, nicht einmal wünschenswerth. Aber Degen und Feder vermögen die Mittel- und Kleinstaaten in Europa nicht zu führen. Hier liegt die Grenze ihrer Aufgabe. Wäre ich König von Sachsen, ich würde kein Bedenken tragen, unter gewissen fest und bestimmt formulirten Bedingungen meine Armee und meine Diplomatie der Führung Preussens anzuvertrauen, wohlgemerkt nicht für preussische, sondern für deutsche Bundeszwecke. Ich würde darin, gerade herausgesagt, das einzige Mittel für die Erhaltung einer segenbringenden Selbständigkeit erblicken. Die Hauptsache ist, der Nation zu beweisen, dass die Existenz der Mittel- und Kleinstaaten die Wehrhaftigkeit Deutschlands und dessen Ansehen im Auslande nicht beeinträchtigt. Die Kriegs-Verfassung des Bundes datirt aus einer Zeit, in welcher Russland, Oesterreich und zum Theil auch Preussen nichts anderes im Auge hatten, als Deutschland politisch zu annulliren. Wenn in der Denkschrift der Accent auf die Defensivstellung des deutschen Bundes im europäischen Staatensysteme gelegt wird, so ist dies bedenklich. Gerade diese blosse Defensivstellung entspricht den Wünschen der deutschen Nation keineswegs. Ausländer von dem Schlage des Fürsten Gortschakoff werden dadurch verleitet, Deutschland als „*une combinaison"* hinzustellen. Ein Land, welches immer nur warten soll, bis es angegriffen wird, ist von vornherein verloren. Die Offensive zur rechten Zeit ist die einzige siegverheissende Defensive. Hätte der König von Sardinien Bedenken getragen, seine Armee der französischen unterzuordnen, so würden die Alliirten den Sieg bei Solferino nicht davongetragen haben. Der Erfolg entscheidet. Es kommt darauf an zu siegen. Die Theilung der österreichischen und preussischen Armee ist ein Ding der Unmöglichkeit. In jeder Armee sind gute, mittelmässige und schlechte Truppen vorhanden. Wir sind alle Menschen. Glauben Sie, der Kaiser von Oesterreich und der König von Preussen werden ihre besten Truppen dem Bunde zur Verfügung stellen? Ist es mit der Waffenehre, dem Geiste und der Disciplin einer grossen Armee vereinbar, nur einen Theil derselben ohne das Ganze zu engagiren? Nimmermehr. Alle solche Bestimmungen haben, wie die Vorgänge in Italien beweisen, nur auf dem Papiere Geltung. Wo war während des jüngsten Krieges das österreichische Bundes-Contingent? Man versichert, es sei vorhanden gewesen. Ich glaube es nicht. Würde es der Kaiser von Oesterreich nicht verwendet, oder mindestens nach Tyrol vorgeschoben haben? Musste man doch im k. k. Hauptquartiere wissen, dass die Franko-Sarden verloren waren, wenn Oesterreich nur 120,000 Mann mehr in die Wagschale zu werfen gehabt hätte. Die Thatsache, dass man diese 120,000 Mann nicht herbeigezogen, beweist, dass man sie nicht besass oder mindestens, dass sie nicht schlagfertig waren. Es giebt nur ein Heil für Deutschland: die militärische Führung wie die diplomatische muss Preussen übertragen werden. Dass dies mit aller Schonung des sehr achtungswerthen Selbstgefühls der einzelnen Armeen geschehen müsste und könnte, versteht sich von selbst. Oesterreich ist immer österreichisch, nicht deutsch, und das wird immer im Bunde ein wunder Fleck bleiben, solange man sich nicht darüber klar wird, dass Deutschland unter Preussens Führung stark genug ist, eine europäische Rolle zu spielen. Das Verhältniss zu Oesterreich könnte durch eine Militär-Convention geregelt werden, welche unter Wahrung der Reciprocität die gesammte k. k. Armee, nicht bloss das Bundes-Contingent, für die Interessen Deutschlands verfügbar machte."

Der Prinz war billig genug einzuräumen, dass die preussische Unliebenswürdigkeit und die in Berlin vorherrschende kleinstädtische Engherzigkeit das Vertrauen nicht aufkommen liessen, welches die *conditio sine qua non* der von ihm empfohlenen kriegstüchtigen Organisation sein würde. Das specifische Preussenthum ist Seiner Königlichen Hoheit ebenso zuwider wie der Mehrzahl der Deutschen. Seiner Ansicht nach werde jedoch das Gefühl der Erniedrigung und der Schwäche dem Auslande gegenüber im Volke den Preussenhass überwinden. Er hält es nicht für politisch, in einem Augenblicke so grosser Gefahr, wie der jetzige, mit Reform-Vorschlägen hervorzutreten, welche kaum Aussicht auf Erfolg haben würden. Käme es zum Kriege, so würden die Ereignisse so plötzlich, so unaufhaltsam, so „*sweeping*" über uns hereinbrechen, dass die Existenz des deutschen Bundes und der Mittelstaaten im höchsten Grade bedroht erscheine.

Die Trias-Idee ist durchaus nicht im Geschmacke des Prinzen, wie seine Randglosse beweist.

„Erinnern Sie sich," sagte er, „an den Ausspruch Friedrich des Grossen ‚Die Schlachten werden nicht mit den Armen, sondern mit den Beinen gewonnen', und vergessen Sie nicht, dass die deutschen Nordsee-Staaten nothgedrungen immer mit Preussen gehen werden. Denn wie sollten jene Contingente, wenn es sich darum handelte, die Trias-Armee z. B. bei Mainz zu concentriren, sich mit Munition, Proviant, Train u. s. w. in demselben Augenblicke in Bewegung setzen können, in welchem Eisenbahnen und Militärstrassen für eine im Aufmarsche befindliche preussische Armee frei gehalten werden müssten? Was aber ist ohne die geographisch abgeschnittenen Nordsee-Staaten die Trias? Nichts als eine zweite Auflage des Rheinbundes.

Nothgedrungen wird der Egoismus der beiden Grossmächte die vereinigten Mittelstaaten dazu führen, eine Anlehnung im Auslande, in Frankreich oder in Russland, zu suchen. Im Augenblicke der Gefahr würde die Existenzfrage die Interessen des gemeinsamen Vaterlandes überwiegen."

Die hannoversche Idee eines zwischen Oesterreich und Preussen abwechselnden Ober-Commandos der Bundes-Armee ward als unpraktisch verworfen. Oesterreich könne und werde diesen Vorschlag nie annehmen und solches dann auch von Preussen nicht verlangt werden können. Auch die preussische Proposition sieht Seine Königliche Hoheit für gescheitert an. Er wiederholte, dass er sehr, sehr schwarz in die deutsche Zukunft sehe.

„Fände sich nur ein Mittel," rief er, „Deutschland das Ansehen, welches ihm gebührt, im Auslande zu verschaffen und zu verhüten, dass es immer mit Füssen getreten wird, dann tauschte ich als Deutscher mit keinem Lande der Welt. Mit Ausnahme der europäischen Stellung haben wir Alles besser als die anderen."

Anderthalb Stunden waren so schnell vergangen, dass ich kaum Zeit hatte, das Gespräch auf das europäische Gebiet zu lenken, und doch lag mir sehr viel daran, den Prinzen zu ersuchen, die unter dem 12. d. erwähnten Gerüchte über den geheimen französisch-sardinischen Vertrag richtig zu stellen.

Seine Königliche Hoheit bemerkte, der geheime Vertrag falle in die Zeit der Sendung Cowley's nach Wien. Ueber den Inhalt sei ich schlecht unterrichtet. Von den Herzogthümern und der Romagna sei keine Rede gewesen, habe man doch damals in Paris an ein Königreich Etrurien für den Prinzen Napoleon gedacht. Die Cession Savoyens sei für die Eroberung der Lombardei, die Nizza's für Venetien stipulirt worden. Die tüchtigste Rede über diese schamlose Transaction habe Lord Grey gehalten, welcher, gerade weil er die Existenz derselben bezweifelte, ungescheut die wohlthätigsten Wahrheiten im Oberhause habe sagen können.

Cavour's Raisonnement sei, von Savoyen könne keine Rede
sein, da die Präliminarien von Villafranca Sardinien nicht in den
vollen Besitz der Lombardei gesetzt hätten. Solange Mantua und
Verona in Oesterreichs Händen verblieben, sei die Ueberlassung
des militärisch unhaltbaren Flachlandes für Sardinien eher eine
Verlegenheit als ein Machtzuwachs. „Und das ist," bemerkte
der Prinz, „ganz richtig." Er fügte hinzu, von der Cession der
Grafschaft Nizza könne nach Cavour's Auffassung noch weniger
die Rede sein, da Venetien gar nicht erobert worden.

„Unter diesen Umständen," schloss der Prinz, „haben wir
vom Kaiser Napoleon die Zusicherung erlangt, die savoyische
Frage vorläufig ruhen zu lassen. Zugleich hat er uns versprechen müssen, falls diese Frage später wieder aufgenommen
werden sollte, die Ausführung der Cession von der Genehmigung
der übrigen Grossmächte abhängig zu machen. Meiner Ansicht
nach müssen wir uns von vornherein mit den übrigen Mächten
darüber verständigen, diese Genehmigung auf keinen Fall zu
ertheilen. Ich hoffe, dass es möglich sein wird, eine Einigung
in diesem Sinne zu erreichen."

Vollkommen bestätigt wurde meine Hindeutung auf die
drohende orientalische Krisis mit dem charakteristischen Zusatze: „Und da kommt nun dieser dumme Handelsvertrag da-
zwischen!"

Mit der Freimüthigkeit, zu der des Prinzen offenes Wesen
unter vier Augen ermuthigt, entwickelte ich die unter dem 12. d.
angedeutete Auffassung und betonte, dass der Zweck dieses
Vertrages augenscheinlich kein anderer gewesen, als England für
einige Monate zu paralysiren.

„Ganz richtig," rief der Prinz, „mag das Unterhaus den
Vertrag annehmen oder verwerfen, in jedem Falle sind wir für
einige Zeit lahm gelegt. Ausserdem hat Napoleon noch den
Vortheil, sich wohlfeiles Eisen und wohlfeile Kohlen zu verschaffen und durch die Differentialzölle für Kohlen, welche auf
französischen Schiffen eingeführt werden, seine Marine zu heben

und zu begünstigen. Das Allerschlimmste aber ist, dass das Ding ein gar so schlechtes Aussehen hat. Uebrigens ist der Vertrag Persigny's Werk, und der Kaiser persönlich gar nicht für den Freihandel eingenommen. So oft ich ihm dessen Vortheile auseinandergesetzt, antwortete er mir immer: *,Que voulez-vous, on n'en veut pas en France.'*"

London, 17. Februar 1860.

Einer Aufforderung Mr. Disraeli's folgend begab ich mich vorgestern in seine Wohnung, um unbehelligt von Whig-Spionen, wie er sich ausdrückte, die Sachlage zu besprechen.

Wir tauschten zuvörderst die in den letzten Tagen zur Kenntniss der Diplomatie gelangten Daten über den geheimen französisch-sardinischen Vertrag aus. Das Bekanntwerden dieser bedenklichen Verabredung scheint den englischen Staatsmännern den ganzen Ernst der Lage klar gemacht zu haben. Ueber den eigentlichen Zweck des Handelsvertrages theilt Disraeli meine Auffassung vollkommen.

Mit ungewohnter Zurückhaltung und Mässigung äusserte er sich über den bevorstehenden parlamentarischen Kampf. Grosses Gewicht ward auf die Thatsache gelegt, dass die Reformfrage über Bord geworfen sei. In dem *meeting* der conservativen Partei vom 14. sei Lord Derby's Erklärung, er habe sein Wort gelöst und werde keine neue Reformbill vorlegen, mit Beifall begrüsst worden. Ich bemerkte, die Männer der Manchester-Schule würden, falls das Unterhaus den Cobden'schen Vertrag verwerfen sollte, ihrem Unmuthe durch eine gesteigerte Reform-Agitation Luft machen; es gebe aber ein Mittel dieser Gefahr vorzubeugen.

"Welches?" fragte Disraeli.

"Eine feste, kühne Politik Frankreich gegenüber auf die Gefahr hin den Krieg herbeizuführen," war meine Antwort.

"Darin würde auch die einzige Möglichkeit liegen, England vor

den Gefahren zu retten, welche im Oriente drohen. Je fester
Sie auftreten, desto mehr wird man in Paris klein beigeben."

„Davon sind wir durchdrungen," sagte der Führer der
Opposition. „Kaiser Napoleon wird sich heute meiner Worte
erinnern, als ich ihn vor einigen Jahren warnte, sich in Palmerston's Arme zu werfen. Er behauptete, wir Tories wären seine
Erbfeinde, er habe also keine Wahl. Ich leugnete dies und
versicherte, wir würden mit jeder Regierung in Frankreich gehen,
welche die Verträge respectire, mit keiner, welche dies nicht
thue. Palmerston werde viel versprechen, aber nichts halten, weil
ihm die Macht fehle. Er habe einige Anhänger, keine Partei."

Der Rath, mit dem ich die Unterredung schloss, fiel auf
dankbaren Boden. Ich stellte den Satz auf, die Conservativen
müssten zunächst, sei es in der Opposition oder im Amte, auf
einen einmüthigen Beschluss der vier Grossmächte gegen jede
territoriale Vergrösserung Frankreichs dringen. Dann könne
die jetzige Wendung der savoyischen Frage benutzt werden, um
den Grund zu legen zu einer künftigen europäischen Coalition
gegen das zweite Kaiserreich.

Seit dem Tory-Meeting scheinen die Minister die drohende
Krisis ernster zu nehmen als bisher. Sie wollen daher den
Handelsvertrag nicht mehr als ein Ganzes vorlegen, sondern
die Annahme der Grundprincipien desselben in einzelnen Resolutionen erwirken in der Hoffnung, die Cabinetsfrage zu
umgehen. Auf Gegenresolutionen der Opposition ist man
gefasst. Im Falle einer Niederlage des Ministeriums, welche
kaum erfolgen dürfte, würde die Auflösung des Parlamentes.
die von vielen, Whigs und Tories, für unmöglich gehalten wird,
unvermeidlich sein, es müsste denn die Mehrheit gegen den Vertrag unerwartete Proportionen annehmen.

Auch auf dem Felde der auswärtigen Politik mahnt die
anti-ministerielle Stimmung des Parlamentes zur Vorsicht. So
waren wir bisher unter dem Eindrucke, die Westmächte hätten
sich über Mittel-Italien bereits verständigt, als Lord John Russell

gestern zwei meiner Collegen das überraschende Geständniss
ablegte, man sei noch über gar nichts übereingekommen. Dies
bestätigen die gestern auf die Interpellationen Sir Robert
Peel's und S. Fitzgerald's ertheilten Antworten. Es geht daraus
klar hervor, dass der Widerstand des Parlaments gegen die
Einverleibung Savoyens die Minister gezwungen hat, die central-
italienischen Fragen offen zu halten. Die Folge davon ist, dass
die ablehnende Antwort, welche Thouvenel in seiner Depesche
vom 30. v. M. bezüglich des vierten Punktes ertheilt hat, in
Paris jetzt weit schärfer betont wird als vor vierzehn Tagen.
Ja man möchte die Zustimmung zu einer Vergrösserung in
Mittel-Italien von der Cession Savoyens geradezu abhängig
machen. Andererseits folgt Lord John bezüglich Savoyens
den Rathschlägen der Opposition. Lord Malmesbury's Argument · gegen die Einverleibung Savoyens ist sofort benutzt
und Sir J. Hudson angewiesen worden, dasselbe dem Turiner
Cabinet zur Beherzigung zu empfehlen. In der That würde
Sardinien, welches sich darüber beschwert, dass die Präliminarien
von Villafranca ihm eine offene, nicht zu vertheidigende Grenze
gelassen haben, durch die Cession der Alpenpässe eine zweite
offene Grenze erhalten und dadurch ganz in die Abhängigkeit
seiner beiden mächtigen Nachbarn gerathen. Die Depesche Lord
John's ist meines Wissens vorgestern nach Turin abgegangen.
Gestern hat er, wie Lord Granville im Oberhause, die Erklärung
Sardiniens, es werde Savoyen nicht cediren, im Unterhause erwähnt. Er setzte hinzu, England werde in jedem Falle die Rechte
der Schweiz zu wahren suchen.

Als ich den sardinischen Gesandten fragte, ob er an die
gewaltsame Besetzung Savoyens durch französische Truppen
glaube, antwortete er: „Cela serait peut-être le meilleur moyen de
trancher la question."

Mitten in den Verlegenheiten, welche die Sympathien für
die Revolution auf der einen, das wachsende Misstrauen des
Parlaments gegen Frankreich auf der anderen Seite den libe-

ralen Ministern bereiten und deren Action in Mittel-Italien paralysiren, findet sich der Staats-Secretär des Auswärtigen gemüssigt, Deutschland gute Lehren zu geben. Warum wir uns denn nicht endlich einigten? fragte er gestern einen meiner deutschen Collegen. Warum wir nicht einen Kaiser wählten und ihm ein Parlament zur Seite setzten? Er kam an den rechten Mann, der ihm die Antwort nicht schuldig geblieben und die Phantasien des Reformers *par excellence* mit Hinweisung auf die rauhe Wirklichkeit einigermassen abgekühlt haben dürfte.

Sorglos und leichtsinnig wie immer steht Lord John dem im Osten heraufziehenden Gewitter gegenüber. Indessen hat die vertrauliche österreichische Depesche vom 10. insoweit wenigstens Erfolg gehabt, dass Lord A. Loftus angewiesen worden, den Vorgängen in Bulgarien, Serbien u. s. w. aufmerksam zu folgen und die in Wien vorhandene Geneigtheit, im Oriente mit England zu gehen, nicht erkalten zu lassen. Lord John motivirt seine Sorglosigkeit durch die beruhigenden Versicherungen, welche ihm in Uebereinstimmung mit dem britischen Agenten der hiesige türkische Botschafter ertheile.

Es scheint übrigens, dass Frankreich und Russland diese Wirren dazu benutzen, um sich gegenseitig hier zu denunciren. Gortschakoff schreibt an Brunnow, Russland habe durchaus nicht die Absicht sich einzumischen, fügt aber hinzu: „*Si nous avions de mauvaises intentions, les provocations et les excitations ne nous manqueraient pas et les alliés ne nous feraient pas défaut.*" Ganz übereinstimmend sagt Thouvenel in einer seiner letzten Depeschen: „*Si l'empereur voulait profiter de ces troubles, les alliés ne lui manqueraient pas.*"

Auf das erst heute ausgegebene Blaubuch: „*Correspondence respecting the affairs of Italy from the signature of the preliminaries of Villafranca to the postponment of the congress*", 252 Actenstücke auf 725 Seiten enthaltend, behalte ich mir vor zurückzukommen.

London, 23. Februar 1860.

Niemand bezweifelt jetzt mehr, dass das Ministerium siegreich aus der Budget-Debatte hervorgehen wird. Es stellt sich mehr und mehr heraus, dass das französische Calcul vollkommen richtig war. Je mehr man dasselbe durchschaut, desto höher steigert sich das Misstrauen gegen Napoleon. Die materiellen Vortheile, welche der Persigny'sche Vertrag den Handels-Interessen bietet, sind jedoch so überwiegend, dass der Jubel der Manchester-Schule keine Grenzen kennt. Nicht nur die Radicalen werden wie ein Mann für den Vertrag stimmen, Palmerston und Cobden rechnen auch auf eine Anzahl conservativer Ueberläufer. Einige Mitglieder der Tory-Partei besitzen beträchtliche Kohlengruben, und die Eröffnung des französischen Marktes für deren Producte wird bei der Abstimmung schwer in die Wagschale fallen.

London, 25. Februar 1860.

Russland und Preussen haben sich über die Modalität verständigt, die von Frankreich inspirirte Idee, die Lösung der italienischen Wirren einer europäischen Conferenz zu übertragen, gemeinschaftlich bei dem britischen Gouvernement anzuregen. Dieser Versuch ist gescheitert. Lord John Russell erklärte Herrn von Brunnow und dem Grafen Bernstorff, sie kämen zu früh, der Augenblick sei noch nicht gekommen. Darauf aufmerksam gemacht, dass Lord Palmerston im Gegentheil der Ansicht Ausdruck gegeben, der Augenblick sei vorüber, nahm der Staats-Secretär des Auswärtigen seine Zuflucht zu einer irländischen Anekdote, um zu beweisen, dass „zu spät" und „zu früh" gleichbedeutende Begriffe seien.

Durch die Annahme des Handelsvertrages und durch die beiden letzten Abstimmungen — welche man das Magenta und das Solferino der Conservativen nennt — gekräftigt, ist das britische Ministerium mehr denn je entschlossen, „der unerbitt-

lichen Logik der Thatsachen" in Italien völlig freie Hand zu lassen.
In dieser Stimmung wird die Mahnung des preussischen Ge-
sandten, Frankreich und Sardinien vor jedem Angriffe auf die
Mincio-Linie zu warnen, auf Lord John Russell keinen tiefen
Eindruck gemacht haben. Indessen ist die Mahnung selbst ein
hoch erfreuliches Symptom für die correcte Haltung des Berliner
Cabinets.

Theoretisch ist es immerhin von Wichtigkeit, dass Russland
und Preussen die französischen Entschuldigungen nicht gelten
lassen, vielmehr in Mittel-Italien für das Princip des legitimen
Rechtes, wenn auch nicht mit den Waffen in der Hand, eintreten.
Den Breslauer Besprechungen gemäss haben sich beide Mächte
gegen eine Conferenz à quatre (d. h. ohne Oesterreich) wie gegen
die Aufstellung eines Programms verwahrt, welches von vornherein ihnen die Hände binden könnte. Diese Verwahrungen
haben jedoch keinen praktischen Werth, da die Conferenz weder
à quatre noch à cinq zu Stande kommt. In jedem Falle kann
die zuwartende Haltung des k. k. Cabinets der Verständigung
desselben mit Preussen und Russland nur förderlich sein.

Wenn eine schlechte Sache durch eine gute Feder gebessert
werden könnte, so würde Thouvenel's Depesche vom 31. Januar
in Wien den gewünschten Erfolg gehabt haben. Graf Rechberg
hat jedoch nicht verfehlt, in seinen an den Fürsten Metternich
unter dem 17. d. gerichteten Erlassen die glänzenden Sophismen
des französischen Ministers zu widerlegen. Jeder Unbefangene
wird daraus entnehmen, dass Oesterreich, ohne sich selbst aufzugeben, die bewussten vier Punkte nicht gutheissen konnte.

Der hiesige k. k. Gesandte ist unter vertraulicher Mittheilung
der Depeschen Rechberg's angewiesen worden, Lord John Russell
auf die Wühlereien Sardiniens aufmerksam zu machen und über
die Vertheidigungs-Massregeln, welche in Venetien getroffen
werden, zu beruhigen.

Als bekannt darf ich voraussetzen, dass die römische Curie
die jüngsten Vorschläge des französischen Cabinets abgelehnt hat.

Der Herzog von Gramont hatte für die Abtretung der Lega-
tionen die Insel Sardinien oder gewisse Gebietstheile des Königs
von Neapel — welcher durch die Insel Sardinien entschädigt
werden sollte — angeboten. Da der römische Hof auf diesen
Handel nicht eingegangen ist, haben diese Vorschläge nur noch
ein historisches Interesse.

London, 5. März 1860.

Die hiesige deutsche Diplomatie hat die Hände nicht in den
Schoss gelegt, wenn sich auch ihre Thätigkeit nicht auf dem
amtlichen Felde bewegen konnte. Ob ihre Bemühungen von Erfolg gewesen, wird sich in der heutigen Unterhaus-Sitzung zeigen.

Seitdem der Nebelfleck der savoyischen Frage sich am politischen Horizonte gezeigt, ist nichts versäumt worden, um den
hiesigen für die auswärtige Politik so unempfänglichen Staatsmännern die Augen zu öffnen.

Die französische Thronrede und die im „Moniteur" veröffentlichten Depeschen Thouvenel's vom 24. v. M. ergänzen
das dem Parlamente soeben vorgelegte Blaubuch und bestätigen
die seit Wochen vorausgesagten Befürchtungen. Gern würde
man hier die Politik des Vogel Strauss befolgen, aber Thatsachen
sind Thatsachen und jede Möglichkeit, noch ferner Vertrauen zu
heucheln, ist verschwunden. Die Maske ist gefallen. Die „geographische Nothwendigkeit" ist ein Argument von zu bedenklicher
Dehnbarkeit, um überhört zu werden.

Der preussische Gesandte war allein in der Lage, amtlich zu
handeln. Auf Befehl seiner Regierung hat er sowohl Palmerston
als Russell energisch interpellirt über das, was England thun
werde. Er hat betont, dass Preussen das Recht habe, auf
eine bestimmte Antwort zu dringen. Es müsse wissen, ob und
in wie weit man auf England rechnen könne, falls die geographische
Nothwendigkeit der natürlichen Grenzen auch auf Deutschland
ausgedehnt werden sollte. Wie zu erwarten, haben beide Minister
weniger ausweichend als ablehnend geantwortet: England habe

nicht die Gewohnheit, sich für Eventualitäten der Zukunft die
Hände zu binden, und werde keinerlei Engagements eingehen.
Bernstorff hat erwidert, seine Regierung verlange kein Engagement für die Zukunft, wohl aber eine unzweideutige Antwort auf
die brennende Frage des Tages, ob England als Garant der Verträge von 1815 die Einverleibung Savoyens ohne Protest geschehen lassen werde? Bis jetzt ist Alles vergebens aufgeboten
worden, um die englische Regierung von der Nothwendigkeit
einer solchen Rechts-Verwahrung zu überzeugen. Es bleibt daher nichts übrig, als die Minister, wenn irgend möglich, durch
das Parlament zu dem zu zwingen, was sie freiwillig nicht thun
wollen. Vor acht Tagen war die Constellation für einen solchen
Versuch noch sehr ungünstig. Durch ihre Niederlagen entmuthigt
hatten die Conservativen das Vertrauen zu ihren Führern verloren.
Seit dem Bekanntwerden der französischen Thronrede ist jedoch
ein für die Minister sehr bedenklicher Umschwung eingetreten.
Sir Robert Peel's und Lord John Manners' Reden hatten gezündet
und Bright's von Lord John Russell desavouirter, nur von Gladstone mit Beifall begrüsster, taktloser Ausfall die Gemüther er-
bittert [1]). Es galt diese Stimmung zu benutzen.

Die Herzogin von Wellington hatte vorgestern zu Ehren des
Prinzen von Oranien eine grössere Abendgesellschaft veranstaltet,
welche uns Gelegenheit bot, die hervorragendsten Mitglieder
beider Häuser zu sondiren. Graf Bernstorff übernahm es Lord
Malmesbury über die Sachlage aufzuklären und forderte ihn geradezu auf, im Oberhause einen Protest gegen die Einverleibung
von Savoyen zu beantragen. Ich bemühte mich Lord Lyndhurst
und Lord Grey für diese Idee zu gewinnen. Letzterer fürchtete,
es sei zu spät, eine Befürchtung, welche ich mit dem bekannten
„It is never too late to mend" nicht erfolglos bekämpfte. Auch
Sir Robert Peel, noch ganz glücklich über seinen jüngsten Er-

---

[1]) Siehe über diese Sitzung Malmesbury's Memoirs of an Ex-Minister
vol. II, pag. 218.

folg, wurde mit der nöthigen Munition zu einem neuen Angriffe versehen. Einer meiner Collegen gab mir unter den Fuss, ob es denn nicht möglich sein sollte, eine Adresse durchzusetzen, in welcher das Parlament die Königin ersuchte, ihrer Regierung geradezu den Protest befehlen zu wollen.

Nachdem ich die Sache beschlafen, beschloss ich diesen Gedanken in veränderter Form mit Disraeli zu besprechen. Als ich gestern bei ihm vorsprach, hatte er zwar seine Thür verboten, aber seine Leute versicherten Befehl zu haben, mich trotzdem jederzeit zu melden. Ich wurde sofort empfangen.

„Ich bringe Ihnen einen Vorschlag *(a suggestion),*" sagte ich, „obgleich Sie dessen kaum bedürfen werden. Das Unterhaus hat nachgerade genug gesprochen über Savoyen. Es ist Zeit zu handeln. So viel ich weiss, werden die Minister morgen (d. h. heute) eine Adresse beantragen, in welcher das Haus die Annahme des Handelsvertrages der Königin unterbreiten soll. Sollte es nicht möglich sein, ein Amendement durchzubringen und die Krone gleichzeitig in derselben Adresse zu ersuchen, gegen die Einverleibung Savoyens förmlich zu protestiren? Die Beweggründe brauche ich Ihnen nicht zu entwickeln. Es handelt sich um eine Ehrensache für die Nation, für das Haus und vor Allem für die conservative Partei. Mit Recht oder Unrecht erblickt man in dem Handelsvertrage nur ein Bestechungsmittel, um die Zustimmung des Unterhauses zu dieser schreienden Verletzung der bestehenden Verträge zu erkaufen. Ist es nicht angezeigt, durch die That zu beweisen, dass das englische Parlament es unter seiner Würde hält, auf einen solchen Handel einzugehen? Ein Protest ist keine Kriegserklärung, aber eine Wahrung des Rechtes. Hat Lord Malmesbury nicht im vorigen Jahre gegen den Durchmarsch der französischen Truppen durch das neutrale Gebiet von Savoyen protestirt? Da haben wir einen Präcedenzfall. Ergreift England die Initiative, so werden Preussen, Oesterreich und Russland folgen. Jetzt oder nie ist der Augenblick für einen genialen Feldherrn, sich zu zeigen. Wäre es nicht

ein grosser Triumph, nach zwei verlorenen Schlachten endlich
doch den Sieg zu erfechten? Und was riskiren Sie? Gar nichts.
Aller Wahrscheinlichkeit nach werden die Minister es nicht einmal versuchen können, sich zu widersetzen. Lord John hat sich
durch seine neuesten Erklärungen die Hände gebunden. Gestatten die Formen des Hauses ein solches Amendement nicht,
was würde Sie verhindern, in einer besonderen Adresse die Bitte
um diese Rechts-Verwahrung gleichzeitig an die Stufen des
Thrones zu bringen?"

Disraeli war dieser Auseinandersetzung mit gespanntester
Aufmerksamkeit gefolgt. Er dankte mir auf das wärmste und
nannte den Gedanken „*a capital and most excellent idea*".

„Sie kommen," rief er, „gerade zur rechten Zeit. Ich erhalte in diesem Augenblicke eine Aufforderung von Lord Derby,
im Hinblick auf die heutige Debatte die savoyische Frage mit
ihm zu besprechen [1]). Meiner Ansicht nach ist gegen ein Amendement, wie Sie es vorschlagen, nichts einzuwenden. Werden
die Minister gezwungen es anzunehmen, so ist dies ein wahrer
Triumph für uns."

Auch Seymour Fitzgerald ist für diese Idee gewonnen. Er
weiss, dass Lord John Russell, als er in der Sitzung vom
28. Februar bei Gelegenheit der Motion Kinglake's seinem Optimis-
mus die Zügel schiessen liess, seit zwei Tagen im Besitze des
Thouvenel'schen Erlasses vom 24. Februar gewesen sein musste.
Der französische Botschafter schäumt und verbirgt weder den
Ministern noch anderen seine Missstimmung. Er behauptet, Lord
John habe seinen kaiserlichen Herrn auf das unverantwortlichste
blossgestellt. In einer Unterredung mit Lord Palmerston gestern
Abend wurde Persigny so heftig und schrie so laut, dass wir
Umstehende deutlich die Worte vernahmen: „*La Savoie? Mon*

---

[1]) Ueber Lord Derby's Auffassung der Sachlage vergleiche dessen
Brief an Lord Malmesbury von demselben Tage in: Memoirs of an Ex-Minister
vol. II, pag. 218.

Dieu! Tout cela a été arrangé préalablement avec la Sardaigne. Vous n'avez rien à y voir. Les anciens traités n'existent plus. Un nouvel ordre de choses a été créé en Italie et nous oblige à réclamer de nouvelles garanties."

Oesterreich tritt aus seiner Zurückhaltung nicht heraus. Man sieht es in Wien vielleicht nicht ungern, wenn Sardinien geschwächt wird und eine zweite offene Grenze erhält. Andere glauben, man bediene sich der savoyischen Frage als Unterhandlungsmittels, um wesentliche Zugeständnisse von Frankreich zu erlangen. Wie dem auch sei, eine wirkliche Verständigung zwischen Oesterreich und Frankreich ist nur auf Kosten Englands denkbar.

Wie die Sachen heute liegen, giebt es nur e i n e Macht, den Uebergriffen des Bonapartismus Halt zu gebieten: das britische Parlament.

London, 19. März 1860.

Die Antwort auf die am 15. d. hier eingegangene Depesche des Herrn von Thouvenel ist im Cabinets-Conseil vorgestern, den 17., berathen worden. Lord John Russell und Sir Cornewall Lewis waren durch Unwohlsein verhindert, an dieser wichtigen Berathung Theil zu nehmen; ebenso Lord Granville, welcher seit dem vor wenigen Tagen erfolgten Ableben seiner Gemahlin noch nicht wieder in die Stadt gekommen ist. Die Abwesenheit der Staats-Secretäre des Aeussern und des Innern hat zu dem Gerüchte Anlass gegeben, beide hätten ihre Entlassung eingereicht; ersterer in Folge einer ernsten Meinungsverschiedenheit mit dem Premier-Minister, letzterer, weil er, von vornherein mit Gladstone's Finanzplan nicht einverstanden, die Verantwortlichkeit dafür nicht länger übernehmen wolle. Die Entlassung Sir Cornewall Lewis' wird im „Observer" ausdrücklich dementirt. Dass Lord John Russell, schon seit einigen Tagen unwohl, sich für die bevorstehende zweite Lesung seiner Reformbill habe schonen wollen, ist an sich nicht unwahrscheinlich. Es ist jedoch nicht zu verkennen, dass die Haltung desselben in der Freitags-Sitzung zu einer ernsten Auseinandersetzung mit Lord Palmerston geführt haben könnte. Die unerwarteten Enthüllungen *(unexpected revelations)* entsprachen kaum den hiesigen Gepflogenheiten. Als Lord John am vergangenen Freitag im Unterhause seine Kritik der Thouvenel'schen Depesche mittheilte, war letztere seit vierundzwanzig Stunden in seinen Händen. Man fragt sich, was den Staats-Secretär des Aeusseren bewogen, ein so wichtiges Actenstück seinen Collegen vorzuenthalten und dem Hause ohne Vorwissen des Cabinets mitzutheilen. Man erinnert zugleich an dessen heftigen mit Lord Palmerston's Lobeserhebungen in so seltsamem Widerspruche stehenden Ausfall gegen Graf Cavour, um die obgedachte Vermuthung zu begründen. Einige behaupten, der Grund der Missstimmung zwischen beiden leitenden Ministern liege noch tiefer. Lord Palmerston hatte schon zur Zeit des letzten Derby-Ministeriums nach seinem Besuche in Compiègne sich in eine Privat-Correspondenz mit dem Kaiser Napoleon eingelassen. Lord John soll nun die Entdeckung gemacht haben, dass der edle Viscount diesen Briefwechsel, seitdem er Premier-Minister geworden, fortsetze und zwar hinter dem Rücken seiner Collegen. Kurz vor oder nach dem Neujahrsgrusse an Hübner soll Palmerston geäussert haben: verlange Kaiser Napoleon Savoyen und Nizza, so sei diese Erwerbung zu unbedeutend, um eine Einsprache Englands zu rechtfertigen. Seitdem mag sich Palmerston's Auffassung wesentlich modificirt haben, wie schon seine Dienstags-Rede beweist. Seine Vertrauten wollen vorgestern eine sehr ausgesprochene Verstimmung des Premiers gegen seinen kaiserlichen Freund bemerkt haben.

Eine grosse Verlegenheit für das Cabinet erwächst aus der Protestation der Schweiz. Lord John hatte bezüglich der neutralen Gebiete von Chablais und Faucigny im Unterhause ausdrücklich versprochen, die Rechte der Eidgenossenschaft zu wahren. Er entschuldigt sich jetzt damit, die Schweiz habe directe Verhandlungen mit Frankreich angeknüpft und erst nach Abbruch derselben, als es zu spät gewesen, die Hilfe der übrigen Grossmächte angerufen. Dass die schweizerische Diplomatie in Paris dupirt worden, ist sehr wahrscheinlich; sie ist nicht die einzige. Die Behauptung, dass man in Bern zu spät Lärm geschlagen, wird jedoch durch die von den Engländern selbst veröffentlichten Actenstücke widerlegt.

Jedenfalls sind wir an einem Wendepunkte angelangt und Alles mahnt an die Krisis von 1853. Wie der Krimkrieg grossentheils dadurch herbeigeführt wurde, dass Kaiser Nikolaus den Friedens-Aposteln der Manchester-Schule, Bright und Cobden, einen Einfluss zuschrieb, den sie nicht besassen, so könnte sich Kaiser Napoleon heute durch den Finanzplan Gladstone's, die Annahme des Handelsvertrages und Lord Palmerston's Haltung irre geleitet, über die wahre Stimmung Englands täuschen.

Die Sachlage wird an einer über die Strömung der Parteileidenschaft erhabenen Stelle sehr ernst aufgefasst. Fehler über Fehler habe man begangen, klagt man dort, und sich vollkommen täuschen lassen. Alles was geschehe, um den Frieden zu erhalten, könne dazu führen, den Ausbruch des Krieges zu beschleunigen und der erste Kanonenschuss werde England leider unvorbereitet finden.

Persigny ist wieder einmal in grösster Aufregung. Sein armer Kaiser, sagt er, sei viel zu gut. Er habe es Allen recht machen wollen, den Franzosen, den Engländern, den Italienern, den Schweizern, und habe es keinem recht gemacht. Daraus seien alle diese Verlegenheiten erwachsen.

Ein wetterkundiger Prophet verkündete gestern, binnen sechs Wochen würden die Botschafter in Paris und London beiderseits ihre Pässe verlangen.

London, 25. März 1860.

Lord John Russell's Antwort auf die Thouvenel'sche Depesche vom 13. dürfte, obgleich Persigny dies bezweifelte, bereits ab-

gegangen sein. Es werden darin alle schon vorgebrachten Gegenvorstellungen gegen die Einverleibung von Savoyen wiederholt.
Die durch den Protest der Schweiz angeregte Frage von Chablais
und Faucigny ist einer besonderen Depesche vorbehalten. Letztere
scheint noch nicht abgegangen zu sein. Lord Russell hat dem
französischen Botschafter vorgestern mit einem förmlichen Proteste
gegen die Erwerbung dieser neutralisirten Districte gedroht. Der
Botschafter will erwidert haben, ein solcher Protest würde als
Kriegserklärung aufgefasst werden, Frankreich könne nicht mehr
zurück, die englischen Minister kämen zu spät und hätten sich
das selbst zuzuschreiben. Dass die öffentliche Meinung und das
britische Unterhaus der savoyischen Frage eine so grosse Bedeutung beilegen werde, habe man in Paris nicht ahnen können.
Jetzt sei die Sache abgethan, Kaiser Napoleon habe die savoyische
Deputation empfangen und könne unmöglich das Project aufgeben,
nur um Lord Palmerston am Ruder zu erhalten. Da Lord John
schliesslich versprochen, diese Auslassungen des Botschafters dem
Cabinet vorzutragen, so schmeichelt sich Persigny, eine mildere
Behandlung der Sache erzielt zu haben. Der Staats-Secretär des
Aeusseren für seine Person ist zu einer sehr entschiedenen Haltung Frankreich gegenüber entschlossen. Er beklagt um so mehr
die Passivität Russlands, die Schwäche Oesterreichs und Preussens
und die Uneinigkeit Deutschlands.

Russland hat erklärt, gegen die Abtretung Savoyens und
Nizzas sei im allgemeinen nichts einzuwenden. Jeder Souverän
habe das Recht, sein Land einem anderen zu cediren. Die
Schweiz habe keinen Grund zur Beschwerde, falls Frankreich die
Verpflichtungen des bisherigen Landesherrn der Eidgenossen-
schaft gegenüber übernehme. Letzteres soll geschehen sein. Die
Antworten Oesterreichs und Preussens standen noch zurück.

Ueber angebliche französische Sympathien der Mittelstaaten,
namentlich Württembergs, circuliren wieder einmal unliebsame
Gerüchte. Man sucht hier offenbar einen „Prügelknaben“. Man
möchte, nachdem die englische Politik, oder vielmehr der Mangel

an einer vernünftigen Politik, das Unheil angestiftet und den
Kaiser Napoleon anscheinend zum Dictator Europas gemacht hat,
anderen die Schuld zuschieben. Dass sich Oesterreich nicht
beeilt, die Kastanien aus dem Feuer zu holen, ist natürlich. An
eine Lösung der täglich wachsenden Verwirrung wird erst dann
zu denken sein, wenn die westmächtliche Allianzlüge als solche
erkannt und aufgegeben wird.

Während des heutigen *drawing room* machte Lord Palmer-
stou dem harmlosen neapolitanischen Gesandten eine unglaubliche
Scene. Er sagte ihm in italienischer Sprache, man habe in
Neapel nur die Wahl, entweder die Regierungsform oder die
Dynastie zu ändern; letzteres würde in England mit lautem
Beifalle begrüsst werden. Der arme, alte Chevalier hatte kurz
vorher auf telegraphischem Wege seine Abberufung erhalten. Er
fand um so weniger den Muth, auf diesen unerwarteten Angriff
zu antworten. In Verbindung mit der unmotivirten Absendung
der englischen Flotte nach Neapel erblickt man in dieser Scene
ein Vorspiel für eine Besetzung der Insel Sicilien.

„Das von Frankreich gegebene Beispiel," sagte mir heute
Abend Baron Rothschild. „ist bedenklich ansteckend. Man darf
sich nicht wundern, wenn England die erste Gelegenheit benutzt,
um sich in den Besitz von Sicilien und Egypten zu setzen. Ebenso
wenig wird man jetzt die Vereinigten Staaten an der Annexion
von Cuba hindern können."

London, 16. April 1860.

Einen kurzen während der Parlamentsferien unternommenen
Ausflug nach Paris habe ich benutzt, um mich über die dortigen
Zustände einigermassen zu orientiren.

Fürst Metternich war unwohl und an das Zimmer gefesselt.
Ich habe mich ungestört mit ihm aussprechen können. Im allgemeinen bezeichnete der k. k. Botschafter die Beziehungen zwischen beiden Kaiserhöfen äusserlich und anscheinend wenigstens
als befriedigend. Er erwartete eine ihm telegraphisch signa-

lisirte Courier-Expedition. Die zuletzt eingegangene vom 29. v. M. brachte die Antwort Rechberg's auf die Thouvenel'sche Depesche vom 13., eine Antwort, die mit Befriedigung aufgenommen worden ist. In einer vertraulichen Depesche vom 21. v. M. hatte Thouvenel mit Freuden von den mündlichen Zusicherungen Act genommen, welche der Marquis de Moustier aus dem Munde des Kaisers Franz Joseph eingemeldet. Seine Majestät hatte dem französischen Botschafter wiederholt, er werde Italien gegenüber in der Politik der Zurückhaltung beharren und Alles vermeiden, was einen Bruch mit Frankreich herbeiführen könne. Unter Hervorhebung der Weisheit dieser Worte betonte Thouvenel, Frankreich verlange nicht das Aufgeben von Principien, sondern halte nur im wohlverstandenen Interesse beider kaiserlichen Höfe die österreichische Politik des Zuwartens für geboten. Kaiser Napoleon wünsche nichts so sehr, als *de pouvoir dégager sa responsabilité en retirant ses troupes de la Lombardie.* Rechberg nimmt diese Versicherung mit Genugthuung entgegen. Er hebt hervor, wie Oesterreich Alles, was von Piemont gegen die alten und neuen Verträge geschehe, als nur *de facto,* nicht *de jure* bestehend betrachte. Zugleich spricht er die Erwartung aus, Kaiser Napoleon werde durch die Ereignisse belehrt werden, dass der von Piemont *avec un cynisme révoltant* eingeschlagene Weg zur Herstellung des Friedens in Italien nicht führen könne.

Seitdem ist der Fürst angewiesen worden, sich über das Verweilen der französischen Truppen und die an Sardinien gewährten Unterstützungen an Waffen und Munition eine anderweite Erklärung zu erbitten. Der k. k. Botschafter hat die bündigsten Zusicherungen erhalten. Er ist überzeugt, dass das Mailändische Gebiet Ende Mai von den französischen Truppen geräumt sein wird. So zweckentsprechend die nach Turin ertheilten Rathschläge der französischen Regierung auch erscheinen, so ist doch Cavour, von der Revolution längst überflügelt, nicht mehr in der Lage, dieselben zu befolgen. Das französische Cabinet verlangt die schleunige Erledigung der savoyischen Frage. Es empfiehlt die Vertagung des Turiner Parlamentes, denn wie im letzten Kriege werde nur die Dictatur gestatten, sich in den neuerworbenen Besitzungen festzusetzen.

Dass in einem geheimen Artikel des französisch-sardinischen Vertrages vom 24. den Sardiniern der Besitz der Lombardei und Parmas garantirt worden, hält Fürst Metternich für wahrscheinlich; dass diese Garantie auch auf Modena und Toskana ausgedehnt worden, erscheint ihm unmöglich. Volles Vertrauen schenkt er der Betheuerung Thouvenel's, Kaiser Napoleon wünsche nichts sehnlicher, als Victor Emanuel seinem Schicksale zu überlassen, und werde Alles thun, um einen Angriff auf Venetien und den Wiederausbruch des Krieges in Italien zu verhindern.

Einem dem Fürsten Metternich nur zu seiner Information mitgetheilten Berichte des k. k. Botschafters in Rom entnahm ich, dass Cardinal Antonelli die ernstesten Besorgnisse hegt und die Entfernung des Papstes als eine nicht unwahrscheinliche Eventualität scharf in's Auge fasst. Ein päpstliches Dampfboot liegt bereit, auch hat der britische Geschäftsträger Odo Russell Seiner Heiligkeit ein englisches Kriegsschiff für alle Fälle zur Verfügung gestellt. Die Frage, wohin der Papst sich wenden solle, ist eingehend erörtert worden. Antonelli hat dabei kategorisch erklärt, von Frankreich könne keine Rede sein, Pius IX. werde sich nie unter den Schutz dieser Macht begeben. Oesterreich wolle man nicht in Verlegenheit setzen und werde daher im Nothfalle das spanische Festland als Zufluchtsstätte wählen.

General Lamoricière ist in Rom eingetroffen und hat das Commando der päpstlichen Truppen übernommen. Glaubwürdige Privatbriefe bestätigen die Zeitungsnachricht, dass sich der General über das vorgefundene reiche Kriegsmaterial wie über die Truppen selbst günstig ausgesprochen. Weder Lamoricière noch sein Adjutant, der Marquis de Pimodan, haben die Erlaubniss des Kaisers der Franzosen eingeholt, doch ist dies nachträglich durch den Papst geschehen. Napoleon III. macht *bonne mine à mauvais jeu* und lässt allen französischen Offizieren freie Hand, dem orleani-

stischen Generale zu folgen, sei es um der italienischen Umsturzpartei Verlegenheiten zu bereiten, sei es um den Rückzug der
französischen Garnison aus Rom zu ermöglichen.

London, 18. April 1860.

Ein gestern hier eingetroffener österreichischer Courier über-
bringt keine neuen Vorschläge in der Schweizer Angelegenheit.
Lord John Russell's Idee einer Conferenz in London oder Brüssel
ist als gescheitert zu betrachten. Kaiser Napoleon erklärt, er
werde sich nicht als Angeklagter vor einen europäischen Areopag
stellen und an keiner Conferenz Theil nehmen, es sei denn, dass
dieselbe in Paris nach vollständiger Durchführung des Vertrages
vom 24. März stattfinde. Die Schweiz weist die angebotenen
Schein-Concessionen zurück und zieht es vor, unter Protest der
Gewalt zu weichen. Die Schweiz verlangt als *conditio sine qua
non* die Ueberlassung der Ufer des Genfer Sees und der Simplon-
Strasse. Das Gerücht von einer erfolgten Verständigung wurde
gestern von Bern telegraphisch dementirt. Die Idee eines Programmes für die Conferenz ist in Petersburg gescheitert.

London, 22. April 1860.

Am 8. d., am Tage vor der Abreise Persigny's, hat im
französischen Botschaftshôtel eine Conferenz stattgefunden, zu
welcher Lord John Russell von Pembroke Lodge in die Stadt
gekommen war. Ausser dem Staats-Secretär und dem Botschafter
hat nur der Schweizer Abgeordnete, Herr De la Rive, daran
Theil genommen.

Nachdem dieser seinen Instructionen gemäss alle Schein-
Concessionen abgelehnt und für die Schweiz eine feste strategische
Grenze verlangt, erklärte er, die Eidgenossenschaft werde der
Gewalt weichen, die bisherige Neutralität aufgeben und durch
ihren Anschluss an Deutschland den Inconvenienzen entgehen,
welche ihr aus der Cession der neutralen savoyischen Gebiets-

theile erwüchsen. Persigny soll hierauf die Feder ergriffen und gefragt haben: „*Voyons, qu'est-ce qu'il vous faut?*" Der Schweizer Bevollmächtigte bemerkte, er sei nicht instruirt, die strategische Grenze zu formuliren. Der französische Botschafter liess sich indessen nicht abhalten, das savoyische Ufer des Genfer Sees und die Simplon-Strasse als die Punkte zu bezeichnen, deren Besitz der Schweiz zugesprochen werden müsse. Er versprach zugleich, diese Forderung persönlich in Paris beim Kaiser Napoleon zu vertreten. Sanguinisch wie immer, sprach Lord John hierauf die Erwartung aus, es werde Persigny gelingen, auf dieser Grundlage ein zufriedenstellendes Abkommen zu vermitteln. Der Erfolg hat diesen Erwartungen nicht entsprochen. Thouvenel drohte mit seiner Entlassung, falls der Kaiser Persigny Gehör schenke. Lord John schiebt die Schuld auf den letzteren, welcher durch eine zu eifrige Vertheidigung des englischen Standpunktes der Sache eher geschadet als genützt habe. Persigny's Prophezeiung, die Ablehnung jener Forderungen der Schweiz würde binnen sechs Monaten einen Krieg mit England zur Folge haben, mag den Kaiser Napoleon in seinem Widerstande nur bestärkt haben. Thatsache ist, dass Persigny trotz der Drohungen, mit denen er hier vor einiger Zeit um sich warf, überzeugt ist, sein Kaiser könne einen Krieg mit England gar nicht führen und würde einen Bruch binnen Jahresfrist mit seiner Krone bezahlen. Wenigstens hat er sich einem Vertrauten gegenüber kurz vor seiner Abreise in diesem Sinne ausgesprochen.

Inzwischen thut der französische Hof Alles, um eine Intimität mit dem österreichischen zur Schau zu tragen, welche in Wahrheit nicht besteht. Metternich mag noch so scharf den tiefgreifenden Unterschied betonen, welcher zwischen der österreichischen und der französischen Auffassung der Sachlage vorliegt. Napoleon und sein Minister schwärmen um die Wette für die Loyalität und Consequenz der österreichischen Politik.

Das von Paris aus verbreitete Gerücht, das k. k. Cabinet habe sich in der savoyischen Frage ganz auf den russischen

Standpunkt gestellt, wird heute auf Grund einer Weisung des Grafen Rechberg in der „Times" dementirt.

Wenn bisher von einer Annäherung Englands an Oesterreich im Sinne der Rede Lord John's vom 26. v. M. noch nichts zu spüren ist, so ist der Grund davon kaum in der Befürchtung zu suchen, die in Paris affectirte Intimität mit Oesterreich könne die englischen Interessen schädigen. Man weiss hier, was davon zu halten, und hat die französische Spiegelfechterei längst durchschaut. Die Schwierigkeit liegt theils in den italienischen Sympathien der englischen Minister, theils in deren Zweifel an die momentane Allianzfähigkeit des Kaiserstaates. Palmerston hat vor wenigen Tagen mit einem Staatsmanne, der mit den continentalen Verhältnissen sehr genau bekannt ist [1]), die Frage sehr eingehend besprochen. Er hat zunächst die Nachricht von den Ungarn zu gewährenden umfassenden Concessionen als einen für Europa folgenschweren Wendepunkt bezeichnet. Alles was er wünsche, sei, dass Oesterreich erstarke. Jetzt laste der französische Einfluss auf dem Wiener Cabinete. Von allen Seiten bedroht, sehe sich dasselbe in der traurigen Lage, dem Kaiser Napoleon die Vermittlerrolle zu gönnen, welche er so bereitwillig zwischen dem Kaiser Franz Joseph und seinen Unterthanen übernommen. „Wie wollen Sie," rief der Premier, „dass wir ein Schutz- und Trutzbündniss abschliessen mit einer Macht von innen und von aussen so bedroht wie das heutige Oesterreich?" Ueber die Erklärung Lord John Russell's vom 26. v. M. bemerkte Lord Palmerston in derselben Unterredung: „Ich würde dasselbe gesagt haben, aber mit anderen Worten." Der edle Lord zeigte dabei in den Bestand seines Ministeriums ein Vertrauen, welches sein Unterredner nicht theilt, obgleich in den letzten Tagen eine Annäherung der Mehrheit des Cabinets an den Premier-Minister stattgefunden hat. Die sogenannte Hofpartei ist unge-

---

[1]) Lord Stratford de Redcliffe, früher britischer Botschafter in Constantinopel.

halten über Lord John's Erklärung vom 26., zu welcher das Cabinet ihn nicht ermächtigt zu haben scheint. Man wittert neue Intriguen und fürchtet, der Staats-Secretär des Aeussern wolle die anti-französische Strömung der öffentlichen Meinung benutzen, um eine Cabinetskrisis herbeizuführen und zu seinen Gunsten auszubeuten. Ueber diese anti-französische Stimmung des Landes giebt sich übrigens Palmerston keiner Täuschung hin. Seiner Ansicht nach könnte der Krieg in wenigen Wochen unvermeidlich gemacht werden, wenn man wollte. Er glaubt jedoch die Stunde noch nicht gekommen und hält es für seine Aufgabe, die kriegerischen Leidenschaften niederzuhalten, weil ein vereinzeltes und unzeitiges Losschlagen nicht im Interesse Englands sein würde.

Im Lichte dieser vertraulichen, *cum grano salis* aufzunehmenden Auslassungen kann es nicht verwundern, wenn die Besprechungen Lord John Russell's mit Apponyi bisher erfolglos geblieben sind. Es ist unverkennbar, dass eine mehr oder minder bestimmt formulirte Garantie seines dermaligen Besitzstandes in Italien, für Oesterreich die *condito sine qua non* einer Annäherung an England bilden würde. Direct ist ein solches Ansinnen nicht gestellt, indirect aber abgelehnt worden. Lord John begreift vollkommen, dass Oesterreich unter den jetzigen Umständen Alles thun müsse, um einem neuen französischen Feldzuge in Italien vorzubeugen.

Der Hauptgrund, welcher dem britischen Cabinet eine Annäherung an Oesterreich wünschenswerth machte, ist in den letzten Tagen hinweggefallen. Das im Oriente drohende Gewitter hat sich verzogen. Kaiser Napoleon mag die Gefahr geahnt und Alles gethan haben, um Englands Misstrauen zu beschwichtigen. Lavalette soll demnächst nach Constantinopel zurückkehren. Die diesem französischen Botschafter mitgegebenen Instructionen empfehlen ihm auf das dringendste die Aufrechterhaltung des *status quo*. Cowley, dem diese Weisungen mitgetheilt worden, spricht sich sehr befriedigt darüber aus und ist der Ueberzeugung, Frankreich werde vorläufig im Oriente Hand in Hand mit Oesterreich und England gehen.

Wenn nicht ganz unvorhergesehene Glücksfälle eintreten, dürfte das Ministerium Palmerston-Russell in seiner jetzigen Zusammensetzung das Ende der Session kaum erleben. Die „kleine Bill", wie Lord John mit einem Anfluge von wohlberechneter Bescheidenheit seine Reformbill neulich nannte, ist ein Stein des Sisyphus, zugleich ein Erisapfel, welcher das gegenwärtige Ministerium zu sprengen droht. Die in den letzten zehn bis vierzehn Tagen wiederholt stattgefundenen Berathungen haben nur den unversöhnlichen Widerspruch constatirt, in welchen Lord John mit seinen Collegen gerathen ist. Die wenn auch eben nicht glänzende, aber staatskluge Taktik der Opposition feiert im Stillen einen entschiedenen Sieg. Das kaum zwei Jahre alte Unterhaus ist noch zu jung und lebensfrisch, um den ihm angemutheten Selbstmord zu vollziehen. Die von Tage zu Tage hinausgeschobene zweite Lesung könnte nur unter der stillschweigenden *reservatio mentalis* erfolgen, dass der Gesetzesvorschlag im Ausschusse nicht durchgehen werde. Lord Palmerston tadelt zwar officiell die Cunctator-Taktik Disraeli's, reibt sich aber im Stillen die Hände. Gestützt auf die Majorität des Cabinets hat er versucht, Lord John von der Nothwendigkeit umfassender Zugeständnisse zu überzeugen. Bis jetzt vergebens. Lord John hält sich für persönlich verpflichtet *(pledged)* und wird, falls sich das Cabinet wie bisher weigert, die Solidarität einer solchen Verpflichtung zu übernehmen, wahrscheinlich austreten und dadurch das Signal, wenn nicht zu einer Auflösung, aber zu einer Aufmischung des Ministeriums geben. Zu dieser Niederlage des Reformers gesellt sich noch diejenige, welche denselben auf dem Felde der äusseren Politik erwartet. Niemand glaubt mehr, dass es ihm gelingen werde, eine Conferenz zu Stande zu bringen und für die Schweiz ausreichende Garantien zu erlangen. Die

Windstille, welche jetzt die parlamentarischen Wellen glättet, birgt daher unleugbare Gefahren. Schon läutet heute die „Times" deutlich genug das Sterbeglöcklein der „kleinen Bill" und beschwört Minister und Opposition, die leidige Reformfrage zu einem halbwegs anständigen Abschlusse zu bringen, um die jetzige Session nicht ganz ungenutzt verstreichen zu lassen.

Der Selbstmord des Freiherrn von Bruck giebt den hiesigen Blättern wieder einmal Veranlassung, ihrem Grolle gegen Oesterreich und das österreichische System Ausdruck zu geben.

Ein Artikel des „Observer" reproducirt die am 22. angedeutete Auffassung des Premier-Ministers. Die Theorie, Oesterreich könne nur dann erstarken, wenn es Venetien und seine Stellung in Deutschland aufgebe, ist nicht neu. Wenn dieselbe von denen gepredigt wird, welche in Herrn von Vincke den Staatsmann der Zukunft erblicken, den einzigen, der Deutschlands Einigung erzielen könnte, so beweist dies nur deren Unbekanntschaft mit unseren Verhältnissen.

Ein Brief der „Nazione" von Triest wirft, obgleich von Feindeshand geschrieben, ein Streiflicht auf die Geheimgeschichte des letzten Feldzuges. Ist es wahr, dass Kaiser Napoleon in Villafranca zuerst auf die Unterschleife aufmerksam gemacht hat, welche die mangelhafte Verpflegung der k. k. Truppen erklären? Haben die dringenden Vorstellungen des Freiherrn von Bruck bezüglich der Finanzlage den übereilten Abschluss des Waffenstillstandes wirklich entschieden? Wenn dem so ist, dann gewinnt die Vermuthung an Wahrscheinlichkeit, dass der Kaiser von Oesterreich und seine tapfere Armee einer im Finstern schleichenden Verschwörung erlegen sind.

Die Bemannung der Flotte bereitet fortwährend dem britischen Gouvernement grosse Verlegenheiten. Der greise Lord Lyndhurst beabsichtigt, diese wichtige Frage demnächst im Oberhause zur Sprache zu bringen.

Nachdem die Königin die Tafel verlassen, gewährte mir gestern Prinz Albert eine vertrauliche Unterredung.

Ich fand Seine Königliche Hoheit in sehr trüber Stimmung. Auf Grund der neulich in Paris gewonnenen Eindrücke warf ich die Vermuthung hin, der Friede werde bis zum nächsten Frühjahre nicht gestört werden.

Seine Königliche Hoheit theilt diese Hoffnung, bemerkte aber nicht ohne Bitterkeit: „Bis dahin werden die Piemontesen Zeit haben, sich in Italien soweit festzusetzen, um den Angriff auf Venetien wagen zu können. Bis dahin wird auch das französisch-dänische Bündniss zur Reife gediehen sein, dessen Zweck ist, einen Theil der deutschen Streitkräfte in Holstein zu beschäftigen. Dann wird voraussichtlich für den Kaiser Napoleon der Augenblick kommen, seinen prämeditirten Offensivstoss gegen den Rhein auszuführen. England wird zusehen müssen. Im Süden sind wir durch die italienischen Sympathien unserer Minister, im Norden durch das die dänische Gesammt-Monarchie gewährleistende Londoner Protokoll von 1852 in Schach gehalten. Auch der französische Handelsvertrag wird zur Niederhaltung des kriegerischen Geistes der Nation missbraucht werden. Unsere Kaufleute und Fabrikanten versprechen sich goldene Berge davon. Was Patriotismus und Loyalität heutzutage werth sind, das hat uns Bright neulich bei Gelegenheit des savoyischen Handels recht erbaulich vorgerechnet."

Dass man das Ableben des Königs Leopold abwarten werde, bevor man in Paris die Einverleibung Belgiens in das Werk setze, wurde für wahrscheinlich gehalten. Die Nachricht, dass die kurhessische Regierung auf die ständischen Wünsche einzugehen sich bereit erklärt, war noch nicht zu den Ohren Seiner Königlichen Hoheit gedrungen und ward skeptisch aufgenommen.

Nicht ohne Schärfe wurden die neuesten Vorgänge in Wien besprochen. „Das sind die Früchte," rief der Prinz, „eines über Gebühr bewunderten Systems. Jetzt wird man wohl erkennen, dass es mit der blossen Repression und der Nachahmung der französischen Centralisation nicht gethan ist. Gegen den Schwarzenberg'schen Aderlass ist nichts einzuwenden. Nur dadurch konnte das Reich nach dem bedenklichen Schlaganfall von 1848 wieder in das Leben gerufen werden. Wenn man aber mit diesem Systeme seit eilf Jahren fortregiert und keine anderen Mittel gefunden hat, um den Patienten zu curiren als russische Bajonette und das traurige Concordat, so haben sich die österreichischen Staatsärzte ein bedenkliches Armuthszeugniss ausgestellt."

Ich versäumte nicht zu erwidern, wie es kaum möglich sei, die Schwierigkeiten der zu lösenden Aufgabe zu ermessen, wenn man nicht die Ereignisse von 1848 und 1849 in Wien selbst miterlebt habe. Hätten die Herren von Bach und Bruck das Vertrauen ihres kaiserlichen Herrn getäuscht, so sei doch nicht zu vergessen, dass beide „Männer des Volkes" von der öffentlichen Meinung als die tüchtigsten bezeichnet worden waren. Könne man sich nun verwundern, wenn die als reactionär verschrieene Aristokratie in ihrem Misstrauen gegen liberale Emporkömmlinge bestärkt werde?

Was die Gefahr eines dänischen Angriffes auf Holstein anlangt, so wird bereits bekannt sein, dass das in den Zeitungen aufgetauchte Gerücht von einem Schutz- und Trutzbündnisse in Kopenhagen wie in Paris nicht ohne Ostentation abgeleugnet wird. Wenn Thouvenel dem Grafen Pourtales unaufgefordert versichert, Frankreich habe keine Zeit, sich um die dänische Frage zu kümmern und denke nicht daran, sich hineinzumischen, so wird dies kaum beruhigen können. Deutschland kann in dieser Sache weder auf die Sympathien Russlands noch auf die Englands zählen. Mein preussischer College, welcher persönlich Dänemark keineswegs geneigt ist, hat sich veranlasst gesehen, die grösste Vorsicht zu empfehlen, da eine übereilte Bundesexecution Dänemark leicht in die Arme Frankreichs drängen könnte. Er hat dabei hervorgehoben, dass eine solche Massregel hier von allen Parteien ebenso verdammt werden würde, wie im vorigen Jahre die von Oesterreich in Italien ergriffene Offensive.

Trotz Wodehouse's gestriger Antwort glaube ich versichern
zu können, dass die Regierung jeden Widerstand gegen die Wahl
von Paris als Sitz der Conferenz aufgegeben hat. Im Sinne des
Palmerston'schen Memorandums wird man auf einer der Schweiz
zu gewährenden strategischen Grenze bestehen, im Verweigerungs-
falle der Cession von Savoyen und Nizza die Anerkennung versagen. Welchen Werth man einer solchen Nicht-Anerkennung
in Paris beilegen würde, ist eine andere Frage. Auch könnten
die britischen Minister ihre Ansichten noch ändern, falls die
Conferenz wirklich zwischen dem 15. und dem 20. zu Stande
kommt.

Preussen hat in den letzten Tagen der hiesigen Regierung
eine correcte Haltung Neapel gegenüber dringend empfohlen.

London, 6. Mai 1860.

Die dringenden Gegenvorstellungen, welche Cavour gegen
den Rückzug der französischen Truppen aus Italien erhoben, erklären sich durch seine bedrohte Stellung im Turiner Parlamente.
Er wünscht sich offenbar einen Rückhalt zu sichern. Die von
dem hiesigen sardinischen Gesandten ausgesprochene Befürchtung,
sein Chef könne genöthigt werden, dem entfesselten Sturme der
Parteileidenschaft zu weichen, scheint aufrichtig. Unter diesen
Umständen ist es begreiflich, wenn man sich in Turin Garibaldi's
zu entledigen sucht. Der Guerillaführer hatte mit einem Einfalle
in Umbrien gedroht. Da Victor Emanuel einen solchen kategorisch verboten, erklärte Garibaldi, er werde nach Sicilien gehen.
Von England gedrängt, scheint die sardinische Regierung die nach
dieser Insel geplante Expedition verhindern, der Abreise Garibaldi's
für seine Person aber keine Schwierigkeit in den Weg legen zu
wollen. Gestern war derselbe noch in Genua, wie Sir James
Hudson telegraphisch meldet.

Von Paris verlautet, dass man geneigt sein könnte, Cavour's
dringenden Bitten Gehör zu schenken, weil die italienische Frage
um jeden Preis gelöst werden müsse, da die Zustände in Con-

stantinopel des Kaisers Napoleon ernsteste Aufmerksamkeit erheischten.

In der That stehen die neuesten Nachrichten über Lavalette's Sendung in seltsamem Widerspruche mit der Vertrauensseligkeit, welche das britische Cabinet aus den Lord Cowley mitgetheilten Instructionen für diesen Botschafter geschöpft hatte. Man will wissen, dass Lavalette selbst diesen ostensiblen Instructionen kein Gewicht beilegt, vielmehr bestimmte Verhaltungsbefehle verlangt. Er hat dabei an seine Zurückberufung im Jahre 1853 erinnert, seine Wiederernennung zwar als Beweis, dass man jetzt seinem früheren Verhalten Gerechtigkeit widerfahren lasse, hingestellt, aber dringend hervorgehoben, dass er die Verantwortlichkeit nicht übernehmen könne, wenn man ihm nicht klare und präcise Weisungen gebe. Thouvenel soll geantwortet haben, dies sei unmöglich, da man dem Botschafter mitten in der den Orient bedrohenden Krisis überlassen müsse, nach eigenem Ermessen den Umständen gemäss zu handeln. Scheint sonach eine Mystification Lord Cowley's vorzuliegen, so wird Alles, was sich am Bosporus vorbereitet, doppelte Aufmerksamkeit verdienen, weil sich gerade dort der Massstab ergeben muss für den Grad der Intimität der russisch-französischen Beziehungen.

Trotz der Gegenvorstellungen Oesterreichs besteht England auf der Zulassung Sardiniens zu der Conferenz, um Cavour Gelegenheit zu geben, die von ihm angeblich stipulirte Neutralität von Chablais und Faucigny näher zu definiren.

Herr de la Rive giebt die Hoffnung nicht auf, ernste Garantien zu erlangen.

London, 10. Mai 1860.

Die gestern hier eingetroffenen telegraphischen Meldungen des britischen Consuls in Genua stellen die französische Nachricht von der Einschiffung Garibaldi's ausser Zweifel. Die sardinische Regierung hatte den Hafen gesperrt, um die Expedition zu verhindern. Garibaldi aber brachte seine mit Waffen und

Munition versehenen Freischärler in kleinen Boten auf zwei ausserhalb des Hafens liegende Dampfschiffe, welche angeblich nach Malta bestimmt waren. Man schätzt die Zahl der Eingeschifften nicht auf 3000, sondern nur auf 1000 Mann, vermuthet aber, dass sich während der Fahrt noch Zuzüge anschliessen werden. Garibaldi soll seine Entlassung aus dem sardinischen Kriegsdienste genommen haben. Die augenfällige Connivenz der sardinischen Regierung wird durch den Umstand entschuldigt, dass Garibaldi, in Nizza geboren, aufgehört habe, Victor Emanuel's Unterthan zu sein.

Dass die englische Regierung diesem seeräuberischen Unternehmen entgegentreten werde, ist nicht zu erwarten. Lord John hat gestern einem meiner Collegen gesagt, man müsse es dem König von Neapel überlassen, sich seiner Feinde zu erwehren. Ob diese Expedition wirklich nach Sicilien bestimmt ist, ist noch die Frage. Einige halten es nicht für unmöglich, dass zunächst eine Landung auf den von Truppen entblössten Küsten von Calabrien als Diversion zu Gunsten der Sicilianer im Werke sein könnte.

Der neu ernannte neapolitanische Gesandte Graf Ludolf ist vorgestern hier eingetroffen und sollte heute von Lord John Russell empfangen werden. Seine Aufgabe ist weder leicht, noch beneidenswerth.

Persigny ist gestern Vormittag zurückgekehrt und Abends bei dem Hofconcert erschienen. Man rühmt seine milde und versöhnliche Sprache, welche jedoch mit einer ziemlich bitter gehaltenen Depesche Thouvenel's, deren Ueberbringer er ist, nicht in Einklang stehen soll.

Ein Privatbrief Guizot's stellt den Ausbruch des Krieges für nächsten Herbst in Aussicht. Diese Prophezeiung steht mit den amtlichen Nachrichten aus Paris in Widerspruch.

Die in dem Privatschreiben des Grafen Rechberg an den k. k. Gesandten in Berlin entwickelten Ideen sind nunmehr auch in einer Depesche reproducirt worden, welche Graf Apponyi heute zur Kenntniss Lord John Russell's bringen wird. Der britische Gesandte in Wien hatte, wie Lord John hier, die Erwartung wiederholt ausgesprochen, ein französischer Angriff auf Belgien oder die Rheinprovinzen werde Oesterreich und England zu gemeinsamem Widerstande entschlossen finden. Graf Rechberg antwortet, die in den preussischen Kammern in so rücksichtsloser Offenheit dargelegten Tendenzen der Herren von Vincke und Genossen würden kaum geeignet sein, ein Zusammenfassen der Streitkräfte Mittel-Europas in einem Kampfe gegen Frankreich zu ermöglichen. Ebenso wenig sei die preussische Propaganda der britischen Agenten in den deutschen Mittelstaaten geeignet, Vertrauen zu erwecken. Freiwillig würden sich die Mittelstaaten, falls man in Berlin die Vincke'schen Ideen durchführen wolle, Preussen nicht unterwerfen. In dem von England vorhergesehenen Falle eines Angriffes auf den Rhein könnten daher entweder die Mittelstaaten oder Preussen selbst zu einem Bündnisse mit Frankreich gedrängt werden. Die eine oder die andere Eventualität würde die im Interesse des europäischen Friedens gewünschte Vertheidigung der Rheingrenze unmöglich machen.

In der Schweizer Frage hat Graf Rechberg am 3. Mai wieder zur Feder gegriffen, um den englischen Illusionen entgegenzutreten. Der k. k. Minister des Aeusseren ist nicht der Ansicht, dass ernste Garantien für die Neutralität der Schweiz durch eine europäische Conferenz zu erreichen sein würden. Lord John Russell wird aus dieser ihm heute ebenfalls mitzutheilenden Depesche die Ironie kaum herauslesen, mit welcher die Widersprüche blossgelegt werden, aus denen das britische Cabinet vergebens einen Ausweg sucht. Der an Frankreich übergegangene Besitz von Savoyen, schreibt Rechberg, bedroht in

Wahrheit die Neutralität der Schweiz. England selbst hat Frankreich die Möglichkeit geboten, sich Savoyens zu bemächtigen,
denn England hat zu den Vergrösserungen Sardiniens im Widerspruche mit dem Züricher Frieden die Hand geboten. Genf,
Wallis und Waadtland seien strategisch durch die neue Grenze
beherrscht. Es sei eitel Illusion, sich einzubilden, die Ueberlassung eines kleinen Streifen Landes am Genfer See werde jenen
drei Cantonen materielle Sicherheit gewähren. Was solle eine
Conferenz für eine so geringfügige Sache? Habe man sich nicht
im voraus die Hände gebunden und die Action der vier Mächte
auf friedliche Vorstellungen beschränkt? Und wenn Frankreich
diesen friedlichen Vorstellungen kein Gehör schenke, was dann?
Nur auf dem Wege directer Verhandlung könne die Schweiz eine
Verständigung mit ihrem mächtigen Nachbar hoffen. Oesterreich
werde sich nicht ausschliessen, falls alle Mächte die Conferenz
wünschen sollten, könne sich aber keinen Erfolg davon versprechen. Die Depesche schliesst mit einem wiederholten Proteste gegen die Zulassung Sardiniens unter Verweisung auf frühere
Kundgebungen.

Die Conferenz ist sonach als gescheitert zu betrachten. Prak-
tischen Erfolg mag man sich hier nicht davon versprochen haben.
Man würde sich jedoch derselben gern als Blitzableiters gegen die
Vorwürfe des Parlamentes bedienen.

In Paris ist in den letzten Tagen eine sehr kriegerische
Stimmung gegen Preussen bemerkt worden. Man spricht unter
Anderem von der Zurückforderung der Festung Landau und versichert, preussenfeindliche Broschüren und Schriften würden unter
die Soldaten vertheilt.

Gerüchtweise verlautet von einer bevorstehenden Entrevue
zwischen den Kaisern Napoleon und Alexander in Nizza unter
dem Vorwande eines der Kaiserin Mutter abzustattenden Besuches.
Als Zweck derselben wird die Regelung der türkischen Frage
angegeben. Man fragt sich, ob Budberg's Reise damit in Verbindung steht.

Wenn der Angriff auf die Bill des Schatzkanzlers, die Abschaffung der Papiersteuer betreffend, mit einer Mehrheit von 9 Stimmen abgeschlagen worden, so hat das Ministerium diesen mageren Sieg nur zufälligen Umständen zu danken. Dreissig conservative Mitglieder, welche gegen Gladstone stimmen wollten, waren zu spät in die Stadt gekommen. Die Führer der Opposition wollten es auf eine Ministerkrisis ankommen lassen. Die Verwerfung dieser Massregel würde den künstlichen Finanzplan so erschüttert haben, dass der Rücktritt des Schatzkanzlers kaum zu vermeiden gewesen wäre. Lord Palmerston's Umgebungen klagen laut über Gladstone's Eigensinn. Der Premier und die übrigen Minister halten es, wie die Opposition, nicht für zeitgemäss, auf eine so bedeutende Einnahme zu verzichten. Uebrigens ist die Sache noch nicht entschieden. Lord Derby hat gestern erklärt, er werde im Oberhause die Verwerfung der *Paper Duty Bill* beantragen. Da Finanzmassregeln, welche das Unterhaus gebilligt, von den Pairs in der Regel nicht beanstandet werden, so ist deren Opposition ein unerwarteter und bedrohlicher Zwischenfall.

London, 13. Mai 1860.

Ernster und immer ernster zieht sich das Gewitter zusammen, welches der rastlose Ehrgeiz jenseits, die kurzsichtige Verblendung diesseits des Kanals heraufbeschworen. Der Optimismus ist verraucht. Lord Palmerston selbst sieht schwarz, sehr schwarz in die allernächste Zukunft. Die russischen Truppenbewegungen, die ausserordentliche Sendung zum Schutze der Christen, mit welcher Constantinopel bedroht wird, des Prinzen Napoleon Ausflug nach dem Bosporus, Lavalette's Abreise, jenes *agent provocateur*, wie ihn Clarendon nennt, — sind Vorzeichen des kommenden Sturmes. Hat doch Lavalette auf seiner Durchreise in Turin mit den dürren Worten: *„je vais à Constantinople pour achever l'homme malade"* das Geheimniss seiner Sendung enthüllt! Hat doch der Marquis de Moustier in Wien mit erheuchelter Geheimnisskrämerei die Lord Cowley offen eingestandene Absicht

Napoleon's III. durchschimmern lassen, die Grenzen von 1792
zurückzufordern, Saarlouis und Landau — voraussichtlich ohne
Krieg — zu annectiren! Alles dies hat den Blödesten die Augen
geöffnet und Allen klar gemacht, dass Parlamentsreformen und
Friedensbudgets nicht mehr auf die Tagesordnung gehören. Vielmehr ist der Augenblick gekommen, sich auf einen ernsten
Kampf vorzubereiten. Man schreibt dem Kaiser Napoleon die
abenteuerlichsten Pläne zu. Die einen sprechen von einem neu-
byzantinisch-fränkischen Reiche für den Prinzen Napoleon, andere
von einem süd-italienischen für den Prinzen Murat und von der
Versetzung des Papstes von Rom nach Jerusalem. Thatsache
ist, dass Frankreich seinen lateinischen Glaubensgenossen im
Oriente auf Kosten der griechischen Kirche einen sehr auffallen-
den Schutz angedeihen lässt. Hier würde der Punkt zu suchen
sein, wo sich die scheinbar parallel laufenden Linien der russischen und französischen Politik kreuzen müssen. Diese Betrachtung
kann jedoch die Besorgnisse der hiesigen Staatsmänner nicht ver-
mindern. Ihre Blicke richten sich wieder nach Wien und sie
predigen die Einigung Deutschlands in der Hoffnung, sich der
deutschen Armeen bedienen zu können, um der drohenden slavisch-
französischen Vergewaltigung Europas zu begegnen. Die jüngsten österreichischen Depeschen haben zu sehr eingehenden Besprechungen nicht nur mit Lord John, sondern auch mit Lord
Palmerston Anlass geboten.

Die Politik des Berliner Cabinets wird einer scharfen Kritik
unterworfen. Lord John hat unlängst in einer sehr ernst gehaltenen Depesche dringend empfohlen, die kostbare Zeit nicht
mit Nebenfragen wie die dänische und kurhessische zu verlieren,
welche nur das Einigungswerk stören könnten.

In Uebereinstimmung damit sprach mir Lord Clarendon
gestern mit Bedauern über die Berliner Vorgänge. „Thorheit ist
es," sagte er, „Deutschland mit Italien zu verwechseln. Nicht für
Preussen arbeiten diejenigen, welche dem Prinz-Regenten den
gefährlichen Rath ertheilen, sich auf die Völker gegen die Regie-

rungen zu stützen, sondern für die Republik. Eine in Berlin heraufbeschworene Revolution würde, wenn überall siegreich, nicht vor
dem preussischen Throne stehen bleiben." Ich benutzte die Gelegenheit, das kurhessische Capitel mit dem früheren Staats-Secretär
des Aeusseren durchzusprechen. Als er hörte, dass die von den
hiesigen Blättern so gerühmte Verfassung von 1831 nebst Zu-
sätzen von 1848—49 jedem Beamten, ja jedem Offiziere das Recht
verleihe, der Regierung den Gehorsam zu verweigern, rief er
lachend: „Wenn wir hier eine solche Verfassung hätten, ich
würde mich beeilen, die Zahlung der Einkommensteuer als ver-
fassungswidrig zu verweigern."

Persigny ist mit leeren Händen für die Schweiz zurückgekehrt. Man leugnet jetzt, dass er eine drohende Depesche
überbracht habe. Die Thatsache, dass er nichts erlangt, genügt,
um seine unsichere und verlegene Haltung zu erklären. Die üble
Laune, welche er vorgestern im Buckingham Palaste während des
Kinderballes zur Schau trug, ist der Anwesenheit der Orleans'schen
Prinzen und Prinzessinnen zugeschrieben worden. Mit Unrecht.
der Botschafter war davon vorher unterrichtet und hätte unter
irgend einem Vorwande von dem Feste wegbleiben können. Schon
während des letzten Hof-Concerts vermied er geflissentlich, sich
der Königin zu nähern. Sein Lieblingsthema ist jetzt, Frankreich
besitze kein einziges seetüchtiges Schiff und könne gar nicht
daran denken, es mit England aufzunehmen. Malmesbury und
Disraeli erzählten mir lachend, sie hätten sich damit unterhalten,
Persigny in dieser Ueberzeugung zu bestärken.

Wie unberechenbar dieser Botschafter ist, beweist, dass er
gestern in der Zerstreuung einem meiner deutschen Collegen den
Satz zu beweisen suchte, die deutsche Nation sei ihrer Fürsten
müde. Sollte das die jüngste in den Tuilerien ausgegebene
Parole sein? oder handelt es sich um eine persönliche Grille
dieses excentrischen Diplomaten?

London, 19. Mai 1860.

Fürst Gortschakoff hat eine Circular-Depesche an die russischen Vertreter bei den vier grossen Höfen gerichtet mit dem Befehle, in Wien, Berlin, Paris und London Abschrift davon zurückzulassen. Unter Darlegung der *gravamina* gegen die Pforte wird eine Untersuchung *(enquête internationale)* der gegenwärtigen Lage der christlichen Bevölkerungen im türkischen Reiche beantragt. Wenn dabei das Zusammengehen mit Frankreich besonders betont wird, so hat dies hier nur unangenehm berühren können. Man geht von der Vermuthung aus, dass sich das geheime russisch-französische Einvernehmen auf der Grundlage der Verabredungen von 1829 bewegen dürfte. Ganz folgerichtig, falls sich diese Vermuthung bestätigt, sagt Lord Palmerston noch vor Ablauf der jetzigen Parlamentssession *de gros événements* voraus und predigt nicht die Einheit, aber die Einigung der deutschen Mächte. Als Palliativmittel ist inzwischen der russische Vorschlag einer internationalen Untersuchungs-Commission nicht ungünstig aufgenommen worden. Lord John Russell glaubt Alles unterstützen zu sollen, was Russland und Frankreich verhindern würde, einen Vorwand zum directen Einschreiten zu finden. Der türkische Botschafter, welcher selbst der griechischen Kirche angehört, protestirt gegen jede Enquête als Eingriff in die souveränen Rechte des Sultans.

Den Garibaldi-Zug hat das russische Cabinet in seinen nach Turin gerichteten Depeschen scharf getadelt und gegen die Connivenz Sardiniens förmlich protestirt. Die Haltung Russlands zu Gunsten des Königs von Neapel hat in Paris einigen Eindruck gemacht. Charakteristisch ist, dass sich die beiden Westmächte gegenseitig anklagen, Garibaldi im geheimen unterstützt zu haben. Bei allen Sympathien, die dieser Abenteurer hier, selbst in den Reihen der conservativen Partei findet, erscheint es kaum glaublich, dass die britischen Minister es gewagt haben sollten, die sehr bedeutenden Geldmittel flüssig zu machen, über welche Garibaldi gebietet. In Paris verfügt

man leichter über geheime Fonds. Auf einige Millionen Franken
kommt es nicht an, wenn es gilt, sich die Vortheile zu sichern.
die der Umsturz Italiens darbieten könnte. Von der Räumung
Roms ist nicht mehr die Rede. Auf die erste Nachricht von
Garibaldi's Abfahrt von Genua jubelte Persigny: *„Maintenant il
ne peut plus être question pour nous de quitter Rome."*

Baron Brunnow ist sehr besorgt für den König von Neapel.
Der russische Gesandte hat dem Grafen Ludolf gerathen, sich mit
seiner häuslichen Einrichtung hier nicht zu übereilen. Er sieht die
jetzige Verwirrung für vorübergehend an und meint ächt philo-
sophisch, Alles käme darauf an zu wissen, wie lange die Welt solche
abnorme Zustände dulden werde. Ueber die gestrige Rede Lord
John's tröstet er sich mit der ihm eigenthümlichen Gemüthlich-
keit. „Für uns, die wir hier leben," sagte er mir, „ist alles dies
leicht zu ertragen. Wir haben unsere Magen an die gewürzte
englische Kost gewöhnt. Aber wenn wir nur nicht darüber
schreiben müssten an solche, die sich den Magen noch nicht verdorben haben und den Aeusserungen britischer Minister eine
unverdiente Bedeutung beilegen!"

London, 26. Mai 1860.

Lord Malmesbury recapitulirte unlängst mit mir die Ereignisse des vorigen Jahres in einer vertraulichen Unterredung.
„Wundersames Land, mein Vaterland!" bemerkte der edle Lord.
„Wir, die wir uns rühmen, praktische Politik zu treiben und mit
eiserner Consequenz unseren Vortheil zu verfolgen, sind in Bahnen
getrieben worden, die allen Traditionen unserer Voreltern, allen
unseren wahren Interessen zuwiderlaufen. Und wodurch? — man
wird es nicht für möglich halten, wenn die Zeit kommt, die geheime Geschichte unserer Tage zu schreiben: durch eine Weiber-
Intrigue. Trotz der Argusaugen des Parlaments und trotz der
tausendzüngigen freien Presse ahnt niemand die Wahrheit. Wir
sind sammt und sonders an der Nase herumgeführt *(humbugged)*
worden von einer für Italien schwärmenden schönen Frau. Lady

S. hat Italien emancipirt, nicht Napoleon III. Dieser würde
nie zum Ziele gelangt sein, hätten wir ihn nicht so blind unterstützt."

Ich verzeichne diese Worte des früheren Staats-Secretärs
des Aeusseren, um mich zu rechtfertigen, wenn ich ein Gespräch
wiedergebe, mit welchem mich gestern der nur gedachte *diplomate
en jupons* beehrt hat. Ich gehöre nicht zu den Verehrern der
schönen und liebenswürdigen Gräfin und habe nicht die Gewohnheit, mit ihr über Politik zu sprechen. Ich war daher
überrascht, als sie mich gestern mitten im Gedränge eines Londoner Ballsaales ungefähr mit folgenden Worten anredete:

„Fürwahr, es ist nicht mehr auszuhalten! Meine Schwester
(eine der Damen der Königin) kommt soeben nach achttägigem
Aufenthalte von Paris zurück und erzählt, man spreche dort ganz
offen von der Eroberung Belgiens und der Rheinprovinzen. Dass
man dergleichen Gedanken hegt, wussten wir längst, dass man
sie aber unverhohlen ausspricht, das hat selbst Lord Palmerston
in Erstaunen gesetzt."

„Was mich am meisten in Erstaunen setzt," erwiderte ich,
„ist das Erstaunen des edlen Lords."

„Ich weiss," lautete die Antwort der britischen Egeria, „Sie
gehören zu denen, die nicht glauben, der Premier werde es auf
einen Bruch ankommen lassen. Er hält den Ausbruch des Krieges
in einem, höchstens in zwei Monaten für unvermeidlich. Niemand würde lieber vorgehen *(go ahead)* als er. Er kennt jedoch
das Land und das Unterhaus und weiss, dass die Rede Lord John's
gerade dort, wo man dem Cabinete Lauheit und Freundschaft für
Napoleon vorwirft, am meisten Furcht und Schrecken verbreitet
hat. Noch ist das Land auf den Bruch nicht vorbereitet. niemand
ahnt den Ernst der Lage. Um Ihnen zu beweisen, wie wenig
Lord Palmerston hinter dem Berge hält, nur ein Beispiel. Im
Begriffe nach Paris abzureisen, fragte General Flahault den
Premier, ob er Aufträge an den Kaiser Napoleon habe? Lord
Palmerston antwortete: ,Wiederholen Sie Ihrem Kaiser die Rede

Lord John Russell's und sagen Sie ihm, er werde darin meine
persönliche Ansicht wiederfinden.' — ,*Mais, c'est la guerre?*' fiel
der friedliebende General ein. — Lord Palmerston zuckte die
Achseln und sagte: ,*Eh bien! si c'est la guerre, c'est la guerre.
Que voulez-vous? Nous sommes préparés et nous l'attendons de
pied ferme.*'"

London, 1. Juni 1860.

Die Pforte hat die von der russischen Regierung beantragte
Enquête abgelehnt, sich jedoch bereit erklärt, die gewünschte
Untersuchung selbst vorzunehmen. Das russische Cabinet schlägt
nun vor, der türkischen Commission Bevollmächtigte der vier
Mächte beizugeben. Man zieht in Petersburg mildere Saiten
auf, weil man von dem Zusammengehen Englands mit den
deutschen Mächten überrascht und durch die Finanzlage des
Reiches in Schach gehalten wird. Hier ist man entschlossen,
in dieser Frage Hand in Hand mit Oesterreich zu gehen, will
aber noch immer nicht einsehen, dass dies praktisch kaum
möglich, solange man in Italien die Revolution gegen Oesterreich
unterstützt. Bisher haben die bitteren Erfahrungen der letzten
Monate in dieser Hinsicht keine Frucht getragen. Der Fall von
Palermo wird mit Jubel begrüsst. Schon sieht die „Times"
den Thron für erledigt an, welchen man hier mit Ausschliessung
Victor Emanuel's und Murat's dem für liberal geltenden Grafen
Syrakus zuwenden möchte. Bei dergleichen Speculationen wird
ganz übersehen, dass das Verbleiben der französischen Garnison
in Rom eine schwer in das Gewicht fallende Thatsache ist.. In
Paris hält man daran fest, Alles was in Italien geschieht, mit
Einschluss des Garibaldi-Zuges, sei ein zwischen Napoleon III.
und Victor Emanuel abgekartetes Spiel. Als Beweis dafür werden
die bedeutenden Unterstützungen an Waffen und Munition, welche
das sardinische Kriegsministerium aus Frankreich bezieht, nicht
ohne Grund angeführt. Der Einfluss des Prinzen Napoleon macht
sich täglich mehr fühlbar. Ein bekannter Socialist, Mathieu, soll

mit Vorwissen des Kaisers Napoleon über Ungarn nach dem
Oriente abgegangen sein. Man vermuthet, derselbe werde den
Führern der ungarischen Revolutionspartei die Instructionen des
Palais Royal überbringen. Nach einer kleinen Soirée in den
Tuilerien entliess Kaiser Napoleon unlängst den Commandanten
von Cherbourg mit den Worten: *„Tenez-vous prêt, le branle-bas
général commencera avant l'automne".*

Die insolente Ablehnung, welche das britische Ultimatum in
Peking gefunden hat (die „Times" vom 12. bringt den Text dieses
Actenstückes), hat in Paris nicht unangenehm berührt. Der nun
unvermeidlich gewordene Krieg mit China wird die Engländer
im fernen Osten beschäftigen. Das dabei betheiligte numerisch
sehr unbedeutende französische Contingent kommt kaum in Be-
tracht.

Erfreulich ist, dass alle Privatnachrichten aus Paris die
Haltung des Prinz-Regenten von Preussen als eine den bonapartistischen Plänen durchaus feindliche bezeichnen. An russischen Ein-
flüsterungen im entgegengesetzten Sinne hat es in Berlin nicht
gefehlt. Latour d'Auvergne berichtet, die preussische Regierung
stehe ganz unter dem Einflusse Englands und werde sich auf
keinen Fall von ihren deutschen Bundesgenossen trennen.

London, 3. Juni 1860.

Der französische Botschafter hat gestern gegen Mittag dem
Staats-Secretär des Auswärtigen mitgetheilt, der König von Neapel
habe die Mediation des Kaisers Napoleon nachgesucht. In Folge
davon sei der französische Gesandte im Vereine mit dem General
Filangieri beschäftigt, eine dem Königreiche beider Sicilien zu
octroyirende Verfassung zu entwerfen. Der König sei entschlossen, eine Constitution zu geben, wenn Frankreich eine
Verständigung mit den Aufständischen in Sicilien vermitteln
wolle. Der Antrag Seiner Sicilischen Majestät sei noch nicht
beantwortet worden. Kaiser Napoleon wünsche vor Allem zu
erfahren, ob England die Mediation gemeinschaftlich mit ihm

zu übernehmen gedenke. Schon Abends 8 Uhr konnte Lord John Russell einem meiner Collegen versichern, England habe jede Betheiligung an einer Mediation zwischen dem König von Neapel und seinen aufrührerischen Unterthanen abgelehnt. Persigny hat nicht versäumt, das Zusammengehen der Westmächte in dieser Frage dringend zu empfehlen. Auch von einer andern Seite ist den britischen Ministern vorgestellt worden, die französische Eröffnung verdiene jedenfalls gründliche Erwägung. Wolle man den rathlosen jungen König ganz in die Arme Frankreichs werfen? Sei es im Interesse Englands, dem Kaiser Napoleon auch im Süden der Halbinsel die Dictatur zu überlassen, welche man ihm im Norden so bereitwillig eingeräumt? Der blinde Hass hat die leitenden englischen Minister für dergleichen Vorstellungen unempfänglich gemacht. Sie wollen mit der jetzigen neapolitanischen Regierung nichts zu thun haben und setzen nicht das geringste Vertrauen in die Versprechungen des jungen Königs.

London, 7. Juni 1860.

Die Unterbrechung des blutigen Vorspiels in Sicilien ladet zum Nachdenken ein. Man fragt sich, ob Garibaldi sich schliesslich als die Marionette Napoleon's entpuppen werde, ob die Eroberungen, die er für Victor Emanuel macht, Frankreich Genua oder die Insel Sardinien eintragen werden, oder ob Garibaldi mit Mazzini im Bunde darauf hinarbeitet, auf den Trümmern der sardinischen Herrschaft eine italienische Republik zu errichten? Während diese Räthsel die Gemüther beschäftigen, taucht das Gerücht auf, Victor Emanuel sei schwer erkrankt, habe Gewissensskrupel und verlange nach einer Aussöhnung mit dem Papste. Sollte die geheimnissvolle Zusammenkunft damit in Verbindung stehen, welche Kaiser Napoleon neulich mit Cavour gehabt hat?

Inzwischen gehen in nächster Nähe Dinge vor, welche die Aufmerksamkeit bald auf das Land richten könnten, dessen staatskluger König dermalen in Windsor weilt. Der Aufenthalt des Königs Leopold in England soll vierzehn Tage dauern. Wird es

dann nicht zu spät sein, nach Brüssel zurückzukehren? Seine
Freunde finden diesen Monarchen auffallend gealtert und regierungs-
müde. Ja manche gehen so weit zu glauben, er werde lieber
seiner Krone entsagen als dafür einen ernsten Kampf aufnehmen.
Die Annexion Belgiens steht unleugbar in Paris auf der Tagesordnung. Zahlreiche Agenten bearbeiten den Clerus, den Adel
und vor Allen die Industriellen und rühmen sich übertriebener
Erfolge. Kaiser Napoleon soll neulich hingeworfen haben, wenn
die Belgier durchaus Franzosen werden wollten, so könne er es
nicht ändern. Frankreich habe in Belgien auf weit allgemeinere
Sympathien zu rechnen als in Savoyen und Nizza.

„Wir werden in den nächsten Wochen grosse Dinge erleben, und zwar in Belgien," flüsterte mir Lord Derby heute
zu und zuckte die Achseln, als ich ihn fragte, was England
thun werde.

Lord Wodehouse hat gestern einem meiner Collegen auf dieselbe Frage geantwortet, England werde zusehen. Wenn die
Belgier durchaus annectirt werden wollten, wer könne das hindern? Auf Deutschland sei nicht zu rechnen. Oesterreich werde
Preussen am Rhein ebenso im Stiche lassen, wie Preussen Oesterreich in Italien. Preussen, selbst mit Deutschland verbunden,
könne es mit Frankreich nicht aufnehmen. Der Bund existire
nur dem Namen nach. Es werde daher am besten sein, die von
Frankreich gewünschte Grenzregulirung ohne Krieg geschehen
zu lassen.

Die radicale Partei, zu deren Fahne Lord Wodehouse schwört,
bildet sich ein, England könne es mit ganz Europa aufnehmen
und gerade darum den Vorgängen auf dem Continente mit voller
Gleichgiltigkeit zusehen. Und doch würden, wie die jüngsten
Parlamentsverhandlungen beweisen, im Falle eines Landungs-
versuches kaum 28,000—29,000 Mann königlicher Truppen zur
Vertheidigung des Vereinigten Königreichs verfügbar sein!

Unter diesen Umständen wird Lord Palmerston vorziehen,
das Prävenire zu spielen. Er wird den Krieg beginnen, solange

England noch Bundesgenossen auf dem Festlande finden kann,
und nicht warten, bis es Frankreich im Bunde mit Russland gelungen, ganz Europa gegen England zu vereinigen. Die italienischen Sympathien werden an diesem Entschlusse nichts ändern,
aber bevor er handeln kann, muss der Premier erst wieder ein
geeinigtes Ministerium hinter sich haben. Das jetzige ist ernstlich
bedroht. Wird die Reformbill, wie zu erwarten, aufgegeben, so
glaubt man an die Entlassung Lord John Russell's. Erhält Gladstone die gewünschte Genugthuung für die in dem Oberhause
erlittene Niederlage nicht, so gilt sein und Milner Gibson's Rücktritt für wahrscheinlich. Für Lord John, welchen Palmerston zu
halten wünscht, würde Clarendon Ersatz bieten. Gladstone's Verlust würde der Premier kaum betrauern. Er und die Tories
haben in der Reform- wie in der Papiersteuer-Frage so augenscheinlich dasselbe Interesse, dass er auf deren Unterstützung
gegen die Radicalen unbedingt rechnen kann. Die nächsten Tage
werden darüber Gewissheit bringen.

London, 14. Juni 1860.

Die Motive, die den Prinz-Regenten von Preussen bewegen,
der Aufforderung des Kaisers Napoleon zu der Zusammenkunft
in Baden-Baden nachzukommen, sind dem britischen Cabinete
des Näheren dargelegt worden. Der zu diesem Zwecke von Herrn
von Schleinitz an den Grafen von Bernstorff gerichteten Depesche
vom 6. d. entnehme ich, dass der Prinz-Regent seinen Weg über
Dresden wählt. Ich enthalte mich deshalb jeder Analyse dieses
Schriftstückes. Nach der Ablehnung, welche in der Depesche
an den Grafen Pourtales vom 9. Mai begründet worden war, ist
die Annahme jetzt hie und da aufgefallen. Wer den Prinzen
von Preussen kennt, weiss, dass jeder Versuch, die Wiederherstellung der französischen Grenze von 1814 zu erwirken, fehl-
schlagen wird. Napoleon III. wird mit der Ueberzeugung von
Baden-Baden heimkehren, dass Grenzregulirungen, d. h. Abtretungen deutschen Gebietes einen Nationalkrieg heraufbeschwören

würden, dem sich Frankreich nicht aussetzen kann, um so weniger, als seine Allianz mit England in Auflösung begriffen ist.

London, 16. Juni 1860.

Der Fürstentag in Baden-Baden wird, wie zu erwarten, von der hiesigen Presse in gehässigster Weise besprochen. Man möchte gern die deutschen Fürsten verantwortlich machen für die Sünden der englischen Politik, die Napoleon III. zu dem gemacht haben, was er heute ist. Diese Artikel geben den Massstab für das Interesse, welches das Publikum hier unseren Zuständen zuwendet. Bei der Unkenntniss, welche die Inselbewohner verrathen, sobald es sich um auswärtige Politik handelt, üben Zeitungen wie die „Times" einen leider nur allzu grossen Einfluss auf die öffentliche Meinung.

Lord Palmerston und die Führer der Opposition begegnen sich in dem Wunsche, dem Principienstreite zwischen beiden Häusern die Spitze abzubrechen. Sie wollen die Frage, ob die Pairs durch Verwerfung der Papiersteuer-Bill die Privilegien des Unterhauses verletzt haben, ohne Sang und Klang in dem Schosse des dazu ernannten Untersuchungs-Comités begraben. Sollten Gladstone und Milner Gibson ihr Verbleiben im Amte von dem Ausgange dieses Streites abhängig machen, so würde sich der Premier darüber trösten. Den Tories aber genügt der Rücktritt dieser beiden missliebigen Minister nicht. Deren Führer verlangen in vertraulichen Besprechungen mit Lord Palmerston auch die Entfernung Lord John Russell's. Dazu scheint jedoch keine Aussicht. Lord John hat offenbar nur in das Opfer seiner Reform-Bill gewilligt, um sich möglich zu erhalten. Lord Palmerston selbst kann einen solchen Wechsel nicht wünschen. Würde er sich doch nach Entfernung Lord John's ganz unter den Schutz der Opposition stellen müssen. Disraeli könnte ihm dann leicht wiederholen, was Palmerston der Opposition im vorigen Jahre zurief: „Ich zwinge Euch im Amte zu bleiben und meine Politik zu machen."

(*Eigenhändig*) *Buckingham Palace, 19. Juni 1860.*

Mein bester Herr Graf! — Ihre Botschaft[1]) hat uns sehr
erfreut, obgleich wir wohl mit der königlichen Familie einen
Sohn vorgezogen haben würden. Der Duc de Malakoff hat sich
in einem ähnlichen Falle damit getröstet „*que les garçons aiment
à courir après les jolies filles*"; mit diesem ächt französischen
Troste müssen wir auch fürlieb nehmen. Ich bitte, dass Sie
unseren herzlichen Antheil den Dresdener Herrschaften von Oben
bis Unten ausdrücken wollen. Stets Ihr getreuer

A l b e r t.

London, 5. Juli 1860.

Vorgestern überbrachte ein österreichischer Courier mehrere
Erlasse des Grafen Rechberg vom 29. v. M. Es lagen dieser
Expedition die Berichte des k. k. Gesandten am grossherzoglich
badischen Hofe, Grafen Trauttmansdorff, vom 17.—19. v. M. bei.

Graf Trauttmansdorff stellt das Badener Ereigniss im er-
freulichsten Lichte dar. Die über jeden Zweifel erhabene Ehren-
haftigkeit des Prinzen Regenten hat sich in der rücksichtslosesten
Offenheit documentirt. Seine Königliche Hoheit hat den Grafen
Trauttmansdorff von Allem unterrichtet, was zwischen ihm und
dem Kaiser Napoleon vorgegangen, auch den Skepticismus nicht
verhehlt, mit dem er und seine Verbündeten die stereotypen
Friedensversicherungen des französischen Machthabers entgegengenommen. Der König von Hannover hat sich gedrungen ge-
fühlt, sein Erscheinen in Baden durch seine österreichischen
Sympathien zu motiviren. Er scheint den Wunsch ausgesprochen
zu haben, dem in Baden begonnenen Einigungswerke durch einen
Fürstentag in Wien die Krone aufzusetzen. Graf Trauttmansdorff
constatirt zunächst mit Genugthuung den negativen Erfolg, da
Kaiser Napoleon nicht gewagt habe, mit Vorschlägen hervorzu-

---

[1]) Erste glückliche Niederkunft der Prinzessin Georg von Sachsen.

treten, welche, wenn ausgesprochen, zu offenen Fragen geworden
wären.

Es haben sich seitdem aus der Badener Zusammenkunft
Keime entwickelt, die zu positiven Ergebnissen führen könnten
und bereits auf die Politik des britischen Cabinets einen
wohlthätigen Einfluss zu äussern beginnen. Mit Freuden erkannte man hier, dass Kaiser Napoleon seinen Zweck verfehlt
und anstatt Misstrauen und Unfrieden zu säen, wider Willen die
Einigung der deutschen Fürsten der gemeinsamen Gefahr gegenüber gefördert habe. In Folge davon beeilte man sich, in Wien
einen Ton anzuschlagen, den man bisher von den Organen Palmerston's und Russell's nicht gewohnt war. Lord A. Loftus
hat wiederholt einen vertraulichen Gedankenaustausch über alle
schwebenden Fragen als den Wunsch der britischen Regierung
dringend empfohlen. Rechberg nimmt in einer vertraulichen
Depesche vom 29. v. M. Act von diesem Wunsche und weist den
Grafen Apponyi an, den Staats-Secretär des Auswärtigen von den
Plänen zu unterrichten, welche Kaiser Napoleon in Ungarn und in
Italien verfolgt. Wie der Prinz Regent und die deutschen Fürsten
in Baden den Friedensversicherungen des Kaisers Napoleon keinen
Glauben zu schenken vermocht, ebenso wenig vermag dies Graf
Rechberg. Er ist vielmehr davon überzeugt, dass der Angriff
auf die Minciolinie unter gleichzeitiger Entfesselung der Re-
volution in Ungarn beschlossene Sache und nur das Mittel sei,
die gutwillig nicht zu erlangende Rheingrenze zu erobern. Diese
Depesche ist hier auf sorgsam vorbereiteten Boden gefallen.
König Leopold hat seine Zeit nicht verloren und ist am 30. mit
der Ueberzeugung abgereist, England werde solchem Beginnen
nicht gleichgiltig zusehen, vielmehr Oesterreich mit den Waffen
in der Hand beistehen, falls sich herausstellen sollte, dass der
Rhein nur am Mincio vertheidigt werden kann. Der König
schmeichelt sich, in dieser Richtung bestimmte Zusicherungen
aus dem Munde der britischen Minister erhalten zu haben.
Solcher Zusicherungen kann sich Graf Apponyi leider noch nicht

rühmen. Es ist jedoch auch in der ihm gegenüber geführten
Sprache ein Fortschritt zu bemerken. Schon giebt Lord John
Russell zu, sich geirrt zu haben, als er wähnte, ein vergrössertes
Sardinien werde stark genug sein, die Halbinsel dem französischen
Einflusse zu entziehen. Ja, er hat sogar eingeräumt, das Selbst-
bestimmungsrecht der Völker müsse Einschränkungen erleiden,
wenn dadurch das Gleichgewicht und die allgemeinen Interessen
Europas bedroht würden. So würde England der Brüsseler
Nationalversammlung nicht gestattet haben, den Anschluss an
Frankreich zu beschliessen oder den belgischen Thron einem
französischen Prinzen anzubieten.

Praktischen Werth werden solche Dämmerungen einer cor-
recteren politischen Auffassung erst dann gewinnen, wenn Oesterreich und Preussen zu Schutz und Trutz verbunden das Gewicht
Gesammt-Deutschlands in die Wagschale legen können. Gelingt
dies, so werden wir unbedingt, wenn auch erst in der Stunde
der Gefahr, auf die Mitwirkung Englands gegen den gemein-
schaftlichen Feind zählen dürfen.

Der Versuch des neapolitanischen Gouvernements, Sardinien
für ein Offensiv- und Defensiv-Bündniss zu gewinnen, kann als
gescheitert betrachtet werden. Cavour hatte verlangt, Neapel
solle sich verpflichten:

1. zu einer gemeinsamen Politik gegen Oesterreich, mit anderen
   Worten, zur Unterstützung des geplanten Angriffes auf
   Venedig;

2. zu einer Aufhebung der weltlichen Herrschaft des Papstes,
   dessen Souveränität höchstens auf die Stadt Rom zu beschränken sein würde;

3. zur Anerkennung des Selbstbestimmungsrechtes der Bewohner der Insel Sicilien, selbst für den Fall ihres An-
   schlusses an Sardinien.

Diesen unerfüllbaren Bedingungen gegenüber erblickt England in diplomatischen Verhandlungen das einzige Mittel zu einer
Verständigung zwischen dem Norden und Süden der Halbinsel.

Immerhin hat der in Neapel eingetretene Systemwechsel der
blinden Feindschaft gegen die Dynastie die Spitze abgebrochen.
Palmerston und Russell fragen sich, ob die Erhaltung derselben
im Interesse Englands nicht Combinationen vorzuziehen sein würde,
welche das Königreich beider Sicilien unter sardinischer Firma
entweder dem Mazzinismus oder dem französischen Einflusse preisgeben müssten.

London, 9. Juli 1860.

Lord Palmerston's drei Resolutionen, die keinen anderen
Zweck hatten, als einem unfruchtbaren Principienstreite zwischen
beiden Häusern vorzubeugen, sind am 6. vom Unterhause angenommen worden. Die zweitägige Debatte, welche dieser Entscheidung vorausging, gehört zu den interessantesten seit Jahren.
Nur von Rednern ersten Ranges geführt, charakterisirt dieselbe
gleichsam photographisch die leitenden Staatsmänner des Tages.
Die Art und Weise, wie der Gladstone'sche Finanzplan behandelt worden, bezeugt die conservative Strömung, in welche das
britische Staatsschiff seit einigen Monaten gerathen ist. Bei Beginn der Session hegten die Radicalen die Hoffnung, längst im
Verborgenen genährte Träume zu verwirklichen. Bright und
Cobden rühmten sich, das Schicksal des Ministeriums in der Hand
zu haben. Sie hatten wirklich einen der Ihrigen, Milner Gibson,
in dasselbe eingeschmuggelt. Lord Palmerston galt den Radicalen
für ein bequemes Aushängeschild, hinter welchem sie die Ausdehnung des Wahlrechtes und eine demokratische Umwandelung
des Steuersystems zu erreichen hofften. Das klägliche Schicksal
der Reformbestrebungen war die erste Ueberraschung, welche
die Männer von Manchester erleben mussten. Sie ahnten nicht,
wie consequent Lord Palmerston der Opposition in die Hände gearbeitet hatte, um Lord John Russell's „kleine Bill“ aus der
Welt zu schaffen. Dann folgten die Enttäuschungen dem Jubel
über Cobden's Handelsvertrag. Noch blieb die Hoffnung, die
durch die Ereignisse veranlassten Mehrausgaben durch directe

anstatt durch indirecte Steuern zu decken. Mit unleugbarer Geschicklichkeit hatte sich Gladstone der Abschaffung der Papiersteuer bedient, um diesen Zweck zu erreichen. Diese Steuer lastet
besonders auf der Tagespresse. Bright und Genossen hofften durch
wohlfeiles Papier die Herrschaft der ihrem Geschmacke nach zu
aristokratischen Zeitungen zu brechen und die gesammte Tagespresse zu Gunsten des Gladstone'schen Finanzplanes zu bestechen.
Die *paper duty abolition bill* erhielt inzwischen bei der dritten
Lesung im Unterhause nur eine Mehrheit von 9 Stimmen. Die
Annexion von Savoyen und Nizza öffnete dem Lande die Augen
über den politischen Fehler des Handelsvertrages. Unter diesen
Umständen konnte sich das Oberhaus eines alten seit zweihundert
Jahren schlummernden Rechtes bedienen. Die Gemeinen bean-
spruchen das ausschliessliche Privilegium, in Finanzfragen zu entscheiden. Den Lords steht jedoch das Recht zu, Gesetzvorschläge,
welche sich auf Besteuerung beziehen, im Ganzen zu verwerfen,
auch wenn dieselben vom Unterhause angenommen worden. Drei
liberale Pairs, unter ihnen der steinreiche Chef des altberühmten
Bankhauses Lloyd, Lord Overstone, ergriffen die Initiative, um zu
verhindern, dass der Staat in sturmbewegter Zeit einer so sicheren
und bedeutenden Einnahme beraubt werde. Im geheimen Einverständnisse mit Lord Palmerston unternahm es Lord Derby,
die von den Gemeinen begangene Uebereilung wieder gut zu
machen. Notorisch war, dass er nicht daran dachte, die Bildung
eines Gouvernements zu übernehmen. Um zu beweisen, dass kein
Partei-Manöver beabsichtigt sei, überliess er es Lord Monteagle,
die Verwerfung der Bill zu beantragen. Eine unerwartete, in
den Annalen des Oberhauses fast unerhörte Majorität verwarf die
Massregel und erschütterte dadurch den künstlichen Finanzplan
Gladstone's. Der ersten Bestürzung, welche dieser Staatsstreich,
wie diese Abstimmung genannt wurde, im radicalen Lager hervorrief, folgte bald ein kaum verhehlter Jubel. Man glaubte endlich
einen Vorwand gefunden zu haben, um den Lords einen empfind-
lichen Schlag beizubringen. Fulminante Artikel der Penny-Presse,

Strassen-Plakate, Massenversammlungen, Reden des Volkstribunen
Bright in Manchester und Birmingham. — Alles wurde aufgeboten, um das Volk gegen die Dictatur des Oberhauses und
die Tyrannei Lord Derby's zu entflammen. Vergebens. Diese
Spiegelfechtereien prallten an der Gleichgiltigkeit der Massen ab.
Noch rechneten die Manchester-Männer auf die Leidenschaften des
Unterhauses, welches seit 1688 eifersüchtig über seinen Privi-
legien wacht. Palmerston's Stellung war schwierig, aber er zeigte
sich seiner Aufgabe gewachsen. Er brach den radicalen Sturm,
indem er ein Comité zur Untersuchung der Präcedenzfälle beantragte. Das Comité vereinigte die Führer aller Parteien. Zum
Vorsitzenden und Berichterstatter wurde Walpole gewählt, ein
Conservativer vom reinsten Wasser, während Bright die Radicalen, Sir James Graham die Peeliten vertrat. Der farblose
Bericht gab im Schosse dieses Ausschusses zu heftigen Debatten
Anlass. Bright stellte ein Amendement in der Absicht, das
Unterhaus zum offenen Kampfe mit den Lords aufzufordern. Er
schlug vor, die Bill von neuem anzunehmen und von neuem
an das Oberhaus zu senden. Mit 19 Stimmen gegen 3 wurde
dieses Separat-Votum verworfen. Wundersamer Weise stimmten
zwei Staatsminister, Gladstone und Lord John Russell, mit
Bright in der Minorität, während Lord Palmerston mit der
Majorität votirte. Ein etwas weniger radicales Amendement
Gladstone's wurde mit 9 gegen 7 Stimmen ebenfalls verworfen.
Dieses Mal stimmte Palmerston mit seinen Collegen, während
Sir James Graham sich den Conservativen anschloss und so
deren Sieg entschied. Der Comité-Bericht ward am 2. auf
den Tisch des Hauses gelegt. An demselben Tage fand ein
stürmisches Cabinets-Conseil statt, in welchem Gladstone seinen
Austritt verkündete. Gerüchte, dass Milner Gibson, der Urheber
der Papiersteuer-Bill und Lord John Russell, der sich im Comité
am heftigsten gegen das Oberhaus ausgesprochen, dem Schatzkanzler folgen würden, durchliefen die Stadt. Es scheint, dass
Gladstone während drei Stunden wirklich nicht mehr Minister

war. Auf die Bitte Lord Palmerston's übernahm es eine hochgestellte Dame, die separatistischen Elemente wieder zu vereinigen. Es kam zu einem Compromisse: die Frucht desselben sind die drei Resolutionen Lord Palmerston's. Man
tadelt dieselben als dunkel, nichtssagend und gegen die Regeln
der Grammatik verstossend. Lachend bemerkte mir Lord Derby,
man müsse dieselben erst in das Englische übersetzen. Der
Accent lag jedoch auf dem staatsmännischen Takt, der sie dictirt
hatte. Von diesem gab der 76jährige Premier die glänzendsten
Proben, als er am 5. seine Resolutionen, um nicht zu sagen seine
Gemeinplätze, dem Hause zur Annahme empfahl. Lord Palmerston ist kein Redner, aber er besitzt wie kein anderer das Ohr
des Hauses und trifft in der Regel den Nagel auf den Kopf.
Seitdem er im Unterhause sitzt, hat er sich eines ähnlichen
Triumphes nicht zu erfreuen gehabt. Lord Derby und Disraeli
bezeichneten mir beide die Haltung des Premier-Ministers in dieser
Krisis als eine über alles Lob erhabene. Die Opposition begleitete
die Rede mit donnerndem Beifalle. Mehrere radicale Amendements
wurden gestellt und zurückgezogen. Die Conservativen hielten
es nicht der Mühe werth, ihr Schweigen zu brechen. Damit
war der Eigenliebe Gladstone's nicht gedient. Tief verletzt durch
die glänzende Vertheidigung des Oberhauses, welche er aus dem
Munde des Premier-Ministers vernommen, liess der Schatzkanzler
seiner Beredsamkeit freien Lauf. Er verhöhnte die Opposition,
weil sie die ministeriellen Resolutionen und eine ungeheure Neuerung *(gigantic innovation)* ohne Widerstand anzunehmen scheine.
Er selbst habe zwar auch seine Zustimmung gegeben, reservire
sich aber das Recht, die von dem Oberhause verletzten Privilegien
der Gemeinen durch die That aufrecht zu erhalten. Dieser taktlose Ausfall eines Ministers fand sofort verdiente Züchtigung.
Disraeli brach sein so bitter getadeltes Schweigen, um in einer
glänzenden, mit Witz und Spott gewürzten Improvisation die
klägliche Rolle, welche Gladstone gespielt, dem homerischen Gelächter des Hauses preiszugeben.

Der am 6. wieder aufgenommenen Debatte präludirte Lord
Palmerston. Er erklärte in Beantwortung einer Interpellation, er
verlange nichts als die Annahme seiner Resolutionen.

Die Rede des geistreichen Mr. Horsman dürfte den Höhe-
punkt bezeichnen, welchen die conservative Springfluth in diesem
Jahre erreicht hat. Mr. Horsman hat den Muth gehabt, es offen
auszusprechen: das übermüthige Gebahren der Gemeinen würde
die Verfassung in Gefahr bringen, wenn die Weisheit des Oberhauses durch rettende Thaten, wie die vorliegende, das Gleichgewicht zwischen den constitutionellen Gewalten nicht wieder-
herstellte. „Dieser Anlass," so schloss der Redner. „bietet keinen
Vorwand zu einem Kampfe mit den Lords. Der Versuch, einen
solchen heraufzubeschwören, ist kläglich zusammengebrochen. Das
Gesetz ist nicht auf unserer Seite. Die Vorgänge (precedents)
sprechen nicht zu unseren Gunsten. Constitutionelle Principien
und politische Erwägungen sind gegen uns. Wenn Ihr an das
Land appelliren wolltet, so würde die Nation in Uebereinstimmung
mit der Geschichte Euch antworten: die Session von 1860 war
in zweifacher Hinsicht denkwürdig: einmal durch den Leichtsinn
und die überstürzende Unbedachtsamkeit der Gemeinen, dann
durch die Ruhe, die Würde und den Patriotismus der Lords."

Lord Derby, ganz damit einverstanden, sagte mir, er würde
kaum gewagt haben, im Oberhause so zu sprechen.

Jetzt ist Lord Palmerston Herr der Lage und hält sein
Ministerium ganz in der Hand. Hoffentlich wird er seinen im
Innern erfochtenen, conservativen Sieg auch nach aussen zu ver-
werthen wissen.

London, 10. Juli 1860.

Die gewagte Behauptung der dänischen Regierung, es seien
Deutschland bezüglich Schleswigs keine Zusicherungen gemacht
worden, hat in dem preussischen Pro Memoria verdiente Widerlegung gefunden. Unter Bezugnahme auf die früheren Verhandlungen und Berichte der Bundes-Commissäre werden die der

deutschen Nationalität in Schleswig gemachten dänischen Zusagen unter drei Hauptpunkten zusammengefasst. Wie alle mit dem Kopenhagener Cabinete gewechselten Schriftstücke ist auch dieses Pro Memoria Lord John Russell mitgetheilt worden. Derselbe hat die in deutscher Sprache redigirte Pièce mit Dank entgegengenommen. Wir dürfen uns nicht verhehlen, dass man hier weder Zeit noch Lust hat, diese Streitfragen ernstlich in Erwägung zu ziehen, so dringend deren Lösung auch geworden sein mag.

Der bei Wiederbesetzung des britischen Gesandtschafts-Postens in Kopenhagen eingetretene Personenwechsel ist für Deutschland günstig. Mr. Augustus Paget bekundet in seinen Berichten eine unbefangenere Auffassung als sein Vorgänger. Letzterer, welcher jetzt eine unerquickliche Thätigkeit in Neapel entwickelt, ist bekanntlich Lord John's Schwager. Es kann nicht verwundern, wenn es nicht eben leicht ist, die dänenfreundlichen Eindrücke zu verwischen, die der Staats-Secretär aus den Elliot'schen Berichten geschöpft hat. Das Bestreben, die Dinge zu sehen wie sie sind und die unliebsame Sachlage vorurtheilsfrei zu beurtheilen, darf den hiesigen Staatsmännern nicht abgesprochen werden. An dringenden Ermahnungen haben sie es in Kopenhagen nicht fehlen lassen. Die ihnen von competenter Seite dargelegte Wahrheit, dass die Zustände in Schleswig mindestens ebenso verzweifelt seien als die in Sicilien, haben sie freilich nicht gelten lassen wollen. Doch beginnt man die Uebelstände einer halt- und principienlosen demokratischen Cabinetstyrannei nachgerade durchzufühlen. Hier, wo sich die Verhältnisse des Festlandes mehr und mehr aus der Vogelperspective darstellen, wird hauptsächlich die Gefahr in's Auge gefasst. Dänemark könne durch eine Bundes-Execution ganz in die Arme Frankreichs getrieben werden. Mahnt man also davon ab, so ist man doch billig genug einzugestehen, dass die deutsche Langmuth auf sehr harte Proben gestellt wird.

Oesterreich hatte vorgeschlagen, sich auf die Empfangs-
bestätigung der Thouvenel'schen Depesche in Betreff der Schweiz
zu beschränken und sich die Entscheidung, ob und wann man
die Conferenz beschicken wolle, vorzubehalten. Preussen hat
diesen Vorschlag angenommen und beide deutsche Mächte befolgen somit zum grossen Missbehagen der eidgenössischen
Regierung eine temporisirende Politik in der Hoffnung, die Conferenz aufzuschieben, nach Befinden zu begraben. Vom Standpunkte des Wiener Cabinetes ist es begreiflich, wenn man für
den inneren Umbau des Kaiserstaates Zeit zu gewinnen sucht
und jeder ernsten Differenz mit Frankreich aus dem Wege geht.
Graf Bernstorff ist jedoch für seine Person mit dem Tempo-
risiren keineswegs einverstanden. Er glaubt vielmehr, die in
der Schweizer Frage correcte Haltung des englischen Cabinetes
müsse ermuthigt und benutzt werden, um der hier gewünschten
Annäherung in Wien und Berlin thunlichst entgegenzukommen.
Zu Gunsten dieser Auffassung lässt sich die Thatsache anführen,
dass das Tuilerièn-Cabinet Alles aufbietet, um die Conferenz zu
verhindern. In dieser Absicht lässt Thouvenel durch seine Agenten
in Deutschland die irrige Meinung verbreiten, es liege der englischen Regierung gar nichts an der Conferenz, welche nur *pro
forma* aus parlamentarischen Gründen betrieben werde. Dass dem
nicht so ist, beweisen die veröffentlichten Depeschen Lord John
Russell's und die von ihm und Lord Palmerston den Vertretern
der deutschen Grossmächte gegenüber geführte Sprache. Wie
wir, sind die britischen Minister davon überzeugt, dass sich Frankreich zu keinen Concessionen verstehen würde. Das englische
Cabinet ist jedoch fest entschlossen, die Conferenz zu benutzen,
um der stillschweigenden Anerkennung des savoyischen Handels
zu entgehen. England wünscht im Vereine mit Deutschland zu
constatiren, dass ein Vertragsbruch vorliegt, weil der 92. Artikel
der Wiener Schlussacte dem Turiner Abkommen entgegensteht.

Mr. Augustus Paget ist hier eingetroffen. Man hatte ihm zuerst sein Urlaubsgesuch rundweg abgeschlagen, dasselbe jedoch später unter der Bedingung gewährt, dass er vor seiner Abreise über die deutsch-dänischen Differenzen ausführlich Bericht erstatte. Paget hat vorgezogen dies mündlich zu thun. Kaum angekommen eilte er zu Lord John Russell, um ihm die schleswig-holsteinische Frage *ab oro* auseinanderzusetzen. Diese Auseinandersetzung soll trotz der Beredsamkeit des Gesandten einen narkotischen Zauber auf die Nerven Lord John's ausgeübt haben. Paget musste seinen Vortrag unterbrechen. Und doch scheint das Intriguen-spiel in Kopenhagen nur zu interessant geworden zu sein. Hall und Munrod buhlen mit allen erlaubten oder unerlaubten Mitteln um die Gunst des Herrn von Blixen, des Einzigen, der das Ohr des Königs hat. Auswärtige politische Fragen werden jenen Intriguen ganz untergeordnet. Das Programm der Eider-Dänen steht jedoch mehr denn je auf der Tagesordnung. Auf einen Krieg mit Deutschland würden es die fügsamen Minister an-kommen lassen, wenn die Einverleibung Schleswigs den Launen der Gräfin Danner entsprechen und das Ministerium vor einer Katastrophe sichern könnte. Ob und in wie weit Blixen in fran-zösischem Solde steht, ist nicht abzusehen. Man ist hier über-zeugt, dass Alles was in Kopenhagen geschieht oder nicht ge-schieht, von Paris aus inspirirt wird.

Prinz Albert ist gestern von Osborne in die Stadt gekommen, um die vierte Sitzung des internationalen statistischen Congresses zu eröffnen. Die meisterhafte Rede Seiner Königlichen Hoheit hat auf die gelehrte Versammlung den tiefsten Eindruck gemacht.

Während des jüngsten Besuches des Herzogs von Coburg sind die Sommerpläne des Hofes festgestellt worden. Nach einem kurzen Aufenthalte in Balmoral gedenkt sich die Königin mit ihrem Gemahle — wahrscheinlich am 21. September — direct nach Coburg zu begeben, ohne Berlin oder Wien zu berühren. Die Frau Kronprinzessin von Preussen wird nach ihrem Wochenbette dort erwartet.   Lord John Russell soll Ihre Majestät begleiten.

Das Parlament pflegt wie Saturn eine Anzahl seiner Kinder zu verschlingen und am Ende der Session Gesetzesvorschläge, welche die zweite Lesung schon passirt haben, aufzugeben.   Man nennt dies „*the massacre of the innocents*", ein Ausdruck, der für den bethlehemitischen Kindermord stereotyp geworden.   Durch mehrere Nachtsitzungen ermüdet hat das Unterhaus dieses Abschlachten der Unschuldigen in diesem Jahre mit besonderem Eifer betrieben.   Den Anfang machte Lord John Russell's Reformbill.   Es folgte eine Massregel von grosser Tragweite, die *Bankruptcy Bill*.   Dieselbe zählte nicht weniger als 300 Paragraphen, von welchen 152 bereits die Comité-Berathung passirt hatten. Auch die *Savings-Bank Bill* vermochte Gladstone nicht zu retten. Ueber diese Schlappe des Schatzkanzlers bemerkte mir einer der Führer der Opposition: „Wir thun, was wir können. um Palmerston und sein Coalitions-Ministerium im Amte zu erhalten.   Unsere Stunde ist noch nicht gekommen.   Leider ist die Schwäche des auseinanderfallenden Cabinets eine solche, dass eine Krisis selbst gegen unsern Wunsch und Willen nicht zu den Unmöglichkeiten gehört."

Lord Derby hat sich veranlasst gesehen, die bedenkliche Lage der öffentlichen Angelegenheiten im Oberhause zur Sprache zu bringen und die oft gerügte Impotenz der Whigs in das hellste Licht zu setzen.   Diese Rede hat um so tieferen Eindruck gemacht, als dieselbe von aller Parteileidenschaft frei war.   Lord Brougham hat dafür ein neues Wort erfunden, er nannte Lord Derby's Kritik „*an imparty speech*".   Unbillig würde es sein, den Ministern die Begehungs- und Unterlassungssünden dieser unfruchtbaren Session zur Last zu legen.   Das Unterhaus allein ist dafür verantwortlich.   Es fröhnt der Unsitte. jede Kleinigkeit vor sein Forum zu ziehen und mit nutzlosen Wortgefechten die kostbare Zeit zu vergeuden.

Die Zusammenkunft des Kaisers von Oesterreich mit dem
Prinzen Regenten in Teplitz wird hoffentlich dem in Baden begonnenen Einigungswerke die Krone aufsetzen. Die sinnlosen
Verleumdungen der Presse, als gelte es die Karlsbader Beschlüsse
wieder aufzuwärmen, werden durch das Handbillet des Kaisers
von Oesterreich vom 17. widerlegt. Kürzer und drastischer, als
dies in der heutigen „Times" geschieht, bezeugte mir ein Staatsmann der liberalen Partei seine Freude über die eingetretene
glückliche Wendung. „Wenn," sagte er, „Oesterreich und
Preussen sich die Hände reichen, die Regierungen und Völker
Deutschlands diesem Bunde beitreten, dann sind Frankreich
und Russland machtlos, den Frieden der Welt zu erschüttern."

Ein *communiqué* der heutigen „Morning Post" veröffentlicht
die gestern hier eingegangenen Nachrichten über die französischen
Vorschläge zur Pacification Syriens: Expedition von 8000 Mann
französischer Landtruppen, Ernennung einer internationalen Commission, administrative Reorganisation des Landes, um den christlichen Bewohnern den nöthigen Schutz zu verleihen. In Beantwortung einer Interpellation hat Lord John Russell gestern
versichert, von der Einschiffung französischer Truppen nach Syrien
keine Nachricht zu haben. Er gab jedoch zu, dass zwischen den
Grossmächten Verhandlungen obschwebten in der Absicht, die
Pforte bei Wiederherstellung der Ruhe und Ordnung zu unterstützen. „Ich glaube nicht," bemerkte der Staats-Secretär des
Aeusseren mit gewohntem Optimismus, „dass Frankreich beab-
sichtigen kann, in Syrien allein zu handeln." Man hofft hier,
Fuad Pascha werde die Ordnung herstellen, bevor die französische
Expedition Beirut erreicht. Von vielen Seiten werden die dortigen
Unordnungen auf einen tiefer angelegten Plan des französischen
Cabinetes zurückgeführt und zum Beweise hervorgehoben, dass
Geld und Arbeitskräfte nicht gespart worden, um in diesem un-
wirthlichen Lande Heerstrassen zu schaffen.

London, 25. Juli 1860.

Die durch Decret vom 20. August 1859 ernannte, aus ausgezeichneten Offizieren der Armee und der Marine bestehende Commission hatte die Aufgabe, die Befestigungen der Küste, Häfen und Docks des Vereinigten Königreiches zu untersuchen und zur Vervollständigung derselben Vorschläge zu unterbreiten. Der aus 172 Paragraphen bestehende Bericht dieser Commission ist der Königin am 7. Februar d. J. vorgelegt und vorgestern in einem starken Blaubuche dem Parlamente mitgetheilt worden.

Nach sorgfältiger Untersuchung und Vernehmung der ausgezeichnetsten Fachmänner des Landes hat die Commission von dem abenteuerlichen Plane abgesehen, die Metropole durch detachirte Forts zu befestigen. Man hat auch die Unmöglichkeit erkannt, jeden Punkt der ausgedehnten Küsten des Inselreiches vor einem etwaigen Landungsversuche sicher zu stellen. Die Commission empfiehlt daher diejenigen Häfen, festen Plätze und Dockyards, welche zu Arsenalen verwendet werden, auch für die verbesserten Geschütze der modernen Artillerie uneinnehmbar zu machen. Als die Hauptpunkte werden bezeichnet Portsmouth mit seinen Dependenzien (Spithead, die Insel Wight, Gosport), Plymouth und Dover. Die Kosten der zunächst unabweislichen, in drei bis vier Jahren zu vollendenden Befestigungsarbeiten werden auf 12 Millionen Pfund Sterling veranschlagt.

Wenn dieser Bericht vier Monate lang geheim gehalten und erst am 23. d. dem Unterhause vorgelegt worden, so ist dies nur durch die Rücksicht zu erklären, welche Lord Palmerston auf die eigenthümliche Stellung Gladstone's im Schosse des Cabinets zu nehmen genöthigt war. Jetzt erst weiss man, dass Gladstone diesen Bericht kannte, als er am 10. Februar dem Unterhause seinen künstlichen Finanzplan entwickelte. Hätten die Gemeinen damals ahnen können, dass in diesem Friedensbudget der Ausgabeposten von 12 Millionen Pfund Sterling verheimlicht worden, so würde es der Beredsamkeit des Schatzkanzlers kaum gelungen sein, dasselbe durchzubringen.

Lord Palmerston hat in der vorgestrigen Sitzung die Annahme der Commissions-Anträge dringend empfohlen und zur
Beschaffung der nöthigen Gelder *annuities*, d. h. in dreissig Jahren
einlösbare Staatsschuldverschreibungen vorgeschlagen, auch um
Ermächtigung gebeten, für das laufende Jahr für zwei Millionen
Pfund Sterling zu emittiren. Da General Peel im Namen der
Opposition die volle Billigung der Massregeln ausgesprochen, so
wird trotz der Einsprache des Friedensapostels Bright die Annahme
der Regierungsvorlagen am nächsten Montag erwartet. Die Abwesenheit Lord John Russell's, Gladstone's und Milner Gibson's
während der ganzen Dauer dieser Debatte ist sehr aufgefallen.

Im Anfange der Sitzung beantwortete der Staats-Secretär
des Aeusseren eine Interpellation Sir James Fergusson's und theilte
dem Hause die neuesten Nachrichten über die syrischen Wirren
mit. Die Gräuelthaten der Drusen haben das englische Ministerium veranlasst, dem Commandanten der an der syrischen
Küste kreuzenden Kriegsschiffe die Ermächtigung zu ertheilen,
nöthigenfalls zu landen. Eine Betheiligung an der von Frankreich projectirten Expedition wurde jedoch abgelehnt.

In Neapel hat man allem Anscheine nach den Kopf verloren und der lange vorbereiteten Katastrophe Thor und Thür
geöffnet. Messina und alle auf der Insel Sicilien von königlichen
Truppen noch besetzten Plätze sind geräumt. König Franz II. hat
sich herbeigelassen, einen seiner Adjutanten an Garibaldi zu senden.

Der Minister der öffentlichen Arbeiten, der Marquis de
la Greca, ist eingetroffen in der Absicht, einen letzten Versuch
zu machen, das englische Gouvernement für seinen jungen König
zu interessiren. Er dürfte zu spät kommen, da die Ereignisse
seine Sendung überholt haben.

London, 26. Juli 1860.

Die Rede, in welcher Lord Palmerston am 23. dem Unterhause die Annahme der von der Commission vorgeschlagenen
Küstenbefestigungen empfohlen hat, wird als ein Ereigniss auf-

gefasst, dessen Bedeutung durch die Abwesenheit Lord John
Russell's, Gladstone's und Milner Gibson's nur erhöht worden ist.
Dass der siebenundsiebenzigjährige Premier es wagen würde, die
französische Allianz so rückhaltlos aufzukündigen, hatte niemand
erwartet. Es fehlt nicht an solchen, welche diese Offenheit tadeln.
Sie fürchten, die ohnehin sehr gespannten Beziehungen könnten
dadurch zum förmlichen Bruche geführt werden. Auch wirft man
Lord Palmerston vor, mit allzugrosser Aufrichtigkeit die schwachen
Punkte bezeichnet zu haben, welche Napoleon III. angreifen müsste,
wollte er den abenteuerlichen Plan eines gegen London gerichteten
Handstreiches wirklich ausführen. Jedenfalls beweist diese Rede
in Verbindung mit dem an der Tafel des Lord Mayor ausgebrachten
kriegerischen Toaste, dass Lord Palmerston fest entschlossen ist,
es auf einen Kampf auf Leben und Tod mit Frankreich ankommen
zu lassen. Die Männer der Manchester-Schule verkünden es laut
genug in ihren Pfennig-Blättern, die Springfluth der Reaction
habe England in die Stimmung des Jahres 1810 zurückgeworfen.
Mag man dies mit Bright und Cobden beklagen, Thatsache
ist, dass Lord Palmerston der öffentlichen Meinung des Tages
beredten Ausdruck geliehen hat.

Die zu einer scheinbaren Verständigung gelangten Verhandlungen über die Intervention in Syrien beweisen sattsam, wie
hochgradig das Misstrauen, welches die französische Politik den
hiesigen Staatsmännern einflösst. Aus dem Munde eines britischen Ministers erfahre ich folgende Einzelheiten: Persigny
kam am 18. und verlangte Lord John Russell dringend zu
sprechen. Es war gerade Cabinets-Sitzung. Lord John verliess dieselbe, kam aber kurz darauf mit der Depesche zurück,
die ihm der französische Botschafter mitgetheilt hatte. Die darin
gestellte Anfrage, ob England an der französischen Expedition
nach Syrien sich mit Landtruppen betheiligen wolle, wurde sofort berathen und die Ablehnung einstimmig beschlossen, weil
man jede Cooperation mit Frankreich perhorresciren müsse. Derselbe Gewährsmann versichert, man sei hier fest überzeugt, die

Wirren im Libanon seien durch russische und französische Intriguen provocirt und die französische Expedition nichts als ein maskirter Offensivstoss gegen die Türkei und indirect gegen England. In dieser Ueberzeugung habe die englische Flotte Befehl erhalten, an den syrischen Küsten zu kreuzen, nicht sowohl um die Christen zu schützen, als um die Bewegungen der Franzosen zu überwachen.

London, 30. Juli 1860.

Der Marquis de la Greca ist am 27. d. unverrichteter Sache abgereist. Tags vorher hatte Lord John Russell dem Unterhause mitgetheilt, der Marquis habe im Namen der neapolitanischen Regierung die bewaffnete Intervention der Westmächte in Sicilien nachgesucht, ein Ansinnen, welches von der englischen Regierung abgelehnt worden. Der ausserordentliche neapolitanische Abgesandte hat gegen diese Darlegung protestirt in einem Schreiben an den Staats-Secretär des Aeusseren, welches dieser dem Hause am 27. vorlegte. In diesem Schriftstücke wird constatirt, von dem bewaffneten Einschreiten fremder Mächte in Sicilien sei nie die Rede gewesen, die neapolitanische Regierung habe nur gewünscht, England, Frankreich und Sardinien möchten einen moralischen Druck auf Garibaldi ausüben, um diesen zu einem sechsmonatlichen Waffenstillstande zu bestimmen. Dieser Waffenstillstand habe dazu benutzt werden sollen, um die mit dem Turiner Cabinete schwebenden Verhandlungen zum Abschlusse zu bringen und für die Eröffnung der Kammern das Nöthige vorzubereiten. Zu seiner Entschuldigung bemerkte Lord John, die Verhandlungen mit dem Marquis de la Greca seien nur mündlich geführt worden und hätten daher zu Missverständnissen Anlass geben können. In der Hauptsache habe England jede Einmischung in die sicilischen Wirren ablehnen müssen und die Argumente des Marquis de la Greca nicht für stichhaltig erachten können. Dieser habe behauptet, es läge ein europäisches Interesse vor. Wenn man dem in Neapel eingetretenen Systemwechsel nicht Zeit

gönne, sich zu consolidiren, so werde man der Revolution Thor
und Thür öffnen. In der That habe man nur die Wahl, den
unvermeidlich gewordenen Kampf um den Besitz von Venetien
mit den regelmässigen piemontesisch-neapolitanischen Truppen
oder mit Freischaaren zu führen. Ersteres sei vorzuziehen.
Wolle man den unvermeidlichen Krieg mit Oesterreich dem Mazzinismus überlassen, so werde als Endresultat entweder die rothe
Republik oder die Befestigung der Fremdherrschaft in Italien
daraus hervorgehen. Diese Argumentation wird in Wien ihre
Wirkung nicht verfehlen. Wie sollte sich auch Oesterreich für
die Erhaltung einer Regierung interessiren, die, wenn auch nur
aus Furcht und Schwäche, so feindseligen Tendenzen huldigt!

Während der Antagonismus zwischen der englischen und
französischen Politik in den jüngsten Verhandlungen über die
Intervention in Syrien immer schärfer hervortritt, bringt die
heutige „Morning Post" ein mysteriöses *communiqué*, in welchem
eine überraschende Wendung der Politik des Tuilerien-Cabinets
verkündet wird. Ist diese neueste Wandlung ernst gemeint?
Die Zeit wird es lehren. Briefe und Redensarten werden kaum
ausreichen, um das tief greifende Misstrauen von einem Tage zum
anderen zu beseitigen, welches die bonapartistischen Velleitäten
hier hervorgerufen haben. Ist die von der „Morning Post" an-
gekündigte Bekehrung aufrichtig, so wird darin eine heilsame
Wirkung der Teplitzer Zusammenkunft zu begrüssen sein.

Der Schluss des Parlamentes ist kaum vor Ende nächsten
Monats zu erwarten. Ueber den gegenwärtigen Geschäfts-
bankerott hat Mr. Disraeli der Majorität einige herbe Wahrheiten
gesagt. „Ihr habt," rief der Führer der Opposition, „Lord Derby's
Gouvernement gestürzt, angeblich aus zwei Gründen. Einmal weil
das Land, wie Ihr behauptet, eine demokratische Wahlreform
verlangt, dann weil unsere äussere Politik zu einem Bruche mit
Frankreich führen werde. Der trügerische Charakter dieser
factiösen Anklagen liegt auf der Hand. Die Mondschein-Reform-
bill hat zurückgezogen werden müssen, weil das Land diese

demokratische Neuerung entschieden missbilligte. Dann kam das Trugbild eines Handelsvertrages, welcher die Aera des ewigen Friedens eröffnen sollte, in Wahrheit jedoch dem Premier-Minister das Geständniss abgenöthigt hat, dass wir um jeden Preis und so schnell als möglich das Land gegen eine französische Invasion sicher stellen müssen.“

London, 31. Juli 1860.

Das gestrige *communiqué* der „Morning Post“ war nicht von der englischen Regierung, sondern von der französischen Botschaft inspirirt und beruht auf einem Privatschreiben des Kaisers Napoleon an Persigny. Die Vermuthung liegt nahe, dass letzterer der Urheber dieser kaiserlichen Ergiessung ist.

Persigny, der Einzige, der noch an die Aufrechterhaltung der westmächtlichen Allianz glaubt, hat sich beeilt, das Schriftstück den hiesigen Ministern mitzutheilen. Der erste Eindruck mag den Erwartungen des Botschafters nicht entsprochen haben; wenigstens bezeichnet Lord John die Sprache dieses kaiserlichen Privatbriefes als im höchsten Grade vag. Die heutige „Times“ bespricht den Zwischenfall in einer Weise, die den tiefgehenden Skepticismus kennzeichnet, mit welchem man hier den Windungen und Wendungen des Proteus an der Seine folgt. „Die gegenseitigen Rüstungen,“ sagt das City-Blatt, „werden fortgesetzt bis zur Stunde, in welcher man die Entdeckung machen wird, dass der Krieg wohlfeiler als der Friede und dass eine rasche Entscheidung Verhandlungen vorzuziehen ist, die nur tiefer und tiefer in den Abgrund führen können.“

Die Convention, Syrien betreffend, ist so gut wie abgeschlossen, wenn auch noch nicht förmlich unterzeichnet. Die beistimmende Antwort der Pforte hat die Hauptschwierigkeiten beseitigt. Im Vertragsentwurfe fällt der Missbrauch auf, welcher namentlich seit Thouvenel's Ernennung mit der Elasticität der französischen Sprache getrieben wird. Denjenigen, welche im Geheimnisse der Komödie sind, muss es als eine bittere Ironie erscheinen, wenn gesagt wird: *que S. M. l'Empereur des Français consent à envoyer des troupes etc.* Uebrigens scheint es sich weniger um einen tief angelegten Plan als um ein Taschenspieler-Kunststück zu handeln, darauf berechnet, die Aufmerksamkeit der Franzosen von den inneren Angelegenheiten abzulenken. *Expédition chrétienne sur la base d'une convention européenne* ist eine Phrase, die ihren Effect nicht verfehlen wird.

Englischerseits geht Lord Dufferin als Civil-Commissär nach Syrien. Derselbe ist in Staatsgeschäften *homo novus.* Die geistreiche Beschreibung eines an Bord seiner Yacht nach Island unternommenen Ausfluges hat den Namen Lord Dufferin's in der schriftstellerischen Welt bekannt gemacht. Seine im vorigen Jahre nach dem Oriente unternommene Reise dürfte die nächste Veranlassung zu seiner jetzigen Wahl gegeben haben.

London, 1. August 1860.

Das mehrerwähnte Privatschreiben des Kaisers Napoleon an Persigny, datirt St. Cloud 25. Juli 1860, erscheint heute in englischer Uebersetzung in den Zeitungen. Der Commentar der „Morning Post" klingt fast wie eine Kritik, welche, wenn nicht direct vom Premier-Minister inspirirt, jedenfalls den Gedankengang dieses Staatsmannes in journalistischer Sprache wiedergiebt. Italien ist zur Nebensache geworden. Der Wunsch, das unglückliche Land möge zum Frieden gelangen, gleichviel auf welche Weise, nur nicht durch fremde Intervention, ist natürlich hier auf dankbaren Boden gefallen. Die syrische Frage bildet augenscheinlich den Hauptbeweggrund des Kaisers der Franzosen, noch einmal zu versuchen, das Misstrauen Englands einzuschläfern. *In cauda venenum.* In dem letzten Satze ist unangenehm aufgefallen, dass der kaiserliche Briefsteller glauben machen möchte, er unternehme die syrische Expedition ungern und wider Willen, einmal weil sie Geld koste und dann weil zu befürchten, dass die orientalische Frage wieder eröffnet werden könnte. Letzteres bildet den Hauptgrund der hiesigen Besorg-

nisse, welche durch den naiven Zusatz „ich weiss nicht, wie ich
der öffentlichen Meinung meines Landes widerstehen kann" nicht
abgeschwächt worden sind. Ein englischer Staatsmann fasste sein
Urtheil gestern in den Worten zusammen: *risum teneatis, amici!*
Von den Kosten zu sprechen, war jedenfalls gewagt, da der französische Entwurf der Convention dem Sultan den Ersatz aller
Auslagen aufbürden wollte. Der Machthaber an der Seine scheint
nicht zu ahnen, dass man hier von Thatsachen unterrichtet ist,
die auf seine Behauptung, er unternehme die Expedition nur
nothgedrungen, scharfe Schlagschatten werfen. Man weiss, dass
die Pforte schon vor Monaten ein Truppen-Corps nach Syrien
senden wollte, um die dortigen Wirren im Keime zu ersticken.
Man weiss auch, dass der französische Botschafter in Constantinopel sein Veto eingelegt und diese weise Vorsichtsmassregel
verhindert hat.

London, 3. August 1860.

Der nunmehr im „Moniteur" veröffentlichte Urtext des kaiserlichen Privatbriefes an Persigny bildet fortwährend den Haupt-
gegenstand des Tagesgespräches. Die Vermuthung ist aufgetaucht, Kaiser Napoleon habe beabsichtigt, Lord Palmerston bei
seinen eigenen Collegen zu verdächtigen. Dies erklärt die kühle
Sprache, mit welcher Lord John Russell des Zwischenfalles im
Parlamente gedachte. Die Ostentation, mit welcher Lord Palmerston's Name in den Vordergrund gestellt worden, mag den Staats-
Secretär des Aeussern nicht angenehm berührt haben. Am meisten
jedoch hat hier verletzt, dass man zwischen den Zeilen die Absicht herausliest, das Unterhaus zu einer Ablehnung der Be-
festigungs-Vorschläge zu bestimmen. Die gestrige Sitzung wird
derartige Illusionen zerstört haben. Die am 23. v. M. beantragten
Resolutionen standen auf der Tagesordnung. Ein Industrieller
beantragte, „das Haus möge die Bewilligung grosser Summen
für Landbefestigungen ablehnen, da die Hauptvertheidigung Englands auf der Flotte beruhe." Der Antrag war geschickt gefasst,

wurde von Bright in einer sarkastischen Rede glänzend vertheidigt, aber nach einer humoristischen Erwiderung Palmerston's mit 268 gegen 39 Stimmen verworfen. Ein anderes Amendement hatte dasselbe Schicksal, und es erfolgte die förmliche Annahme der Regierungsvorlagen.

London, 4. August 1860.

Die Verhandlungen bezüglich der Intervention in Syrien sind gestern in Paris zum Abschlusse gelangt, wie Lord John Russell und Lord Wodehouse beiden Häusern mitgetheilt haben. Das von den Vertretern der fünf Grossmächte und dem türkischen Botschafter in Paris unterzeichnete Protokoll stipulirt auf den Wunsch des Sultans die Absendung eines Expeditions-Corps von nicht mehr als 12,000 Mann. Frankreich stellt die Hälfte und wird ermächtigt, sein Contingent sofort einzuschiffen. Der Sultan übernimmt die Verpflegung. Die Dauer der Occupation wird auf sechs Monate festgestellt.

Die Darlegung des Unterstaats-Secretärs des Auswärtigen im Oberhause war von Lord Stratford de Redcliffe provocirt worden. Mit einer, ich möchte sagen, ehrfurchtsvollen Spannung folgte die Versammlung den Worten des greisen Staatsmannes. Wenn irgend einer die orientalische Frage versteht, so ist es der frühere Botschafter Englands in Constantinopel. Er kann sich rühmen, den Fall des türkischen Reiches Jahre lang aufgehalten zu haben. Leidenschaftlicher Gegner Russlands, mit jugendlicher Entrüstung gegen die Uebergriffe des Bonapartismus ankämpfend, hat sich Lord Stratford de Redcliffe immer als uneigennütziger Freund der Pforte bewährt. Heute bezeichnet er die Intervention der europäischen Mächte als ein nothwendiges Uebel und scheint an der Zukunft des osmanischen Reiches zu zweifeln. Um so eindringlicher war seine Ermahnung an die Pairs des Reiches, mit Anspannung aller Kräfte dem nahe herbeigekommenen Entscheidungskampfe über den Besitz von Constantinopel entgegenzugehen.

Die Pforte macht übermenschliche Anstrengungen, um das Versäumte nachzuholen. Fuad Pascha, mit unbeschränkten Vollmachten versehen, verfügt über ein gut ausgerüstetes Expeditions-Corps von 26.000 Mann. Dieses ist in der Nähe von Beirut concentrirt, und soll binnen kurzem, wie mir der türkische Botschafter gestern sagte, auf 40,000 Mann gebracht werden.

London, 7. August 1860.

Ihre Majestät die Königin, der Prinz Gemahl und die jungen Prinzen und Prinzessinnen sind gestern Nachmittag hier eingetroffen und Abends nach Edinburgh weitergereist.

Der Prinz von Wales ist am 23. v. M. in St. Johns an der Küste von Neufundland gelandet und hat am 24. den amerikanischen Boden betreten. Nach allen Nachrichten lässt der Empfang nichts zu wünschen übrig.

Gestern Nacht ist das Ministerium siegreich aus der letzten parlamentarischen Schlacht hervorgegangen. Grosse Anstrengungen waren gemacht worden, um die beiderseitigen Streitkräfte möglichst vollzählig in den Kampf zu führen. Dringende Briefe und Telegramme hatten die Reisenden vom Continente und die Jagdliebhaber aus Schottland zurückberufen. Lord Palmerston versammelte am Morgen etwa 170 Mitglieder der liberalen Partei, um ihnen die Herabsetzung des Eingangszolles auf fremdes Papier mit Nachdruck zu empfehlen. Der Premier gab bei diesem Anlasse als Beweis für die Erfolge seiner äusseren Politik die Nachricht von der Landung Garibaldi's in Neapel. Dies verursachte eine Missstimmung unter den katholischen Mitgliedern der ministeriellen Partei. Indessen hatte der Zwischenfall keine Folgen, da Lord Palmerston und Lord John Russell übereinstimmend die Regierungsmassregel als die Erfüllung der im Handelsvertrage übernommenen Verpflichtungen darstellten. Ein dilatorisches Amendement wurde von Disraeli unterstützt, aber mit 260 gegen 233 Stimmen verworfen.

Die Königin hat am 7. bei Holyrood über 21,000 schottische Freiwillige eine Revue abgehalten, die eine zweite Auflage des grossartigen Nationalfestes war, welches wir in London am 23. v. M. erlebten. Gegen 200,000 Zuschauer hatten sich eingefunden und Ihre Majestät wurde von der bewaffneten wie von der unbewaffneten Menge mit gewohntem Enthusiasmus begrüsst. Die officiellen Listen der freiwilligen Corps weisen 138,000 Mann auf. Da man in Irland die Bildung von Landwehren begreiflicherweise nicht gestatten konnte, so ist diese Reserve-Armee ausschliesslich aus England und Schottland rekrutirt worden.

Das Unterhaus hat in diesem Jahre dreissig Millionen Pfund Sterling für die Land-Armee bewilligt und am Mittwoch das Gesetz definitiv angenommen, welches die Verschmelzung der früheren Armee der Ostindischen Compagnie mit der königlichen anordnet. Im Oberhause fand gestern die zweite Lesung statt, nachdem der Herzog von Cambridge in einer längeren Rede die von Lord Derby und Lord Ellenborough dagegen erhobenen Bedenken widerlegt und aus militärischen Gründen die Annahme der Regierungsmassregeln mit Nachdruck empfohlen hatte.

Auch Lord Palmerston's Befestigungsbill passirte gestern im Unterhause das entscheidende Stadium der zweiten Lesung. Ein Versuch der radicalen Partei, dieselbe aufzuhalten, ist gescheitert und das Amendement des Vertreters von Marylebone mit einer Majorität von 111 Stimmen (143 gegen 32) verworfen worden.

Endlich hat Lord John Russell den Stand der Verhandlungen über den von England abgelehnten französischen Antrag, Spanien als Grossmacht anzuerkennen, dem Unterhause dargelegt. Diese Verhandlungen erinnern mich an ein Wort des verstorbenen Fürsten Metternich, dem ich wenige Monate vor seinem Tode in Dresden begegnete. Er sprach mir nicht ohne Bitterkeit von dem Missbrauche, welcher seit 1848 namentlich in preussischen Staatsschriften mit dem Worte Grossmacht getrieben werde. Staatsrechtlich existire gar kein Unterschied zwischen grossen und kleinen Mächten und er selbst habe sich in seinen Depeschen sorgsam gehütet, den Accent auf diesen thatsächlichen Unterschied zu legen.

Aus Syrien lauten die Nachrichten günstig. Das energische Auftreten Fuad Pascha's dürfte die Landung der Franzosen überflüssig machen und deren baldige Heimberufung veranlassen.

———

London

1861.

Trotz der günstigen Ergebnisse des Handelsvertrages war im Jahre 1861 die tiefgehende Missstimmung der englischen Regierung und des englischen Volkes gegen Frankreich und seinen Herrscher noch im Wachsen. Auch die gemeinschaftlich in China gepflückten Lorbeern hatten die frühere Intimität nicht wiederaufkommen lassen. Mit Misstrauen beobachtete man die unaufhörlichen Rüstungen Napoleon's, namentlich die Vermehrung seiner Panzerschiffe. Eine Folge dieses Misstrauens war die Dictatur, welche alle Parteien dem alten Palmerston stillschweigend übertrugen. Wenn ich sage alle Parteien, so meine ich nur die regierungsfähigen. Die Radicalen und die Männer von Manchester grollten noch immer wegen der für Küstenbefestigungen ihrer Ansicht nach verschwendeten Millionen und zeigten den Winkelzügen der französischen Politik gegenüber eine mehr als naive Vertrauensseligkeit.

Das geheime Abkommen zwischen den Conservativen und Palmerston, welches im vergangenen Jahre dem unfruchtbaren Parteihader Halt geboten, wurde vor Beginn der Parlamentssession erneuert und erhielt sogar unter der Hand die Sanction des Hofes. Nachdem Lord Palmerston im Januar der Königin und dem Prinzen Albert sein Programm für das laufende Jahr vorgelegt und namentlich die energische Fortsetzung der Rüstungen versprochen hatte, wurde Disraeli nach Windsor geladen. Der Prinz erhielt zu seiner nicht geringen Genugthuung von dem Führer der Opposition die Zusicherung, letztere, obgleich dreihundert Köpfe stark, denke nicht daran, die Regierung zu übernehmen, so lange Lord Palmerston die conservativen Interessen des Landes wahre. Disraeli hatte hinzugefügt, es stehe nur bei dem jetzigen Premier-Minister, eine Macht auszuüben, wie seit Pitt keiner seiner Vorgänger. Der Prinz verfehlte nicht, Palmerston von dieser günstigen Stimmung Kenntniss zu geben. Die Thronrede ratificirte diese geheime Verständigung, da von einer Reform des Parlaments nicht die geringste Andeutung gegeben wurde. Die Scharmützel, welche während der Session stattfanden, hatten daher keine praktische Bedeutung und dienten nur dazu, dem Publikum und den Parteien selbst das Einverständniss der Führer zu verbergen. Lord Derby unterhielt das Oberhaus während der Adress-Debatte, indem er die Koketterien des Ministeriums mit der italienischen Revolution und namentlich die schon erwähnte taktlose October-Depesche Lord John Russell's durchhechelte. Disraeli behandelte dasselbe Thema akademisch im Unterhause. Von einem regierungsfeindlichen Amendement war weder hier noch dort die Rede.

Die Königin hatte das Parlament am 5. Februar in Person eröffnet und war von dem Volke mit lebhafteren Zurufen als gewöhnlich begrüsst worden. Die unsicheren Zustände des Continentes erhöhten die Loyalität der Massen. Nur die Krone, das fühlten Alle, vermochte jetzt Kraft und Schutz zu gewähren.

Unter den älteren Damen, welche in jenen Tagen einigen Einfluss auf die Regierungskreise übten, war auch die Wittwe des ehemaligen britischen Gesandten in Berlin, Lady William Russell. Sie war eine gescheite, weltkluge Frau, welche ihre Söhne, den jetzigen Herzog von Bedford und den vor kurzem in Berlin als Botschafter verstorbenen Lord Ampthill, vortrefflich erzogen hatte. Es fehlte ihr nie an Besuchern, die gern mit ihr plauderten, wenn sie sich nicht, wie ihr Schwager Lord John, in politischen Dingen Raths bei ihr erholten. Als Katholikin schwärmte sie weder für Cavour noch für Garibaldi und verspottete die italienischen Sympathien ihres Schwagers und Lord Palmerston's, indem sie diese beiden Minister die alten italienischen Meister nannte.

Diese *old Italian masters* erlebten kurz nach der Parlamentseröffnung die Genugthuung, Gaëta fallen zu sehen (13. Februar). Der Kaiser Napoleon hatte sich schliesslich entschlossen, die Piemontesen gewähren zu lassen. Ein französisches Dampfschiff brachte den König von Neapel und seine schöne Gemahlin, welche den Bomben tapfer Stand gehalten, nach Cività-vecchia. Von da begaben sie sich nach Rom unter den Schutz der französischen Bajonette. Der König besass dort den verödeten Palazzo Farnese, welcher die Vertriebenen unheimlich genug beherbergte. Mit welcher Würde Franz II. sein Unglück getragen, ist bekannt, bekannt auch, dass er, wie Ludwig XVI., unschuldig für die Begehungs- und Unterlassungssünden seiner Vorgänger zu büssen gehabt hat.

Victor Emanuel liebte, das Eisen zu schmieden, so lange es heiss war. Er berief sofort nach dem Falle Gaëta's das erste italienische Parlament nach Turin. Die Schlagworte „Italien für die Italiener", „Die Einheit unter Victor Emanuel" waren von den geheimen Gesellschaften in allen Provinzen so häufig wiederholt worden, dass die Constituirung des jungen Königreiches unter dem Hause Savoyen ohne alle Schwierigkeit in Scene gesetzt wurde. Victor Emanuel bedauerte in seiner Thronrede die Abwesenheit des französischen Gesandten, vergass aber nicht, dem Kaiser der Franzosen den Dank Italiens darzubringen.

Am 17. März proclamirte das Parlament Victor Emanuel als König von Italien und am 19. beeilte sich die englische Regierung, ihn als solchen anzuerkennen. Frankreich zögerte nur *pro forma,* seine Anerkennung erfolgte Ende Juni. Nach Berlin wurde La Marmora gesendet, ungeachtet des Protestes der preussischen Regierung gegen die sardinischen Annexionen. La Marmora, der sich als Soldat in der Krim, namentlich in der Schlacht an der Tschernaja ausgezeichnet hatte, war eine Persönlichkeit, die in Berlin angenehm sein musste. Eine weit vornehmere Erscheinung als Cavour, besass dieser General zugleich einen geraderen Charakter als der Premier-Minister und die meisten seiner Collegen. Predigte La Marmora damals auch noch tauben Ohren, so blieb doch sein Hinweis auf die Gleichartigkeit der nationalen Interessen Preussens und Sardiniens nicht unvergessen.

In Paris gestalteten sich inzwischen die Dinge immer bedenklicher für die kaiserliche Herrschaft. Napoleon eröffnete die Kammern mit einer Thronrede, welche allseitig beruhigen sollte, aber das Gegentheil bewirkte. In England verletzte der herausfordernde Ton, mit welchem der Kaiser die Annexion von Savoyen und Nizza als sein dem Widerspruche Europas zum Trotz behauptetes Recht bezeichnete. Die Discussion in den französischen Kammern gab zu bedenklichen Ausfällen Gelegenheit und insbesondere zu einer durch und durch revolutionären Rede des „rothen Prinzen". Wucherische Speculationen und ein unerhörter Luxus bildeten den Hintergrund der kaiserlichen Tragikomödie. Wurde auch zuweilen einer der Speculanten den Gerichten überliefert, so schlüpften doch die meisten glücklich durch, da man hochstehende Persönlichkeiten nicht compromittiren wollte.

Obgleich Rom besetzt, der Papst im Vatican beschützt blieb, war doch die französische Geistlichkeit durchaus nicht damit einverstanden, dass Napoleon den italienischen Erwerbungen auf Kosten des heiligen Stuhles Vorschub geleistet hatte. Von den Kanzeln herab bekämpften die Priester die kaiserliche Politik. Alle administrativen Mahnungen und Massregeln fruchteten wenig gegen diese Opposition, die auf die gebildeten Klassen Einfluss gewann. Man hatte früher Napoleon III. als den Retter der Gesellschaft, wenn nicht bewundert, so doch geduldet. Jetzt fing man an, ihn als gekrönten Socialisten zu verhöhnen.

Badinguet wurde Spitzname des Kaisers in Erinnerung an jenen
Maurergesellen, dessen kalkbespritztes Brett Louis Napoleon ent-
lehnt hatte, als er aus der Festung Ham entfloh.

Wie zwischen England und Frankreich, herrschte damals
auch zwischen der britischen und der preussischen Regierung eine
nicht unbedenkliche Spannung. Die Haltung Preussens während
des Krim-Krieges war an der Themse noch nicht vergessen, als
im Herbste 1860, gerade in dem Augenblicke als die Königin
auf ihrer Heimreise Bonn passirte, ein an sich sehr unbedeutender
Vorgang die Leidenschaften diesseits und jenseits des Kanals in
ungewöhnlicher Weise aufregte. Ein reisender Engländer, in der
höheren Londoner Gesellschaft ganz unbekannt, Capitän Macdonald, war in Folge eines Streites mit den Eisenbahn-Beamten
von der Ortsbehörde arretirt worden. Mochte ihm nun das
civis Romanus sum Palmerston's zu Kopfe gestiegen sein, oder
mochte er, der deutschen Sprache unkundig, die an ihn ergangene
Aufforderung, seinen Platz mit einem anderen zu vertauschen,
nicht verstanden haben, kurz die Polizei hatte sich genöthigt
gesehen, diesen ungefügigen Reisenden zu verhaften. Die
Engländer in den Rheinlanden ergriffen Partei für ihren
Landsmann und die englischen Zeitungen brandmarkten „die
brutale Tyrannei" der preussischen Behörden. Es entspann
sich ein Federkrieg zwischen beiden Regierungen, welcher
ein voluminöses Blaubuch absetzte. Palmerston, immer bereit,
auf Kosten seiner Nachbarn der Meinung des Tages zu
schmeicheln, erlaubte sich im Parlamente masslose Ausfälle
und bedauerte das preussische Volk wegen der „erbärmlichen
Gesetze", unter welchen es lebe. Lord John Russell schrieb
eine Anzahl Depeschen „*for home consumption*", und Herr von
Schleinitz vergass in seinen Antworten die Goethe'sche Regel
nicht: „Auf groben Klotz 'nen groben Keil". Dieser Depeschen-
wechsel, von den Zeitungen über Gebühr aufgebauscht, konnte
für beide Länder bedenkliche Folgen haben, hätten sich die
beiden Höfe dadurch beeinflussen lassen. Der Macdonald'sche

Zwischenfall verhinderte die Königin jedoch nicht, dem Könige Wilhelm I. bei seiner Thronbesteigung in feierlicher Botschaft den Hosenbandorden zu übersenden. Auch liess sich Ihre Majestät später bei der Krönung (18. October) durch einen ihrer vornehmsten Staatsmänner, Lord Clarendon, vertreten. Dieser konnte in Berlin sattsam constatiren, welches Unheil die taktlosen Depeschen Russell's und die nicht minder taktlosen Ausfälle der englischen Presse angestiftet hatten. Clarendon hielt es für geboten, den englischen Ministern allen Ernstes die Einstellung dieser unfruchtbaren Polemik zu empfehlen.

Mittlerweile trat fast unerwartet ein Todesfall ein, welcher die Königin auf das empfindlichste berührte. Die Mutter Ihrer Majestät, die Herzogin von Kent, verschied in Frogmore am 15. März.

Ein anderer Todesfall in diesem politischen Persönlichkeiten so verhängnissvollen Jahre machte unverdientes Aufsehen. Graf Cavour erlag dem Aerger über Garibaldi's parlamentarische Angriffe und den Lancetten der italienischen Aerzte (6. Juni). Da man in ihm mit Unrecht den Schöpfer Jung-Italiens erblickte, so fürchteten die englischen Freunde dieses neuen Staates die schlimmsten Folgen von diesem Ereignisse. Es zeigte sich bald, dass Victor Emanuel auch ohne dieses abgenutzte Werkzeug seine Aufgabe zu lösen verstand. Der Florentiner Ricasoli accentuirte als Premier-Minister das italienische Programm mit rücksichtsloser Schärfe. Er übertraf an staatsmännischer Ruhe und Geduld seinen zu impressionablen Vorgänger.

Im englischen Ministerium trat durch die Versetzung Lord John Russell's in das Oberhaus eine Veränderung ein. Lord Palmerston war nicht unzufrieden, seinen Rivalen als Earl Russell in die ruhigere Atmosphäre des Oberhauses zu versetzen. Kurz vor dem Parlamentsschlusse starben Sir James Graham und Lord Herbert de Lea (Sidney Herbert). Lord Clarendon's Schwager, Sir Cornewall Lewis ersetzte den letzteren im Kriegs-Ministerium. Lord Herbert's Tod war ein Verlust für das Land. Dieser Staats-

mann gehörte zu den wenigen, welche die für einen Premier-
Minister unabweislichen Eigenschaften in sich vereinigen.

Während der letzten Lebensjahre des Prinzen Albert hatte
ich mehr als einmal Gelegenheit, mit ihm die deutschen Zustände zu besprechen, an welchen er immer das lebhafteste
Interesse nahm. Von seinem preussischen Standpunkte aus verwarf er die Trias-Idee als unausführbar und nannte das Siebzig-
millionenreich eine Chimäre. Ich sagte ihm, ich hätte darüber
meine eigenen Gedanken und würde während der Parlamentsferien
versuchen, dieselben zu Papier zu bringen, ein Vorhaben, zu
welchem er mich ermuthigte.

Das Parlament wurde am 6. August geschlossen. Während
meines Urlaubes hatte ich in Dresden Gelegenheit, mich
über die Sachlage zu orientiren. Das österreichische Februar-
Patent hatte die Lage des Kaiserstaates eher verschlimmert
als gebessert. Uebermüthiger denn je widersetzten sich die
Magyaren der von Schmerling in neuer Form angestrebten
einheitlichen Gestaltung der Monarchie. In Preussen hatte
das Ministerium der „neuen Aera" sich mehr oder weniger
unfähig gezeigt, den entgegengesetzten Strömungen der Zeit zu
widerstehen. Die Junker und die Pfaffen, wie man die conservativen Herrenhaus-Mitglieder nannte, bekämpften die liberalen
Reformen, während die aus der Asche „des tollen Jahres" erstan-
dene Fortschrittspartei drohende Verlegenheiten bereitete. Diesen
Tendenzen gegenüber hatte König Wilhelm bei Gelegenheit seiner
mit grossem Pompe vollzogenen Krönung ein politisches Glaubens-
bekenntniss abgelegt, welches die Ritter der „Kreuzzeitung" als
eine Verherrlichung des Königthums von Gottes Gnaden priesen.
Der Gegenbesuch, welchen Seine Preussische Majestät dem Kaiser
der Franzosen in Compiègne abstattete, gab als ein Act der
Höflichkeit weder zu Missdeutungen noch zu Befürchtungen Anlass. Die übertriebenen Vorstellungen, die man sich in Deutschland von der Dictatur Frankreichs seit dem kläglichen Ausgange
des italienischen Feldzuges machte, wurden jedoch dadurch nicht

abgeschwächt. Inzwischen wühlte der Nationalverein überall zu Gunsten Preussens und der preussischen Spitze. Der Bundestag, das ward allgemein anerkannt, vermochte den Bedürfnissen der Nation nicht zu entsprechen. Alle Reformbestrebungen einzelner Regierungen scheiterten jedoch nach wie vor an dem Widerspruche Preussens. Die Versetzung des Herrn von Bismarck von Frankfurt nach Petersburg änderte nichts an dieser Sachlage.

Um mir selbst über die Situation einige Klarheit zu verschaffen, griff ich zur Feder. Ich entwarf eine Denkschrift, in welcher ich versuchte, das grossdeutsche Programm zu formuliren und die Frage zu beantworten, wie das deutsche Reich unter einem Erbkaiser aus dem Hause Habsburg-Lothringen auf parlamentarischer Grundlage organisirt werden könnte. Meine Absicht war, diese Arbeit dem Prinzen Albert vorzulegen.

Kaum war jedoch die Redaction vollendet, als mir eine Broschüre zuging, welche der zum Staatsminister des Auswärtigen vor kurzem ernannte Graf Bernstorff, wenn nicht geschrieben, so doch inspirirt hatte. Diese officiöse Flugschrift [1]) forderte kategorisch für den König von Preussen den Oberbefehl über sämmtliche Bundescontingente und die Bundesfestungen. Ich hielt es daher für zeitgemäss, meine eben vollendete Denkschrift unter dem Titel: „Oesterreichs und Preussens Mediatisirung, die *conditio sine qua non* einer monarchisch-parlamentarischen Lösung des deutschen Problems" mit dem Motto *„Viribus unitis suum cuique"* zu veröffentlichen. Leider war der Prinz nicht mehr, für welchen diese Arbeit ursprünglich bestimmt war. Während der Drucklegung war er abberufen worden.

Bei den geringen Erwartungen, welche ich von dem Erfolge einer anonymen Flugschrift haben konnte, war ich überrascht, aus mehreren dem Verleger zugegangenen Briefen zu entnehmen, dass meine Ideen einigen Anklang gefunden hatten. Unter diesen Zuschriften befand sich die eines amerikanischen

---

[1]) Preussen vor den Wahlen 1861. Berlin 1861.

Staatsmannes, der sich darüber freute, das deutsche Problem auf
gesunder föderativer Basis gelöst zu sehen. Noch überraschender
war die Notiz, der österreichische General-Consul in Leipzig
habe mehrere Exemplare dieser Schrift nach Wien gesendet.
In Folge davon verbreitete sich das Gerücht, dieselbe sei von
Graf Rechberg inspirirt. Ich hielt reinen Mund. Erst als mein
Verleger am Tage nach der Schlacht von Sadowa von neuem
auf diese Broschüre aufmerksam machte, bekannte ich mich
Herrn von Beust gegenüber als den Verfasser.

Ich hatte am Schlusse meiner kleinen Schrift die Frage
aufgeworfen: „Wenn heute Kaiser Franz Joseph einen deutschen
Fürstentag ausschriebe und seine hohen Bundesgenossen einlüde,
in Regensburg oder in Frankfurt in Person zu erscheinen, um
mit Seiner Kaiserlich-Königlichen Apostolischen Majestät die
Gegenwart und die Zukunft des gemeinsamen Vaterlandes zu
berathen, wer würde ausbleiben? — — Der König von Preussen? — — Vielleicht; — aber wie lange?“

Ob dieses Schriftchen den Entschluss der k. k. Regierung
mit angeregt hat, zwei Jahre später (1863) einen deutschen
Fürstentag nach Frankfurt wirklich zu berufen, vermag ich nicht
zu beurtheilen. Von mehreren Seiten ist es behauptet worden.
Ich habe jedoch nie Veranlassung gehabt, mit dem Grafen Rechberg oder einem seiner vertrauten Räthe darüber zu sprechen.
Wenn der Frankfurter Fürstentag, der jedenfalls ein Jahr zu spät
kam, kein Resultat gehabt, so ist dies dem Widerspruche Preussens nicht allein zuzuschreiben. Graf Rechberg, nachdem er A
gesagt, wagte nicht B zu sagen und zu handeln.

Wenn ich nach fünfundzwanzig Jahren an diese längstver-
gessene Flugschrift erinnere, so geschieht dies nicht ohne Selbstverleugnung. Welthistorische Ereignisse, wie die Schlacht von
Sadowa, die Niederlage Napoleon's, die deutsche Kaiserkrönung
in Versailles und der für die republikanische Idee folgenschwere
Triumph des Nordens der Vereinigten Staaten Amerikas über
den Süden haben die Weltlage so gründlich verändert, dass es

im Jahre 1886 nicht leicht ist, sich in die Stimmungen und Strömungen zurückzuversetzen, welche Deutschland im Jahre 1861 erfüllten und beherrschten.

Die vorgedachte Arbeit war kaum vollendet, als der Herzog von Oporto und sein Bruder Dom Juan nach Dresden kamen, um ihre Schwester, die Prinzessin Georg, zu besuchen. Beide Prinzen kamen von Königsberg, wo sie im Auftrage des Königs von Portugal den Krönungs-Feierlichkeiten beigewohnt hatten. Das Wiedersehen ihrer Schwester wurde durch die unerwartete Nachricht von der Erkrankung Dom Pedro's V. und dem Ableben des Infanten Dom Fernando getrübt. Die jungen Prinzen traten schleunigst die Heimreise an. Sie hatten nicht das Glück, Lissabon vor dem Tode Dom Pedro's zu erreichen. Der Herzog von Oporto erhielt die Todesnachricht in der Mündung des Tajo und wurde noch an Bord seines Schiffes als König begrüsst. Pedro V., seit dem plötzlichen Tode seiner Gemahlin immer kränkelnd, war gleichzeitig mit seinem Bruder Ferdinand an einem typhösen Fieber erkrankt und, durch das Ableben des letzteren auf das schmerzlichste bewegt, am 11. November gestorben. Diese drei kurz nach einander folgenden Todesfälle machten um so mehr Aufsehen, als noch zwei Infanten von derselben Krankheit angesteckt wurden, welcher der eine, der kräftigste von Allen, Dom Juan, kurz nach seiner Heimkehr aus Deutschland erlag (22. December).

Da ich seit 1859 ausser in London auch in Lissabon beglaubigt war, musste ich mich zu einer anderweiten Winterreise nach Portugal entschliessen.

In London angekommen, schrieb ich dem Prinzen Albert, um ihn zu fragen, ob er mich vor meiner Einschiffung zu sehen und mir Aufträge nach Lissabon mitzugeben wünsche. Wider seine Gewohnheit beantwortete der Prinz mein Billet nicht eigenhändig, sondern liess mir durch seinen Secretär schreiben, er sei erkrankt. Es handelte sich um ein gastrisches Fieber, dem man keine Bedeutung beilegte.

Ich schiffte mich ohne alle Besorgniss ein und war um so schmerzlicher überrascht, als mich der König Ferdinand mit der Todesnachricht empfing. Prinz Albert war am 14. December in Windsor verschieden, und das Telegramm dem König Ferdinand in der Nacht vor meiner Ankunft zugegangen.

Das sonst so sonnenklare, heitere Lissabon bot diesmal den düstersten Anblick, da eine Art von Epidemie typhöser Fieber und eine wirkliche Panik herrschten. Auch politisch schien der Thronwechsel nicht ohne Ruhestörung vorübergehen zu sollen. Ich erlebte eine jener harmlosen Emeuten, wie sie Portugal eigenthümlich sind.

Die erschreckten Minister hatten ihre Amtswohnungen verlassen und hielten sich in dem Matrosen-Hospital verborgen. Es herrschte während mehr als vierundzwanzig Stunden die gemüthlichste Anarchie. Auf einem grossen Platze standen auf der einen Seite schreiende, aber im Grunde genommen sehr harmlose Volkshaufen, auf der anderen einige Bataillone Infanterie, welche Gewehr bei Fuss der Dinge harrten, die da kommen sollten. Weder die Truppen noch das Volk mochten die geringste Lust haben, handgemein zu werden. Plötzlich erschien ein hochgewachsener Herr im schwarzen Morgenanzuge und fragte uns, den britischen Gesandten, Sir Arthur Magennis, und mich, was es denn hier gäbe. „Wenn Eure Majestät uns das nicht sagen können," erwiderte ich dem König Ferdinand, „hier haben wir keine Auskunft darüber zu erhalten vermocht. Man sagt uns nur, die Staatsmaschine stehe seit vierundzwanzig Stunden still, und die Minister hätten sich unter den Schutz der Matrosen geflüchtet."

„Bah!" sagte König Ferdinand, „die Komödie hat lange genug gedauert. Warten Sie nur einen Augenblick, Sie werden sehen, wie man hier zu Lande den Revolutionen ein Ende macht."

Er schritt ganz allein auf den nächsten schreienden Volkshaufen zu. Kaum wurde man seiner ansichtig, als die Menge jubelnd dem Könige ein Hurrah brachte. Auf seine gemüthliche

Frage, warum sie noch nicht zu Bett gegangen. erfolgte die Antwort: sie könnten nicht heimgehen, solange die Soldaten nicht
abgezogen wären. Da befahl der König dem Commandanten, die
aufgestellten Truppen in die Kasernen zurückzuführen. Dies
geschah und das Volk verlief sich unter fortwährenden Jubelrufen
für den König Ferdinand. Dieser wandte sich zu uns und sagte:
„Vous le voyez, Messieurs, ce n'est pas plus malin que cela!"

Wenn man bedenkt, dass dieser Titularkönig nicht berufen
war, sich in diese Sache zu mischen, und dass er es nur that,
weil Noth an Mann war, so wird man verstehen, wie sehr dem
jungen, unerfahrenen König Dom Louis die Popularität zu statten
kam, die sich sein Vater durch sein leutseliges Wesen erworben
hatte.

Aus Privatbriefen.

1861.

London, 24. Februar 1861.

Von mehreren Seiten war mir zugekommen, dass Mr. Disraeli sich nach dem Zeitpunkte meiner Rückkekr erkundigt und
den Wunsch ausgesprochen hatte, mich zu sehen. Ich benutzte
daher den heutigen geschäftsfreien Tag, um ihn aufzusuchen. Er
sprach mir mit gewohntem Optimismus von den Aussichten seiner
Partei, aber gemessener und gehaltener als früher.

„Zwei Thatsachen," sagte er, „liegen vor, deren Bedeutung
nicht unterschätzt werden darf. Das Aufgeben der Reformbill hat
einen principiell unheilbaren Zwiespalt im Schosse der liberalen
Partei hervorgerufen, der uns sehr zu statten kommt. Dann beweisen die Neuwahlen während der Parlamentsferien im ganzen
Lande einen Umschwung zu unseren Gunsten. Die Katholiken

sind durch die der römischen Curie so feindselige Politik Lord John Russell's in unser Lager getrieben worden. Morgen wird in der Grafschaft Cork (Yorkshire) der conservative Candidat einen entschiedenen und entscheidenden Sieg davontragen. In Wiltshire war der in das Oberhaus berufene Mr. Sidney Herbert seiner Sache so gewiss, dass er dem Regierungs-Candidaten seinen Sitz gewährleisten zu können glaubte. Die Anstrengungen der katholischen Partei haben diese Hoffnungen vereitelt und uns einen ebenso glänzenden als unerwarteten Sieg verschafft. Wir Tories haben keinen, die Whigs so viele Sitze verloren, dass unsere compacte und wohl disciplinirte Partei im Unterhause sämmtliche Factionen der Liberalen numerisch aufwiegt. Sollte das Ministerium, in irgend einer Lebensfrage von den Radicalen verlassen, zu einer Parlaments-Auflösung schreiten, so ist alle Aussicht vorhanden, dass die Neuwahlen uns eine feste Majorität bringen würden, wie diejenige, über welche Sir Robert Peel im Jahre 1841 gebot. Es würde ein leichtes gewesen sein, das Ministerium in der Adressdebatte zu schlagen. Wir konnten jedoch, um die leidige Reformfrage zu beseitigen, schon des Principes wegen nicht mit den Radicalen stimmen. Auch würde ein vorzeitiges Partei-Manöver den Zwiespalt im liberalen Lager vielleicht geheilt haben. Es ist nicht zu verkennen, dass die Minister, je conservativer sie sich in den inneren Fragen zeigen, desto radicaler in den äusseren auftreten müssen. Es ist das alte bekannte Spiel Lord Palmerston's. Wir verhehlen uns die Gefahren nicht, welche für die Machtstellung und das Prestige Englands aus der Fortsetzung der jetzt getriebenen revolutionären Politik erwachsen. Allen Traditionen wird Hohn gesprochen, alle Interessen des Landes werden preisgegeben und man vergisst, dass die auswärtigen Fragen für eine Macht wie England von hochwichtiger Bedeutung sind. Schon als junger Mann vor vierzig Jahren hat Lord John Russell die Politik Lord Castlereagh's vor und während des Wiener Congresses zu bekämpfen gesucht. Wie kann man sich wundern, dass er heute Alles aufbietet, um das ihm von jeher verhasste

Werk jenes europäischen Areopages zu zerstören? Wie sollen
wir jedoch solchem Treiben Einhalt thun, so lange wir keine
feste Majorität *(working majority)* besitzen? Die während unseres
letzten Ministeriums gesammelten Erfahrungen sind nicht verloren.
Wir haben erkannt, dass wir nach aussen eine unseren Ueber-
zeugungen entsprechende Politik nicht befolgen können, so lange
wir nicht eine sichere Majorität von vierzig bis fünfzig Stimmen
hinter uns haben. Mit einer solchen Majorität würden wir die
Angelegenheiten Europas in achtundvierzig Stunden zu ordnen
vermögen.

„Unter diesen Umständen und angesichts der über Italien
toll gewordenen öffentlichen Meinung haben wir in der Adress-
debatte nur mit grosser Vorsicht die brennenden Tagesfragen
berühren, nicht behandeln können. Wir haben wohlweislich einen
directen Angriff vermieden in der Hoffnung, dass die Ereignisse
es übernehmen werden, die verschrobenen Auffassungen zu widerlegen, welche heute die Massen beherrschen. Ich habe mich
begnügt, es auszusprechen, dass Ihrer Majestät Regierung in
Italien das Spiel Frankreichs spiele. Möge das Land föderativ
im Sinne der Präliminarien von Villafranca oder einheitlich aus
den jetzigen Wirren hervorgehen, unsere Minister haben nichts
geschaffen als einen französischen Vasallenstaat. Sie haben nichts
anderes zu Wege gebracht, als am Vorabende eines über lang
oder kurz unvermeidlichen Krieges Frankreich zu stärken und
dem Imperator der lateinischen Race eine Million Bajonette zur
Verfügung zu stellen.“

Ich habe die Gelegenheit benutzt, um die Beschuldigungen
Mr. Urquhart's gegen Lord Palmerston zur Sprache zu bringen.
Der Herausgeber des *Portfolio* verfolgt bekanntlich in seiner
Zeitschrift „The Diplomatic Review“ den Premier-Minister, indem
er ihn eines geheimen Einverständnisses mit Russland beschuldigt.
Ich erwähnte, ich sei auf dem Continente darüber befragt worden
und habe die ganze Sache als eine Erfindung bezeichnet.
Mr. Disraeli bestärkte mich in dieser Auffassung und be-

merkte ungefähr Folgendes: „Mr. Urquhart ist seiner Zeit von Lord Palmerston, wie nicht mehr als recht und billig, seiner Stellung in Constantinopel enthoben worden, weil er gegen seinen damaligen Chef, Lord Ponsonby, intriguirt hatte. Seitdem verfolgt der entlassene Legations-Secretär den Minister mit einem blinden Hasse. Meine Pflicht war es, die vorgebrachten Anschuldigungen zu prüfen, da es mir nur erwünscht sein konnte, Waffen gegen meinen Gegner zu erhalten. Ich bin der Sache auf den Grund gegangen (*I went to the bottom of it*). Urquhart ist ein intelligenter, wenn man will genialer Kopf, seine angeblichen Enthüllungen beruhen jedoch nur auf Erfindung."

London, 26. Februar 1861.

Der siebente Theil des auf die Angelegenheiten Italiens bezüglichen Blaubuches ist beiden Häusern kurz nach Eröffnung der Session vorgelegt worden. Im Lichte der in Paris gewonnenen Eindrücke habe ich diese die Epoche von Mai bis December v. J. umfassende Correspondenz studirt.

Vor Allem muss die Inconsequenz auffallen, welche die Politik der Westmächte in Italien kennzeichnet. Schon das Studium der sorgfältig ausgewählten diplomatischen Actenstücke, welche das Tuilerien-Cabinet den französischen Kammern vorgelegt, musste die weitverbreitete Täuschung widerlegen, als habe Napoleon III. in Italien ein festes Programm mit eiserner Consequenz durchgeführt. *On prête toujours aux riches.* Die so oft bewunderte Schlauheit, mit welcher der Kaiser der Franzosen seinen Vortheil verfolgt, läuft im Grunde genommen auf eine Benutzung, keineswegs auf eine Beherrschung der Ereignisse hinaus. In den italienischen Angelegenheiten zeigen sich die entgegengesetzten Strömungen recht deutlich, welche dem hybriden Ursprunge der Macht Napoleon's entspringen. Er kann dem Gesetze nicht entgehen, unter welchem er angetreten. Niemals ist das Verhängniss des bonapartistischen Systems naiver blossgelegt worden, als in den letzten Flugschriften Laguéronnière's, nirgends zeigt sich das Wechselspiel der positiven und negativen elektrischen Strömungen so deutlich, als in diesen hoch officiösen Kundgebungen. Im Lichte der vollendeten Thatsachen kann man leicht verführt werden, die Siege Garibaldi's wie die Annexionen Victor Emanuel's als die Folgen eines abgekarteten Spieles zwischen diesem letzteren und Napoleon III. anzusehen. Es könnte scheinen, die französische Diplomatie habe die gedachten Ereignisse nur hervorgerufen, um ihren Zweck, die unumschränkte Herrschaft über das Mittelmeer durch einen Vasallenstaat zu erreichen. Dieses Trugbild zerstiebt vor den Acten. Thatsache ist, dass Frankreich die Landung Garibaldi's auf dem neapolitanischen Festlande verhindern wollte und die bewaffnete Intervention beider Westmächte förmlich beantragt hat. (Vergleiche die Depesche Thouvenel's, welche im englischen Blaubuche das Datum des 23., im französischen *Recueil* das des 24. Juli 1860 trägt und von Lord John Russell am 26. desselben Monats ablehnend beantwortet wurde.) Hätte das englische Cabinet Napoleon III. beim Worte genommen, so würde der Umsturz in Neapel und der Marsch der Piemontesen nach dem Süden verhindert worden sein. Aber, könnte man einwenden, war diese officielle Einladung nicht eine blosse Spiegelfechterei? Wusste Thouvenel nicht im voraus, dass sich England nicht anschliessen werde? Möglich; gewiss ist jedoch, dass Frankreich nicht gewagt hat, ohne England in Süd-Italien g e g e n die Revolution einzuschreiten. Im Norden Italiens hat die Weigerung Englands eine weitere Action Napoleon's f ü r die Revolution verhindert. Persigny behauptet, er habe Alles aufgeboten, um die englischen Minister zu bewegen, in Wien gemeinschaftlich mit Frankreich die Cession Venetiens zu beantragen. Schon sei ein britischer Staats-Secretär für diese ausserordentliche Mission ausersehen gewesen, als Graf Apponyi durch seine Vorstellungen bei Lord Palmerston und Lord John Russell die englische Regierung umgestimmt und die Ausführung des Projectes verhindert habe. In der That ist Apponyi gerade zur rechten Zeit zurückgekehrt, um seinem Hofe diese Verlegenheit zu ersparen.

Auffallender und folgenschwerer als die Schwankungen der
französischen Politik sind die der englischen während der nur
gedachten Periode der italienischen Revolution. Die Depesche,
welche Lord John Russell am 27. October v. J. an Sir James
Hudson gerichtet [1]), steht im auffallendsten Widerspruche mit
allen früheren mündlichen und schriftlichen Kundgebungen des
Staats-Secretärs des Aeusseren. Die übliche Anerkennung der
vollendeten Thatsachen genügt nicht, um diese Sinnesänderungen
zu erklären. Das Memorandum Elliot's vom 31. August v. J.
stellte zu einer Zeit, wo König Franz II. seine Hauptstadt noch
nicht verlassen hatte, die Annexion des Königreiches beider Sicilien
an Sardinien als die einzig denkbare Lösung hin. Bei dem Werthe,
welchen Lord John dem politischen Urtheile seines Schwagers beilegt, mag dieses Actenstück dazu beigetragen haben, seine ursprüngliche Auffassung zu modificiren. Der Grund liegt jedoch tiefer
und ist mir neulich von Disraeli ganz richtig angedeutet worden.
Lord John erkannte, dass die ernsten Abmahnungen, mit welchen
er der piemontesischen Intrigue entgegentrat, der öffentlichen
Meinung durchaus nicht gefielen. Er wusste im October bereits, dass die Existenz des Ministeriums auf dem Spiele stand,
wenn er nicht seinen Reformbestrebungen entsagte. Er wusste
auch, dass er die radicale Partei über diese Enttäuschung nur
trösten könne, wenn er auf dem Felde der äusseren Politik sich
von ihr in das Schlepptau nehmen liess. Er machte daher in
Italien *volte-face*. In wie weit er dadurch Frankreich in die
Hände gearbeitet, ist eine Frage der Zukunft. Vor der Hand ist
gewiss, dass Kaiser Napoleon den Augenblick nicht für gekommen
erachtet, mit England zu brechen. Im Gegentheil, er thut Alles,
um der hiesigen Regierung zu schmeicheln und sie in Schlummer
zu wiegen.

---

[1]) Siehe das Nähere über diese Depesche, von welcher Brunnow sagte:
„*Ce n'est pas de la diplomatie, c'est de la polissonnerie*" und die dadurch
bezeichnete Wendung in der Politik Lord John Russell's in: Memoirs of
an Ex-Minister, by the Earl of Malmesbury. Vol. II, pag. 237—238.

„J'irai avec l'Angleterre jusqu'aux dernières limites du possible," sagte er im December einem Vertrauten, und fügte mit dämonisch aufblitzendem Auge hinzu: *„et le jour où cela ne sera plus possible, je jouerai mon va-tout."*

London, 3. März 1861.

Gestern Abend ging auf telegraphischem Wege die Nachricht ein, die dänische Regierung habe die Proposition der drei nichtdeutschen Grossmächte abgelehnt. Diese gemeinschaftliche Eröffnung war kein Vorschlag im eigentlichen Sinne, sondern eine Art von Schiedsspruch. Die drei Mächte halten eine Bundes-Execution für gerechtfertigt, falls Dänemark den Ständen der deutschen Herzogthümer die denselben verfassungsmässig zustehenden Befugnisse nicht gewähren sollte. Graf Bernstorff, seit Monaten bemüht, die blinde Parteinahme für Dänemark zu bekämpfen, hatte Lord John Russell bestimmt, die jener Eröffnung zu Grunde liegende Rechtsanschauung als die des englischen Cabinets schriftlich zu formuliren. Sollte Dänemark die Bundes-Execution für einen *casus belli* und alle in den Jahren 1851 und 1852 getroffenen Verabredungen für null und nichtig erklären, so könnte die von Lord Palmerston fortwährend betonte Gefahr einer französischen Intervention eintreten. Sucht Napoleon III. einen Vorwand zur Befriedigung seiner Gelüste nach der Rheingrenze, so kann er denselben in den dänischen Wirren immer finden.

London, 9. März 1861.

Wie mir der französische Botschafter, Graf Flahault, sagt, ist man über die Renitenz des Kopenhagener Cabinets hier nicht wenig erstaunt, giebt aber dennoch die Hoffnung auf einen friedlichen Ausgleich nicht auf. Bestärkt wird man darin durch die Nachrichten aus Holstein, wo man die Bundes-Execution mehr zu fürchten scheint als in Kopenhagen.

Der heutige Leitartikel der „Press" verhüllt mehr, als er es

ausspricht das Urtheil der Opposition über die Sachlage in Italien.
Die Führer sind zu einer Art von Eiertanz verurtheilt, um die
dominirende Gefühlspolitik nicht geradezu vor den Kopf zu stossen.
Inzwischen wäre es immerhin erwünscht gewesen, hätte man gewagt, der zahmen Kritik der „Press“ im Unterhause Ausdruck
zu geben. Die Opposition verfolgt jedoch die Taktik des Schweigens und überlässt es den Ereignissen, die Politik *ad absurdum*
zu führen, welche das schwache Ministerium unter dem Jubel der
Massen verfolgt. Solange nicht der Drang der Noth die Whigs
der alten mit den Tories der neuen Schule zusammenführt, ist
an die Wiederaufnahme eines gesunden, den Interessen Englands
und Europas entsprechenden Systems kaum zu denken.

Das gegenwärtige Cabinet wird nur durch die Persönlichkeit
Lord Palmerston's zusammengehalten. Derselbe denkt nicht daran,
wie der Herzog von Cambridge mir versichert, die von vielen
Seiten befürwortete Reduction der Streitkräfte zu Land und See
eintreten zu lassen.

Die Besorgnisse, welche die französische Politik fortwährend
einflösst, sind durch die Warschauer Ereignisse gesteigert worden.
Man betrachtet die letzteren als das Werk des Tuilerien-Cabinets
und erblickt darin einen Schreckschuss, welcher Russland von der
Nothwendigkeit der französischen Allianz überzeugen soll. Diese
Auffassung erklärt es, wenn den Differenzen über die syrische
Angelegenheit eine grössere Bedeutung beigelegt wird, als man
im Publikum ahnt. Die ausweichenden Antworten Lord John
Russell's und Lord Wodehouse's sind auf der Börse nicht unbe-
merkt geblieben. Die Fonds sind nicht gefallen, eher gestiegen,
aber die Geschäftsstockung bei einem Disconto von 8 °/o darf wohl
nicht allein auf Rechnung der amerikanischen Wirren gesetzt
werden. Wenn nicht bald eine Wendung zum Besseren eintritt,
wird die Frage, was wohlfeiler, Krieg oder Frieden? in der City
ernstlich erwogen werden.

London, 12. März 1861.

Die Passivität der Warschauer Localbehörden und die Rath-
losigkeit, welche in Petersburg einer längst vorbereiteten Demonstration gegenüber zu herrschen scheint, sind Phänomene, die in
einem Augenblicke wie der jetzige zu allerhand Vermuthungen
Anlass geben müssen und wegen der orientalischen Krisis einige
Aufmerksamkeit verdienen.

Der Ursprung dieser Vermuthungen ist in dem von dem
Fürsten Gortschakoff selbst eingestandenen Einverständnisse *(entente)* zwischen Russland und Frankreich zu suchen. Hier weiss
man darüber nichts, als dass dasselbe im April 1859 zu Stande
gekommen und nach den vieldeutigen Versicherungen des russischen Ministers die englischen Interessen nicht berühren soll.
Es ist unschwer, die Wirkungen dieses geheimen Einverständnisses auf alle Ereignisse der letzten Jahre zu verfolgen. Wie
die fabelhafte Seeschlange taucht das Gerücht dieser Allianz
überall auf, seit Villafranca bis zur Warschauer Conferenz. Hätte
sich doch bei letzterer Russland zum Sprachrohre Frankreichs
hergegeben, wenn man anders dem französischen Gelbbuche
Glauben schenken will. Kein Wunder, wenn man in den schwarz-
verbrämten Strassen Warschau's das Gespenst von Tilsit zu entdecken vermeint. Dass, wenn nicht die Tuilerien, so doch das
Palais Royal die Hand im Spiele gehabt, ist nicht zu bezweifeln.
Unmöglich ist jedoch anzunehmen, dass das Petersburger Cabinet
die Drahtpuppen der von dem Fürsten-Statthalter begünstigten
agronomischen Gesellschaft hinter den Coulissen geleitet haben sollte.
Die Tenacität, mit welcher der „Nord“ die absurde Fabel von österreichischen Emissären immer wieder auftischt, ist mindestens ebenso
verdächtig als die Salbung, mit welcher dasselbe russische Blatt
verkündet, Kaiser Alexander werde sich durch kindische, unerwartete Vorgänge nicht abhalten lassen, der polnischen Nation die
längst vorbereiteten Reformen zu verleihen. Diejenigen, welche die
Warschauer Manifestation nur als ein Schattenspiel betrachten, welches die Welt und zunächst die deutschen Mächte über die geheimen

Zielpunkte der russisch-französischen *entente* täuschen soll, erinnern an die französischen Spiegelfechtereien in Italien. Allerdings könnte der polnische Nationalitätsschwindel ebenso ausgebeutet werden, wie die blutigen Stammfehden der Drusen und Maroniten. Sollte man wirklich in Petersburg daran denken oder dazu gedrängt werden, eine die Führer der polnischen Bewegung halbwegs befriedigende Verfassung auszuspielen, so würde der Augenblick für die deutschen Mächte der ungünstigste sein. Polen hegt für das stammverwandte Russland immer noch mehr Sympathien als für Deutschland. Eine Wiedervereinigung sämmtlicher polnischer Provinzen unter russischem Scepter würde vorläufig den Polonismus befriedigen; wenn nicht, jedenfalls von Pariser Scribenten ausgebeutet werden, um den Sieger von Solferino als den Beschützer und Retter aller unterdrückten Nationalitäten der leichtgläubigen Menge anzupreisen. Würde aber die Ankündigung eines solchen Planes nicht das Signal werden zu Bewegungen in Galizien, Posen und Ungarn, welche Oesterreich und Preussen im Rücken bedrohen und die Vertheidigung des Mincio und des Rheines sehr erschweren müssten? Die Enthüllungen über die Zielpunkte der panslavistischen Bewegung, welche Michael Pagódin in seinen politischen Briefen aus Russland (Leipzig, 1860) niedergelegt hat, verdienen mehr Beachtung, als sie in Deutschland bisher gefunden haben. In Wien namentlich würde man in diesem Buche Fingerzeige finden, welche der tschechischen und südslavischen Agitation gegenüber nützlich werden könnten.

Mein preussischer College, mit welchem ich gestern alles dies besprochen habe, theilt die Befürchtungen der hiesigen Pessimisten nicht, glaubt vielmehr, dass die Warschauer Ereignisse die Intimität mit Frankreich zerreissen und Russland wieder zu seinen alten Alliirten zurückführen werden.

Zum Schlusse noch eine Anekdote, welche auf das italienische Drama nachträglich einiges Licht wirft. Ein dem Kaiser Napoleon sehr ergebener und von diesem sehr geschätzter Kirchenfürst empfahl ihm auf seinem Sterbebette dringend die Interessen des

Heiligen Stuhles. — *„Tout cela est vrai,"* versetzte tief ergriffen der Kaiser. *„mais vous ne savez pas, Monseigneur, ce que c'est que de vivre comme moi avec la pointe d'un poignard sur la poitrine."*

(*Eigenhändig*)   *Windsor Castle, 19. März 1861.*

Mein bester Herr Graf! — Ich sage Ihnen erst heute meinen aufrichtigen Dank für Ihre Theilnahme an dem grossen Unglücke, das uns betroffen hat [1]). Die Königin ist so wohl an Körper als es der Schmerz der Seele zulassen will.

Ihr König hat uns sehr freundlich telegraphirt.

Ewig Ihr getreuer

Albert.

London, 19. März 1861.

Die unfreiwillige Verzögerung meiner Rückkehr hat mir nicht gestattet, Schritt für Schritt den Verhandlungen zu folgen, in welchen Oesterreich seit dem Züricher Frieden seinen Besitzstand in Italien zu wahren gesucht hat. Es hiesse Eulen nach Athen tragen, wollte ich das Versäumte jetzt nachholen. Das Studium der Hauptpiècen konnte mich nur in der schon in Paris gewonnenen Ueberzeugung bestärken, dass die Geschichte Oesterreichs wieder durch eine versäumte Gelegenheit bereichert worden ist.

Die Constatirung dieser Thatsache würde freilich nur historisches Interesse haben, wenn der durch Keller's Rede in Paris hervorgerufene Umschwung so vollständig ist, als die Optimisten glauben.

Hätte das k. k. Cabinet den Aufbruch Cialdini's nach dem Süden und den Einmarsch der Piemontesen in die Marken mit einer sofortigen Kriegserklärung beantwortet, so würde es sich heute in Venetien in einer günstigeren Lage befinden. Im September konnte man freilich kaum ahnen, was im December in Paris offenkundig wurde. Frankreich war auf die österreichische

---

[1]) Tod I. K. H. der Frau Herzogin von Kent.

Kriegserklärung gefasst und hätte Victor Emanuel seinem Schicksale überlassen. Selbst die lombardische Frage würde vielleicht eine andere Lösung gefunden haben. Nur weil Oesterreich versäumt hatte, im rechten Augenblicke den Mincio, oder vielmehr den Po, zu überschreiten, um dem Spuk in Mittel-Italien ein Ende zu machen, konnte Russland es wagen, seinen deutschen Bundesgenossen im Namen Frankreichs die bekannten vier Punkte in Warschau aufzutischen. Retrospective Kritik ist leicht. Die Passivität Oesterreichs erklärt sich durch die Erfahrungen des Jahres 1859, durch die Geburtswehen des October-Patentes und durch die Rücksicht auf Ungarn. Die Westmächte sahen nur die Thatsache der Ohnmacht und speculirten darauf, als die Hoffnung, das alte nordische Bündniss wiederherzustellen, in Warschau sich nicht verwirklichte. Nur so erklärt sich die gescheiterte Intrigue, welche keinen anderen Zweck hatte, als Venetien für Victor Emanuel nachträglich diplomatisch zu erobern.

Apponyi hatte in seinen im November v. J. gepflogenen Besprechungen den britischen Ministern seine Privatansicht dahin ausgesprochen, er würde an Rechberg's Stelle jeden Angriff italienischer Freischaaren auf österreichisches Gebiet mit einer Kriegserklärung an den König von Sardinien beantworten. Wochen vergingen, bevor der Botschafter erfuhr, ob seine Sprache die Billigung des k. k. Hofes gefunden. Der letzte Courier überbrachte einen Erlass des Grafen Rechberg, worin die von Apponyi abgegebene Erklärung amtlich bestätigt wurde. Mit scharfen Zügen wird in diesem Schriftstücke das Verfahren Victor Emanuel's gegen Neapel als völkerrechtswidrig bezeichnet und kein Zweifel darüber gelassen, dass der Kaiser von Oesterreich ähnliches Beginnen gegen seine Reiche mit einer sofortigen Kriegserklärung beantworten werde. Diese Depesche schliesst mit einem *argumentum ad hominem.* Wenn französische Freischaaren, fragt Graf Rechberg, Irland bedrohten, würde England nicht berechtigt sein, die französische Regierung für diesen Friedensbruch verantwortlich zu machen? Diese von dem Fürsten Metternich mit Jubel begrüsste

Depesche vom 17. Januar war nicht zur Mittheilung bestimmt, sondern nur zur Instruction der beiden Botschafter in Paris und London. Das Geheimniss scheint jedoch in Paris nicht streng bewahrt worden zu sein. Dadurch wurden abschwächende Erläuterungen nöthig, denen Rechberg in einer Depesche vom 31. Januar Ausdruck verleiht, obgleich er principiell an seiner Auffassung vom 17. festhält.

London, 24. März 1861.

Die Schwäche des Ministeriums zeigt sich täglich in beiden Häusern des Parlamentes in auffallender Weise. Gerüchte von einer nach den Osterferien zu gewärtigenden Krisis gewinnen mehr und mehr an Consistenz.

Im Unterhause hat der durch die angebliche Verstümmelung amtlicher Actenstücke hervorgerufene Dunlop'sche Antrag einen wahren Sturm gegen den Premier hervorgerufen. Es handelte sich um ein altes Blaubuch aus dem Jahre 1839 und um Sünden des Ministeriums Melbourne. Lord Palmerston, zu jener Zeit Staats-Secretär des Aeusseren, ward beschuldigt, den unglücklichen Afghanenkrieg herbeigeführt zu haben, weil er seinen Agenten an Ort und Stelle keinen Glauben beimass. Als es galt, die erlittenen Niederlagen zu beschönigen, wurden aus den Berichten Auszüge *(garbled extracts)* fabricirt, welche jene Agenten das Gegentheil von dem melden liessen, was sie berichtet hatten. Anstatt diese halbvergessene Leichtfertigkeit des verstorbenen Lord Melbourne auf sich beruhen zu lassen, fand sich Lord Palmerston gemüssigt, diese Verstümmelungen als ganz in der Ordnung hinzustellen. Die Entrüstung des Hauses war gross. Nur die Dazwischenkunft Disraeli's konnte das Ministerium retten.

Im Oberhause erlitt die Regierung eine förmliche Niederlage. Lord Shelburne's Bill, die Errichtung eines Riesenhôtels auf dem Strand betreffend, wurde verworfen. In der Minorität stimmten alle Cabinets-Minister, welche im Oberhause sitzen, und zwei von Lord Palmerston ernannte Bischöfe.

Um mir über den Stand der Dinge Gewissheit zu verschaffen, suchte ich heute Disraeli auf, der Morgen früh auf das
Land geht.

„Ich kann mich nur der Worte bedienen." sagte er, „welche
ich kurz vor der Eröffnung des italienischen Feldzuges aus dem
Munde des Kaisers Napoleon zu vernehmen hatte, Worte, die
derselbe neulich in bedenklicher Weise einem meiner Bekannten
wiederholt hat: *J'attends un événement.* — Auch ich erwarte ein
Ereigniss. Irgend etwas muss auftauchen *(something must turn up)*
und dieses unbekannte Etwas wird unsere Haltung nach den
Osterferien bestimmen. Das Ministerium ist in unserer Hand.
Dass Palmerston auflösen werde, wenn die Regierung über die
Budget-Vorlage fällt, wie man glaubt, möchte ich bezweifeln. Das
hiesse unser Spiel spielen. In Irland könnten die Liberalen kaum
auf zehn Sitze rechnen, in England und Wales würden sie deren
so viele verlieren, dass sich die Ueberraschung von 1841 leicht
wiederholen könnte. Damals gaben die von den Whigs veranstalteten Neuwahlen Sir Robert Peel eine Majorität von neunzig.
Palmerston's Freunde sind dennoch der Ansicht, er werde nicht
weichen, ohne diese letzte Karte auszuspielen. Er ist sechsund-
siebenzig Jahre alt und fühlt, dass ein Rücktritt jetzt ein Rücktritt für immer sein würde. Die Königin könnte die Auflösung
kaum verweigern, da das jetzige Parlament unter Lord Derby
gewählt ist."

Auf meine Frage, ob dieser letztere Umstand die Conservativen, wenn sie an das Ruder kämen, nicht verhindern würde,
aufzulösen, antwortete der Führer der Opposition sehr bestimmt:

„Keineswegs! Wir haben das Recht, jedes Unterhaus aufzulösen, welches nicht mit uns geht, sobald Aussicht vorhanden ist,
uns durch Neuwahlen verstärken zu können. Wir würden es
jedoch kaum nöthig haben."

Als Commentar zu dieser Unterredung erwähne ich noch
einer charakteristischen Correspondenz, deren Authenticität ich
verbürgen kann. Lord Derby steht auf freundschaftlichem Fusse

mit seinem politischen Gegner Lord Granville. Letzterer fügte einem Geschäftsbriefe als Nachschrift die Frage hinzu: *„When will you turn us out?"*

Der Tory-Chef antwortete: *„I think it over the whole day and the whole night, how I may manage to keep you in, but it will be devilishly difficult."*

London, 26. März 1861.

Während der Beisetzung der Leiche der Frau Herzogin von Kent war mir in St. George's Chapel ein Sitz neben Lord John Russell angewiesen worden. Da es wohl eine halbe Stunde währte, bevor die Feierlichkeit begann, ergab sich in den Zwischenpausen der Unterredung, welche der Staats-Secretär mit seinem anderen Nachbar, dem Grafen Bernstorff, über die holsteinische Frage pflog, Gelegenheit, die Weltlage vertraulich zu besprechen.

Das Misstrauen, mit welchem man hier dem nächsten Schachzuge des Kaisers Napoleon entgegen sieht, that sich wiederholt in der Bemerkung kund: Ich möchte wohl wissen, was er im Schilde führt *(I wonder what he means to do)*. Ich schliesse daraus, dass man über diesen Punkt hier nicht mehr weiss als wir Andere. Lord John Russell bestätigte mir, von einer Zurückberufung der französischen Besatzung aus Rom sei nicht die Rede. Die starke Minorität von 61 Stimmen im Senat wie die im gesetzgebenden Körper gehaltenen Reden, insbesondere die Keller's, hätten den Kaiser der Franzosen davon überzeugt, dass die öffentliche Meinung dagegen. Zweifelsohne hat man sich dieses Argumentes bedient, um die fortwährenden Bestürmungen des britischen Botschafters ab- und zur Ruhe zu verweisen. Derselbe empfiehlt fortwährend, Rom den Piemontesen und den Papst seinem Schicksale zu überlassen.

Nicht ohne Schadenfreude gedachte Lord John der wachsenden Finanzverlegenheiten Frankreichs und der Weigerung Fould's, das Ministerium wieder zu übernehmen. Endlich, meinte er, müsse denn doch diese Geldvergeudung ein Ende nehmen.

Auch in Italien, wo dem edlen Lord Alles in rosenfarbenem Lichte erscheint, stellt er die wachsende Finanznoth nicht in Abrede, hofft aber, dass Cavour derselben durch eine Anleihe abhelfen werde. In Neapel habe sich der Handel unter piemontesischer Herrschaft ungemein gehoben und jetzt erst träten die unerschöpflichen Hilfsquellen des Landes zu Tage. Das heisst wohl mit anderen Worten, der englische Weizen blüht bei dem jetzigen Verschleuderungssysteme.

Bezüglich des russisch-französischen Bündnisses wiederholte mir Lord John die dem Parlamente mehrfach ertheilte Versicherung, er für seine Person glaube nicht daran. Allerdings schwärme die altrussische Partei von jeher für die französische Allianz, aber die innere Lage des Reiches, insbesondere der Geldmangel gestatteten vorläufig nicht, an auswärtige Unternehmungen zu denken.

Die Confiscation der nach den Donaufürstenthümern eingeschmuggelten Waffen kam zur Sprache. Lord John glaubt, dass diese Waffensendung mit den Vorbereitungen zu dem italienischen Feldzuge von 1859 zusammenhänge und verspätet zur Ausführung gelangt sei. Seiner Ansicht nach war dieselbe für die ungarische Revolutionspartei bestimmt und, wie Türr versichert, französischen Ursprunges. Die Waffen seien von Marseille nach Genua und von dort auf sardinischen Schiffen nach den Donaumündungen gebracht worden. Ob Garibaldi die Hand im Spiele, lasse sich noch nicht übersehen. Sir James Hudson telegraphirt, derselbe habe fünftausend rothe Hemden in Genua bestellt.

Lord John glaubt nicht, dass Russland vorläufig in der Lage sei, irgend etwas gegen die Türkei zu unternehmen. Die Gefahr einer russisch-französischen Besetzung von Constantinopel fasse man jedoch fortwährend in das Auge und die während des Krimkrieges an Ort und Stelle gemachten Studien würden nicht verloren sein.

Als Curiosum füge ich einen von 24 Mitgliedern des Unterhauses unterzeichneten Aufruf bei, dessen Zweck ist, eine Geldsammlung für Kossuth zu veranstalten. Leider kann dieser „edle

Flüchtling" *(noble exile)* hier noch immer auf werkthätige Sympathien zählen.

London, 10. April 1861.

Der Telegraph brachte gestern die erste Nachricht von dem blutigen Zusammenstosse in Warschau. Die „Morning Post" schiebt die Schuld auf ein Missverständniss, welches man in Petersburg desavouiren werde. Die „Times" ergeht sich in einem offenbar vor Eingang des Telegrammes geschriebenen Artikel in Speculationen über die Wiederherstellung Polens. Die bekannte Theorie Palmerston's, Oesterreich werde sich durch das Preisgeben Italiens stärken, wird auf Galizien und Posen angewendet. Wie stark würde der Kaiserstaat werden, wenn man erst ausser Italien und Galizien-Ungarn, Böhmen, Mähren, Croatien und Dalmatien dem Moloch des Nationalitätsschwindels opfern wollte! Dass Preussen erst durch das Aufgeben des Grossherzogthums Posen in die Lage kommen würde, seine deutsche Aufgabe zu erfüllen ist ein Satz, der in den Spalten des Organs für die allgemeine Weltbeglückung nicht auffallen wird. Der Traum des City-Blattes, Polen von Russland loszureissen und ganz unabhängig zu constituiren, wird vorläufig ein Traum bleiben. Wenigstens scheint Kaiser Alexander nicht gewillt, sich auf dem empfohlenen Wege zu „verstärken". Der Czar hat die Existenz eines russisch-französischen Bündnisses entschieden in Abrede gestellt, und man legt diesem kaiserlichen Worte in Berlin mit Recht mehr Gewicht bei als allen Zeitungsenten.

Während die Presse fortfährt, die Revolution zu predigen, scheint die Regierung einzulenken. Lord John Russell hat vorgestern in einer Unterredung mit dem k. k. Botschafter eine Sprache geführt, welche beweist, dass man hier Bedenken trägt, in Ungarn dasselbe Spiel zu spielen wie in Italien. Der Staats-Secretär hat insbesondere dringend empfohlen, man möge in Wien den im Jahre 1848 begangenen Fehler vermeiden und der in Pesth tagenden Versammlung die Verfügung über die Armee nicht einräumen. Es sei ein Axiom der Staatswissenschaft, dass der Monarch in constitutionellen Ländern als oberster Kriegsherr die unbeschränkte Gewalt über die bewaffnete Macht in der Hand behalte. England habe die Uebelstände einer parlamentarischen Armee während des „langen Parlamentes" zu schwer gebüsst, um einen Zweifel über dieses Axiom aufkommen zu lassen. Ob Lord John den Muth haben wird, im Parlamente dieselbe Sprache zu führen, sollte in Ungarn der offene Kampf ausbrechen, ist eine andere Frage. Jedenfalls werden sich die deutschen Minister des Kaisers Franz Joseph auf die Autorität des liberalen britischen Staatsmannes berufen können, wenn es gilt, den in Pesth entfesselten centrifugalen Elementen Halt zu gebieten.

Lord Wodehouse in Beantwortung einer Interpellation Lord Ellenborough's über das holsteinische Budget hat gestern seine Erklärung vom 18. v. M. erläutert und ergänzt. Der Unterstaats-Secretär des Auswärtigen tritt der dänischen Interpretation des Artikel 13 bei und behauptet, Dänemark habe Alles gethan, um den Mahnungen Englands und Frankreichs nachzukommen. Weder die Erklärungen Lord Wodehouse's noch das emphatische Wehe, welches Lord Ellenborough denjenigen zuruft, die den Krieg beginnen würden, werden den Gang der Ereignisse aufhalten noch den Bundesbeschluss beeinflussen, der morgen gefasst werden soll.

London, 21. April 1861.

Der österreichische Botschafter hat gestern im Auftrage seiner Regierung Lord John Russell über die Haltung Englands den deutschen Einheitsbestrebungen gegenüber interpellirt. Graf Apponyi hat daran erinnert, wie man in Wien längst die Hoffnung aufgegeben, sich mit England über Italien zu verständigen. Ebenso habe die Lösung, welche die Frage der Donaufürstenthümer gefunden, bewiesen, wie wenig man im Oriente auf die britische Mitwirkung rechnen könne. Man hege daher um so mehr den Wunsch zu erfahren, wessen man sich in Deutschland zu ge-

würtigen habe? Die Antwort Lord John's war zufriedenstellend
und beruhigend. England habe kein anderes Interesse. als Deutschland stark und einig zu wissen und werde revolutionären Bestrebungen keinen Vorschub leisten. Man ist hier fest überzeugt,
dass die staatliche Einheit nur durch einen Bürgerkrieg verwirklicht werden könnte. Lord Palmerston hat sich sehr entschieden
in demselben Sinne ausgesprochen.

London, 6. Mai 1861.

Disraeli ist mit dem Ausgange der Budget-Debatte zufrieden.
Ein Sieg würde ihm kaum so gelegen gewesen sein als die compacte Minorität, welche sich für Beibehaltung der Papiersteuer
ausgesprochen hat. Da ebensoviele Conservative mit den Ministern als Liberale mit der Opposition gestimmt haben, so giebt
diese Musterung einen Massstab für die Stärke der Parteien. Im
ministeriellen Lager glaubt man, es werde morgen noch einmal
zur Abstimmung kommen. Disraeli stellt dies entschieden in Abrede. Man wird die Resolution passiren lassen, vielleicht aber,
wenn es zur Vorlage der Bill kommt, noch einen Parteikampf
zu Gunsten der Papiersteuer wagen. An einen Erfolg ist kaum
zu denken. Sollten äussere Ereignisse die Voranschläge des Schatzkanzlers Lügen strafen, so würde die einmal abgeschaffte Steuer
allerdings nicht wieder eingeführt werden können und eine Er-
höhung der *income tax* das Deficit decken müssen. Daraus erklärt sich die Abneigung, die sich im Cabinet gegen den Finanzplan Gladstone's kundgegeben hat. Der Wunsch, die vorjährige
Differenz mit dem Oberhause auszugleichen, ist nur Vorwand.
Der Grund, welcher Palmerston und die Mehrzahl seiner Collegen
bewogen hat nachzugeben, liegt im Bewusstsein ihrer eigenen
Schwäche und der Unentbehrlichkeit Gladstone's.

Den Trinkspruch Lord Derby's im Mansion House bezeichnet
Disraeli als einen schweren Schlag *(heavy blow)* für die Minister.
Abwarten! ist jedoch noch immer die Parole im Tory-Lager.
Die Führer erwarten eine kurze Session ohne Krisis. Disraeli

rechnet nächstes Jahr auf ein conservatives Ministerium mit einer
zuverlässigen Majorität.

„Es ist ganz gut," bemerkte er, „dass Kaiser Napoleon jetzt
den Frieden wünscht. Dadurch gewinnt Oesterreich Zeit, die
ungarischen Angelegenheiten zu ordnen. Gelingt dies, so wird
man hoffentlich nächstes Frühjahr in der Lage sein zu handeln.
Das ist Alles, was wir wünschen. Je früher der unvermeidliche
Krieg ausbricht, desto besser. Das italienische Kartenhaus kann
nicht dauern. Ohne Rom kein Italien. Dass aber die Franzosen
die ewige Stadt räumen, ist höchst unwahrscheinlich. In diesem
Punkte gehen die Interessen der conservativen Partei Hand in
Hand mit denen Napoleon's."

Disraeli theilt die Vermuthung, der plumpe Ausfall Palmerston's gegen Preussen in Sachen des in Bonn verhafteten Capitän
Macdonald sei nicht sowohl gegen das Berliner Cabinet als gegen
den hiesigen Hof gerichtet gewesen. Den Grund der üblen Laune
des Premiers gegen den Prinzen Albert kennt er nicht. Die Umgebungen Palmerston's führen seinen Missmuth auf die deutschen
Einheitsbestrebungen zurück, welche seiner Ansicht nach nur
einen unabsehbaren Bürgerkrieg und eine Stärkung des französischen Einflusses hervorrufen müssten.

Interessant war es mir, aus meiner gestrigen Unterredung
die kaum verhüllte Genugthuung zu entnehmen, welche die conservative Partei über die amerikanischen Wirren empfindet.

„Der Rückschlag auf England." sagte Disraeli, „ist unberechenbar. Bei den zu gewärtigenden Handels-Verlusten dürfen
wir freilich unsere gerechte Freude über den Bankerott der republikanischen Institutionen nicht laut werden lassen. Unter vier
Augen können wir uns aber nur Glück wünschen, wenn das
monarchische Princip jenseits des Oceans zu Ehren kommt. In
Europa ist Ungarn die brennende Frage des Tages. Wird dieselbe schnell und glücklich gelöst, dann werden wir im nächsten
Jahre in der Lage sein, die Pacification des Festlandes allen
Ernstes in die Hand zu nehmen."

London, 9. Mai 1861.

Die Stimmung, welche unmittelbar nach dem Pariser Frieden von 1856 in Petersburg vorherrschte, das Misstrauen, mit welchem man hier die Anzeichen eines geheimen russisch-französischen Einverständnisses beobachtete, die Besorgnisse, welche neuerdings die syrischen Wirren hervorriefen — Alles dies muss die jetzt eingetretene Wendung der Dinge überraschend erscheinen lassen.

Der britische Botschafter in Constantinopel hat vor einigen Tagen Weisungen erhalten, welche ein Zusammengehen Englands und Russlands im Oriente in Aussicht stellen. Diese Instructionen sind die Frucht einer sehr weit gediehenen Verständigung zwischen den Höfen von St. Petersburg und St. James. Ueber die Genesis dieser unerwarteten und hier jedenfalls unverhofften Annäherung erfahre ich aus guter Quelle das Nachstehende.

Kaiser Alexander hatte dem neu ernannten britischen Botschafter sein Bedauern ausgesprochen, dass es noch nicht gelungen, die seit dem Krimkriege gestörten freundschaftlichen Beziehungen zwischen beiden Höfen wieder anzuknüpfen. Wie man hier glaubt, ist diese Eröffnung ohne Vorwissen des Fürsten Gortschakoff erfolgt. Diese kaiserliche Initiative führte zu vertraulichen Unterredungen, die an diejenigen erinnern, mit denen Sir Hamilton Seymour im Jahre 1853 beehrt worden war. Lord Napier ward angewiesen, zu antworten, nichts entspreche den Traditionen der englischen Politik weniger als kleinliche Rancünen. Niemand werde sich mehr freuen als die Königin über die Wiederanknüpfung freundschaftlicher Beziehungen mit einer Macht, die man im Kriege achten gelernt. Erfreut über diese Versicherungen erwiderte Kaiser Alexander, man werde zweifelsohne das Misstrauen in London theilen, welches ihm die ehrgeizige und rücksichtslose Politik des Kaisers der Franzosen einflösse. Dieses Misstrauen müsse den Wunsch einer Verständigung im gemeinsamen Interesse begreiflich erscheinen lassen. Lord Napier konnte dies nur bestätigen und hervorheben, wie gern England bereit sei, in allen europäischen Fragen mit Ausnahme der

orientalischen Hand in Hand mit Russland zu gehen. Kaiser
Alexander wollte zum Erstaunen des britischen Botschafters diese
Ausnahme nicht gelten lassen, versicherte vielmehr, er habe im
Oriente keinen anderen Wunsch als die Aufrechterhaltung des
status quo. Er werde alle Bestrebungen Englands für die Erhaltung und Kräftigung der türkischen Herrschaft mit Freuden
unterstützen. Dieses kaiserliche Wort erklärt die Instructionen,
welche Sir Henry Bulwer ertheilt worden sind.

Darf man hiernach hoffen, das orientalische Gespenst für
eine gewisse Zeit von der Bühne verschwinden zu sehen, so ist
es nicht minder erfreulich, dass die Warschauer Ereignisse dem
Traume eines russisch-französischen Bündnisses ein Ende gemacht
haben.

London, 15. Mai 1861.

Ein wohlunterrichteter Italiener, welcher den savoyischen
Handel wochenlang voraus verkündigte, behauptet, die geheimen
Verhandlungen zwischen Thouvenel und Cavour über die Anerkennung des Königreiches Italien seien zum Abschlusse gediehen. Das ist sehr wahrscheinlich. Wenn aber derselbe Gewährsmann hinzufügt, Victor Emanuel habe durch die Cession
der Insel Sardinien die Räumung Roms seitens Frankreichs erkauft, so wird jedenfalls die Bestätigung abzuwarten sein. Ein
derartiges Abkommen würde hier womöglich noch grössere Entrüstung hervorrufen, als die Einverleibung Savoyens und Nizza's.
Man sagt, die Anwesenheit des Königs Franz II. im Palaste
Farnese solle den Franzosen als Vorwand dienen. Man würde
den Rückzug der französischen Truppen aus Rom dadurch zu
motiviren suchen, dass die Tricolore den Intriguen der Bourbons
nicht zum Deckmantel dienen dürfe.

Lord John hat auf vertraulichem Wege die Nachricht von
der bevorstehenden Ankunft der Königin Christina in Paris erhalten. Man glaubt die hohe Frau mit einer Botschaft des
Vaticans an den Kaiser Napoleon betraut und hofft, es werde

ihr gelingen, die Räumung Roms zu verhindern oder doch zu verzögern.

Die Annäherung zwischen den Höfen von St. James und St. Petersburg wurde mir gestern mit dem Zusatze bestätigt, dieselbe sei eine Folge der Warschauer Ereignisse. Die am 8. April in der polnischen Hauptstadt veranstalteten polizeilichen Untersuchungen haben über den französischen Ursprung der Bewegung keinen Zweifel gelassen.

Lord John hatte im Unterhause sein Bedauern darüber ausgesprochen, dass man die Bewohner Warschau's nicht rechtzeitig gewarnt habe. Eine Depesche Gortschakoff's widerlegt diese Auffassung unter Bezugnahme auf die an allen Strassenecken angeschlagenen Proclamationen und officiellen Warnungen. Der russische Botschafter hat nicht verfehlt, Abschrift von diesem Schriftstücke und dessen Beilagen in den Händen des Staats-Secretärs zurückzulassen.

In der letzten Sitzung des von der Königin präsidirten geheimen Rathes ist die Neutralität Englands in dem amerikanischen Bürgerkriege beschlossen worden. Die heutige „London Gazette" veröffentlicht die bezügliche Proclamation. Mr. Adams. der neu ernannte Gesandte der Vereinigten Staaten, ist hier eingetroffen.

Gestern Nachmittag zwei Uhr verschied der Herzog von Bedford im dreiundsiebenzigsten Lebensjahre. Ein schwerer Verlust für die Whigs. Der Verstorbene galt unter den grossen Grundbesitzern für denjenigen, welcher sein unermessliches Vermögen am besten zu verwalten verstand. Seine zahlreichen Pachthöfe sind Musterwirthschaften. Sein einziger Sohn und Erbe, der Marquis of Tavistock, ist schwer erkrankt und hat es seinem Oheim, Lord John Russell. sowie seinem Vetter Mr. Hastings Russell, dem präsumtiven Erben, überlassen müssen, die Leichenfeierlichkeiten in Woburn Abbey zu leiten.

Mein kurzer Ferien-Ausflug nach Paris hat geringe Ausbeute geliefert. Die Taktik des Schweigens steht mehr denn je in den Tuilerien auf der Tagesordnung.

Für Italien lautet die Parole: Aufrechterhaltung des *status quo.* Von Anerkennung des neuen Titels, den sich Victor Emanuel beigelegt, ist noch keine Rede. Man wird nichts übereilen, Alles solange als nur möglich in der Schwebe erhalten. Thouvenel, Persigny und Walewski haben sich um die Wette an der Lösung des römischen Problems versucht. Napoleon hat einen jeden angehört, aber deren Vorschläge als unausführbar zu den Acten gelegt. Mit der römischen Curie schweben keine Verhandlungen. Der Versuch Gramont's, den Cardinal Antonelli für die Anerkennung des Königreiches Italien zu gewinnen, ist an dem *non possumus* gescheitert. Und doch hatte der Herzog die Gewährleistung des päpstlichen Besitzstandes seitens Victor Emanuel's dafür in Aussicht gestellt. Lord Cowley hat vor seiner Abreise wiederholt versucht, irgend eine Andeutung über die Lösung der römischen Frage zu erlangen. Vergebens hat er dem Kaiser Napoleon vorgestellt, die englischen Minister würden ihm freie Hand lassen und wünschten nur seine Absichten zu kennen, um etwaige Interpellationen in seinem Sinne zu beantworten. Die kaiserliche Sphinx ist aus nichts sagenden Redensarten: *nous verrons; c'est une question délicate; les événements nous guideront,* nicht herausgegangen. Auch Fürst Metternich, der den Kaiser Napoleon häufig in der Intimität sieht und mit der grössten Zuvorkommenheit behandelt wird, kann sich seit sechs Wochen nicht der geringsten Anspielung auf die Politik rühmen. Der k. k. Botschafter ist über Venetien vollkommen beruhigt. Er ist überzeugt, dass über die Anerkennung des Königreiches Italien Unterhandlungen obschweben. Dass sich Victor Emanuel herbeilassen werde, dieselbe durch eine völkerrechtliche Gewährleistung des Besitzstandes des römischen Stuhles zu erkaufen, wird stark bezweifelt. Gerüchte von territorialen Abtretungen, wie die der

Insel Sardinien, tauchen täglich auf, verschwinden aber ebenso schnell. Fürst Metternich glaubt nicht daran und hält den Frieden ein bis zwei Jahre für gesichert. Ein Bruch mit England sei freilich möglich aber nicht wahrscheinlich, da der französische Imperator denselben fürchte und Alles thun werde, um dieser Gefahr aus dem Wege zu gehen. In der syrischen Frage habe er dies bewiesen, seine allzu eifrigen Minister preisgegeben und Cowley mit der Versicherung entlassen, er werde sein Wort halten, was auch Thouvenel dagegen einwenden möge. Die Sache koste zu viel Geld und sei an sich zu unbedeutend, um eine Erkaltung der freundschaftlichen Beziehungen zu England zu rechtfertigen.

Lord Malmesbury's jüngster Besuch soll einen tiefen und nachhaltigen Eindruck auf seinen kaiserlichen Gönner zurückgelassen haben. Der frühere Staats-Secretär des Auswärtigen hat im Namen seiner Partei versichert, dieselbe werde, wenn sie das Ruder wieder übernehme, das bestehende gute Einvernehmen noch besser wahren können als Lord Palmerston. Könnten die Conservativen das Liebäugeln des Kaisers der Franzosen mit der Revolution auch nicht gutheissen, so werde sich Seine Majestät bald davon überzeugen, dass dies dem wohlverstandenen Interesse der französischen Krone nur entspreche.

Das ernste Zerwürfniss, zu welchem die Wahl des Prinzen Napoleon zum Grossmeister der französischen Freimaurerlogen im Schosse der kaiserlichen Familie Anlass gegeben, gilt für ein bedenkliches Symptom der inneren Lage. Prinz Murat hat den Prinzen Napoleon schriftlich gefordert in Ausdrücken, die alles Mass überschreiten. Man hofft, der Kaiser werde das Duell zwischen beiden Vettern verhindern und der Wahl des Prinzen Napoleon zum Grossmeister die Genehmigung versagen. Die Freimaurer, welche sich bisher von Politik ferngehalten, sollen neuerdings mit anderen geheimen Gesellschaften Verbindungen angeknüpft haben, die dem kaiserlichen Throne gefährlich werden könnten. Nach den heute eingegangenen Telegrammen scheint

der Kaiser den Muth gehabt zu haben, das Spiel des „rothen
Prinzen" zu durchkreuzen. Es wäre dies um so erfreulicher, als
es an Anzeichen früh eingetretener Altersschwäche nicht fehlt:
„l'Empereur baisse", „Sa Majesté faiblit" sind Aeusserungen, welche
man von den allernächsten Umgebungen nur allzu häufig zu vernehmen hat.

Wie ein Donnerschlag aus heiterem Himmel ist die Nachricht von dem Selbstmorde des Grafen Teleki in das Palais
Royal gefallen. Thouvenel soll sich tiefer, als er vielleicht ver-
antworten kann, mit dem Grafen eingelassen haben. Sein Selbstmord zerreisst zum Heile Oesterreichs Fäden, die schwer wieder
anzuknüpfen sein werden. Auch im Lager der polnischen Emi-
gration hat das plötzliche Verschwinden dieses in alle Pläne der
Revolution eingeweihten Führers sehr unangenehm überrascht.

Der Schwierigkeit, eine passende Wohnung für den k. k.
Botschafter zu finden, ist abgeholfen. Die französische Regierung
hat demselben ein Hôtel unter annehmbaren Bedingungen überlassen. Fürst Metternich war vor kurzem eingezogen und in
bester Laune, als ich Abschied von ihm nahm. „Wir sind über
den Berg, auch politisch," so lauteten seine letzten Worte.

London, 15. Juli 1861.

In der Freitags-Sitzung kam die holsteinische Frage wieder
zur Sprache. Ein für Deutschland gut disponirtes Mitglied inter-
pellirte über den Stand derselben und verlangte Mittheilung der
Correspondenz von 1860 und 1861. Das Haus war nicht vollzählig, doch rief die Klingel des *speaker* noch rechtzeitig etwa
vierzig Mitglieder herbei und Lord John Russell konnte sich
nicht entbrechen zu antworten.

Die Mittheilung der Correspondenz schlug er rundweg ab.
Er constatirte mit Genugthuung die Bereitwilligkeit des Königs
von Dänemark, Vorschläge zu machen, welche den Aufschub
der Bundes-Execution wenigstens für das laufende Jahr ermöglichen würden. Ueber die Natur dieser Vorschläge hat sich der

Staats-Secretär nicht ausgesprochen, nur die Hoffnung vag genug angedeutet, dieselben würden eine friedliche Lösung herbeiführen.

Die Successionsfrage ist nach Lord John's Ansicht durch den Londoner Vertrag von 1852 endgiltig geordnet. Derselbe habe keinen anderen Zweck als die Aufrechterhaltung der dänischen Monarchie in ihrer Integrität nach dem Ableben des jetzigen kinderlosen Königs. Welchen praktischen Werth dieses Abkommen nach Eintritt der gedachten Eventualität haben würde, versichert Lord John nicht voraussagen zu können. Er begnügt sich damit zu betonen, dass dasselbe alle Pacicenten völkerrechtlich binde.

London, 15. Juli 1861.

Die Nachricht von dem Gott Lob! erfolglosen Attentat auf den König von Preussen gelangte gestern Nachmittag durch ein Telegramm des Fürsten von Hohenzollern an den hiesigen preussischen Geschäftsträger. Der Kronprinz hat sofort Osborne verlassen, um nach Baden-Baden zu eilen.

Der Rücktritt des Kriegsministers Lord Herbert de Lea wird tiefgreifende Veränderungen im Schosse des Ministeriums hervorrufen. Sir Cornewall Lewis soll das erledigte Departement des Krieges, Mr. Cardwell das des Innern übernehmen und Lord John Russell in das Oberhaus versetzt werden. Bei dem Uebergewichte des Unterhauses in den inneren Fragen erscheint es immer fast wie ein politischer Selbstmord, wenn ein Parteiführer sich entschliesst, die Pairie anzunehmen. Im vorliegenden Falle sind die Beweggründe unschwer zu errathen. Wenn Lord Palmerston, wie man sagt, die Absicht hat, im nächsten Jahre mit einer Reformbill hervorzutreten, so wird dieselbe hinter den Zusagen Lord John Russell's weit zurückstehen. Vorwürfe über nicht gehaltene Versprechen und getäuschte Erwartungen werden den Reformer im Olymp des Oberhauses nicht erreichen. Ganz abgesehen davon erschien es von Wichtigkeit, schon jetzt die Rollen-Vertheilung vorzubereiten, welche nöthig werden wird, wenn der Premier-Minister seine 76jährigen Augen schliesst. Lord Palmerston's Popularität und parlamentarischer Takt haben dem schwachen Ministerium das Leben gefristet. Die Whigs würden ohne ihn keine Aussicht haben, sich im Amte zu erhalten, wenn sie sich nicht Gladstone's versichern. Dieser würde aber auf keinen Fall bleiben, wenn man ihm nicht die Führerschaft im Unterhause übertrüge. Nicht zu übersehen ist, dass das Unterhaus oder vielmehr die ministerielle Partei in demselben einen dritten hervorragenden Redner verliert, wenn ausser Sidney Herbert und dem jetzigen Lord Kanzler nunmehr auch Lord John ausscheidet.

London, 16. Juli 1861.

Die Zeitungen stellen über die Ernennung Lord John Russell's zum Pair des Reiches Betrachtungen an, die fast wie Sterbepredigten klingen. Ist der Uebertritt eines Parteiführers in das Oberhaus nach fast fünfzigjähriger Thätigkeit im Hause der Gemeinen als ein Rückzug zu betrachten, so geschieht der vorliegende mit allen Ehren. Ausser mit der Grafenkrone soll Lord Russell, der selbstverständlich das Auswärtige Amt behält, mit dem blauen Bande geschmückt werden, Auszeichnungen, welche seine politischen Gegner dem Sohne des Herzogs von Bedford nicht missgönnen.

Im Hause der Gemeinen hat das Ereigniss keinen günstigen Eindruck gemacht. Man findet dort, es sässen schon ohnehin zu viele Lords in Palmerston's Cabinet. Einer der Tory-Führer bemerkte, das Unterhaus würde sich das nicht gefallen lassen, wenn es drei Monate jünger wäre. Er tröstete sich jedoch, indem er hinzufügte, wenn man aus einer zerbröckelten Mauer einen Ziegelstein herausnimmt, dann folgen die übrigen bald nach.

London, 22. Juli 1861.

Unter Beibehaltung seines Familiennamens wird Lord John als Earl Russell in das Oberhaus treten und morgen von seinen Wählern in der City Abschied nehmen.

Eine Interpellation Kinglake's, welcher sich durch seine leidenschaftliche Behandlung der Annexion von Savoyen und Nizza bemerkbar gemacht, bot gestern dem Staats-Secretär des Aeusseren willkommenen Anlass zu einer bedeutungsvollen Abschiedsrede im Hause der Gemeinen. Kinglake hatte nicht ohne Geschick alle Indicien zusammengestellt, welche für ein geheimes Abkommen zwischen den Cabineten von Paris und Turin und für die Cession der Insel Sardinien unter gewissen Eventualitäten sprechen. Er berief sich dann auf die Autorität Nelson's, um zu beweisen, dass, wenn der Hafen von Cagliari in den Besitz einer Seemacht ersten Ranges überginge, Malta werthlos werden und Englands Herrschaft über das Mittelmeer bedroht erscheinen müsse. Sir Robert Peel und mehrere Mitglieder der conservativen Partei sprachen sich in demselben Sinne aus. Zum Schlusse ergriff Lord John das Wort und erkannte zunächst die Wichtigkeit der angeregten Frage unumwunden an. Der Staats-Secretär des Aeusseren versicherte, er habe nichts unversucht gelassen, um der Wahrheit auf den Grund zu kommen. Thouvenel sowohl als Ricasoli hätten ein solches Project amtlich und privatim in Abrede gestellt. Es sei unmöglich zu glauben, dass Kaiser Napoleon es wagen werde, einen derartigen, das Gleichgewicht Europas so ernst bedrohenden Plan in Angriff zu nehmen.

„Ich habe," fügte der edle Lord hinzu, „in meinen Depeschen keinen Zweifel über die Bedeutung gelassen, welche Ihrer Majestät Regierung einem solchen Acte beilegen würde, auch die unabwendbaren Folgen desselben nicht verschwiegen. Der Versuch einer solchen Annexion würde nothwendig dem Bündnisse zwischen England und Frankreich sofort ein Ende machen. Kaiser Napoleon, davon bin ich überzeugt, will aufrichtig den Frieden und deshalb glaube ich nicht an jenen ehrgeizigen Plan. In Hinblick auf die allgemeine Lage Europas und in Erinnerung an die Ereignisse der letzten Jahre würde es jedoch unklug sein, blindes Vertrauen zu zeigen. Die öffentliche Meinung in Frankreich, die Kammern oder die Armee können über Nacht die

Politik des Kaisers beeinflussen. Es ergiebt sich für uns die
doppelte Pflicht, die von dem Willen der Souveräne und Cabinete
oft ganz unabhängigen Bewegungen auf dem Festlande aufmerksam zu beobachten, und uns nicht durch Rücksichten einer klein-
lichen Sparsamkeit verführen zu lassen, unsere Rüstungen ein-
zustellen. Je stärker wir sind, je mehr man im Auslande davon
überzeugt ist, dass wir jeden Augenblick bereit sind, die Offensive zu ergreifen, desto wirksamer werden wir für die Erhaltung
des Friedens arbeiten können."

London, 22. Juli 1861.

Die Rede, mit welcher Lord Russell am 19. vom Unterhause Abschied genommen, hat auch ausserhalb des Palastes
von Westminster nicht geringes Aufsehen gemacht.

Man vermisst freilich die bestimmte Formulirung des *casus
belli* für den Fall der Cession Sardiniens. Mehrere Minister,
z. B. Gladstone, huldigen der Ansicht, eine Einverleibung dieser
Insel würde das Staatsinteresse Englands nicht nahe genug berühren, um eine Kriegserklärung zu rechtfertigen. Trotzdem
war der Ton der Rede ein so entschiedener und vorsichtiger
zugleich, dass man den Eindruck gewinnt, der Staats-Secretär
des Aeusseren habe hier sowohl, als in Paris durchfühlen lassen
wollen, er wisse von der französischen Intrigue mehr als er zu
sagen für gut befindet. Jedenfalls ging seine Absicht dahin, auf
die Möglichkeit eines Bruches allen Ernstes vorzubereiten. Ein
hochgestellter Staatsmann bezeichnete diese Rede als das wichtigste Ereigniss der gegenwärtigen Session, da zum ersten Male
die Eventualität einer von England zu ergreifenden Offensive
klar und bestimmt, wenn auch mit der nöthigen Vorsicht, ausgesprochen worden. Ob Lord Palmerston ein derartiges Abkommen zwischen Frankreich und Italien mit einer Kriegserklärung wirklich beantworten würde, ist eine andere Frage. Auch
ist ja kaum anzunehmen, Kaiser Napoleon werde die Insel Sardinien für sich verlangen. Bisher war nur die Rede davon, dieses

Eiland solle dem Papste als Aequivalent für den Kirchenstaat überlassen werden. In dieser Richtung soll der bekannte *entrepreneur du suffrage universel* in Savoyen, Pietri, auf der mehrgedachten Insel thätig gewesen sein und dem Kaiser Napoleon während dessen Badecur in Vichy geheime Berichte erstattet haben. Manche glauben, die sardinische Idee sei nur eine Maske für die Absicht, sich der Insel Sicilien unter dem Vorwande der dort herrschenden Anarchie zu bemächtigen und Sicilien sei der für die Räumung Roms ausbedungene Preis.

Der durch die Versetzung Lord Russell's in das Oberhaus bedingte Rücktritt des Unter-Staatssecretärs Lord Wodehouse ist erfolgt. Lord Wodehouse's Ernennung zum Botschafter am k. k. Hofe, von welcher gerüchtweise gesprochen wird, ist unwahrscheinlich. Lord Bloomfield ist gern und gern gesehen in Wien; es liegt durchaus kein Grund vor, ihn abzuberufen. Bei den durch Lord Herbert de Lea's Rücktritt nöthig gewordenen Veränderungen wird sich wohl die Möglichkeit bieten, Lord Wodehouse's Ehrgeiz zu befriedigen.

Die „Times" und die „Saturday Review" deuten die Verlegenheiten an, in welchen sich Lord Palmerston befindet. Diese sind durch das unerwartete Verlangen Lord Russell's, vor Ablauf des Parlamentes in das Oberhaus zu treten, nicht verringert worden. Wie der Premier seine Karten auch mische, das umgestaltete Ministerium wird einen mehr oder weniger provisorischen Charakter tragen. Man spricht von einer Coalition. Vor einigen Jahren, als Lord Derby dieselbe vorschlug, hätte ein Zusammenwirken Lord Palmerston's mit dem Tory-Chef dem Lande ein starkes, Dauer verheissendes Gouvernement sichern können, jetzt ist es zu spät, auf diese Idee zurückzukommen. Palmerston ist älter und die Whig-Partei schwächer geworden, während die Tories erstarkt sind. Lord Derby wird es daher seiner eigenen Partei kaum zumuthen, auf den ungetheilten Besitz der Gewalt zu verzichten.

London, 26. Juli 1861.

Die Königin hat gestern einer geheimen Raths-Sitzung in Osborne präsidirt, um die Veränderungen im Schosse des Ministeriums gutzuheissen. Sir Cornewall Lewis ist zum Staats-Secretär des Krieges, Sir George Grey zum Minister des Innern, Mr. Cardwell zum Kanzler des Herzogthums Lancaster und Sir Robert Peel, ohne in das Cabinet zu treten, zum Secretär für Irland ernannt worden. Man glaubt, Lord Wodehouse, dessen Nachfolger noch nicht bekannt ist, werde als Botschafter nach Constantinopel gehen. Die „Times" lässt keinen Zweifel über den geringen Beifall, welchen die neuesten Cabinetsveränderungen finden. Am bedenklichsten ist, dass die Betreffenden selbst ebensowenig zufrieden sind. Die Wahl des neuen Kriegsministers hat der Armee nicht missfallen. Sir Cornewall Lewis ist vielleicht keine Specialität wie sein Vorgänger, aber ein ruhiger, rechtschaffener Geschäftsmann, der mit seinem gesunden Menschenverstande die ihm noch mangelnden Detailkenntnisse bald erwerben wird.

Earl Russell, welcher heute Abend in das Oberhaus eingeführt werden soll, hat von seinen Wählern Abschied genommen. Er hat nicht verfehlt, die Erfolge der liberalen Partei gebührend hervorzuheben: die Parlaments-Reform, die Katholiken-Emancipation, der Freihandel, die Wahlfähigkeit der Juden, nichts wurde vergessen. Schliesslich bemerkte der neue Pair, es gehe ihm wie jenem grossen Kaiser, der, nachdem er an allen Weltbegebenheiten seiner Zeit thätigen Antheil genommen, zu wissen begehrte, welches Urtheil man nach seinem Tode über ihn fällen werde, sein eigenes Leichenbegängniss bestellte und als erster Leidtragender demselben beiwohnte. Mit welchem Rechte sich der edle Lord mit Karl V. vergleichen darf, bleibe dahingestellt.

Das ministerielle *Whitebait-Dinner* soll am 31. stattfinden, und man hofft, am 6. August das Parlament durch königliche Commission schliessen zu können.

In Vichy schmeichelt man sich noch immer mit der Hoffnung, der König von Preussen werde den Uebungen der fran-

zösischen Truppen bei Chalons beiwohnen. Dieses Gerücht macht
hier keinen guten Eindruck. Die preussische Gesandtschaft hatte
übrigens gestern noch keine Andeutung darüber.

London, 31. Juli 1861.

Der Erzherzog Ferdinand Max und die Erzherzogin Charlotte
werden heute Abend hier erwartet, gedenken etwa vierzehn Tage
im strengsten Incognito in England zu verweilen und übermorgen
der Königin in Osborne einen Privatbesuch abzustatten.

Eine an sich unbedeutende Nachforderung der Regierung für
Panzerschiffe — es handelte sich um £ 250,000 — bot am 26.
Anlass zu einer interessanten Debatte. Die Regierung konnte
nicht verhehlen, dass man im ganzen wenigstens zehnmal soviel
(£ 2,500,000) bedürfen werde, um den französischen Seerüstungen
einigermassen nachzukommen. Gross war anfangs die Entrüstung
der Friedensfreunde. Als aber Lord Palmerston mit einem em-
phatischen „we know" die Angaben des Secretärs der Admiralität
bestätigte und nachwies, wie Frankreich binnen einem oder zwei
Jahren mit Einrechnung der schwimmenden Batterien 27 Panzerschiffe besitzen werde, da schwiegen die Männer von Manchester.
Selbst Disraeli's Mahnung, man möge sich freundschaftlich mit
Frankreich über die Normalzahl der gegenseitig zu haltenden
Schiffe verständigen, vermochte den kriegerischen Enthusiasmus
des Hauses nicht herabzustimmen. Der Premier-Minister und
der Führer der Opposition hatten gewissermassen die Rollen gewechselt. Disraeli's versöhnliche Haltung wird von seinen eigenen
Parteigenossen nicht allenthalben gebilligt. Dieselbe erklärt sich
jedoch durch den Wunsch, sich in den Tuilerien eine freundliche
Aufnahme zu sichern, sollte das Schicksal die Tories im nächsten
Jahre an das Ruder führen. Im Zusammenhange mit Lord Russell's
Rede vom 19. beweist diese Debatte, dass die Erkaltung der Beziehungen zwischen beiden Westmächten wieder einen hohen Grad
erreicht hat.

Lord Derby hat vorgestern im Oberhause die gescheiterten

Reformbestrebungen der Regierung mit der Lauge seines Spottes
übergossen. Er knüpfte daran die Hoffnung, man werde eingedenk der Erfahrungen der letzten zwei Jahre sich neuer Versuche
in dieser Richtung enthalten.

Im Unterhause bot gestern eine Interpellation des Freundes
der Magyaren, Mr. Griffith, dem Premier-Minister willkommenen
Anlass, seine Auffassung der ungarischen Frage darzulegen. Vor
einiger Zeit war ein Attaché der britischen Botschaft von Wien
nach Pesth gesendet, aber auf Verlangen der k. k. Regierung
zurückberufen worden. Mr. Griffith beantragte die Vorlage der
Berichte dieses Agenten. Lord Palmerston verweigerte die Mittheilung dieser vertraulichen Actenstücke und bemerkte: „Wir
legen gebührenden Werth auf die Erhaltung des österreichischen
Kaiserstaates, jener grossen Macht im Mittelpunkte Europas,
welche zwischen so vielen feindlichen Interessen die Wage hält.
Wir würden es als ein grosses Unglück für Europa betrachten,
wenn dieses Reich inneren Bewegungen erliegen sollte. Wir
haben uns nicht für berechtigt noch für verpflichtet gehalten,
in den Differenzen irgendwie Partei zu nehmen, welche zwischen
der kaiserlichen Regierung und der ungarischen Nation leider zu
Tage getreten sind. Wir lassen es dahingestellt, wer Recht oder
Unrecht hat und haben keinen anderen Wunsch, als Oesterreich
mächtig und blühend aus diesen Kämpfen hervorgehen zu sehen.
Fragt man mich, ob ich für die Autorität oder für die Freiheit
bin, so kann ich nur antworten, dass ich es der Autorität und
der Freiheit überlasse, sich so gut als es geht zu verständigen.
Wir werden diesen unglücklichen ungarischen Zerwürfnissen
gegenüber dieselbe Politik befolgen, die wir uns jenseits des
Oceans zur Richtschnur genommen haben, die Politik einer voll-
ständigen und aufrichtigen Neutralität.“

London, 5. August 1861.

Der grossherzoglich hessische Gesandte Graf Görtz genannt
Schlitz ist vorgestern hier eingetroffen. Er überbrachte mir ein

Empfehlungsschreiben des Grafen Platen. Graf Görtz ist beauftragt, die Ehepacten des Prinzen Ludwig und der Prinzessin
Alice zu unterzeichnen. Ich lud ihn ein, mich nach Pembroke
Lodge zu begleiten, und stellte ihn Lord Russell vor. Diesem
war es sehr erwünscht, das Geschäft nunmehr förmlich zum Abschlusse bringen und den Grafen morgen bei der Königin melden
zu können.

Lord Russell war unter dem Eindrucke, der König von
Preussen habe die Einladung nach Chalons entschieden abgelehnt.
Der Staats-Secretär sprach seine Freude darüber aus. Da Loftus
in Baden-Baden, so ist man hier gut unterrichtet. Lord Russell
gestand mir, seine Rede vom 19. v. M. habe in Paris sehr missfallen. Man habe gefragt, warum er sich denn nicht damit begnügt, zu sagen, Frankreich wolle die Insel Sardinien nicht.
„Mein Gott,“ rief der edle Lord, „das konnte ich nicht; einmal
weil ich es selbst nicht glaube, und dann, weil es mir das Haus
nicht geglaubt haben würde. Dass der Kaiser Napoleon jetzt den
Frieden will, davon bin ich überzeugt, so gross sein Hunger nach
friedlichen Eroberungen auch zu sein scheint. Neapel und Sicilien
würde er z. B. nur allzu gern in die Tasche stecken.“

London, 6. August 1861.

Die gestern in Osborne in der geheimen Raths-Sitzung festgestellte Thronrede wurde heute im Namen der Königin von dem
Lord Kanzler verlesen und die Parlaments-Session geschlossen.
Es war eine der unfruchtbarsten Sessionen. Die einzigen Massregeln von Bedeutung betreffen Indien. Das indo-britische Reich
ist seit der letzten Krisis überraschend schnell reorganisirt worden.
Das Parlament hat mit gewohnter Resignation die darauf bezüglichen Regierungsvorschläge unverändert angenommen. Vergebens
versuchte Lord Ellenborough im Oberhause, die von Sir Charles
Wood vorgelegten Gesetze zu bekämpfen. Die durch den Wegfall
der Compagnie ohnedies vereinfachte Verwaltungs-Maschine wird
nunmehr in regelmässigen Gang gebracht werden können. Der

Nachfolger Lord Canning's übernimmt unter günstigeren Umständen die schwere Verantwortung, diese bedeutendste Dependenz
der britischen Krone fast selbständig zu leiten. Die eingeborene
Armee, sowie die von der Compagnie geworbene sind vom Schau-
platze verschwunden. Trotz aller tiefgreifenden Veränderungen
hat sich Dank der Elasticität der britischen Verwaltung die
Finanzlage des Landes seit langen Jahren zum ersten Male befriedigend gestaltet. Die bereitwillig vom Parlamente genehmigten
Anleihen sind für Eisenbahn-Unternehmungen im grössten Mass-
stabe bestimmt.

Sterbend von Spaa zurückgesandt ist Lord Herbert de Lea
im einundfünfzigsten Lebensjahre auf seinem Landsitze Wilton
Abbey verschieden. Man erblickte in diesem Staatsmanne den
Premier-Minister der Zukunft. Seine eigene Partei wie das Land
erleiden durch seinen frühzeitigen Tod einen herben Verlust.

Die Niederlage der nordamerikanischen Truppen am 21. v. M.
hat, wie zu erwarten, hier das grösste Aufsehen erregt. Bedauert
man auch die durch die öffentliche Meinung terrorisirten Unions-
Generale, so wird doch die herbe Lection den übermüthigen
Nordländern nicht missgönnt.

London

1862.

Als ich von Lissabon auf meinen Posten wieder zurück-
kehrte, hatte man sich in London noch nicht von dem Schrecken
über das Ereigniss vom 14. December 1861 erholt. Noch waren
die Zungen gelöst. Die Trauer war eine allgemeine und aufrichtige. Die Lücke, welche der Tod des Prinzen Albert gelassen, das fühlte ein jeder, war nicht auszufüllen, der Verlust
ein unersetzlicher. Dieselben Zeitungen, die noch vor wenigen
Monaten den Gemahl der Königin verdächtigt und verleumdet
hatten, flossen jetzt über von Lobeserhebungen. Wie so häufig
im Leben, lernte man das Gute erst schätzen, als man es verloren. Was der Prinz der Königin gewesen, was er dem Staate
geleistet, das wussten zu seinen Lebzeiten nur wenige. Das
Publikum hatte keine Ahnung davon. Die Minister mussten den
Intentionen des Verstorbenen gemäss das Geheimniss wahren. Die
Vergangenheit enthüllte sich plötzlich in der Besorgniss für die
Zukunft. Wie schwer der Schlag Lord Palmerston getroffen, erfuhr ich durch den Herzog von Cambridge. Am entschiedensten
aber und am klarsten bezeichnete mir Disraeli den Verlust, welchen
der Staat erlitten.

Die Königin hat dem Verstorbenen ein Denkmal errichtet, werthvoller als alle Monumente aus Erz und Stein. Ihre Majestät geruhte, einem hervorragenden Historiker die nachgelassenen Papiere ihres Gemahls anzuvertrauen. Sir Theodore Martin hat aus diesen ihm mit königlicher Munificenz zu Gebote gestellten Materialien sein „*Life of the Prince Consort*" geschaffen, ein Geschichtswerk ersten Ranges, welches mit der gediegensten Objectivität die Frische und den Reiz einer Autobiographie vereinigt. Diesem monumentalen Standbilde lässt sich nichts hinzufügen.

Ein Jahrhundert nach der Entdeckung Amerikas, und wenige Jahre, nachdem Wind und Wetter die spanische Armada zerstört, fasste Lord Bacon den fruchtbringenden Gedanken, in der neuen Welt jenen Punkt des Archimedes zu suchen, von welchem aus England die spanische Uebermacht zur See aus den Angeln heben könnte. Die von dem Abenteurer Raleigh entdeckten Länder an den Ufern des Amazonenstromes wurden zu Ehren der jungfräulichen Königin Elisabeth Virginien getauft und die ersten Colonen der angelsächsischen Race dorthin entsendet. Diese ersten Auswanderer bestanden hauptsächlich aus Puritanern, wie man schon damals die leidenschaftlichen Anhänger Calvin's zu nennen anfing, welche in der anglikanischen Staatskirche noch zu viele Erinnerungen an das ihnen verhasste Rom erblickten. Es waren ihres Glaubens wegen Verfolgte, welche die Tugenden und Fehler der angelsächsischen Race nach Amerika verpflanzten. Die in England zurückgebliebenen Anhänger derselben Secte bildeten das Ferment in jener blutigen Revolution, die dem absoluten Königthume der Tudors und der Stuarts ein Ende bereitete. Cromwell's Eisenreiter und Bacon's erste Pioniere in Amerika waren Glaubensbrüder. Wie folgenschwer diese bisher noch zu wenig beachtete Thatsache für die Geschicke Grossbritanniens und seiner nordamerikanischen Colonien geworden, lehrt die Geschichte. Bacon's Senfkorn hatte sich auf dem jungfräulichen Boden üppig entwickelt. Ein und ein halbes Jahrhundert nach seinem Tode erfochten Enkel jener Puritaner, mit Hilfe des französischen Adels, ihre volle Unabhängigkeit vom Mutterlande.

Von so hoher weltgeschichtlicher Bedeutung auch der Kampf war, welchen George Washington leitete und siegreich durchführte, so ist doch kaum anzunehmen, dass sich seine Zeitgenossen so eingehend dafür interessirt haben, wie alle denkenden Politiker unserer Epoche für den zu Anfang der sechziger Jahre ausgebrochenen Bürgerkrieg. Der Rückschlag des letzteren auf die europäischen Verhältnisse wird noch greifbarer zu Tage treten, je mehr sich Macht und Reichthum der noch jungen transatlantischen Republik entwickeln und vermehren werden.

Der letzte Präsident vor dem Secessionskriege, James Buchanan, war Gesandter der Vereinigten Staaten am britischen Hofe, als ich nach London kam — ein grosser, starker Mann mit schneeweissen Haaren, welcher, weil er den Kopf schief trug, der Kakadu genannt wurde. Er war ein Freund Englands und des Friedens, aber ein Yankee durch und durch. Als die Orient-Verwickelung begann und jener unheimliche Zustand eintrat, welchen Clarendon mit „*drifting into war*" bezeichnete, sagte mir Buchanan: „*Do not you think it is just the moment to settle our little accounts with the mother country?*" Er überliess dies jedoch anderen und unterhielt uns nur zuweilen mit seinen trockenen Paradoxen.

Nachdem der Bürgerkrieg ausgebrochen war, habe ich an Gespräche zurückdenken müssen, die ich mit diesem Collegen zu einer Zeit gehabt, als die Sclavenfrage noch nicht an der Tagesordnung war. Buchanan, der sich für anthropologische Studien interessirte und auf die Schädelbildung grossen Werth legte, behauptete steif und fest, es sei ihm immer höchst zweifelhaft gewesen, ob die Neger mit Recht zu den Menschen zu rechnen seien. Als ich dieser paradoxalen Behauptung Beispiele mehrerer hochgebildeter Neger entgegenhielt, meinte Buchanan, ihm sei in seiner Praxis nie ein Neger vorgekommen, der eines Syllogismus fähig gewesen. Er vertheidigte die Sclaverei aus Gründen der

Humanität. Die Schwarzen seien, wenn nicht eine vervollkommnete Affengattung, so doch eine Race, deren permanente Kindheit in ihrem eigenen Interesse eine fortwährende Bevormundung erheische. Für einen Weissen gebe es keine grössere Schmach, als einen Tropfen Negerblut in den Adern zu haben.

Gerade diese Vorurtheile sind es bekanntlich, welche, äusserlich wenigstens, die Krisis hervorriefen, die die Existenz der Vereinigten Staaten zu bedrohen schien. In Wahrheit möchte jedoch der Sclavenfrage, die zum Vorwande des Krieges diente, der Gegensatz zwischen den nationalökonomischen Interessen des Ackerbaues und der Industrie zu Grunde gelegen haben. Es war daher begreiflich, dass der ackerbautreibende, sclavenhaltende, mehr aristokratische Süden in den höchsten Kreisen der englischen Gesellschaft warme Theilnahme fand, während das Volk von Hause aus für den demokratischen, industriellen Norden Partei ergriff.

Als jedoch der Capitän eines Kriegsschiffes der Nordstaaten die diplomatischen Vertreter des Südens, welche sich an Bord des englischen Postdampfers „Trent" nach Europa eingeschifft hatten, völkerrechtswidrig arretirte, da verlangten alle Parteien Genugthuung für diese Verletzung der englischen Flagge. Der gute Stern Englands wollte, dass Prinz Albert noch sterbend diesem drohenden Conflicte vorzubeugen vermochte, indem er eine Depesche Lord Russell's beseitigte und eine andere entwarf, welche es dem Cabinet von Washington möglich machte, die verlangte Genugthuung zu gewähren.

Die friedliche Lösung dieses Zwischenfalls hatte einen entscheidenden Einfluss auf die englische Politik. Wäre es wegen des Postdampfers „Trent" zum Kriege gekommen, so würde der erste Schritt des englischen Cabinets die Anerkennung der Südstaaten, der *Confederates,* als selbständige kriegführende Macht, der zweite ein Schutz- und Trutzbündniss mit denselben gewesen sein. Das war, was Napoleon III. wünschte. Dieser hatte fast gleichzeitig mit dem Ausbruche des amerikanischen Bürgerkrieges einen Krieg mit Mexico angefangen. Als Vorwand dienten mehr oder weniger zweifelhafte Geldforderungen französischer Unterthanen, für welche sich Morny interessirt hatte. In Wahrheit wollte Napoleon der republikanischen Partei in Frankreich einen entscheidenden Schlag beibringen und der transatlantischen Republik ein monarchisches Gegengewicht schaffen. Anfangs schienen England und Spanien geneigt, sich an diesem Unternehmen zu betheiligen. Beide besannen sich jedoch eines Besseren. Palmerston wagte es nicht, die Manchester-Schule durch Anerkennung des Südens herauszufordern. Er bediente sich der Vermittelung des Königs Leopold, um den Kaiser der Franzosen darüber zu verständigen. So war Frankreich genöthigt, die unglücklich begonnene Expedition mit zahlreichen Streitkräften allein durchzuführen. Wie sehr dies an der ganzen Militär-Organisation zehrte, trat erst später zu Tage. Was Spanien dem ersten Napoleon gewesen, sollte Mexico dem dritten werden.

Vorläufig schwankte der Kampf in den Vereinigten Staaten. Die ungeschulten Freischaaren mussten erst kämpfend zu Soldaten gebildet werden. Die Schlacht von Bull's Run erregte den Spott europäischer Militärs. In England sowohl als in Deutschland sanken die Actien der republikanischen Staatsform in einer für das monarchische Princip nicht unerfreulichen Weise. Allgemein war die Meinung in Europa verbreitet, die transatlantische Republik werde diesen Bürgerkrieg nicht überleben, sondern in die Anarchie atomistischer Freistaaten nach dem Vorbilde der früheren spanischen Colonien verfallen. Wie sich bald zeigen sollte, hatte man dabei die zähe Ausdauer der anglo-sächsischen Race unterschätzt und übersehen, dass *caeteris paribus* der Norden dem Süden immer überlegen ist.

Ueber den Retter aus der Noth erfuhr ich erst später charakteristische Einzelheiten, welche der Zeit nach in das Jahr 1862 fallen. In der emporstrebenden Handelsstadt Chicago lebten bei Beginn des Bürgerkrieges drei Freunde. Der eine war als Werkführer in einer Gerberei angestellt mit einem Gehalte von monat-

lich 10—15 Dollars. Der andere stand an der Spitze einer Schuh-
fabrik und kam dadurch mit dem ersteren in täglichen Geschäftsverkehr. Der dritte, der wohlhabendste, Washburne, hatte einigen
Einfluss bei den Behörden der Provinz. Als der Krieg ausbrach,
Freischaaren sich bildeten und die ersten Unglücksfälle das Volk
aufregten, erinnerte Russell Jones, der Schuhmacher, Washburne
daran, dass ihr Freund, der Gerber Grant, auf der Militär-
Akademie in Westpoint gewesen und durch seine strategischen
Kenntnisse dem Staate vielleicht gute Dienste leisten könnte.
Washburne lenkte die Aufmerksamkeit des Gouverneurs der Provinz auf Grant und dieser erhielt eine Anstellung in den Bureaux.
Dies sagte ihm nicht zu. Er erklärte seinen beiden Freunden,
er werde in seine Gerberei zurückkehren, wenn man ihn nicht
activ vor dem Feinde verwende. Unter den jungen Leuten, die
sich als Freiwillige meldeten, gab es viele Strolche und Vaga-
bunden, die allerhand Unfug trieben und der ohnehin mit Ge-
schäften überhäuften Polizei Noth und Verlegenheiten bereiteten.
Der Gouverneur schlug Washburne vor, Grant zum Obersten zu
ernennen unter der Bedingung, dass er die Stadt sofort von dem
hergelaufenen Gesindel befreie, daraus ein Regiment bilde und
dasselbe mit dem nächsten Zuge der Armee zuführe. Grant nahm
das Anerbieten an. Er war bei den Arbeitern beliebt, und in
zwei Tagen hatte er ein vollzähliges Regiment unter den Fahnen,
welches er absichtlich auf Umwegen in zehn bis vierzehn Tagen
dem Feinde entgegenführte. Dank der eisernen Disciplin, die
er handhabe, hielt das Regiment bei dem ersten Zusammentreffen
mit dem Feinde Stand und lernte sich bald tapfer schlagen. Es
vergingen nicht vier Wochen und Washburne und Russell Jones
hatten die Freude, den Namen ihres Freundes in allen Zeitungen
gepriesen zu sehen. Zugleich ging ein Brief von ihm ein mit
der Meldung, er sei General geworden, habe aber kein Geld, um
sich zu equipiren. Die Freunde schafften Rath, eröffneten eine
Subscription und hatten bald die nöthige Summe beisammen, um
dem General Grant die ihm fehlenden Monturstücke und Pferde

als ein Geschenk der dankbaren Patrioten von Chicago übersenden
zu können.

Grant stieg von Stufe zu Stufe, bis er als Obercommandant
der nordischen Armee den Bürgerkrieg siegreich beendete und
schliesslich zum Präsidenten der Vereinigten Staaten erwählt
wurde. Als solcher wandte er sich wieder an Washburne mit
der Bitte, den Gesandtschaftsposten in Paris zu übernehmen.
Washburne kam dies ungelegen. Er wollte nicht nach Paris
gehen, wenn seinem Freunde Russell Jones der Brüsseler Gesandtschaftsposten nicht gleichzeitig übertragen würde. Grant sagte
dies zu, und so erhielt Washburne die Gesandtschaft in Paris,
während Russell Jones mein College in Brüssel wurde. Er zeigte
mir damals mehr als einmal eigenhändige Privatbriefe Grant's,
aus welchen ich die Intimität constatiren konnte, die zwischen
dem früheren Gerber und dem ehemaligen Schuhfabrikanten fort-
dauerte.

Je länger sich der nordamerikanische Bürgerkrieg fortspann,
desto fühlbarer traten die Folgen hervor, welche die Blokade der
südstaatlichen Häfen für die englische Industrie haben sollte.
Letztere bezog ihr Rohmaterial an Baumwolle fast ausschliesslich
aus Amerika. Alle extemporirten Versuche, die Baumwollenstaude
in Indien und in Aegypten zu cultiviren, boten momentan keinen
Ersatz. Die meisten Fabriken waren genöthigt, die Arbeit einzu-
stellen, nachdem die vorhandenen Vorräthe erschöpft waren. Eine
grosse Anzahl unbeschäftigter Arbeiter fielen daher der Privat-
Wohlthätigkeit zur Last, da der Staat als solcher deren Versor-
gung nicht übernehmen konnte. Die am meisten heimgesuchte
Provinz war die Grafschaft Lancashire, wo die Baumwolle-Hungers-
noth — *cotton famine,* wie man es nannte — in wahrhaft er-
schreckender Weise auftrat. Die zum Theil ruinirten Fabrikherren
zeigten sich, wenn nicht unwillig, so doch unfähig, der Noth
abzuhelfen. Es bildeten sich aus radicalen Elementen Hilfscomités,
welche social-politisches Kapital aus der Calamität zu schlagen
versuchten. Glücklicherweise stand an der Spitze der grossen

Grundbesitzer dieser Grafschaft ein Mann, der nicht nur Kopf und Herz auf dem rechten Flecke, sondern auch die Mittel hatte, die drohende Gefahr zu beseitigen: Lord Derby, der Chef der Tory-Partei. Seine ersten Anerbietungen wurden kühl aufgenommen; er liess sich dadurch nicht irre machen und bewies den Radicalen durch die That, dass sein organisatorisches Talent in diesem kritischen Augenblicke fast noch werthvoller war als das Geld, welches er mit freigebiger Hand spendete. Lord Russell musste schliesslich im Oberhause amtlich anerkennen, dass Lord Derby allein, ohne Beihilfe des Gouvernements, die Grafschaft Lancashire vom Hungertode gerettet habe.

Mitten in dieser Krisis war in London die Weltausstellung von 1862 eröffnet worden. Eine gut gelegene Localität in der Nähe von Kensington wurde gewählt. Diesmal hatte man nicht nöthig, hundertjährige Eichen des Hyde Park, wie Paxton im Jahre 1851 gethan, mit einem Riesengewächshause zu überbauen. Die Vorarbeiten zu diesem colossalen Unternehmen hatten den Gemahl der Königin in den letzten Monaten seines Lebens beschäftigt, obgleich er die directe Leitung wohlweislich ablehnte. Das Grossartigste, was diese zweite Londoner Weltausstellung bot, war die sogenannte *Loan Gallery*, eine Sammlung historischer Curiositäten und Kostbarkeiten, zu welcher der Hof, der Adel und die Finanz beigesteuert hatten. Man schätzte den Gesammtwerth dieser dargeliehenen Gegenstände auf nicht weniger als 150 Millionen Franken (6 Millionen Pfund Sterling), und diese Schätze gaben vielleicht ein treueres Bild von dem Reichthume Englands, als die in dem eigentlichen Glaspalaste aufgespeicherten Probestücke der modernen Industrie.

Unter den fürstlichen Persönlichkeiten, welche die Weltausstellung besuchten, befanden sich auch der Kronprinz, der Prinz Georg von Sachsen und der Grossherzog von Sachsen-Weimar. Letzterem gab der russische Gesandte Baron Brunnow ein grösseres Diner, welchem ich beiwohnte. Unter den Geladenen befand sich der preussische Gesandte in Paris, Herr von Bismarck-

Schönhausen. Derselbe hatte nach Tisch eine längere Unterredung mit Disraeli. Der Führer der Opposition theilte mir
darüber Folgendes mit.

„Ich werde," so ungefähr hatte sich der preussische Staatsmann
geäussert, „binnen kurzem genöthigt sein, die Leitung der preussischen Regierung zu übernehmen. Meine erste Sorge wird sein,
mit oder ohne Hilfe des Landtages die Armee zu reorganisiren.
Mit Recht hat sich der König diese Aufgabe gestellt, er kann
sie jedoch mit seinen bisherigen Räthen nicht durchführen. Ist
die Armee erst auf Achtung gebietenden Stand gebracht, dann
werde ich den ersten besten Vorwand ergreifen, um Oesterreich den Krieg zu erklären, den deutschen Bund zu sprengen,
die Mittel- und Kleinstaaten zu unterwerfen und Deutschland
unter Preussens Führung eine nationale Einheit zu geben. Ich
bin hierher gekommen, um dies den Ministern der Königin
zu sagen."

Disraeli's Commentar zu diesem seitdem Zug für Zug aus-
geführten Programme lautete: *„Take care of that man! He means
what he says."*

In der zweiten Hälfte des Jahres beschäftigten die Vorgänge in Italien und in Griechenland die Aufmerksamkeit der
Cabinete.

Der alte Maulwurf Garibaldi hatte es bald bereut, sich dem
Könige von Italien unterworfen zu haben. Trotz der anarchi-
schen Zustände, die noch immer auf der apenninischen Halbinsel vorherrschten, war Victor Emanuel nicht der Mann, sich
von den Rothhemden imponiren zu lassen. Er zeigte sich als
Herr, schlug die Freischaaren bei Aspromonte und liess Garibaldi
gefangen nach Spezia abführen. Es gab einiges Geschrei, aber
alle Vernünftigen standen auf Seiten des Königs.

Nicht so glücklich erging es dem bayerischen Prinzen, der
die griechische Krone trug. Die schnöde Behandlung, welche
Palmerston schon im Jahre 1850 dem griechischen Gouvernement
hatte angedeihen lassen, mochte das Ansehen des Königs Otto

untergraben haben. Missgriffe einzelner Minister, schlecht ver-
waltete Finanzen, nationale Enttäuschungen, das waren die Factoren des an sich sehr kläglichen Aufstandes, welcher dem
schwachen Regimente Otto's von Bayern ein jammervolles Ende
bereitete. In unseren Tagen ist es jedoch leichter, einen König
zu verjagen, als einen zu finden. Vergebens boten die frei
gewordenen Hellenen ihre Krone aus. Mit Indignation verwarf
man in England die Zumuthung, Prinz Alfred, Herzog von Edinburgh, solle den erledigten Thron besteigen.

Dagegen erklärten sich die englischen Minister bereit, dem
Protectorate über die jonischen Inseln zu entsagen und letztere
an Griechenland abzutreten. Im conservativen Lager war man
durch diese Entschliessung unangenehm überrascht worden, da
man im Falle eines Krieges diese Position der englischen Marine
gern gewahrt haben würde. Ohne Zweifel kosteten die Inseln
der britischen Regierung mehr als sie einbrachten. Palmerston
und Russell ergriffen gern die Gelegenheit, dem Nationalitäts-
principe, welchem sie in so auffallender Weise in Italien ge-
huldigt, den Hellenen gegenüber gerecht zu werden. Für die
Opposition war die ganze Sache zu unbedeutend, um darüber
im Parlamente viel Worte zu verlieren. Im darauffolgenden
Jahre wurde die Genehmigung der Mitunterzeichner der Wiener
Verträge eingeholt und dem dänischen Prinzen, welchen die
Griechen nach langem Suchen zu ihrem Könige erkoren, die
Inselgruppe gewissermassen als Mitgift abgetreten. Ob die Jonier
selbst bei diesem Besitzwechsel gewonnen, bleibe dahingestellt;
jedenfalls haben die Engländer für das schöne Korfu mehr ge-
than, als die armen Griechen thun können.

In Deutschland fand ich nach dem Schlusse des Parlaments
die Dinge ungefähr, wie ich sie verlassen. Landtagsauflösung
und Ministerwechsel hatten in Preussen der von der Krone geplanten Heeresorganisation keinen Vorschub geleistet. Der un-
fruchtbare Hader der Parteien stand noch in voller Blüthe, als
sich der König entschloss, den Streitenden ein *quos ego!* zuzu-

rufen und dem Manne das Staatsruder anzuvertrauen, welcher unbekümmert um Verfassungsconflicte das deutsche, wie das preussische Problem zu lösen berufen war. Was es zu bedeuten hatte, als Herr von Bismarck-Schönhausen am 21. September 1862 zum preussischen Ministerpräsidenten ernannt wurde, darüber liessen mir Disraeli's vertrauliche Mittheilungen keinen Zweifel.

Aus Privatbriefen.

1862.

London, 11. Januar 1862.

Als mich der König Ferdinand in Lissabon mit der Nachricht von dem Ableben des Prinzen Albert empfing, sah ich den tiefen Eindruck voraus, welchen das Ereigniss vom 14. December v. J. in England hervorrufen würde. Die Bestürzung, welcher ich bei meiner Rückkunft in allen Schichten der Bevölkerung begegnete, übertrifft jedoch noch die Erwartung.

Mr. Disraeli sprach mir mit tiefer aufrichtiger Betrübniss von dem unersetzlichen Verluste, welchen England erlitten. „Wir haben mit dem Prinzen Albert," bemerkte er, „unseren Souverän begraben. Dieser deutsche Prinz hat England einundzwanzig Jahre lang regiert mit einer Weisheit und Thatkraft wie keiner unserer Könige. Er war der permanente Privat-Secretär, der permanente Premier-Minister der Königin. Wenn er einige von unseren alten Bühnenhelden *(old stagers)* überlebt hätte, er würde uns unter Beibehaltung aller constitutionellen Garantien die Segnungen des absoluten Regimentes gegeben haben. Von uns Jüngeren, die wir in der Lage sind in das Cabinet zu treten, würde ein jeder sich gern vor der Erfahrung des Prinzen ge-

beugt haben. Wir befinden uns mitten in einem Regierungs-
wechsel. Was der morgende Tag bringen wird, weiss niemand.
Heute segeln wir im tiefsten Nebel, rings um uns Nacht und
Finsterniss."

Die Herzogin von Cambridge, die ich gestern gesehen, hatte
zum ersten Male den Muth gehabt, der Königin zu schreiben.
Sie bezeichnete mir die Antwort der Prinzessin Alice als herz-
zerreissend. Die Königin starrt tagelang vor sich hin in namen-
loser Verzweiflung. Nur mit Mühe ist für die dringendsten
Sachen die königliche Unterschrift zu erlangen.

Dass der Prinz sterben könne, hat niemand vorausgesehen.

Der alte Palmerston, der gegen den Verstorbenen oft so un-
gerecht war und viel dazu beigetragen hat, ihm das Leben zu
verbittern, soll geweint und geschluchzt haben wie ein Kind, als
man ihm die Todesnachricht brachte.

London, 11. Januar 1862.

Die über die völkerrechtswidrige Behandlung des britischen
Postdampfers „Trent" zwischen den Cabineten von London und
Washington entstandenen Differenzen sind glücklich beigelegt.
Die englische Regierung hat diesen diplomatischen Sieg theuer
genug erkauft. Ein Krieg mit den Vereinigten Staaten würde
freilich noch mehr gekostet haben. Man schätzt die Auslagen
für die Rüstungen und Vorbereitungen auf fünf Millionen Pfund
Sterling. Wichtig ist, dass sich bei diesem Anlasse Canada als
vertheidigungsfähig erwiesen hat. Die Loyalität der dortigen
Bevölkerung hat sich in der Stunde der Gefahr bewährt. Man
rühmt mit Recht die in den Annalen der Kriegsgeschichte unerhörte Schnelligkeit, mit welcher in der ungünstigsten Jahreszeit
die Streitkräfte des Mutterlandes der transatlantischen Colonie
zugeführt worden sind. Dieser Erfolg ist das Verdienst des
Herzogs von Cambridge.

Kaiser Napoleon hat sich wohlfeil genug einen Anspruch
auf die Dankbarkeit Englands erworben. Der französische Ge-

sandte in Washington war gut unterrichtet und hatte immer wiederholt, die Amerikaner würden in der eilften Stunde nachgeben. Wenn Thouvenel daher in seiner Depesche vom 3. December v. J. den englischen Standpunkt entschieden vertrat, so riskirte er wenig und bewies nur von neuem, dass man es in den Tuilerien lieber mit den Göttern als mit Cato hält. Am 25. December v. J., zwei Tage nachdem Lord Lyons sein Ultimatum überreicht, erhielt Mr. Seward die französische Depesche. Dieselbe wurde mit den auf die Trent-Affaire bezüglichen Actenstücken sofort veröffentlicht und mag dem amerikanischen Ministerium willkommen gewesen sein, um seine versöhnliche Haltung im Senate zu rechtfertigen.

Man hat hie und da vermuthet, einige englische Minister bedauerten den friedlichen Austrag. Aus eigener Wahrnehmung kann ich versichern, dass Lord Russell dieses Bedauern nicht theilt. Er freut sich des errungenen moralischen Sieges um so mehr, als die Weltlage nicht danach angethan ist, England zu gestatten, sich europäisch zu paralysiren.

Die Königin, welche mit bewundernswerther Kraft ihren unersetzlichen Verlust trägt, hat zum ersten Male seit des Prinzen Tode den Geheimen Rath berufen. Die Sitzung wurde in den Zimmern Ihrer Majestät abgehalten. Der Herzog von Newcastle, Lord Granville und Sir G. Grey hatten sich zu diesem Zwecke nach Osborne begeben. Es handelte sich um die Einberufung des Parlamentes, welches am 6. Februar seine Sitzungen wieder aufnehmen soll. Lord Palmerston und Lord Russell haben die Königin noch nicht wieder gesehen.

Die vom verstorbenen Prinzen Albert geplante Orientreise des Prinzen von Wales ist nicht aufgegeben. Seine Königliche Hoheit dürfte Ende dieses Monats abreisen.

Die Vermählung der Prinzessin Alice wird im Juni stattfinden, in aller Stille und ohne alle Festlichkeit.

Ernste Parteikämpfe werden während der nächsten Parlaments-Session kaum zu erwarten sein. Lord Derby freut sich doppelt über die Beilegung des Streites mit Amerika, weil nunmehr Lord Palmerston bis an sein Lebensende Premier-Minister bleiben werde.

London, 12. Januar 1862.

Der preussische Geschäftsträger fragte mich heute, was ich zu der nunmehr veröffentlichten Depesche sage, welche Graf Bernstorff am 20. vorigen Monats und Jahres an Savigny gerichtet hat. Ich antwortete, ich könne als Freund des Grafen Bernstorff nur wünschen, dass diese Depesche ungeschrieben und ungedruckt geblieben wäre. Neue Ideen seien in diesem Schriftstücke nicht zu finden, welches nur das bekannte Programm der Paulskirche aufwärme. Die mehrjährige Abwesenheit des Verfassers von Deutschland erkläre es, wenn er die Sachlage nicht sofort durch Intuition zu erkennen vermocht. Schweigen sei jedenfalls besser gewesen als den Versuch zu machen, die Beschlüsse des National-Vereins in die diplomatische Sprache zu übersetzen. Auf dem Wege der Reform eine so durchgreifende Umgestaltung Deutschlands durchzuführen, werde der preussischen Regierung ebenso wenig gelingen, als es der Paulskirche gelungen. Praktisch sei dies nur durch Gewalt, nur auf dem Wege des Bürgerkrieges denkbar.

„Bange machen gilt nicht," bemerkte Graf Brandenburg. „Der einzige Weg zur Lösung der deutschen Frage ist der durch die Militär-Convention mit Coburg bereits betretene."

Ich schnitt jede Discussion über dieses Thema ab, indem ich sagte, es denke in Deutschland niemand daran, Preussen bange machen zu wollen, nur möge man sich auch in Berlin davon überzeugen, dass wir uns nicht einschüchtern lassen würden.

London, 15. Januar 1862.

Der Herzog von Cambridge, jetzt in Kew Cottage bei seiner Frau Mutter verweilend, hatte mich vorgestern eigenhändig zu einem kleinen Diner eingeladen. Die einzigen Gäste waren Graf Apponyi und ich. Nachdem sich die Damen zurückgezogen, blieben wir ungewöhnlich lange zu dreien „*over our wine*", wie man hier sagt. Der Herzog, schon zu leidend, um bei dem Leichenbegängnisse des Prinzen Albert zu erscheinen, war seit dem Ereignisse vom 14. December an das Zimmer gefesselt gewesen. Nach überstandenem Gichtanfalle schien er das Bedürfniss zu haben, sich auszusprechen. Ich verdanke seinen vertraulichen Mittheilungen einige unschätzbare Notizen über die letzten Lebenstage des Prinzen.

Die Krankheit, welche den Prinzen in seinem zweiundvierzigsten Lebensjahre so plötzlich hinweggerafft, war anfangs nichts als ein gastrisches Fieber, wie mir sein Bibliothekar Ruland am Tage vor meiner Abreise nach Lissabon geschrieben hatte. Das in dieser Jahreszeit in dem schlecht drainirten Windsor häufig vorkommende, sogenannte Windsor-Fieber wurde jedoch bald typhös. Eigentlich krank war der Prinz anscheinend nicht, er hatte jedoch schon seit dem 23. oder 24. November v. J. sehr bedenkliche Abwesenheiten. Sein alter Kammerdiener fühlte instinctartig, was noth that. „Das Leben hier macht Sie todt, Königliche Hoheit," wiederholte der Getreue mehrmals, „Sie müssen fort von Windsor und sich in Deutschland einige Zeit Ruhe und Erholung gönnen." Diese wohlgemeinten Mahnungen verhallten, wie denn überhaupt die der Krankheit eigenthümliche Gleichgiltigkeit für Alles, was früher das lebendigste Interesse des Patienten erregt hatte, zu Tage trat. Das Bedenklichste war die Schlaflosigkeit bei völligem Mangel an Appetit. Alle Symptome deuten darauf hin, dass ich im vorigen Jahre dieselbe Krankheit durchgemacht. Ich spreche daher aus Erfahrung, wenn ich hervorhebe, dass der Kranke bei voller Gleichgiltigkeit für Alles, insbesondere für die Erhaltung des eigenen Lebens, von der Gefahr seines Zustandes keine Ahnung hat. Darin gerade besteht die Eigenthümlichkeit dieses das Nervensystem in seinen Grundfesten erschütternden typhoiden Fiebers. Es erheischt dasselbe nach rechtzeitiger Diagnose völlige Ruhe und milde Behandlung. Hat die Zersetzung des Blutes erst

einen gewissen Grad erreicht, dann kommt alle menschliche Hilfe
zu spät.

Dem Verstorbenen scheint vor Allem ein Arzt gefehlt zu
haben, fähig, den Ernst der Krankheit rechtzeitig zu erkennen.
Des Prinzen Leibarzt, Dr. Bailey, war leider im vorigen Jahre
das Opfer eines Eisenbahn-Unglückes geworden. Sir James Clark,
vor fünfzig Jahren ein ausgezeichneter Arzt der alten Schule,
hatte seine Praxis so gut wie aufgegeben und mag auch von
den Fortschritten der modernen Wissenschaft bei Behandlung
typhöser Krankheiten geringe Kenntniss genommen haben. Als
Leibarzt der Königin war seine Stellung seit zwanzig Jahren
eine Sinecur. Die Königin erfreut sich einer so felsenfesten Ge-
sundheit, dass sie nicht weiss, was krank sein heisst. So hat
sich denn auch Ihre Majestät über den Zustand Ihres Gemahls
bis zu dem letzten Augenblicke Täuschungen hingegeben, in
welchen Sir James sie bestärkt haben mag. In Folge dringender
Vorstellungen der Minister wurden ausser Dr. Jenner auch noch
Dr. Watson und Sir Henry Holland herbeigezogen. Letzterer
soll den Muth gehabt haben, als es zu spät war, der Königin
die Wahrheit zu sagen.

Die Nachricht von dem Tode des Königs Dom Pedro, welchen der Prinz wie einen Sohn liebte, hatte ihn auf das tiefste
erschüttert. Von diesem Augenblicke an bemerkte man eine
ungewöhnliche Reizbarkeit, die um so mehr auffallen musste,
als das kühle Temperament des Prinzen und seine unbeschreib-
liche Geduld ihm gestatteten, sich stets im Gleichgewichte zu
erhalten. Nach seinem eigenen Geständnisse hatte er seit der
Todesnachricht von Lissabon bis zu der Zeit, wo das Fieber
anhob, kaum das Auge geschlossen. Auch die Verwickelungen
mit Amerika verbitterten ihm seine letzten Stunden. Er war
so ermüdet, dass er zuweilen stehend einnickte. Er fror fortwährend, ass so gut wie nichts. Schon im Herbste in Balmoral
hatte er Todesahnungen. Zehn Tage vor seinem Ableben trat
dieses Vorgefühl der nahen Auflösung noch schärfer hervor, ja

er trug sogar, nachdem er sich versichert, dass die Königin nicht im Zimmer, der Prinzessin Alice auf, ihrer Schwester nach Berlin zu schreiben, der Vater werde von dieser Krankheit nicht genesen. Tags darauf erkundigte er sich, ob der Auftrag vollzogen worden; die Prinzessin verneinte es. Am 13., am Tage vor seinem Tode, ist er noch aufgestanden und hat den Vortrag seines Secretärs Ruland entgegen genommen. Die Königin fuhr aus und schien während der Fahrt sehr beruhigt über das Befinden ihres Gemahls. Heimgekehrt, fand sie ihn bewusstlos im Bett mit eiskalten Extremitäten. Jetzt erkannte die Umgebung zum ersten Male die Gefahr. Prinzessin Alice berief auf eigene Verantwortung den in Cambridge weilenden Prinzen von Wales nach Windsor. Sir Charles Phipps telegraphirte in der Nacht an den Herzog von Cambridge, welcher am 14. mit dem ersten Zuge London verliess und um 8 Uhr früh in Windsor eintraf. Die alarmirenden Symptome hatten sich gesteigert, die Aerzte verhehlten nicht, dass der Prinz nur noch Stunden zu leben habe. Nur die Königin machte sich noch Illusionen und telegraphirte am 14. früh nach Berlin: *„Dear Vic, Papa has had a good night's rest, and I hope the danger is over."* Im gleichen Sinne lautete das Telegramm an den König von Portugal von demselben Datum. Abends 7 Uhr vermochte der Kranke sich noch aus dem Bette zu erheben eines Stuhlganges wegen, der eine günstige Krisis zu bezeichnen schien. Der Sterbende zeigte noch eine wunderbare Lebenskraft, als die Athmungswerkzeuge bereits den Dienst versagten. Der Herzog von Cambridge, welchen dringende Amtsgeschäfte — Einschiffung der Garden für Canada — nach der Stadt gerufen hatten, erhielt gegen Mitternacht die Todesnachricht. Er hielt es für seine Pflicht, Lord Palmerston darauf vorzubereiten. Der Premier-Minister war so ergriffen, dass er mehrere Male in des Herzogs Gegenwart in Ohnmacht fiel. Der Herzog glaubte an einen Schlaganfall und fürchtet noch jetzt, dass die Tage des Ministers gezählt sind. Letzterer erholte sich jedoch in den Nachmittagsstunden wieder so weit, um Brunnow empfangen zu können, der nichts Abnormes an ihm bemerkte.

Wie die Königin bis zum letzten Augenblicke die Gefahr nicht erkannte, so scheint sie auch in den ersten Tagen die volle Schwere des Verlustes nicht empfunden zu haben. Ihre Fassung war fast unnatürlich und erst in Osborne mag die hohe Frau zum vollen Bewusstsein dieses unerwarteten Schlages gekommen sein. „Ihre Majestät ist bedenklich ruhig," lautete das Urtheil eines Augenzeugen zwei Tage nach dem Ereignisse.

Alle, die sie gesehen, sprechen von der wunderbaren Schönheit der Leiche. Die regelmässigen Züge des Angesichtes, nicht im geringsten entstellt, waren wie verklärt. Nur der sonst fast zu stark gewordene Körper schien geschwunden. Die Herzogin von Cambridge konnte den Eindruck dieser mit Blumen bedeckten schönen Leiche nicht ergreifend genug schildern. Mit Thränen in den Augen sprach sie von dem so plötzlich zusammengebrochenen, fast beispiellosen Glücke dieser zwanzigjährigen Ehe. An dem reinen Himmel derselben stand nur eine Wolke. Wie gern hätte die Königin ihre Krone mit dem getheilt, der sie ihr tragen half und ihr Alles in Allem war. Vergebens hatte sie schon zu Sir Robert Peel's Zeiten den Wunsch geäussert, ihrem Gemahl den Königstitel zu verleihen. Die constitutionellen Bedenken des verstorbenen Tory-Ministers wurden noch entschiedener von Lord Palmerston betont, als die Frage später wieder angeregt wurde. Die Erhebung zum *Prince Consort* war die Folge eines Compromisses. Prinz Albert war durch Patent von 1840 Königliche Hoheit und in demselben Jahre naturalisirt worden. Er war jedoch nicht britischer Prinz und hätte bei Hofe wie im Geheimen Rathe seinem Erstgeborenen nach dessen Volljährigkeit den Vorrang lassen müssen. „Denn der Prinz von Wales," wie der Herzog von Cambridge sagt, „ist und bleibt der Prinz von Wales."

Psychologisch erklärt sich der Werth, den die Königin auf den Rang ihres Gemahls legte, aus der hingebenden Verehrung,

die sie ihm in grossen wie in kleinen Dingen ununterbrochen
bezeugte. Er war vollkommen Herr im Hause und der lebendige
Mittelpunkt dieses Weltreiches, dessen Macht sich auf alle Theile
unseres Planeten erstreckt. Eine Riesenaufgabe war es für einen
jungen deutschen Fürsten, für alle diese Millionen britischer
Unterthanen zu denken und zu handeln. Alle Fäden liefen
in seiner Hand zusammen. Seit 21 Jahren ist aus dem Auswärtigen Amte keine Depesche abgegangen, die der Prinz nicht
gesehen, studirt, nach Befinden verbessert hätte. Kein gesandt-
schaftlicher Bericht von irgend einer Wichtigkeit durfte ihm vor-
enthalten bleiben. Der Staats-Secretär für die Colonien, der des
Krieges wie der des Innern, der erste Lord der Admiralität
lieferten tagtäglich eben so starke Actenstösse als das Auswärtige
Amt. Alles wurde gelesen, commentirt und besprochen. Da-
neben unterhielt der Prinz Privat-Correspondenzen mit fremden
Souveränen, britischen Botschaftern und Gesandten, dem General-
Gouverneur von Indien und den Gouverneuren der Colonien. In
Kirche und Staat, in der Armee und in der Flotte erfolgte keine
Ernennung ohne seine Genehmigung. Bei Hofe geschah nicht
das geringste ohne seinen Befehl. Kein britischer Minister während der Parlaments-Session — und das will etwas sagen — hat
so viel gearbeitet, als der Prinz Gemahl seit einundzwanzig Jahren.
Und die Minister wechseln oder haben doch wenigstens, wenn sie
wie Palmerston und Russell oft und lange im Amte sind, in jedem
Jahre vier bis fünf Monate Ferien. Der Prinz hatte keine Ferien,
er stand immer auf der Bresche, „always in harness“.

Das continentale Vorurtheil, welches das Königsamt in England für eine Sinecur hält, hat Prinz Albert thatsächlich widerlegt. Der Vorwurf, er habe dank seines Liberalismus den Ministern
d. h. dem Parlamente zu viel nachgegeben, ist nicht stichhaltig.
Der Einfluss, welchen die Krone auf den Gang der Staatsmaschine
ausübt, ist eine Macht, die sich nicht bloss in inneren und äusseren
Krisen, sondern fortwährend geltend macht. Dieser Einfluss ist
jedoch ein indirecter und äussert sich in anderer Weise als z. B.

in Russland und Frankreich. Für den Regenten wird die Aufgabe nur erschwert, weil die Entscheidung von unbekannten Zahlen abhängt und er mit den wechselnden Factoren einer Verfassung rechnen muss, deren Grundpfeiler durch die seit Jahren wachsende Sturmfluth der Demokratie unterwaschen sind. Wenn trotzdem nach dem Urtheile des Fürsten Metternich das Spiel der Krone gut gespielt worden, so ist diese Anerkennung doppelt schmeichelhaft für den verstorbenen Prinzen, weil er das Spiel nur leiten, nicht selbst spielen durfte. Mit welchem Aufwande von Geschicklichkeit diese Leitung geschehen, beweist die Thatsache, dass ausser den britischen Ministern und wenigen Vertrauten zu seinen Lebzeiten niemand eine Ahnung von der wirklichen Stellung des Prinzen gehabt hat. Die Eingeweihten waren verpflichtet, das Geheimniss zu wahren, welches jetzt erst nach dem Tode in das Bewusstsein der Nation getreten ist.

Je mehr die Wahrhaftigkeit als die hervorragendste Eigenschaft des Prinzen erscheint, desto peinlicher musste ihm dieses nothgedrungene Versteckenspielen sein. Die täglich sich wiederholenden Rücksichten auf die öffentliche Meinung riefen Missstände hervor, deren Bewältigung einen Aufwand von Spannkraft erheischte, welche allmählich erlahmen musste. So karg der Verstorbene den Schlaf bemass, so ist doch kaum zu begreifen, wie er die Zeit gefunden, die Masse der Geschäfte zu bewältigen. Er war nicht Herr seiner Zeit. Die ununterbrochene Repräsentation trotz der Einförmigkeit eines fast klösterlichen Hoflebens, wie der auch körperlich anstrengende fortwährende Wechsel der Residenzen zerstückelten den Tag und liessen Ruhe und Sammlung kaum aufkommen. Man fragt sich, wie es möglich war, mitten in diesem Treiben die Regierungsgeschäfte mit peinlicher Gewissenhaftigkeit zu besorgen, die Erziehung von neun Kindern selbstthätig zu leiten, in allen Zweigen menschlichen Wissens Studien zu machen, deren Ergebnisse die Fachmänner in Erstaunen setzten, und dabei der Kunst zu leben, wie er es gethan, Musik, Malerei und Dichtkunst selbst übend und überall begünstigend.

Wenn man Alles dies überdenkt, so kann es nicht überraschen, dass der Körper diesem Uebermasse geistiger Anstrengung
erliegen musste.

König Leopold ist vorigen Donnerstag von Osborne in die
Stadt gekommen und im Buckingham Palaste abgestiegen. Die
eingetretene strenge Kälte hat die Aerzte bewogen, Seine Majestät
zu ersuchen, den beabsichtigten Besuch in Broadlands aufzuschieben. Der Gesundheitszustand des Königs ist befriedigend.
Die bevorstehende Zusammenkunft des gekrönten Staatsmannes
mit dem Premier-Minister hat wohl hauptsächlich den Zweck,
den Geschäftsverkehr zwischen der Königin und ihren Ministern
zu erleichtern.

Ueber das Befinden Ihrer Majestät spricht sich der König
befriedigt aus. Obgleich sie sich noch nicht entschliessen konnte,
mit den jetzt in Osborne weilenden Verwandten, der Fürstin
Hohenlohe und dem Prinzen Ludwig von Hessen zu speisen, ist
sie körperlich wohl und äusserlich gefasst.

Die friedliche Beilegung der Trent-Affaire hat zu mehreren
analogen, günstigen Entscheidungen geführt. In nicht weniger
als drei Fällen, in denen eine Verletzung der britischen Flagge
vorlag, hat das Cabinet von Washington unaufgefordert Genugthuung gewährt. Leider bietet die versöhnliche Haltung des
Präsidenten Lincoln und seiner Minister keine Garantie für die
Aufrechterhaltung des Friedens. Im Gegentheil, die Schwäche,
welche der Norden bisher gezeigt, könnte die Westmächte zu
gemeinsamem Vorgehen ermuthigen. Schon spricht man davon,
sie würden die Blokade der Südhäfen nicht anerkennen und die
Eröffnung derselben, wenn nöthig, erzwingen. Indessen glaube ich
versichern zu können, dass die zwischen Paris und London gepflogenen geheimen Verhandlungen über eine eventuelle Anerkennung der südstaatlichen Conföderation bisher zu einem
greifbaren Resultate nicht geführt haben. Allen Gegenbestre-

bungen des Prinzen Napoleon zum Trotz treten jedoch die
Antipathien des Kaisers Napoleon gegen die Demokraten der
Nordstaaten immer schärfer hervor. Einige gehen so weit zu
glauben, der Kaiser der Franzosen beabsichtige, auch ohne die
active Mitwirkung Englands, aber auf dessen moralische Unterstützung rechnend, den Frieden jenseits des Oceans zu dictiren.

Die Hauptstadt beherbergt früher als gewöhnlich politische
Notabilitäten. Lord Derby und Mr. Disraeli sind eingetroffen.
Man würde sich jedoch täuschen, wollte man daraus auf eine
besondere Rührigkeit der Opposition schliessen. Alles deutet auf
eine kurze, durch keine Parteikämpfe belebte Session. Das Ministerium wird wohlweislich aus seiner Passivität nicht heraustreten,
während sich die Führer der Opposition hinter ihre Loyalität ver-
schanzen. Es sei Pflicht, predigt Lord Derby seinen Parteigenossen,
den Schmerz der Königin zu respectiren und Ihre Majestät nicht
mit Parteikämpfen oder gar mit Ministerkrisen zu behelligen.

London, 30. Januar 1862.

Die Zeitungen veröffentlichen heute die Depesche Lord
Russell's an Lord Lyons vom 23. d. Es werden darin die von
Mr. Seward in seiner langen Note aufgestellten Grundsätze
des Seerechtes mit oft schlagender Benutzung der von dem
amerikanischen Staatsmanne angezogenen Autoritäten widerlegt.
Die Correspondenz über die Trent-Affaire ist dadurch hoffentlich
zum Abschlusse gebracht. Für die Zukunft bleibt es immer von
Wichtigkeit, dass England gegen die amerikanische Behauptung,
es könnten Bevollmächtigte einer kriegführenden Macht als
Kriegs-Contrebande betrachtet werden, auf das entschiedenste
protestirt. Ebenso entschieden leugnet Lord Russell das Recht
einer kriegführenden Macht, ein neutrales zwischen zwei neutralen
Häfen Passagiere und Briefe beförderndes Paketboot auf offener
See anzuhalten, um am Bord desselben *„des actes d'hostilité"*
vorzunehmen. Ein glücklicher Zufall will, dass die Bevollmächtigten der Südstaaten, welche an Bord des „Trent" arretirt worden

waren, Messrs. Mason und Slidell, wohlbehalten in Southampton gelandet sind gerade an dem Tage, an welchem die obgedachte Depesche veröffentlicht wurde.

Die französische Thronrede hat die durch den Fould'schen Finanzplan hervorgerufenen Friedenshoffnungen bestärkt. Und doch soll nach glaubwürdigen Berichten die französische Garnison in Rom nicht aus 25,000 bis 30,000, sondern in Wahrheit aus 40,000 Mann ausgesuchter Truppen bestehen. Die Offiziere verhehlen ihre tiefe Verachtung für die Piemontesen nicht und verkünden unverhohlen, die Franzosen würden demnächst der Anarchie in Neapel ein Ende machen. Gleichzeitig circuliren dort Gerüchte von einer Muratistischen Erhebung. Sollten damit Lavalette's eifrige Bemühungen, den König Franz II. aus Rom zu entfernen, in Verbindung stehen?

Aus der heute veröffentlichten, unfruchtbaren Correspondenz zwischen Berlin und Kopenhagen über Holstein zieht man hier den Schluss, der deutsche Bund habe keine andere Absicht, als die Frage offen zu halten.

Lord Palmerston hat in Person die beunruhigenden Gerüchte widerlegt, welche über seinen Gesundheitszustand umliefen. Er ist vorgestern in die Stadt gekommen, hat dem Könige der Belgier aufgewartet und ist Abends nach Broadlands zurückgekehrt. Von dort aus hat er sich gestern nach Osborne begeben und ist nach einer Audienz bei Ihrer Majestät auf seinen Landsitz zurückgekehrt. Personen, die den Premier-Minister gesehen und gesprochen, äussern sich ganz beruhigend über sein Befinden. Er hat wieder zu Pferde steigen und an einer Fuchsjagd Theil nehmen können. Dies wird einem seiner politischen Gegner zum Troste gereicht haben, der mir neulich allen Ernstes sagte, es würde weder anständig noch loyal sein von Lord Palmerston, wenn er in dem gegenwärtigen Augenblicke sterben wollte.

London, 4. Februar 1862.

König Leopold hat sich am Sonnabend nicht nach Brüssel, sondern nach Osborne zurückbegeben. Die Verlängerung seines Aufenthaltes erklärt sich aus den obschwebenden geheimen Verhandlungen, welche die Begründung einer constitutionellen Monarchie in Mexico zum Gegenstande haben. Die Absicht der drei intervenirenden Mächte geht dahin, die Wahl der mexicanischen Bevölkerung nach Herstellung des inneren Friedens auf den Erzherzog Ferdinand Max zu lenken. Das k. k. Cabinet als solches ist meines Wissens von dieser Absicht noch nicht unterrichtet worden. Dagegen hat sich Kaiser Napoleon direct an den Erzherzog gewendet, welcher das Anerbieten eines durch französisch-spanische Waffen zu gründenden, transatlantischen Thrones nicht geradezu von der Hand gewiesen hat. Seine Kaiserliche Hoheit ist nicht gewillt sich aufzudrängen, wird vor Allem die Aufforderung der ihm zugedachten Unterthanen abwarten und behält sich vor, dann die Garantien zu prüfen, welche die intervenirenden Mächte ihm darbieten könnten. Man ist jedoch unter dem Eindrucke, dass der Erzherzog selbst wie sein königlicher Schwiegervater unter der Hand an der Verwirklichung dieses abenteuerlichen Planes arbeiten. Die „Morning Post" versucht heute den Rechtstitel des Erzherzogs in einer Weise zu begründen, die den in Spanien herrschenden Bourbonen nicht eben schmeichelhaft sein wird. Diese wahrscheinlich aus französischer Quelle stammende Deduction hat den Nebenzweck, die von den conservativen Blättern stark kritisirte Mitwirkung Englands zu vertheidigen. Es könne sich höchstens, sagt das Blatt, um 700 Marinesoldaten handeln, welche einige Küstenpunkte zu besetzen haben würden, während die französischen und spanischen Truppen die Anarchie in der Hauptstadt bekämpfen sollten.

König Leopold hat gestern von der Königin Abschied genommen und ist über Claremont in Buckingham Palast eingetroffen. Seine Majestät wird sich heute Abend in Dover einschiffen, um nach Brüssel zurückzukehren.

In der Adresse, welche am Eröffnungstage von beiden Häusern
einstimmig votirt worden, wurden drei Paragraphen den Beileids-
bezeugungen des Parlamentes gewidmet. Die Debatte gestaltete
sich zu einer wahren Ovation für den verstorbenen Prinzen Gemahl. Alle Parteileidenschaften, alle persönlichen Rivalitäten
schwiegen vor dem Schmerze der Königin und dem kaum ge-
schlossenen Grabe des fürstlichen Staatsmannes. Lord Derby
hat sich selbst übertroffen. Niemals standen treffendere Worte
dem grossen Redner zu Gebote als an jenem Abende, an
welchem er die Gefühle des Hauses und der Nation als dankbaren Tribut dem Verstorbenen darbrachte. Auch Mr. Disraeli
hat bewiesen, dass seine Beredsamkeit der geschickten Hand-
habung der Ironie entbehren kann. Konnte er es auch nicht
geradezu aussprechen, dass England seinen Souverän betrauere,
so hat er es doch klar genug angedeutet, indem er hervorhob,
wie der Prinz sich selbst die Stellung des ersten Rathes der
Krone errungen habe in einem Reiche, dessen Verfassung für
ihn keinen Raum zu haben schien. Lord Palmerston hat dem
Führer der Opposition in der Sitzung seinen Dank ausgesprochen
und hinzugefügt, wenn das Wort vollkommen auf menschliche
Dinge anwendbar, so müsse der Charakter des Dahingeschiedenen
vollkommen genannt werden. Whigs und Tories, Palmerston,
Derby, Granville, Russell, Disraeli, Alle hatten nur den einen
Wunsch, dem Gefühle des unersetzlichen Verlustes in würdiger
Weise Ausdruck zu geben. Die Königin hat sich zum ersten
Male in ihrem Leben die stenographischen Berichte vorlegen
lassen und den Führern der Opposition ihre wärmste Anerkennung
ausgesprochen. Wie es der Anstand erheischte, wurde die Politik
in der Adressdebatte nur *honoris causa* berührt. Die Minister

versprachen über die Blokade der südamerikanischen Häfen, die Intervention in Mexico, den Handelsvertrag mit Marocco u. s. w. schriftlich und mündlich jede gewünschte Auskunft zu geben.

London, 20. Februar 1862.

Die bisherigen Parlaments-Verhandlungen beweisen, dass die Opposition, wie vorauszusehen, der Regierung keine ernsten Verlegenheiten bereiten will. Zwei unerwartete Wahlsiege der Tories haben ihre zuwartende Haltung nicht beeinflusst.

Die während des Pariser Congresses von 1856 von Cavour an seine Collegen gerichteten Briefe haben hier nicht geringes Aufsehen gemacht. Lord Clarendon, welcher sich von übertriebenen italienischen Sympathien immer frei gehalten, wird von dem verstorbenen sardinischen Minister geradezu beschuldigt, ihm die materielle Unterstützung Englands versprochen zu haben, sollte Piemont in einen Krieg mit Oesterreich verwickelt werden. Der grelle Widerspruch, in welchem diese angeblichen Enthüllungen mit Clarendon's amtlichen Erklärungen und Parlamentsreden stehen, ist in so gehässiger Weise in einer Flugschrift aufgedeckt worden, dass der frühere Staats-Secretär des Aeusseren die Sache nicht ignoriren konnte. Seine vor sechs Jahren aus Paris erstatteten Berichte konnten ihm keinen Aufschluss geben. da er den Gesprächen mit Cavour zu geringe Bedeutung beilegte, um derselben mit einer Silbe zu erwähnen. Wenn er sich daher in der Sitzung des Oberhauses vom 17. entschloss, einen Todten zu dementiren, so geschah dies nicht ohne Verlegenheit. Dennoch konnte niemand darüber ein Zweifel beigehen, dass Clarendon's Wort ein ganz anderes Gewicht habe als Cavour's Geschreibsel. Der britische Minister bereut nachträglich, sich mit einem so durchaus unzuverlässigen Manne, wie Cavour war, in vertrauliche Unterredungen eingelassen zu haben. Einige glauben, die Veröffentlichung der Briefe Cavour's sei von Paris aus inspirirt worden in der Absicht, Clarendon nicht nur seinen früheren Collegen, sondern auch dem k. k. Cabinete gegenüber zu compromittiren. Man versichert jedoch, Kaiser Napoleon sei über die begangene Indiscretion im höchsten Grade entrüstet.

London, 1. März 1862.

Italien hat entschieden Unglück. Es ist, als ob die Nemesis alle die am Cavour'schen Intriguenspiel Betheiligten zwänge, die Masken abzuwerfen und ihre Selbstankläger zu werden. Kaum sind die von Rattazzi veröffentlichten, vertraulichen Briefe Cavour's wieder etwas vergessen, so findet sich der frühere sardinische Gesandte in Paris, Graf Villamarina, genüssigt, die Briefe Cavour's aus Plombières auf den Markt zu schleudern. Für die Eingeweihten enthalten diese vertraulichen Briefe wenig Neues. Das Publikum erhält daraus zum ersten Male die Einzelheiten der Verschwörung von Plombières und den Beweis, dass Napoleon III., schon damals mit Cavour handelseinig, entschlossen war, um jeden Preis Oesterreich zum Kriege zu reizen. Liegt daher dem Feldzuge von 1859 ein Verbrechen zu Grunde, wie Lord Derby in einem unbewachten Augenblicke zu sagen das Unglück hatte, so weiss der edle Lord heute mit aller Welt, dass die Urheber dieses Verbrechens nicht in Wien zu suchen sind. Noch kennt man hier diese Briefe Cavour's nur aus den mageren Auszügen, welche die „Gazette de France" davon zu geben gewagt hat. Diese genügen, um die Wuthausbrüche zu erklären, mit welchen ein französischer Prinz im Senate Oesterreich beehrt hat.

London, 4. März 1862.

Die Entlassung des Baron Ricasoli ist seit dem 1. Abends, die Berufung Rattazzi's seit dem 2. hier bekannt. Man weiss, dass das Enthebungsgesuch des ersteren durch ein Billet Victor Emanuel's veranlasst worden ist. Der König hatte dem Minister-Präsidenten unverhohlen ausgesprochen, er habe Seiner Majestät Vertrauen verloren. Die Krisis hat hier sehr unangenehm überrascht, obgleich man schon seit einiger Zeit über Palast-Intriguen zu Gunsten des Piemontesen Rattazzi unterrichtet war. Letzterer gilt für das servilste Werkzeug der französischen Politik. Man giebt sich der Hoffnung hin, Ricasoli werde sich im Parlamente stark genug zeigen, um das Schicksal eines jeden Ministeriums in der Hand zu haben. Dabei verhehlt man sich jedoch nicht die Möglichkeit eines Staatsstreiches, welcher den jugendlichen Constitutionalismus in Turin in das französische Geleis lenken könnte. So erklärt es sich, wenn man in England die jetzige Krisis für eine Gefahr und ein Unglück für Italien betrachtet.

Auch den inneren Zuständen Frankreichs widmet man hier die gespannteste Aufmerksamkeit. Der für Oesterreich so befriedigend abgeschlossene Notenwechsel, zu welchem die im Senate gegen den Alliirten seines kaiserlichen Vetters ausgestossenen Injurien des Prinzen Napoleon Anlass geboten, wird bereits als ein der Geschichte angehörender Zwischenfall betrachtet. Um so gespannter ist man auf die Entscheidung des gesetzgebenden Körpers über die für den General Montauban verlangte Dotation. Man erwartet die Verwerfung und fragt sich, wie Kaiser Napoleon diesen ersten Act der Auflehnung gegen seine persönliche Autorität aufnehmen werde.

Der Herzog von Brabant, der gestern in Osborne eingetroffen, ist so leidend, dass die Aerzte einen längeren Aufenthalt des belgischen Thronerben im Süden vorgeschrieben haben. Der Prinz wird sich in einigen Tagen in Southampton einschiffen, um sich über Lissabon und Cadiz nach Sevilla zu begeben.

Auf die Anfrage des spanischen Gouvernements, ob die britische Regierung mit dem Könige der Belgier über die Candidatur des Grafen von Flandern für den mexicanischen Thron Verhandlungen pflege, hat Lord Russell geantwortet, er habe mit dem König Leopold über Mexico kein Wort gewechselt.

Ueber die Wiederbesetzung der preussischen Gesandtschaftsposten in London und Paris cursiren nur Gerüchte. Hochgestellte Personen beklagen dieses siebenmonatliche Interim und die Armuth an geeigneten Persönlichkeiten.

Die neuesten Vorgänge in Berlin und Turin flössen den
hiesigen Staatsmännern Besorgnisse für das Gedeihen des parlamentarischen Systems ein. Dasselbe hat in dem von extremen
Parteien durchwühlten Boden noch nicht so tiefe Wurzeln geschlagen, als man hier wünscht. Zu noch ernsteren Befürchtungen
geben die nicht geheim genug gehaltenen Rüstungen des Kaisers der
Franzosen Anlass. Die britischen Minister verbergen gewohntermassen das Misstrauen, welches ihnen der unruhige Nachbar einflösst. Lord Palmerston hat jedoch unlängst die Stärke der
französischen Streitkräfte bedenklich gefunden. Er schätzt dieselben, abgesehen von der Nationalgarde, auf 800,000 bis
1,000,000 Bajonette. Der hiesige Militär-Attaché der französischen Botschaft giebt den Activ-Bestand der Armee auf 700,000
Mann an. Er stellt nicht in Abrede, wie sehr Frankreich zur
Sicherstellung Algeriens der Insel Sardinien bedürfen würde. Auf
den Besitz von Genua lege man keinen Werth. Wohlunterrichtete
sehen keine unmittelbare Gefahr weder für den Rhein noch für
Venetien, fürchten aber eine Krisis im Oriente. Schreibt man
doch die griechische Bewegung französischen Machinationen zu.
König Otto's Lage ist darum so verzweifelt, weil es ihm an
Geld fehlt. Der bayerische Gesandte fragte neulich Lord Palmerston, was England als Schutzmacht zu thun gedenke? „Unsere
Marine-Offiziere," lautete die kühle Antwort, „haben Befehl, den
griechischen Majestäten für den Nothfall ein Kriegsschiff zur Verfügung zu stellen."

Auch in der Moldau und Walachei gährt es. Es befinden
sich dort bedeutende französische Waffendepots. Nur ein kleiner
Theil derselben ist im vorigen Jahre confiscirt und nach Constantinopel gebracht worden. Ebenso hat sich dort ein zahlreicher
Generalstab der magyarischen und italienischen Revolutions-Armee
zusammengefunden.

Der russische Botschafter versichert mir unaufgefordert, es

sei keine Rede davon, dass Russland mit Frankreich gemeinschaftlich im Oriente vorgehen könne. Vielmehr mache sich in Petersburg das Bedürfniss einer Annäherung an Oesterreich geltend in
weit entschiedenerer Weise, als der von dem Grafen Rechberg
nicht immer gut unterrichtete Graf Apponyi zu ahnen scheine.

London, 17. März 1862.

Lord Russell hat mir unmittelbar nach dem in Turin eingetretenen Ministerwechsel mehrmals wiederholt, der Unterschied
zwischen dem Programme Ricasoli's und dem Rattazzi's bestehe
darin, dass ersterer sein Hauptaugenmerk auf die Erwerbung
Roms gelenkt habe, während letzterer vor Allem danach strebe,
mit französischer Hilfe Venetien zu erobern, und sogar auf den
Besitz von Neapel geringeren Werth lege. In Uebereinstimmung
damit hat der Staats-Secretär des Aeusseren dem Grafen Apponyi
angedeutet, die englische Regierung halte trotz der Erklärung
Ricasoli's einen Angriff auf Venetien für möglich. Lord Bloomfield ist beauftragt, dem Grafen Rechberg eine ähnliche Eröffnung
zu machen. In auffallendem Widerspruche damit steht die Sprache
Palmerston's. Dieser hat sich in einer gestrigen Unterredung mit
dem österreichischen Botschafter ganz auf den Boden gestellt,
den Layard neulich im Unterhause behauptete. Nach Ansicht des
Premier-Ministers ist Rattazzi durch die im Namen Victor Emanuel's
abgegebene Erklärung Ricasoli's gebunden. Palmerston glaubt das
Bestreben des neuen Ministers gehe dahin, sich mit Garibaldi zu
verständigen, um diesen unschädlich zu machen. Bei den notori-
schen Besorgnissen, welche die französischen Rüstungen dem Premier
einflössen, bot sein Beruhigungsversuch geringen Trost. Graf
Apponyi hat sich begnügt, auf die Erklärung zu verweisen, welche
Oesterreich vor wenigen Tagen hier und in Paris abgegeben und
dem Turiner Cabinete mitgetheilt hat. Hiernach macht das k. k.
Cabinet die Regierung Victor Emanuel's für jeden Angriff verantwortlich, welchen Garibaldi oder andere Freischärler gegen
das österreichische Gebiet unternehmen sollten. Mit anderen

Worten, jeder solcher Angriff würde als eine Kriegserklärung
Victor Emanuel's aufgefasst werden.

Die Anzeichen einer neuen italienischen Schilderhebung treten
sogar in Athen hervor. Dort hat der sardinische Gesandte seinem
türkischen Collegen eingestanden, es habe sich in Neapel ein
griechisch-albanisches Comité gebildet. Er fügte hinzu, die Pforte
möge darum unbesorgt sein, denn wolle man Oesterreich Verlegenheiten bereiten, so werde man nicht den weiten Weg über
Albanien wählen, sondern den kürzeren über Fiume nach Ungarn.
„Das klingt freilich nicht sehr beruhigend,“ lautete Lord Russell's
Randglosse, als ihm der Bericht des türkischen Diplomaten mitgetheilt wurde. Ein vertraulicher Privatbrief aus Rom liefert den
Schlüssel zu diesem Vorgange. Der sardinische Gesandte in Athen
wird darin geradezu beschuldigt, die griechische Revolution in
Scene gesetzt zu haben. In seiner Kanzlei soll das Central-Comité
tagen, welches die ganze Bewegung leitet. Zweck sei die Ver-
treibung der bayerischen Dynastie und die Erhebung des Prinzen
Thomas, Herzogs von Genua, auf den erledigten griechischen
Thron. Russland beschuldigt Frankreich, Frankreich Russland,
die griechischen und orientalischen Wirren angezettelt zu haben,
während England bald Frankreich, bald Russland, bald beide
verdächtigt. Pikant wäre es nun, wenn die italienische Revolutionspartei allein die griechischen und orientalischen Wirren zu ver-
antworten hätte, um daraus Tausch- oder Unterhandlungs-Objecte
zu gewinnen für die friedliche Erwerbung Venetiens.

Die Königin hat vorgestern den Grundstein gelegt zu dem
Mausoleum, welches sie ihrem verstorbenen Gemahl und sich
selbst in Frogmore zu errichten gedenkt. Als Vorbild ist die
von Rauch ausgeführte Grabstätte des Königs Friedrich Wilhelm III.
und der Königin Louise in Aussicht genommen.

Lord Derby, der vorgestern in Windsor war, steht mit Lord
Clarendon an der Spitze des Comités, welches sich die Ausführung des Albert-Denkmals in Hyde Park zur Aufgabe stellt.

Die objective Haltung Lord Russell's den deutschen Reformbestrebungen gegenüber ist von mir mehrfach aus eigener Wahrnehmung hervorgehoben worden. Nach längerer Abwesenheit auf
seinen Posten zurückgekehrt, hat Graf Kielmansegge denselben
Eindruck aus seiner ersten Unterredung mit dem Staats-Secretär
des Auswärtigen empfangen. Lord Russell hat ihm unter Anderem
gesagt, wenn erst für die Reform der Bundes-Verfassung ein
Project vorliege, über welches Oesterreich und Preussen vollkommen einig geworden, dann würde die britische Regierung mit
Interesse davon Kenntniss nehmen. Die Zeit sei zu kostbar, um
einseitige Lösungsversuche zu studiren. Bernstorff's Vorgehen
und dessen Depesche vom 20. December v. J. werden als unklug
(unwise) getadelt, dabei jedoch nicht verschwiegen, dass wenn
Oesterreich die Garantie des Bundes für seine ausserdeutschen
Besitzungen verlange, die Reformbestrebungen nicht erleichtert
werden würden.

Auch Apponyi ist mit Lord Russell zufrieden. Das „*nil
admirari*" ist diesem Minister so zur zweiten Natur geworden,
dass ihn nichts aus der Fassung bringt und er Alles ohne Lob
oder Tadel mit anscheinender Gleichgiltigkeit anhört. So gewinnt er Zeit, sich die empfangenen Eindrücke zurechtzulegen
und das Gehörte geistig zu verdauen. Schweigend hörte er die
Depesche Rechberg's an, in welcher die Drohung wiederholt wurde,
Oesterreich werde jeden Angriff von Freischaaren als eine Kriegserklärung Victor Emanuel's auffassen. Nach einigen Tagen kam
Lord Russell von selbst darauf zurück und fragte, ob er nicht
das Turiner Cabinet von dieser Erklärung in Kenntniss setzen
solle. Apponyi erwiderte mit derselben Gleichgiltigkeit: „Wir
haben keinen derartigen Antrag an unsere Mittheilung geknüpft,
wenn Sie jedoch Sardinien von unserem unabänderlichen Entschlusse benachrichtigen wollen, so steht Ihnen das frei." Der
k. k. Botschafter ist überzeugt, dass Oesterreich in gewissen

Fällen auf Englands Unterstützung im adriatischen Meere rechnen
könnte. Bestimmte Zusagen hat er weder verlangt noch erhalten, auch würden dieselben den hiesigen Gewohnheiten nicht
entsprechen.

London, 27. April 1862.

In Paris habe ich nur constatiren können, dass es die französischen wie die fremden Politiker nachgerade aufgeben, das
Räthselwort der Absichten zu errathen, welche der schweigsame
Kaiser in und für Italien haben könnte. Nur Eines ist gewiss,
die Hochfluth der Verlegenheiten ist im Steigen. Unlösbaren
Widersprüchen begegnet man auf Schritt und Tritt. Die Gegensätze, die es zu versöhnen gilt, heissen bald Vatican und Revolution, bald Franz II. und Victor Emanuel, bald Oesterreich und
Piemont, oder auf dem Boden der ewigen Stadt selbst Botschafter und commandirender General. Das Zerwürfniss zwischen
diesen beiden letzteren Grössen scheint den Marquis de Lavalette
während der stillen Osterzeit nach Paris geführt zu haben. Man
sprach von seiner bevorstehenden Abberufung. Er leugnete dieses
Gerücht entschieden und verkündete die baldige Rückkehr auf
seinen Posten. Privatgeschäfte, wie die Zeitungen behaupten,
können diesen Ausflug nicht motiviren, auch würde er dazu des
Botschafts-Secretärs nicht bedurft haben, welcher ihn begleitete.
Die Vermuthung, dass es sich um die Entfernung des Königs
Franz II. von Rom handeln könnte, ist aufgetaucht und scheint
nicht unbegründet.

Auch in dem stillen Erziehungshause der Jesuiten, Rue Vau-
girard, arbeitete man an der Ausgleichung von Gegensätzen, die
die christliche Kirche seit Jahrhunderten beschäftigen. Es handelt
sich um nichts Geringeres als um die Aufhebung des Schisma,
welches die griechisch-orthodoxe von der römisch-katholischen
Kirche trennt. Mein Aufenthalt in Paris war zu kurz, um der
Sache auf den Grund zu gehen. Dass an dem kühnen Plane
allen Ernstes gearbeitet wird, scheint gewiss. Als ein besonders

thätiges Werkzeug ist mir der aus der griechischen Kirche in den
Jesuiten-Orden eingetretene Fürst Gagarin, früher Offizier in
einem russischen Garde-Regimente, genannt worden. Mit der
den Schülern Loyola's eigenthümlichen Klugheit scheint man jeden
dogmatischen Principienstreit vermeiden und die Lösung praktisch
zunächst auf dem brennenden Boden des ottomanischen Reiches
versuchen zu wollen. Pater Gagarin ist nach Rom gegangen,
um bei dem Papste besondere Concessionen für die katholischen
Missionare auszuwirken. Zunächst soll Bulgarien, dessen halb-
barbarische Bevölkerung an den Ritus der griechischen Kirche
gewöhnt ist, dem Stuhle Petri zugeführt werden, indem man den
Missionaren gestattet, an den orthodoxen Gebräuchen möglichst
wenig zu ändern. Nach der Aufnahme, welche der päpstliche
Nuntius in Petersburg gefunden, und bei dem Werthe, welchen
man dort wegen Polens auf eine Verständigung mit Rom zu legen
scheint, sind derartige Pläne weniger abenteuerlich als früher.
Keinesfalls würde die Unterordnung der türkischen Christen unter
die Gewalt der römischen Curie dem Kaiser Napoleon missfallen, da seine Interessen im Oriente identisch mit denen des
Papstes sind.

Mit diesen Gerüchten steht ein anderes in Verbindung, welchem eine grössere politische Tragweite zuzuschreiben sein dürfte.
Man sagt, Kaiser Napoleon sei entschlossen, nach dem Ableben
Pius' IX. die Tiara nicht etwa seinem Vetter, dem Prinzen Canino,
oder einem französischen Prälaten, sondern dem Cardinal Wise-
man zuzuwenden. Für Frankreich würde keine Candidatur er-
spriesslicher, für England Irlands wegen keine bedenklicher sein.

Sir James Hudson fährt inzwischen fort, für die Einheit
Italiens zu schwärmen und versichert in seinen Berichten, das
Cardinal-Collegium sei bereits für das Aufgeben der weltlichen
Macht gewonnen.

Mit welchem Misstrauen man hier gerade jetzt die räthsel-
hafte Politik des Kaisers der Franzosen beobachtet, entnahm ich
gestern aus dem Munde des Herzogs von Somerset. Wortkarg

und nüchtern wie keiner, ist der erste Lord der Admiralität nicht der Mann, vorübergehenden Impulsen unüberlegten Ausdruck zu leihen. Allen Ernstes bemerkte er: „In keiner Zeit hat grössere Wachsamkeit nothgethan, zu keiner sind wir dem Bruche mit den Franzosen so nahe gewesen als heute."

Der Herzog von Cambridge hat die Ferien benutzt, um die Küstenbefestigungen persönlich in Augenschein zu nehmen. Sonnenverbrannt und mit den Ergebnissen seiner Inspection zufrieden, ist er gestern zurückgekehrt.

Die Zeitungen bringen Berichte über die Reise des Prinzen von Wales. Er hat die Moschee besucht, welche die Gräber Abrahams, Isaaks und Jakobs und ihrer Frauen enthalten soll. Seit den Kreuzzügen war keinem Christen der Eintritt in dieses Heiligthum gestattet worden.

Die Königin wird morgen in Windsor erwartet, wo der Kronprinz von Preussen übermorgen eintreffen soll. Seine Königliche Hoheit geht direct von Dover nach Windsor, wird erst am 30. in die Stadt kommen, im Buckingham Palaste absteigen und nach Eröffnung der Welt-Ausstellung nach Berlin zurückkehren.

London, 3. Mai 1862.

Gestern habe ich zum ersten Male in diesem geschäftsstillen Jahre Gelegenheit gehabt, Lord Clarendon zu sprechen. Er war auf wenige Tage in die Stadt gekommen und gedenkt heute wieder nach seinem Landsitze zurückzukehren. Lord Clarendon ist zwar vorläufig von der Bühne abgetreten, erfreut sich aber Allerhöchsten Orts eines hervorragenden persönlichen Vertrauens. Die Anschauungen, welche er nach seiner Königsberger Krönungs-Botschaft während des letzten Herbstes in Berlin gewonnen, werden daher Beachtung verdienen. Seine entschieden liberalen Ansichten sind bekannt. Wenn er uns Deutsche einmal „*une grande nation politiquement châtrée*" nannte, so darf man ihm dies von seinem Standpunkte nicht verübeln. Ich erinnerte ihn daran und er war weit entfernt, dieses Urtheil zurückzunehmen.

„Alle meine politischen Sympathien," bemerkte er, „sind für
Preussen, die protestantische Vormacht Deutschlands. Die Vermählung des Thronerben mit der hochbegabten Tochter unserer
Königin hat die alten Bande zwischen beiden Staaten nur noch
fester geknüpft. Leider hat Alles, was ich in Berlin gesehen
und gehört, mich in meinen natürlichen Sympathien nicht bestärken können. Der König, ein Ehrenmann durch und durch,
hat von der Aufgabe eines constitutionellen Monarchen keine
Ahnung. Ausserdem hat Seine Majestät das Unglück, in seinem
Reiche keinen einzigen Staatsmann zu besitzen. Was an Bernstorff
ist, wissen wir. Er ist der ehrlichste Mann von der Welt, aber
schwächeren Händen ist wohl selten ein Ministerposten anvertraut worden. Er hat mir sehr aufrichtig gesagt, er bringe ein
schweres Opfer durch Uebernahme des Ministeriums, glaube aber
seinem Herrn und seinem Lande nützen zu können, da er das
parlamentarische System hier studirt habe. Die Früchte dieser
Studien liegen vor uns: Fehler auf Fehler, Widersprüche, Inconsequenzen ohne Ende. Alle preussischen Beamten leiden an
Selbstüberschätzung und Eigendünkel, keiner mehr als Bernstorff.
Ich fange an zu glauben, dass Preussen constitutionell nicht zu
regieren ist. Wenigstens haben weder der König noch seine
Minister eine Ahnung von dem Vulkane, der unter ihren Füssen
brodelt. Ich habe dies nach meiner Rückkehr Lord Russell nicht
verschwiegen. Deutschland anlangend, so habe ich den Leuten in
Berlin nicht verhehlt, wie unsinnig es sei, von den deutschen
Fürsten für die gemeinsame Sache Opfer zu verlangen, welche
Preussen nicht bringen wolle. Die wahre Schwierigkeit liegt in
der preussischen Selbstüberschätzung. Bei alledem muss ich Ihnen
gestehen, dass mir die Reform-Vorschläge der sächsischen Regierung nicht praktisch erscheinen."

Alles, was sich zur Vertheidigung unserer Lösungsversuche
sagen lässt, habe ich nicht versäumt hervorzuheben, namentlich
die Thatsache betont, wie dieselben zur Klärung der Sachlage
beigetragen hätten. Meine Bemerkung, dass die Idee einer Zu-

sammenkunft aller deutschen Fürsten leider nicht zur Ausführung gelangt, rief einige sehr anerkennende Worte für Oesterreich hervor, welches mit grösserer Aufrichtigkeit und Geschicklichkeit als Preussen die constitutionelle Bahn betreten habe. Lord Clarendon ist jedoch der Ansicht, dass ein von Oesterreich berufener deutscher Fürstentag ebensowenig zum Heile gereichen werde, als die von Preussen angestrebte einseitige Lösung. Die Aufgabe der Mittelstaaten, namentlich der vier Königreiche, sei es, eine Verständigung zwischen Oesterreich und Preussen herbeizuführen. Ohne dieselbe sei praktisch an eine Reform der Bundes-Verfassung nicht zu denken. Ich konnte den edlen Lord nur daran erinnern, dass wir seit 1849 bei Durchführung dieser Aufgabe auf Schwierigkeiten gestossen sind, von welchen das Ausland nichts ahnt.

London, 12. Mai 1862.

Aus einer vertraulichen Unterredung, welche ich gestern mit Lord Russell hatte, ist mir der Eindruck zurückgeblieben, dass derselbe nach wie vor die Aufrechterhaltung des *status quo* jeder Reform des deutschen Bundes vorzieht, die nicht Gesammt-Deutschland umfasst. Mit unserer Auffassung des preussisch-französischen Handelsvertrages war der Staats-Secretär ganz einverstanden und sprach die Hoffnung aus, Oesterreich werde sich auch handelspolitisch nicht von seinen deutschen Bundesgenossen trennen.

Die Krankheit des Königs Leopold gab zu der Bemerkung Anlass, sein Tod würde im jetzigen Augenblicke sehr ungelegen kommen. Ob der Thronerbe mit der belgischen Verfassung so gut werde regieren können wie sein Vater, stehe dahin. Kaiser Napoleon werde sich jedoch diesem Todesfalle gegenüber ruhig verhalten, denn einmal habe er kein Geld, dann werde er alt, liebe die Bequemlichkeit und wünsche auf den so unerwartet bei Magenta und Solferino geernteten Lorbeern auszuruhen.

Rom anlangend, so sei allerdings von Projecten die Rede, doch sei denselben ebensowenig wie der Reise des Prinzen Na-

poleon nach Neapel Bedeutung beizulegen. Auf meine Bemerkung, solange die französische Besatzung die ewige Stadt noch
nicht verlassen, sei nicht anzunehmen, dass Napoleon III. daran
denke, diese Stellung aufzugeben, erfolgte die Antwort: „Das ist,
was mir Odo Russell täglich schreibt. Der Kaiser der Franzosen,
davon bin ich überzeugt, wird Rom halten, solange er lebt; was
nachher geschieht, ist ihm gleichgiltig."

London, 8. August 1862.

Eine ungewöhnlich stille, an legislativen Erfolgen wie an
Parteikämpfen arme Parlaments-Session ist gestern mit einer
Thronrede geschlossen worden, deren Farblosigkeit nichts zu
wünschen, nichts zu sagen übrig lässt. Das einzige Ereigniss der
Session ist der allem Anscheine nach unversöhnliche Bruch zwischen
Lord Palmerston und den Radicalen, welche ihre drei Schlag-
worte: Frieden, Reform und Ersparniss unter des jetzigen Premier-
Ministers Führung nicht verwirklicht sehen. Cobden rechnete dem
Unterhause vor, Lord Palmerston koste dem Lande 100 Millionen
Pfund Sterling. Dieser erwiderte die bitteren Angriffe des Frei-
händlers mit einem an Verachtung streifenden Gleichmuthe und
der Versicherung, er könne seine Verdienste nicht so hoch an-
schlagen. Im Tory-Lager wird diesem Wortwechsel eine gewisse
Bedeutung beigelegt. Man vermuthet, die Radicalen werden die
Ferien benutzen, um im Lande Palmerston's Sturz vorzubereiten.
Für jetzt ist Waffenruhe, und bis zum Wiederzusammentritte des
Parlamentes wird der Premier-Minister England mit einer Macht-
fülle regieren, die kaum je in den Händen eines Privatmannes
gelegen. So lange „old Pam" am Ruder, so lange haben wir
für die Ehre und Interessen Englands keine Sorge, das ist der
Grundgedanke, der die Massen namentlich seit der Erledigung
der Differenz mit Nord-Amerika erfüllt. Dabei beruhigen sich
die mit dem Hungertode ringenden Fabrikarbeiter ebenso wie die
Reichen, welche eine in Friedenszeiten unerhörte Steuerlast zu

tragen haben. Mit rücksichtsloserem Kostenaufwande ist das *si
vis pacem para bellum* niemals zur Staats-Maxime erhoben worden.
Die grosse Politik schlummert.

Lord Russell begiebt sich heute nach Irland, um von den
Gütern Besitz zu ergreifen, deren Vermächtniss ihm die Annahme
des Grafentitels ermöglicht. Lord Palmerston beabsichtigte einen
Ausflug nach Sheffield. Der herkömmliche Exodus des diplomati-
schen Corps aus dem verödeten Westend hat begonnen. Der
französische Botschafter geht nach Schottland, um sich auf dem
Landsitze seiner Gemahlin, der Gräfin Flahault, auszuruhen. Baron
Brunnow begiebt sich nach St. Leonards, wo der Grossfürst und
die Grossfürstin Michael Seebäder brauchen. Der österreichische
Botschafter erwartet den Erzherzog Ludwig Victor, welcher in
strengstem Incognito die in den letzten Zügen liegende Welt-
Ausstellung zu besuchen wünscht.

Der Herzog von Cambridge hatte zu Ehren des Kronprinzen
und des Prinzen Georg von Sachsen am Tage vor deren Abreise ein
Diner veranstaltet, an welchem der Grossherzog von Mecklenburg-
Schwerin, der Fürst Liechtenstein und der Fürst Reuss theilnahmen.

London, 15. August 1862.

Unter den nach Vertagung des Parlamentes in das Publikum
gedrungenen Blaubüchern befindet sich ein kleines Heft *North-
America Nr. 12,* mit zwei Depeschen, wohl geeignet, den Standpunkt der beiderseitigen Regierungen zu kennzeichnen. Die
von Mr. Seward an Mr. Adams am 28. Mai gerichtete, von
letzterem Lord Russell am 19. Juni mitgetheilte Depesche ist
offenbar unter dem Eindrucke der ersten Siegesnachrichten geschrieben und nicht frei von hochtönenden Phrasen, wie sie bei
der transatlantischen Demokratie so beliebt sind. Lord Russell
hat wohlweislich die Ereignisse abgewartet, bevor er antwortete.
Als aber aus den Siegern vom Mai die Besiegten vom Juli geworden, schien der Augenblick gekommen, die Seward'sche Depesche zu veröffentlichen und den masslosen Optimismus der

jungen Republik in der nüchternen Sprache einer alten Monarchie
zu beleuchten. Obgleich Englands Neutralität in dieser Antwort
scharf betont wird, so wird der ironische Ton die Aufregung
nicht beschwichtigen, die jenseits des Oceans gegen das Mutter-
land vorherrscht.

Dass man auch in Wien schlagend zu antworten versteht,
beweist die Depesche Rechberg's an Karolyi vom 26. v. M.
Es wird darin kein Zweifel gelassen über den Werth, welchen
Oesterreich den Garantien beilegt, die Preussen bei der Anerkennung des Königreichs Italien erlangt zu haben sich schmeichelt.
Nach Rechberg's Ansicht sind diese Garantien das Papier nicht
werth, auf welches sie niedergeschrieben worden, eine Auffassung,
welche General Durando theilen werde.

London, 25. August 1862.

Kaiser Napoleon hat unlängst dem Marquis de Pepoli den
Standpunkt bezeichnet, welchen er der Garibaldi'schen Erhebung
gegenüber einnimmt. „*Garibaldi,*" sagte der Kaiser, „*Garibaldi
dit: ,Rome ou la mort.'* — *Si c'est comme cela, je dis: c'est
la mort.*"

Bei alledem ist man in Paris weit entfernt, die Verlegenheiten zu unterschätzen, welche die jüngsten italienischen Wirren
hervorrufen. Man verhehlt sich nicht, dass die öffentliche Meinung in England sich immer entschiedener für Garibaldi und
gegen Rattazzi, für die Einheit mit der Kapitale Rom und gegen
den Schutz des Papstes durch die französische Besatzung ausspricht. Bis jetzt haben die Minister zu alledem geschwiegen.
Lord Russell hat es jedoch gerathen gefunden, seinen Aufenthalt
in Irland abzukürzen und sich der Hauptstadt zu nähern, wo
Lord Palmerston heute von Walmer Castle erwartet wird.

Ich habe Lord Russell gestern in Pembroke Lodge besucht.
Der Ausflug ist ihm vortrefflich bekommen, und weder die italienischen noch die nicht minder ernsten serbischen Wirren haben
seine unverwüstliche Laune getrübt. Der edle Lord hat den

Garibaldi'schen Unfug, wie zu erwarten, gemissbilligt und den Repressions-Massregeln des Turiner Cabinets die moralische Unterstützung Englands amtlich zugesagt. Dabei ist jedoch nicht zu verkennen, dass man hier nicht abgeneigt scheint, den Gang der Ereignisse abzuwarten, bevor man sich bestimmter ausspricht. Als Beleg dafür kann der Urlaub angeführt werden, welchen der britische Vertreter in Rom sofort anzutreten Befehl erhalten hat. Der vorsichtige Oheim wünscht selbstverständlich seinen Neffen Odo Russell zu entfernen, um ihm die Verlegenheiten zu ersparen, welche Demonstrationen der Bewegungspartei dem britischen Geschäftsträger bereiten könnten. Die Erinnerung an Lord Minto's Mission mag als Warnung gedient haben.

Lord Russell hat mir bestätigt, dass er die Königin nach Deutschland begleiten und seinen Aufenthalt in Gotha nehmen werde, da das kleine Jagdschloss Reinhardsbrunn kaum für das unmittelbare Gefolge Ihrer Majestät die erforderlichen Räumlichkeiten darbietet.

London, 1. September 1862.

Die Königin, vorgestern nach Windsor zurückgekehrt, hat dort eine geheime Raths-Sitzung abgehalten, um die für die Dauer ihrer Abwesenheit nöthigen Vorkehrungen zu treffen. Lord Palmerston wohnte zwar dieser Sitzung nicht bei, ist aber in die Stadt gekommen, um die letzten Befehle Ihrer Majestät einzuholen. Die Königin schifft sich heute um 1 Uhr in Woolwich ein und begiebt sich zunächst nach Brüssel, um zum ersten Male mit der Prinzessin Alexandra und deren Eltern zusammenzutreffen. Einige Tage später wird der Prinz von Wales gleichfalls nach Brüssel kommen. Dann wird die verabredete Verlobung officiell declarirt werden. Die Indiscretion der Zeitungen, welche die noch nicht stattgefundene Verlobung schon als vollendete Thatsache verkünden, hat in Windsor Castle höchstes Missfallen erregt.

Als ich mich gestern bei Lord Russell verabschiedete, traf

gerade die Nachricht von Garibaldi's Gefangennehmung ein. Der Staats-Secretär konnte seine Neigung für den Guerrillaführer nicht verhehlen. Er betrachtet ihn als ein Opfer Mazzini's, freut sich jedoch über den Sieg der italienischen Truppen, weil derselbe die Ordnung, die Einheit und den Thron Victor Emanuel's befestigen müsse. Die „Times" giebt der Auffassung der Regierung Ausdruck, während andere Blätter sehr heftige Ausfälle gegen Victor Emanuel bringen. Sie behaupten, er habe sich der Undankbarkeit schuldig gemacht und aufgehört, den Namen des *Re Gentiluomo* zu verdienen.

(Eigenhändig) *Gotha, September the 18th 1862.*

Dear Count Vitzthum, — I went to Reinhardsbrunn yesterday and took an opportunity of speaking to the Queen about the proposed visit of Prince George of Saxony. Her Majesty appreciated the kindness of the King of Saxony whom she regarded, she said, in the light of a relation.

The Queen has no room in the house she inhabits, to lodge any one, but if the Prince George could come any day after tomorrow (Friday) about 3 o'clock to pay her a visit, she would be happy to see him.

The Prince of Wales is in high spirits, and willingly accepts congratulations on his marriage.

I was all the better for my pilgrimage, and I hope *Notre Dame de San Sisto* will protect her worshipper.

I remain, yours very truly John Russell. [1)]

London, 7. December 1862.

Kurz nach meiner Ankunft in Paris begegnete ich dem Grafen Persigny im Boudoir seiner Frau. Sie luden mich beide

---

[1)] Der Staats-Secretär des Auswärtigen hatte von Gotha aus eine Pilgerfahrt nach dem Schreine der sixtinischen Madonna, wie er sich ausdrückte, unternommen und in Dresden den Verfasser aufgesucht.

ein, sie in Chamarande zu besuchen, einem Landsitze, welchen
der französische Minister des Innern vor kurzem erworben und
nach dem Vorbilde englischer Schlösser eingerichtet hat. Ich
fand den Vertrauten Napoleon's gedunsen, gealtert und mehr denn
je *dans les espaces*. Er klagte über sein Amt, denn der Minister
des Innern müsse immer und überall herhalten. Die Verschönerungen von Paris bezeichnete er als sein Werk. Er habe sich
nicht um die Einzelheiten gekümmert, aber in Haussmann den
Mann gefunden, seine Ideen zu verwirklichen. Haussmann's Vorgänger habe nur die vier Millionen Franken, welche die Stadt
Paris durch die Verlängerung der Rue Rivoli gewonnen, zu ferneren Verschönerungen verwenden wollen. „*L'imbécile!*" rief der
Minister. „Er wollte nicht verstehen, dass die gewonnenen vier
Millionen nur die Zinsen repräsentiren, und dass man ein Kapital
von 100 Millionen zur Verfügung hat, um den Umbau von Paris
allen Ernstes in Angriff zu nehmen. Haussmann hat das gleich
verstanden und Verbesserungen, Erweiterungen und Verschönerungen sofort in Angriff genommen, welche auf 100 Millionen veranschlagt sind. Das ist nur der Anfang. Wir haben ganz andere
Pläne und können füglich noch drei bis vier Milliarden für öffentliche Arbeiten ausgeben, jede Stadt in Frankreich mit dem Eisen-
bahnnetze in Verbindung bringen u. s. w. Die ängstlichen Leute
im *Conseil d'État*, ächte Spiessbürger, tragen noch immer Bedenken.
diese kleine, aber nothwendige Ausgabe auf die Schultern der zu-
künftigen Generationen zu werfen, aber ich werde sie bekehren."

Es giebt Leute, welche Persigny für irrsinnig halten. Wenn
dem so ist. so ist Methode in seinem Wahnsinn. Er ist für seine
Person durchaus ehrlich und verabscheut das Börsenspiel, welches
die meisten seiner Collegen compromittirt. Um so bedenklicher
ist es, wenn das Millionenfieber auch ihn ergreift. Ein Widerstand
gegen die leichtsinnigen Geldvergeudungen ist von ihm nicht zu
erwarten. „*Remuer les millions*" bleibt Staats-Maxime, und wie
die Pompadour trösten sich die jetzigen Gewalthaber in lichten
Augenblicken mit dem „*après nous le déluge*".

Dies vorausgeschickt will ich einer Unterredung gedenken, in welche wir zufällig geriethen. Der Handelsvertrag war das Thema. Persigny's Frage, wie es in Preussen stände, die Veranlassung. Ich hatte diese Frage dahin beantwortet, dass abzuwarten sei, ob es gelingen werde, die Erbschaft Bernstorff's zu regeln und das Misstrauen zu beschwichtigen, welches dieser durch seine December-Depesche allenthalben hervorgerufen. Als Beweis, wie tiefgreifend dieses Misstrauen, erwähnte ich der Opposition, welche die Südstaaten dem preussisch-französischen Handelsvertrage machten. Ich hob hervor, dass dieser Widerstand politischer Natur, nicht gegen Frankreich, wohl aber gegen Preussen gerichtet sei. Schliesslich gab ich der Hoffnung Ausdruck, es werde uns, die wir in dieser Frage den handelspolitischen Standpunkt festhielten, gelingen, die Südstaaten zur Vernunft zu bringen.

Persigny versicherte, er für seine Person werde sich trösten, wenn sich die Verhandlungen über den Handelsvertrag zerschlügen.

„Denn," rief er, „alle Vortheile sind auf Seiten Deutschlands. Jede Tarifermässigung wird zu Gunsten des Zollvereins ausschlagen, schon wegen des Geldwerthes. Was man in London für ein Pfund Sterling kauft, kostet in Paris zwanzig Franken und in einigen Theilen Deutschlands nur einen Thaler. Nichts hat mich bei der Weltausstellung so in Erstaunen gesetzt, als die Wohlfeilheit der deutschen Producte und Fabrikate. So sind z. B. die österreichischen Lederwaaren fabelhaft billig und vortrefflich. Hat nun Frankreich aus dem Handelsvertrage mit England weit grösseren Vortheil gezogen als dieses, so würde Deutschland in noch weit höherem Grade durch den Freihandel gewinnen, dank seiner niedrigen Arbeitslöhne. Die amerikanische Krisis hat unsere Ausfuhr um 400 Millionen vermindert, trotzdem hat sich die Bilanz im ganzen um 100 Millionen günstiger für uns gestaltet. Warum? Weil wir nach England allein für 500 Millionen mehr ausgeführt haben als früher. Diese 500 Millionen repräsentiren den sechsten Theil unserer Gesammtausfuhr und etwa den sechzehnten der Gesammtausfuhr Englands. Hat nun auch,

wie Gladstone behauptet, England durch den vermehrten Export
nach Frankreich seinen durch die amerikanischen Wirren verur-
sachten Ausfall gedeckt, so ist doch der Vortheil, den Frankreich
aus dem Vertrage gezogen, relativ grösser. Das Wunderbare ist,
dass die vermehrte Handelsbewegung jeden der beiden Pacis-
centen in dem Wahne bestärkt, den andern übervortheilt zu
haben. Nur zwei Beispiele. Am meisten geschrieen haben die
Eisenfabrikanten von Lothringen. Sie behaupteten, der Handelsvertrag ruinire sie, da sie die Concurrenz mit dem wohlfeilen
englischen Eisen nicht aushalten könnten. Es findet sich jedoch,
dass das in Lothringen mit Holzkohlen erzeugte Eisen gewisse
Eigenschaften besitzt, die dem englischen abgehen. So hat
denn ein massenhafter Export begonnen und die lothringen-
schen Eisenhämmer haben sich nie so gut befunden. Neulich
besucht die Kaiserin unsere Wollenfabriken in Reims und bemerkt dort schottische Stoffe, *linsey-woolsey* und dergleichen.
‚Was?‘ fragt sie, ‚das findet man hier? Ihr führt das alles von
Schottland ein?‘ — ‚Im Gegentheil,‘ erwiderte der Fabrikant,
‚w i r senden diese Stoffe nach Schottland, wo man dieselben nicht
so wohlfeil herstellen kann als wir.‘ So hat uns der Handelsvertrag vor einer Krisis bewahrt, welcher wir kaum gewachsen
gewesen wären. Ein Ausfall von 400 Millionen würde einen Noth-
stand herbeigeführt haben, der schwer zu überstehen gewesen
wäre. Aber was sind 400 Millionen gegen die Verluste, die
Amerika dem englischen Handel auferlegt?“

London

1863.

Auf der Rückreise nach London verweilte ich einige Tage in Paris, wo man anfing, sich mit Polen zu beschäftigen. Eine jener Broschüren, mit welchen man Stimmung zu machen liebte, „*Napoléon III. et la Pologne*", war erschienen und wurde mehr als nöthig besprochen. Frau von Kalergis, eben aus Warschau gekommen, gab mir ein Bild der dortigen Zustände. Diese Nichte des Staatskanzlers Grafen Nesselrode schwärmte mehr subjectiv als objectiv für Polen. Ihre Verbindungen benutzend hatte sie mehreren Compromittirten Pässe in das Ausland verschafft und dieselben so vor einer unfreiwilligen Reise nach Sibirien bewahrt. Ich fragte sie lachend, ob sie die Broschüre geschrieben, die den Kaiser der Franzosen auffordere, Polen wiederherzustellen. Sie leugnete es und sagte: „Wenn es den Franzosen gelingt, Polen wiederherzustellen, so werde ich als Lohn für Alles, was ich für die Bewohner dieses unglücklichen Landes gethan, nur Eines verlangen: das Recht, nie wieder einen Fuss in das Land zu setzen. Sich selbst überlassen, würden die Polen sich unter einander so hassen, zanken und verfolgen, dass es unmöglich sein würde, unter ihnen zu leben." Diese Auffassung des polnischen Aufstandes aus dem Munde einer

in Warschau vielbewunderten, etwas excentrischen, aber ge-
scheiten Frau war mir immer gegenwärtig während der nicht
eben kurzweiligen Verhandlungen.

In London erinnerte man sich, dass die Wiederherstellung
Polens schon 1853 und 1854 auf dem Programme des zweiten
Kaiserthums gestanden hatte. Jetzt fürchtete man, Napoleon
wolle aus dieser Frage politisches Kapital schlagen, um wieder
einmal, diesmal auf dem Umwege über Warschau, zu einer
Revision der Verträge von 1815 zu gelangen. Diese Furcht
vor bonapartistischem Ehrgeiz, die zunehmende Altersschwäche
Palmerston's, die naive Unerfahrenheit Lord Russell's auf dem
Felde der grossen Politik, die Leichtgläubigkeit der Massen, endlich die Hetzereien der oberflächlichen Tagespresse — alles dies
erklärt die Fehler und die Inconsequenzen einer zwischen Krieg
und Frieden schwankenden Regierung. Das Publikum hat nie
geahnt, dass die unberufene Einmischung in eine innere, England
im Grunde gar nichts angehende Frage, die Welt wiederum an
die Schwelle eines allgemeinen Krieges brachte. Die britischen Minister wollten den Krieg nicht, wünschten vielmehr
den Kaiser Napoleon in die Unmöglichkeit zu setzen, denselben
vom Zaune zu brechen. Andrerseits wollten sie sich aber auch
nicht von den Franzosen überflügeln lassen und gelangten so
in ein Wirrsal von Verlegenheiten, aus denen sie nur die Gleichgiltigkeit rettete, welche im Grunde in Frankreich wie in England für den Polonismus vorherrschte.

Für die unglücklichen Polen wäre es besser gewesen, man
hätte sich weder in Paris noch in London um sie gekümmert.
Die Schwäche der russischen Localbehörden, die Langsamkeit
der militärischen Operationen und die Illusionen, welche der als
Adlatus des Grossfürsten Constantin handelnde Wielopolski hegte
und nährte, erklären es, wenn dieser ursprünglich ganz unbedeutende Aufstand europäische Dimensionen annahm.

Leider waren die deutschen Grossmächte gerade damals
über die Bundes-Reform in Streit gerathen. Herrn von Bismarck's

erstes Auftreten hatte in Wien verletzt. An eine Verständigung
über die polnische Frage war nicht zu denken. Die Folge hat
gelehrt, dass die preussische Regierung in ihrem wohlverstandenen
Interesse handelte, als sie unbekümmert um westmächtliche Drohungen Russland bei Niederwerfung des Aufstandes moralisch
unterstützte, ja sogar durch Truppen-Aufstellungen an der Grenze
das weitere Umsichgreifen der Bewegung verhinderte. Für die
Polen wäre es glücklicher gewesen, hätte Oesterreich diesem
Beispiele folgen können. Das k. k. Cabinet hatte keine Wahl.
In Italien wie in Ungarn von der Revolution bedroht, konnte es
nur im Zusammengehen mit den Westmächten diese Krisis zu
bestehen hoffen. So zeigte sich in dem Augenblicke, wo der
Krieg unvermeidlich schien, die europäische Constellation vom
Januar 1815, als England, Frankreich und Oesterreich — Preussen
und Russland gegenüberstanden. Das Verdienst der leitenden
Staatsmänner ist es nicht, wenn der Krieg Europa erspart blieb.
Das Strohfeuer des Enthusiasmus war längst verlöscht, als es
dem General Murawiew endlich gelang, dem sinnlosen Blutvergiessen ein Ende zu machen.

Am 7. März hielt die Braut des Prinzen von Wales ihren
Einzug in London. Von früh an war die Bevölkerung auf den
Füssen. Der erste Eindruck war entscheidend. Ein Gedicht,
welches die Prinzessin als „des Seekönigs Tochter" begrüsste,
trug viel dazu bei, den Enthusiasmus für diese jugendliche und
graziöse Erscheinung zu erhöhen. Monatelang konnte sie nie
ausfahren, ohne von dichtgedrängten Volkshaufen begrüsst zu
werden. Die Bewunderung, die man ihr zollte, steigerte später
die blinde Parteinahme für Dänemark.

Tags darauf war die Vermählung in Windsor. St. George's
Chapel fasste kaum die Zahl der Geladenen. Die Kapelle war
mit Geschmack decorirt und die Feierlichkeit, welcher die Königin
ungesehen in einer Tribüne beiwohnte, hinterliess bei allen
Augenzeugen einen grossartigen Eindruck. Unbegreiflich war
jedoch die Unordnung im Bahnhofe bei Abfahrt der Extrazüge.

Wir Männer waren in Uniform und die unglücklichen Damen in Schleppkleidern mit Juwelen bedeckt. Die Polizei hatte nicht daran gedacht, die Zugänge zur Plattform abzusperren, und neugierige Massen umdrängten lärmend und schreiend die Heimkehrenden.

Im Laufe dieses Sommers brauchten Prinz und Prinzessin Georg von Sachsen die Seebäder bei Scarborough. Sie gaben mir nach Beendigung der Cur Rendez-vous in Leamington, von wo aus Warwick Castle, Stratford-on-Avon und Kenilworth besucht wurden. Wir kehrten dann über Oxford nach London zurück und die Herzogin von Marlborough liess es sich nicht nehmen, Ihren Hoheiten das historische Blenheim zu zeigen. Auf dem Wege nach Dover begleitete ich den Prinzen und die Prinzessin nach Tunbridge Wells, wo die greise Königin Amélie, Wittwe Louis Philippe's, ihre Verwandten auf das liebenswürdigste empfing. Sie hatte viele Wechselfälle des Schicksals erlebt, diese unglückliche Königin, aber in guten wie in bösen Tagen den Zauber einer seltenen Anmuth bewahrt.

Um jene Zeit erhielten wir durch das Haus Rothschild die erste Nachricht von dem Fürstentage, welchen Kaiser Franz Joseph nach Frankfurt berufen hatte. Alle deutschen Fürsten erschienen mit Ausnahme des Königs von Preussen. Die Sage ging, dieser Monarch habe in Gastein mündlich dem Kaiser von Oesterreich sein Erscheinen zugesagt, später aber nach Einsicht der Vorlagen des k. k. Cabinets auf den Rath seines Minister-Präsidenten die Einladung schriftlich abgelehnt. Die versammelten deutschen Fürsten, durch eine herzliche Ansprache des Kaisers begrüsst, beschlossen noch einen Versuch zu machen, den in Baden-Baden weilenden König Wilhelm zur Theilnahme an ihren Berathungen aufzufordern. Der König von Sachsen übernahm diese undankbare Aufgabe, kehrte aber unverrichteter Sache zurück.

Der Fürstentag kam zwei Jahre zu spät. Wäre derselbe 1861 berufen worden, vielleicht hätten die Dinge eine andere

Wendung genommen. In Berlin war das Staatsruder inzwischen
energischen Händen anvertraut worden, und der neu ernannte
Minister-Präsident hatte sein Programm auf die Erkenntniss gestützt, dass das deutsche Problem nur mit Waffengewalt zu lösen
sein werde. Auch waren die österreichischen Vorschläge, ein
Directorium mit einem Bundesrathe und einer Delegirten-Versammlung, kaum danach angethan, den Erwartungen des deutschen
Volkes zu entsprechen und Gesammt-Deutschland die erwünschte
europäische Machtstellung zu geben. Das Problem ist seitdem
auf dem Schlachtfelde gelöst worden. Es könnte müssig erscheinen, auf die Gründe zurückzukommen, welche die Erfolglosigkeit des deutschen Fürstentages von 1863 herbeiführten.
Für den deutschen Patrioten bleibt jedoch die Frage von Interesse, ob der letzte Versuch, Gesammt-Deutschland unter einen
Hut zu bringen, einzig und allein an dem passiven Widerstande
Preussens gescheitert ist? Ohne in die Uebertreibungen des
Carlyle'schen Heroen-Cultus zu verfallen, ist es wohl erlaubt,
daran zu erinnern, dass Vieles auf die Person ankommt, welche
die Beantwortung eines politischen Sphinx-Räthsels unternimmt.
Denke man sich die Rollen der leitenden Minister gewechselt,
Herrn von Bismarck im August 1863 in der Staatskanzlei,
den Grafen Rechberg im Palais der Wilhelmstrasse. Wie würde
ersterer die Aufgabe aufgefasst haben, die sich letzterer gestellt
hatte? Es ist wohl nach den bisherigen Erfahrungen nicht zu
kühn, zu vermuthen, Herr von Bismarck würde das Terrain
etwas vorbereitet haben. Er würde in Böhmen, Tyrol und Vor-
arlberg einige Armee-Corps aufgestellt und dann erst den Kaiser
ersucht haben, sich nach Frankfurt zu begeben. Dort angelangt,
hätte er Mittel und Wege gefunden, die Könige von Bayern
und Sachsen, von Hannover und Württemberg zu bestimmen,
Franz Joseph I. zu ersuchen, die deutsche Kaiserkrone ohne
weiteres anzunehmen und sich in Frankfurt krönen zu lassen.
Er hätte endlich sofort das deutsche Parlament berufen und die
versammelten Fürsten als ein Fürstenhaus neben dem Staaten-

hause constituirt. Dann konnte er dem königlich preussischen Minister-Präsidenten Grafen Rechberg ruhig überlassen, sich die Sache zu überlegen. Bei den Zuständen, in welchen sich damals die preussische Regierung befand, würde die Ueberlegung nicht allzu lange gedauert, vielmehr das in Frankfurt tagende deutsche Parlament eine unwiderstehliche Anziehungskraft entwickelt haben. Wäre Aehnliches seitens der österreichischen Regierung versucht worden, wäre man mit einem Worte zum Handeln entschlossen gewesen, so würde das Urtheil der Welt über den angeblichen Staatsstreich Rechberg's nicht so hart ausgefallen sein. „Ce n'est pas un coup d'état," sagte mir ein französischer Botschafter um jene Zeit, „c'est un coup d'épée dans l'eau."

Dieser Misserfolg hatte, wie für Deutschland, auch für Oesterreich traurige Folgen. Der reactivirte Bundestag wurde dadurch noch mehr discreditirt. Die in Frankfurt tagenden Diplomaten, durch fortwährende Reibungen und Eifersüchteleien gespalten, waren ungefähr in der Lage eines britischen Ministeriums, welches, im Unterhause geschlagen, das Parlament aufgelöst hat und nun das Ergebniss der Neuwahlen erwartet. In Oesterreich aber zog man sich aus den Frankfurter Vorgängen die Lehre: da die übrigen Fürsten erklärten, ohne Preussens Mitwirkung sei eine Bundesreform undenkbar, sei es am einfachsten, den Bundestag zu ignoriren und eine directe Verständigung mit Preussen zu versuchen. Man vergass dabei, dass Metternich den Bundestag geschaffen als Werkzeug der österreichischen Hegemonie in Deutschland und dass Schwarzenberg denselben reactivirt hatte in der Hoffnung, Preussen durch die Majorität der übrigen Bundesfürsten in Schach zu halten. Man warf, um einen trivialen Ausdruck zu brauchen, die Flinte in das Korn, und Herr von Bismarck beeilte sich, den Grafen Rechberg in das Schlepptau zu nehmen. Das Unglück wollte, dass bald nach dem Frankfurter Fürstentage der Tod Friedrich's VII. von Dänemark die chronische schleswig-holsteinische Krankheit in eine acute verwandelte.

An der Seine frohlockte man über die Misserfolge der gross-
deutschen Politik Oesterreichs und die steigende Verwirrung in
Deutschland. Wieder einmal hoffte man im Trüben zu fischen
und die inmitten der unseligen polnischen Verhandlungen hervor-
getretene Congress-Idee zu verwerthen, um den Traum des
Kaisers der Franzosen, die Umgestaltung der Karte Europas, in
das Werk zu setzen. Als Frankreich im November, gerade um
die Zeit, da Friedrich VII. die Augen schloss, die Einladung zu
einem europäischen Congresse ausspielte, herrschte anfangs überall
eine gewisse Verblüffung.

Da der britische Gesandte in Dresden nicht wusste, was
England thun werde, man aber auf dem Festlande instinctartig
fühlte, dass die Entscheidung über den Congress in London erfolgen werde, so erhielt ich Befehl, schleunig auf meinen Posten
zurückzukehren. Schon meine erste Unterredung mit Lord Russell
beruhigte mich vollkommen. Man hatte das Spiel des Kaisers
Napoleon durchschaut und erklärt, nicht die Revision der Verträge von 1815. sondern diese selbst, in so weit sie noch be-
ständen, müssten die Grundlage etwaiger Berathungen bilden.
Das unreife Project, für welches man auch in St. Petersburg
keineswegs schwärmte, fiel zu Boden. Englands Ablehnung erfolgte in einer nicht eben verbindlichen Form und hinterliess in
den Tuilerien einen Bodensatz von Unmuth, welcher Deutschland
in der dänischen Frage zu statten kam.

Diese leidige Streitfrage war schon seit 1848 in Deutschland der Vorwand zu einer tiefgreifenden nationalen Gährung geworden. Wie immer in dergleichen Zeiten spielte ein Lied,
welches seit 1848 in allen Tonarten und auf allen Gassen wiederholt wurde, eine grosse Rolle bei der Aufregung der Volks-
leidenschaften. Lyrischer geartet als die Franzosen, begnügen
wir Deutsche uns nicht mit einer Marseillaise, sondern folgen
Göthe's Rath:

        „Tummle dich, Wicht,
    Und der Gelegenheit mach' ein Gedicht" —

und erfinden zu jedem Anlasse das entsprechende Volkslied. Arndt's „Was ist des Deutschen Vaterland?", Becker's Rheinlied waren die Vorläufer von „Schleswig-Holstein, meerumschlungen".

Die Uebertreibungen staatsunkluger Professoren konnten beklagenswerth erscheinen. Es lag jedoch eine unleugbare Rechtsverletzung vor, welche den Wunsch rege machte, dem Auslande gegenüber Deutschlands Macht zu bethätigen. Die eiderdänischen Demokraten, welche unter Friedrich VII. und dessen allmächtiger Maitresse in Kopenhagen die Regierung geführt und muthwillig die Verwirrung heraufbeschworen hatten, nöthigten Christian IX., drei Tage nach seiner Thronbesteigung (18. November) eine Verfassung zu geben. Diese decretirte ohne weiteres die Einverleibung Schleswigs. Die dänische Regierung verletzte dadurch die Zusagen, die sie in den Jahren 1851 und 1852 Oesterreich und Preussen vor der Unterzeichnung des Londoner Vertrages gemacht hatte. Der Londoner Vertrag von 1852 hatte eine Eventualität der Zukunft regeln und die Integrität der dänischen Monarchie zu einem europäischen Interesse stempeln sollen. Ohne die Agnaten und Stände zu befragen, wollte man die bestehende Successions-Ordnung ändern und mit Uebergehung von neunzehn näher Berechtigten den Herzog Christian von Schleswig-Holstein-Glücksburg zum Erben des kinderlosen Friedrich VII. erklären.

Trotz der Fluthen von Tinte und Druckerschwärze, welche an der schleswig-holsteinischen Frage vergeudet wurden, ist die Genesis dieses wundersamen Vertrages selbst den Argus-Augen der britischen Presse verborgen geblieben. Ja die Regierungen, welche 1852 ihre Vertreter ermächtigten, den Vertrag zu unterzeichnen, ahnten bis auf eine nichts von der Geheimgeschichte des Protokolls von 1850, durch welches der Vertrag vorbereitet wurde. Lord Malmesbury, der den letzteren für England unterzeichnete, that dies nach dem wohlbekannten Grundsatze, dass britische Minister durch die staatsrechtlichen Acte ihrer Vorgänger gebunden sind. Der Urheber des Vertrages ist Lord Palmerston. Dieser eigenmächtigste aller britischen Minister hatte sich im Jahre 1850 zu

Gewaltmassregeln gegen Griechenland verleiten lassen, welche die
beiden anderen Schutzmächte, Frankreich und Russland, allen
Ernstes missbilligten. Frankreich unter Cavaignac's Dictatur rief
seinen Botschafter von London ab und Herr Drouyn de Lhuys
forderte seine Pässe. Diese Thatsache ist geflissentlich vertuscht
und wenig bekannt geworden [1]). Der diplomatische Bruch mit
der einen Schutzmacht drohte den mit der anderen nachzuziehen.
Der russische Gesandte nahm eine Haltung an, die Lord Palmerston befürchten liess, auch Baron Brunnow werde seine Pässe
verlangen. Gleichzeitig zog sich ein ernstes parlamentarisches
Gewitter über dem Haupte des Lord *Firebrand* zusammen. Das
Oberhaus ertheilte ihm wegen seiner griechischen Politik ein ent-
schiedenes Misstrauens-Votum mit einer Majorität von 37 Stimmen
(17. Juni 1850). Wäre der Abbruch der diplomatischen Beziehungen mit Frankreich bekannt geworden und Russland diesem
Beispiele gefolgt, so wäre das Haus der Gemeinen wahrscheinlich
dem Tadel der Lords beigetreten. Für Lord Palmerston würde
ein solcher Schlag, namentlich bei der unverkennbaren Unzu-
friedenheit des Hofes mit seinem Gebahren, gleichbedeutend mit
einem Verschwinden von der politischen Bühne gewesen sein. In
dieser seine Zukunft bedrohenden Krisis wandte sich Palmerston
an den russischen Gesandten mit der Frage, ob es denn kein
Mittel gäbe, das Petersburger Cabinet zu versöhnen? Nach einigem
Ueberlegen schlug Brunnow einen Handel vor. „Geben Sie uns
Dänemark," sagte er, „dann geben wir Ihnen Griechenland preis
und vergessen das Geschehene." Selbstverständlich handelte es sich
nicht um eine Cession der dänischen Monarchie, wohl aber darum,
dieselbe in einen russischen Vasallenstaat zu verwandeln und dem
Kaiser Nikolaus Aussicht auf den Besitz des Kieler Hafens zu
eröffnen. Zu diesem Zwecke erfand Brunnow Erbansprüche, welche
das russische Haus nach dem kinderlosen Ableben Friedrich's VII.
auf den sogenannten Gottorp'schen Antheil mit Kiel geltend

---

[1]) Siehe das Nähere in Charles Greville's Memoirs.

machen könne. Diese Erbansprüche. auf welche Peter III. und
Paul I. für sich und ihre Nachkommen verzichtet hatten. waren
eine Fabel, deren sich Brunnow bediente, um dem englischen
Minister die Integrität der dänischen Monarchie als ein europäisches Interesse darzustellen. Der Besitz des Kieler Hafens
würde allerdings den finnischen Meerbusen in ein *mare clausum*
verwandelt und Russlands Seeherrschaft in der Ostsee fest begründet haben. Palmerston mochte sich, indem er auf diesen
Handel einging, einbilden. ein wirkliches, wenn auch sehr ent-
ferntes englisches Interesse zu vertreten. Er übersah dabei. dass.
um Kiel in einer entfernten Zukunft nicht in russische Hände
kommen zu lassen. die Gefahr näher gerückt wurde. ganz Dänemark unter russische Botmässigkeit zu stellen. In der That hatte
Kaiser Nikolaus dem präsumtiven dänischen Thronerben, dem
Prinzen Friedrich von Hessen, wohl nur darum die Hand seiner
ältesten Tochter verliehen. um in seinem Schwiegersohne dermaleinst ein dienstwilliges Werkzeug in Kopenhagen zu haben. Der
Plan scheiterte durch den frühen Tod der Grossfürstin. und man
suchte nun ein anderes Mittel, denselben Zweck zu erreichen.
Dieses Mittel konnte nur in einer Veränderung der Successions-
Ordnung gefunden werden. Im eigentlichen Dänemark war weibliche Erbfolge gesetzlich. in den Herzogthümern ausschliesslich
die männliche. Hätte man sich also gar nicht um die Zukunft gekümmert. so stand nach dem Tode Friedrich's VII. die
Integrität Dänemarks auf dem Spiele. Im eigentlichen Dänemark
würde die Landgräfin von Hessen. Mutter des Prinzen Friedrich.
Königin geworden sein. während Holstein und Schleswig an den
zunächst berechtigten Agnaten gefallen wäre. Dieser zunächst
berechtigte Agnat war keineswegs der Prinz Christian von Glücks-
burg. Es standen vielmehr nach den Angaben deutscher Publicisten
nicht weniger als neunzehn Mitglieder des weitverzweigten schleswig-holsteinischen Hauses dem Throne näher. Ohne nun die
näher berechtigten Agnaten oder die schleswig-holsteinischen
Stände zu befragen. wurde in Gemässheit der zwischen Palmer-

ston und Brunnow getroffenen geheimen Uebereinkunft die bestehende gesetzliche Erbfolge geändert und Prinz Christian durch
einen europäischen Machtspruch als Thronerbe bezeichnet. Russland erlangte dadurch einige Aussicht nicht nur auf den sogenannten Gottorp'schen Antheil, sondern auf Dänemark selbst.
Prinz Christian hatte nur drei Söhne, von denen der eine als
König von Griechenland seinen Rechten auf Dänemark entsagte.
Nach dem Aussterben der Glücksburgischen Linie hätte Russland Ansprüche auf die gesammte dänische Monarchie erheben
können, deren Integrität sicher zu stellen der Zweck des Londoner Vertrages war.

Von allen Staatsmännern Englands durchschaute nur Prinz
Albert das russische Spiel. Er hatte es sich jedoch zum Gesetz
gemacht, sich jeder directen Einwirkung auf die englischen
Minister in einer Angelegenheit zu enthalten, in deren Behandlung dem Gemahl der Königin zu warme Sympathien für sein
deutsches Vaterland vorgeworfen werden konnten. Das Einzige,
was er that, war, dem Prinzen von Noër, einem der über-
gangenen, nicht befragten Agnaten, anheimzugeben, gegen diesen
europäischen Machtspruch zu protestiren. Dieser folgte dem
Rathe und erklärte, seine Einwilligung zu der neuen Successions-
Ordnung zu geben, aber nur unter der Bedingung, es müsse nach
dem Vorbilde des Utrechter Vertrages völkerrechtlich festgestellt
werden, dass die Krone Dänemarks in keinem Falle auf demselben Haupte mit der russischen vereinigt werden dürfe. Dieser
Bedingung wurde nicht entsprochen. Das amtliche Schreiben des
Prinzen von Noër wirft jedoch das hellste Licht auf die Transaction.

Oesterreich und Preussen willigten aus Rücksicht auf Russland in die Unterzeichnung, und Kaiser Napoleon wollte dem ihm
ergebenen Lord Palmerston keine Verlegenheiten bereiten. So
wurde trotz der Bedenken der preussischen Regierung im Jahre
1852 der Vertrag vollzogen, in welchem das dänische demokratische Cabinet die Lösung der Streitfrage erblickte. Oesterreich
und Preussen hatten nicht wie bei Regelung der belgischen Frage

als Mandatare des Bundes gehandelt. Auch nachträglich ward der Vertrag dem deutschen Bundestage nicht vorgelegt. Einzeln erklärten die meisten deutschen Regierungen zwar ihre Zustimmung, aber wie z. B. Sachsen unter der ausdrücklichen Reserve der Genehmigung des Bundes. Hiernächst hatte die eiderdänische Partei versäumt, den Vertrag den holsteinischen Ständen vorzulegen. Letztere erkannten die ohne ihr Zuthun geschaffene Successions-Ordnung nicht an und beriefen sich auf ihre alten Verfassungen und Privilegien. um die Untrennbarkeit Schleswigs von Holstein zu vindiciren. Die holsteinischen Stände riefen den Schutz des Bundes an. Oesterreich und Preussen erblickten ihrerseits in der dänischen November-Verfassung eine Verletzung der ihnen in den Jahren 1851 bis 1852 gemachten dänischen Zusicherungen. So entstand ein Conflict, dessen Lösung um so schwieriger erschien, als der Standpunkt der deutschen Grossmächte anfangs ein anderer war als der des Bundes. Nach Verwerfung eines sächsischen Vermittelungs-Vorschlages wurde die Bundesexecution mit e i n e r Stimme Majorität beschlossen. Gleichzeitig nahmen Oesterreich und Preussen als europäische Grossmächte die Sache in die Hand. Sie bestanden auf der Erfüllung der ihnen von Dänemark ertheilten Zusagen, hielten aber trotzdem an der Fiction fest, nicht im Kriege mit dem König Christian zu sein und zu interveniren, um die Integrität Dänemarks aufrecht zu erhalten. Die Meinungs - Verschiedenheit zwischen den deutschen Grossmächten und der Bundes-Majorität war indirect, wie schon angedeutet, eine Folge des missglückten Rechberg'schen Lösungsversuches.

Die sehr entschiedenen Sympathien der englischen Regierung für Dänemark wurden von der Tagesmeinung unterstützt. Die Aufgabe der deutschen Diplomatie in London war keine beneidenswerthe. Dieselbe wurde erschwert durch die Leidenschaftlichkeit Lord Palmerston's, der in jedem Zweifel an der Rechtsgiltigkeit des Londoner Vertrages eine persönliche Beleidigung erblickte.

In einem Lande, wo die Presse eine Macht ist, musste versucht werden, die Vorurtheile und Leidenschaften mit den Waffen der Tagespresse selbst zu bekämpfen. Auf die unbedingte Discretion des Chefredacteurs der „Times", Mr. Delane, bauend, sandte ich ihm im December 1863 ein kurzes Memorandum. Dasselbe behandelte die schleswig-holsteinische Frage objectiv *ab ovo* und wurde mit der Unterschrift „Ein Deutscher, der Thatsachen liebt" *(„a German who is fond of facts")* in der „Times" veröffentlicht.

So fest ich von der Gerechtigkeit unserer Sache überzeugt war, so konnte ich mich doch nicht darüber täuschen, dass vor allen Dingen eine Machtfrage vorlag. Kam es zum allgemeinen Kriege, so stand die Integrität der deutschen Mittelstaaten nicht minder auf dem Spiele, als die Dänemarks. Mainlinien-Ideen schwirrten durch die Luft. In Paris hielt man es nicht für unmöglich, Oesterreich für Venetien auf Kosten Bayerns und Württembergs zu entschädigen. Auch schien es mehr als zweifelhaft, ob Preussen Gut und Blut einsetzen werde, um die Elbherzogthümer für den Augustenburger zu erobern. Würde man dem neu zu bildenden, kleinen Staate die Vertheidigung des Kieler Hafens anvertrauen wollen? Arbeitete Sachsen nicht *„pour le roi de Prusse"*, wenn es für die Rechte und die staatliche Selbständigkeit der meerumschlungenen Herzogthümer eintrat?

Die Gefahren, welche unser kleines sächsisches Kanonenboot bedrohten, waren in London leichter zu erkennen als in Dresden. Ich verfehlte nicht, privatim davor mit den Worten zu warnen: „Ich betrachte mich als einen Matrosen im Mastkorbe. Ich melde die *breakers ahead*, die Klippen und Untiefen, die ich sehe, es dem erfahrenen Steuermanne überlassend, den Lauf des Schiffes zu regeln und die Segel einzureffen, wenn es Noth thut."

———

Aus Privatbriefen.

1863.

London 1. Januar 1863.

In der deutschen Frage ist man hier nicht eben günstig für uns gestimmt. Die Auseinandersetzung, welche Herr von Bismarck neulich mit dem Grafen Karolyi gehabt hat, ist noch nicht in ihren Einzelheiten bekannt, da der Bericht des k. k. Gesandten in Berlin hier noch nicht vorliegt. Man weiss jedoch genug, um ernste Besorgnisse zu hegen. Lord Russell hat sich veranlasst gesehen, in Wien zur Mässigung zu mahnen. Man hat ihm geantwortet, dass nicht Oesterreich sondern Preussen die Dinge auf die Spitze treibe. Der Staats-Secretär des Aeusseren hat dagegen eingehalten, in der Delegirtenfrage habe Preussen das formelle Recht auf seiner Seite, da organische Abänderungen Stimmen-Einhelligkeit erforderten. Apponyi hat sich begnügt darauf hinzuweisen, es sei dies eine Frage, welche man in Frankfurt zu entscheiden habe. Seit Jahren bestrebe sich Preussen, die Bundesverfassung zu discreditiren. Es handele sich darum, der von Preussen genährten Agitation ein Ende zu machen. Preussen sei isolirt; selbst Baden sei gegen die Delegirten-Versammlung, da ihm diese Reform nicht weit genug gehe. Uebrigens sei alles dies nur Vorwand. Man rassele in Berlin mit dem Säbel, weil man sich aus unhaltbaren Verlegenheiten der inneren Lage nach aussen Luft machen wolle.

„Alles dies zugegeben," war Lord Russell's Antwort, „so kann ich doch nicht umhin, von allen Reformen abzurathen und dringend zur Ruhe und Mässigung zu mahnen."

„Wer das vor drei Jahren vorausgesagt," rief Apponyi, „dass Lord Russell Oesterreich von zu raschem Vorgehen auf dem Wege der Reform zurückhalten werde!"

Diese Bemerkung setzte die Lachmuskeln des kleinen Mannes weidlich in Bewegung.

Zur Charakterisirung der Sachlage sei nur erwähnt, dass hier ernste Besorgniss, in Paris unleugbare Schadenfreude vorherrscht. So gut österreichisch Drouyn de Lhuys auch sein mag, so ist er doch zu sehr Franzose, um sich nicht über die steigende Verwirrung zu freuen.

Sehr aufgefallen ist die Aufrichtigkeit, mit welcher Herr von Bismarck von der Besetzung Hessens und Hannovers als selbstverständlich gesprochen hat. Metternich gegenüber hat sich der preussische Minister-Präsident schon vor Monaten ebenso aufrichtig gezeigt. Der Fürst warnt vor jeder Unterschätzung des preussischen Staatsmannes und sagt voraus, es werde demselben gelingen, sich in der Staatskanzlei Vertrauen zu erwerben.

Die Whigs werden scharf angegriffen und ihre Sympathien für Dänemark als Agitationsmittel benutzt. General Oxholm, welcher die Prinzessin Alexandra hierher und nach Osborne begleitete, soll in Kopenhagen den Sturz Lord Russell's als nahe bevorstehend verkündet haben.

Bernstorff fürchtet ein Derby-Ministerium. *Tempora mutantur* . . . .

London, 12. Januar 1863.

Eine längere Unterredung mit Mr. Disraeli hat mich gestern nur in der Ueberzeugung bestärken können, dass wir — *à moins d'événements imprévus* — ernste Parteikämpfe, eine Ministerkrisis oder gar eine Parlaments-Auflösung, wie man hie und da befürchtete, nicht zu erwarten haben.

Nach einer mit grosser Offenheit entworfenen Rundschau über die innere und äussere Sachlage bemerkte der Führer der Opposition: „Ich habe zwar unseren Feldzugsplan für die bevorstehende parlamentarische Campagne mit meinen Freunden noch nicht festgestellt, glaube Ihnen aber schon jetzt versichern zu können, dass ernste Stürme nicht zu erwarten sind. Es mögen unvorhergesehene Zwischenfälle eintreten *(something may turn up)*, aber vorläufig liegt nichts vor, was uns nöthigen könnte, aus unserer zuwartenden Haltung herauszutreten. Ein drittes Mal werden wir ein schwaches Ministerium nicht bilden. Wir können warten und werden nichts überstürzen. Wenn wir das Ruder wieder ergreifen, wird es mit Aussicht auf eine längere und sichere Zukunft geschehen. Werden diese Umstände erst nach dem Ableben Lord Palmerston's eintreten? ich weiss es nicht; vorläufig hat der Alte keinen ernsten Angriff unsererseits zu fürchten."

Im Publikum erwartet man einen Angriff auf die ministerielle Politik: erstens, in Betreff der amerikanischen Wirren (man hält die Opposition für geneigter als die Minister, die von Frankreich betriebene Vermittelung zu versuchen); zweitens, in Betreff Griechenlands und der jonischen Inseln; drittens, in der deutsch-dänischen Frage.

Ueber Amerika hatte ich nicht Gelegenheit, mich mit Disraeli auszusprechen.

Ueber Griechenland und die jonischen Inseln fand ich ihn schlecht unterrichtet. Er tadelte die Ueberstürzung der Regierung, kritisirte das Memorandum Gladstone's, schien aber zu glauben, die Jonier selbst würden sich gegen das Project aussprechen. In diesem Falle verdiene der Schachzug Palmerston's keine Missbilligung. Die Coburg'sche Candidatur für den erledigten griechischen Thron schien ihm unbedenklich, da der Herzog kinderlos, die Successionsfrage sonach offen bleibe.

Am ausführlichsten besprachen wir die dänische Frage. Disraeli war unter dem Eindrucke, die aus Gotha datirte Depesche sei eine Concession Lord Russell's an die Königin. Ihre Majestät stehe, wie ihr verstorbener Gemahl, in dieser Frage ganz auf Seiten Deutschlands. Das könne jedoch nicht hindern, dass man in England Russell's Vermittelungsversuch als eine unberufene Einmischung betrachte. Ich habe diese, wie ich glaube, ganz irrthümliche Auffassung nicht ohne Erfolg bekämpft und

hervorgehoben, der verstorbene Prinz habe im Bewusstsein seiner
vaterländischen Sympathien geflissentlich vermieden, in der dänischen Frage Stellung zu nehmen. Es sei daher kaum glaublich, dass Lord Russell einer höheren Inspiration gefolgt sei,
wenn er die conservativen Interessen des Continents den dänischen
Demokraten gegenüber vertreten habe. Alles was die vernünftigen und conservativen Staatsmänner Deutschlands wünschten,
sei, die leidige Streitfrage baldthunlichst beizulegen, um zu verhindern, dass ein Agitationsmittel daraus gemacht werde. Habe
nun ein englischer Minister den Muth gehabt, die Bedingungen
zu formuliren, unter welchen ein Ausgleich überhaupt denkbar,
so sei es gewiss nicht die Aufgabe der Tories, demselben aus
diesem *conservative move* einen Vorwurf zu machen. Uebrigens
bewege sich die Depesche ganz im Einklange mit den Auffassungen Frankreichs und Russlands und verlange von Dänemark nichts als die Erfüllung wiederholt ertheilter feierlicher
Zusicherungen.

Ueber die deutschen Zerwürfnisse denkt Disraeli ganz wie
die Minister des Tages. Er glaubt, Herr von Bismarck habe
dieselben nur heraufbeschworen, um die innere Frage nicht zu
lösen, sondern noch mehr zu verwirren. Offenbar habe er auf
Frankreich gerechnet, und hier sei er zu spät gekommen. Voriges
Jahr sei etwas zu machen gewesen, auch habe man ihn bereitwillig
angehört und vielleicht ermuthigt. Jetzt aber habe das mexicanische Zugpflaster in Verbindung mit gewissen anderen Umständen in Paris eine heilsame Wendung herbeigeführt. Thouvenel's Sturz und Drouyn de Lhuys' Rückkehr seien Ereignisse,
die nicht nur für Italien folgenschwer und bedeutsam erscheinen
müssten. Drouyn de Lhuys sei nüchtern und friedlich und
betrachte die englische Allianz als das *pivot* seiner Politik.
Auf preussische Aventüren werde er sich schon aus Rücksicht
für England nicht einlassen. Man habe daher Herrn von Bismarck, als er zum letzten Male in Paris war, kalt aufgenommen.
(*They have shown him the cold shoulder.*) Diese Aeusserungen

sind nicht zu unterschätzen, da mein Gewährsmann in der Regel über die Stimmungen in den Tuilerien gut unterrichtet ist. Der „keusche Joseph" dürfte daher nicht sobald wieder in die Lage kommen, seinen Mantel, wie er sich einmal rühmte, in den Händen der Pariser Potiphar zurückzulassen.

In Oesterreich — constatirte Disraeli mit Vergnügen — fange die innere Lage an sich zu bessern und mit dieser der Credit der k. k. Regierung nach aussen. Madame Blaze de Bury habe vor kurzem einen Salon eröffnet, in welchem Roebuck, Kinglake und andere aus- und eingingen. Diese Coterie stelle sich die Aufgabe, die Presse, insbesondere die Provinzialblätter zu Gunsten Oesterreichs umzustimmen. Disraeli bedauert, diese Dame nicht direct unterstützen zu können, da sie gegen die jetzige französische Regierung eine zu unvorsichtige und leidenschaftliche Sprache führe.

London, 24. Januar 1863.

Gestern von Brüssel zurückgekehrt hat General Grey Lord Russell über seine Sendung Bericht erstattet. Dieser sagt, der Herzog von Coburg habe viele Fragen gestellt, aber die griechische Krone nicht abgelehnt und werde daher in Athen empfohlen werden. Der Herzog scheint sich namentlich nach der Höhe der ihm zu gewährenden Civilliste, nach dem Schicksal seiner deutschen Lande und nach dem Umfange der Unterstützung erkundigt zu haben, welche ihm die Schutzmächte, vor Allem England, gewähren könnten. Ueber die Chancen, welche die Candidatur in Griechenland hat, ist noch nichts bekannt, doch versichert Lord Russell, die griechische Colonie in London scheine dieser Idee nicht abgeneigt. Ein russischer Protest ist zwar noch nicht eingegangen, dürfte aber unterwegs sein. Brunnow spottet über den idealen König, welchen England suche und kaum finden werde.

Ueber das Befinden des Königs Leopold lauten die Nachrichten des General Grey im höchsten Grade bedenklich.

Bei ungeschwächter Geistesfrische ist die Abnahme der körper-
lichen Kräfte sehr bemerkbar. Die Umgebungen klagen über
tägliche Ueberschreitungen der vorgeschriebenen Diät. Das
Nervensystem ist sehr erschüttert. Der König geht mit ungewohnter Aengstlichkeit der unvermeidlich gewordenen Operation
entgegen. Alle Symptome lassen befürchten, der Kranke werde
die Vermählung des Prinzen von Wales kaum erleben.

Der erste Eindruck, welchen der neuernannte französische
Botschafter, Baron Gros, gemacht hat, ist ein guter. *„He
appears to be a very civil man,"* sagte Lord Russell nach seiner
ersten Unterredung, ein Urtheil, auf welches die Berichte Lord
Elgin's aus Peking vorbereitet hatten. Der Baron wird übrigens
ebenso wenig wie Graf Bernstorff der Königin sein Beglaubigungs-
schreiben persönlich überreichen, aber wahrscheinlich bald in
Osborne empfangen werden. Am 11. Februar wird das Hoflager
nach Windsor verlegt.

Die von dem „Journal de St. Petersbourg" dementirten Enthüllungen der „Morning Post" über angebliche russische Waffen-
sendungen nach Serbien werden von letzterem Blatte in einem
ziemlich scharf gehaltenen Artikel aufrecht erhalten. Brunnow
spottet über die Leichtgläubigkeit der englischen Journalisten,
erinnerte jedoch an eine bekannte Lafontaine'sche Fabel durch
die Bemerkung, die kriegerischen Absichten des neuen Sultans
müssten allen christlichen Mächten Besorgnisse einflössen.

London, 3. Februar 1863.

Der Inhalt wenn nicht der Wortlaut der Depesche wird
bekannt sein, welche Lord Russell am 14. v. M. an Lord
Bloomfield gerichtet. Es wird darin die Besorgniss ausgesprochen, der Conflict zwischen Oesterreich und Preussen könne
für den Weltfrieden bedenkliche Proportionen annehmen. Immer
bereit guten Rath zu ertheilen, formulirt Lord Russell drei Punkte,
deren Annahme das gute Einvernehmen beider deutschen Mächte

wieder herstellen würde. Oesterreich möge sein Delegirten-Project zurükziehen, Preussen dagegen die hegemonistischen Gelüste aufgeben, deren Graf Bernstorff in seiner Depesche vom 20. December 1861 gedacht habe. Endlich möchten Oesterreich und seine deutschen Bundesgenossen Preussen innerhalb des Bundes eine den Machtverhältnissen mehr entsprechende Stellung einräumen.

Die vom 22. v. M. datirte Antwort des Grafen Rechberg hat zu einer Unterredung Anlass geboten, über welche ich die nachstehenden authentischen Notizen geben kann. Der erste Punkt war durch die Ablehnung des Reform-Projects seitens der Bundes-Versammlung bereits erledigt. In Betreff des zweiten konnte der österreichische Botschafter nur versichern, Oesterreich und Deutschland würden Lord Russell sehr dankbar sein, wenn es seinen Bemühungen gelänge, Preussen zum Aufgeben der von Graf Bernstorff formulirten Prätensionen zu bewegen. Apponyi's Aufgabe beschränkte sich daher darauf, den Kern des Pudels oder vielmehr des dritten Punktes zu ergründen. Lord Russell hat nach einigem Zögern das Alternat im Bundes-Präsidium als die Concession bezeichnet, welche Preussen befriedigen werde. Der österreichische Botschafter versicherte, Oesterreich und seine deutschen Bundesgenossen würden kein Bedenken tragen, in das von England empfohlene Zugeständniss zu willigen, falls Aussicht vorhanden, damit den Frieden zu erkaufen. Leider sei dies nicht zu hoffen. Vielmehr werde man in Berlin diese Concession als Abschlagszahlung betrachten und nur um so entschiedener auf die Verwirklichung des Bernstorff'schen Programmes hinarbeiten. Lord Russell theilt diese Befürchtungen und hat vorgestern vor Plänen gewarnt, welche Herr von Bismarck in der Stille nähre. Seitdem überbrachte der englische Courier eine weitere Depesche des Grafen Rechberg vom 30. In kurzen Sätzen wird darin der feste Entschluss des k. k. Cabinets ausgesprochen, sich in den zeitgemässen Reformbestrebungen nicht beirren zu lassen. Die Verdächtigung, man wolle Preussens Einfluss schmälern, wird scharf zurückgewiesen.

Die Unterhandlungen mit dem Herzog von Coburg wegen
Uebernahme der griechischen Krone sind nach den gestern
aus Gotha eingegangenen Telegrammen als gescheitert zu betrachten.

Die Thronrede ist in der letzten geheimen Raths-Sitzung
festgestellt worden. Die Einführung des Prinzen von Wales
in das Oberhaus wird sofort nach Eröffnung des Parlamentes
erfolgen.

London, 19. März 1863.

In der polnischen Frage sollte der von Frankreich vorge-
schlagene gemeinsame Vorschritt nicht in Petersburg, sondern in Berlin erfolgen, wie der im Pariser Gelbbuche auf-
genommene Entwurf zu der *Note collective et simultanée* beweist.
Oesterreich lehnte ab, da es auch der preussisch-russischen
Convention vom 8. Februar beizutreten sich geweigert habe.
Oesterreichs Ablehnung des französischen Vorschlages hat die
Englands herbeigeführt. Bernstorff behauptet, man habe es dem
englischen Cabinet allein zu verdanken, wenn Kaiser Napoleon
seine für den Weltfrieden so verhängnissvollen, abenteuerlichen
Pläne zu vertagen genöthigt worden. Allerdings hatte Lord
Russell mittelst Circulare vom 5. d. den Congressmächten seine
Depesche an Lord Napier mitgetheilt und die Unterstützung
der englischen Anträge (Aufrechterhaltung der im Jahre 1815
den Polen versprochenen Concessionen und Ertheilung einer umfassenden Amnestie) empfohlen. Grossen Werth legt man hier
jedoch auf diese Unterstützung nicht. Die österreichische Ablehnung ist hier fast mit Befriedigung aufgenommen worden. Es
wurde darin hervorgehoben, die Wiederherstellung der durch
die Revolution von 1831 vernichteten Verfassung werde den Polen
keineswegs genügen. Diese verlangten die Wiederaufrichtung
des polnischen Reiches in den Grenzen von 1772. Lord Russell's
Befriedigung erklärt sich aus den Befürchtungen vor einer zu
weit gediehenen Intimität zwischen Wien und Paris. Metternich's

Reise nach Wien hatte diese Befürchtungen genährt, die nunmehr beseitigt erscheinen.

Fürst Gortschakoff hat mündlich auf die englische Depesche geantwortet. Lord Napier's Bericht darüber ist wundersamer Weise Herrn von Brunnow früher zugegangen als Lord Russell, da Gortschakoff den britischen Botschafter um Mittheilung seines Berichtes vor dessen Absendung ersucht hatte. Selbstverständlich lehnt Russland die englischen Anträge ab. Unter Berufung auf die sehr vage Fassung der Wiener Congress-Acte bezüglich Polens hebt der russische Minister hervor, Alexander I. habe aus eigener Machtvollkommenheit dem Königreiche Polen Concessionen gewährt, welche Kaiser Nikolaus nach Niederwerfung des Aufstandes von 1831 zurückzunehmen befugt gewesen. Die zwischen beiden Höfen in den Jahren 1831—32 gepflogene Correspondenz genügt nach Gortschakoff's Ansicht, um jede Einmischung Englands in die polnischen Angelegenheiten als unberechtigt erscheinen zu lassen. Der Fürst versichert, Kaiser Alexander II. werde sich durch den jetzigen Aufstand in der betretenen Bahn der Reformen nicht beirren lassen, von Amnestie könne jedoch erst nach Bewältigung der Bewegung die Rede sein.

Auf die Frage, was er thun werde, falls die russische Antwort ablehnend ausfalle, hat Lord Russell geantwortet, er werde vielleicht repliciren. Also eine fortgesetzte Polemik? ein blosser Schriftenwechsel? Die Ereignisse werden uns darüber belehren. Die englischen Minister werden schwerlich aus ihrer Passivität heraustreten und vorziehen, sich mit Oesterreich zu verständigen, anstatt sich auf französische Abenteuer einzulassen. Durch eitle Worte, gesprochene oder geschriebene, darf man sich auf dem Continente nicht beirren lassen. Das Klimpern gehört nun einmal auch zum Handwerke britischer Minister.

London, 9. April 1863.

Die Besprechungen über die polnischen Angelegenheiten haben einen gemeinsamen Schritt Englands, Frankreichs und Oesterreichs eingeleitet. Jede der drei Mächte wird an das russische Cabinet eine Depesche richten, deren Fassung durch gegenseitige Mittheilung der betreffenden Entwürfe in Uebereinstimmung festgestellt werden soll. Zweck ist, Russland zu ersuchen, den Polen Institutionen zu verleihen, welche die Herstellung eines dauernden Friedens thunlichst sicher stellen. Die Westmächte werden diese Empfehlung aus dem europäischen, Oesterreich dieselbe aus dem grenznachbarlichen Gesichtspunkte motiviren. Jeder Territorialveränderung entschieden abhold, betrachtet England diesen Collectiv-Schritt als das Mittel, Frankreich so zu sagen in der Hand zu behalten. Man wünscht jedem Separat-Abkommen zwischen Paris und Petersburg oder zwischen Paris und Wien vorzubeugen. Während Frankreich in dem vorliegenden Entwurfe die Verträge von 1815 völlig ignorirt, scheint Lord Russell deren Aufrechterhaltung, soweit dieselben noch bestehen, ganz besonders betonen zu wollen. Oesterreich sieht ebenfalls von den Verträgen ab, spricht ausschliesslich von seinen grenznachbarlichen Interessen und vermeidet geflissentlich Alles, was als eine unberufene Einmischung oder gar als eine Drohung erscheinen könnte. Die Gemeinschaftlichkeit besteht lediglich darin, dass die drei Depeschen womöglich an demselben Tage dem Fürsten Gortschakoff abschriftlich mitgetheilt werden sollen.

Der hiesigen preussischen Botschaft soll gestern ein Telegramm zugegangen sein, wonach der Kaiser von Russland Befehl gegeben habe, sechs Armeecorps auf den Kriegsfuss zu stellen. Vermuthlich ist das sechste Armeecorps gemeint. Ich habe darüber keine Gewissheit zu erlangen vermocht, da Bernstorff seit mehreren Tagen auf dem Lande ist. Russland rüstet allen Ernstes. Lord Napier hat jedoch die Zusicherung erhalten, dass diesen Rüstungen kein aggressiver Hintergedanke zu Grunde liege.

Ueber die Wiederbesetzung des Kriegs-Ministeriums ist officiell noch nichts bekannt. Man fürchtete vorgestern eine gründliche Wiederaufmischung des Ministeriums. Doch höre ich, dass eine einfachere Lösung gefunden worden ist, dass Cardwell Kriegs-Minister, Clarendon Kanzler des Herzogthums Lancaster werden und als solcher in das Cabinet eintreten soll. Von der Gicht geplagt, scheint letzterer die Uebernahme eines bedeutenderen Portefeuilles abgelehnt zu haben. Die Geschäfte des Herzogthums Lancaster werden dem früheren Staats-Secretär des Aeusseren alle Zeit lassen, im Cabinet seine langjährigen Erfahrungen zu verwerthen. Lord Palmerston legt Werth darauf, in einem Augenblicke, wo sich der politische Horizont zu trüben scheint, dem eigenmächtigen Vorgehen Russell's ein Gegengewicht zu schaffen. Das ministerielle Duumvirat könnte sich so nach aussen in ein Triumvirat verwandeln. In allen inneren Fragen ist Lord Palmerston unumschränkter Herr und Gebieter und Lord Clarendon's Wiedereintritt wird daran nichts ändern.

Lord Russell, den ich gestern in Pembroke Lodge aufsuchte, war trotz seines sanguinischen Temperamentes ungewöhnlich ernst gestimmt. Er hat alle Ursache dazu. Die Minister des Präsidenten Lincoln scheinen einen Conflict mit England förmlich zu suchen. Dabei kommen Unregelmässigkeiten vor, nicht geeignet, die Aufgabe der Friedensfreunde zu erleichtern. So hat der sonst so vorsichtige amerikanische Gesandte unlängst einem englischen nach Mexico bestimmten Schiffe einen Geleitsschein bewilligt. Ein unerhörter Fall! England ist im Frieden mit Frankreich und Mexico. Das mit Kriegsmaterial befrachtete Schiff ist für die Mexicaner, also gegen die Franzosen bestimmt. Es würde von den amerikanischen Kreuzern aufgegriffen worden sein ohne Mr. Adams' Geleitsschein.

Bernstorff, den ich in Pembroke Lodge traf, hatte Lord Russell mehrere Depeschen über die dänische Frage mitgetheilt und dabei hervorgehoben, wie sehr der neueste Vorschritt des

Kopenhagener Cabinets mit der englischen Auffassung in Widerspruch stehe. Preussen scheint entschlossen, sich jedes ein-
seitigen Einschreitens zu enthalten und nichts zu thun ohne vor-
hergegangene Verständigung mit Oesterreich und dem Bunde.
Die Broschüre, „*a Statement of the German-Danish Question*" hatte
Lord Russell noch nicht gelesen. Diese den deutschen Standpunkt sehr klar entwickelnde Schrift soll der Feder des britischen
General-Consuls Ward in Leipzig zu verdanken sein. Bernstorff
ist der Meinung, Frankreich trachte die dänische Frage offen zu
halten, während England zu deren Lösung nach den verunglückten
letzten Versuchen nichts thun werde, solange es sich nicht um
Abwendung einer wirklichen Kriegsgefahr handle.

Die definitive Antwort über die Annahme der griechischen
Krone seitens des Prinzen Georg von Schleswig-Holstein war
gestern von Kopenhagen noch nicht eingegangen. Lord Russell
hoffte den Prinzen Christian zu bewegen, seinem Sohne die erwünschte Einwilligung zu geben. Die Familie ist entschieden
gegen die Annahme dieser Dornenkrone.

London, 24. April 1863.

Vor etwa sechs Wochen hat die britische Regierung einen
geheimen Agenten nach Polen gesendet, um sich über die dortigen
Zustände einige Aufklärung zu verschaffen. Eine viel verwendete
Persönlichkeit wurde mit dieser delicaten Sendung betraut.
Mr. Oliphant, früher Privat-Secretär Lord Elgin's in Canada,
Peking und Yeddo, später als Legations-Secretär bei dem Angriffe auf die britische Gesandtschaft in Japan schwer verwundet,
war eben aus Italien heimgekehrt, als die Polenbewegung ausbrach. Gastlich von mehreren Bandenführern in den Wäldern
aufgenommen, war er nach sechswöchentlichen Kreuz- und Quer-
zügen endlich nach Warschau gelangt. Er knüpfte dort gleichzeitig mit dem Vertreter der russischen Regierung, Marquis
Wielopolski, und den Mitgliedern des geheimen Revolutions-
Comités Verbindungen an. Oliphant ist vor wenigen Tagen hierher

zurückgekehrt. Seine Berichte dürften auf die Entscheidungen
der britischen Minister einigen Einfluss üben. Zunächst bestätigte
mir Oliphant die von der russischen Regierung wiederholt hervor-
gehobene Thatsache, dass die Conscription, ein Act der Noth-
wehr, dazu bestimmt war, dem längst im Stillen vorbereiteten
Aufstande vorzubeugen. Das ursprünglich rein socialistisch-demo-
kratische Revolutions-Comité sei von dem Londoner Central-Comité
aufgefordert worden, im Monat Mai einen Aufstand in Scene zu
setzen. Von der Polizei darüber unterrichtet, habe die russische
Regierung gehofft, die Leiter der Bewegung durch die Conscription
unschädlich zu machen. Der überstürzte Ausbruch sei von niemand mehr beklagt worden als von der aristokratischen Partei.
Diese habe von dem Warschauer Comité nichts wissen wollen,
später mitfortgerissen ihr Heil in der Ernennung eines Dictators
gesucht und für diesen Posten den einzigen Bandenführer von
einiger militärischer Capacität ausgewählt. Langiewicz's Flucht
bezeichne ein neues Stadium der Insurrection. Ein von dem
Londoner Central-Comité unabhängiger Ausschuss habe sich vor
kurzem gebildet. Aristokraten und Demokraten hätten sich verständigt und kämpften jetzt vereint für die Unabhängigkeit des
Landes und die Wiederherstellung der Grenzen von 1772. Im
Lager der Aufständischen hat Oliphant auch nicht eine Capacität
zu entdecken vermocht. Von militärischer Organisation sei nicht
die Rede. Vereinzelte Banden ohne allen Zusammenhang. Wind
und Wetter preisgegeben, bald von Schneestürmen, bald von den
Russen auseinander gesprengt, kämpften planlos aber mit dem
Fanatismus der Verzweiflung. Ein Erlöschen dieses überall wald-
brandartig auftauchenden Guerrillakrieges sei kaum zu erwarten,
solange Polen nicht in seinen alten Grenzen wiederhergestellt
sei. Militärisch besiegt, werde die Empörung immer wieder ausbrechen. Seit 1831 seien die Mittelklassen mit auf den Kampfplatz
getreten.

Da ich mir in Russland und Polen keine klare Vorstellung
mit diesem Worte verbinden konnte, bat ich um eine Definition.

„Ich nenne Mittelklassen," erwiderte Oliphant, „Alles was
nicht zum Adel oder zum Bauernstande gehört: alle Handwerker
nicht bloss in den Städten, alle Dienstboten, die Beamten mit
Inbegriff der Polizei, insoweit sie polnischen Ursprungs sind.
Alle diese Elemente sind in voller Gährung. Der terrorisirte
Adel folgt der Leitung der Mittelklassen, welche, zum ersten Male
zum Bewusstsein ihrer Macht gelangt, die Schwäche Russlands
zu durchschauen beginnen. Das ist das *novum* bei dem jetzigen
Aufstande. Die russische Herrschaft hat ihre moralischen Stütz-
punkte verloren und ist ebenso wenig gefürchtet als geachtet.
Wenn ich Russe wäre, ich würde so handeln wie der Grossfürst,
wenn Pole, wie die Führer des Aufstandes. Von ihren Stand-
punkten aus haben beide Theile Recht. An der Versöhnung beider
hat Wielopolski ehrlich, aber vergeblich gearbeitet. Er schmeichelte
sich, seine Landsleute leiten zu können, diese trauen ihm jedoch
nicht, und für Russland ist er ein verbrauchtes Werkzeug. In jedem
Falle hat er ausgespielt. Der Conflict, den er lösen wollte, ist
unlösbar."

London, 12. Mai 1863.

Es ist kaum je schwieriger gewesen als im gegenwärtigen
Augenblicke, sich ein richtiges Bild von der Politik der englischen
Minister zu machen. In Wahrheit wissen sie selbst nicht, was
sie wollen und wie sie das polnische Problem anfassen sollen.
Heute herrscht in dem uneinigen Cabinet die Furcht vor Kaiser
Napoleon, morgen die Besorgniss vor der öffentlichen Meinung.
Heute will man sich von den Franzosen nicht dupiren, morgen
nicht überflügeln lassen. Die Friedensfreunde hatten kaum aus der
gemässigten Sprache Lord Russell's vom 8. d. Beruhigung geschöpft, als sie wiederum durch die Deutung, welche man den
Worten des Ministers giebt, erschreckt wurden. Schon erblickt
man darin eine Anerkennung der polnischen Insurrection als kriegführende Macht und spricht von einem einjährigen Waffenstillstande, welchen England vorschlagen werde. Lord Bloomfield

ist angewiesen, das k. k. Cabinet zu ersuchen, sich der Befür-
wortung dieses Vorschlages in St. Petersburg anzuschliessen.
Bernstorff hat sich inzwischen vergebens bemüht, Lord Palmerston
die Gefahren eines solchen Vorschrittes auseinanderzusetzen. Mit
jener versatilen Leichtfertigkeit, welche freilich oft nur Maske ist
und als Mittel dient, andere einzuschüchtern, hat der Premier-
Minister den Widerspruch nicht zu erkennen vermocht, in welchem
dieser Waffenstillstands-Vorschlag mit den Erklärungen Lord
Russell's im Oberhause stehen würde. Auf die Bemerkung des
Botschafters, die Anerkennung der polnischen Insurgenten als
kriegführende Macht sei gleichbedeutend mit der Anerkennung
der Unabhängigkeit der polnischen Nationalität, erfolgte die Antwort, das sei kein Unglück. Als Bernstorff hinzufügte, Preussen
werde das nie zugeben, scheint Palmerston eine grosse Gleichgiltigkeit an den Tag gelegt zu haben. Auf die Frage, was
man in England unter Polen verstehe, das sogenannte Congress-
Polen oder das Polen von 1772, erwiderte der Premier-Minister:
„Vorläufig das erstere; doch wird Oesterreich Krakau wieder
herausgeben müssen."

Die englischen Minister wollen den Frieden d. h. sie wollen
den Krieg nicht. Geht Kaiser Napoleon jedoch auf deren unreife und unverdaute Vorschläge ein, so ist er wie im Jahre
1854 Herr der Lage. Er hat es ganz in seiner Hand, das englische Staatsschiff steuerlos auf den Wellen der grossen Politik
herumzutreiben bis zu dem Augenblicke, wo die britischen Minister,
um der Scylla einer Cabinets-Krisis zu entgehen, wider ihren
Willen in die Charybdis eines Krieges gegen Russland gerathen.

In den Tuilerien soll man sich wiederum mit Belgien beschäftigen und die Frage ernstlich erörtern, was geschehen solle,
wenn sich zwei staatskluge Augen plötzlich schliessen. Van de
Weyer tröstet sich mit der aus dem Munde Lord Russell's häufig
vernommenen Zusicherung, England werde nie zugeben, dass
Antwerpen den Franzosen in die Hände falle. Mit Recht fragt
Brunnow, ob auch König Leopold einen so hohen Werth auf

diese Festung lege, um in der Gewährleistung derselben eine ausreichende Entschädigung für sein Königreich zu erblicken.

Die Pariser Redensart *„nous irons par mer et nous reviendrons
par terre"* hat ihren Eindruck auf den preussischen Botschafter
nicht verfehlt. Er gestand mir, die britischen Minister könnten
es vielleicht geschehen lassen, dass Napoleon unter dem Vorwande der polnischen Wirren eine Flotte mit 40,000 bis 60,000
Mann Landtruppen an Bord nach der Ostsee entsende. Als ich
solchen Befürchtungen gegenüber mein patriotisches Bedauern
über die politische und handelspolitische Zerfahrenheit Deutschlands aussprach, bemerkte Bernstorff:

„Den Abschluss des Handelsvertrages mit Frankreich bedauere
ich auch heute noch nicht. Die Grundlagen desselben entsprechen
den wahren Interessen Preussens und Deutschlands. Trotzdem
würde ich, wäre ich heute Minister, den Handelsvertrag mit allen
seinen Consequenzen preisgeben, wenn sich dadurch eine ein-
müthige Action Oesterreichs und Deutschlands gegen Frankreich
erkaufen liesse."

Wie beklagenswerth es sei, dass sich inmitten dieser über
Nacht hereingebrochenen europäischen Krisis die beiden deutschen
Grossmächte gegenseitig neutralisirten, ward unumwunden zugegeben. Jetzt kam Bernstorff auf die Vergangenheit zurück,
auf die Bundesreform und den National-Verein, auf seine Depesche
an Savigny und die identischen Noten, und klagte über die Feindschaft, mit welcher ihn Oesterreich verfolgt habe. Ich fand mich
nicht veranlasst, auf diese unfruchtbaren Recriminationen näher
einzugehen. Der Botschafter zog jedoch daraus die nachstehenden
Schlusssätze:

„Die Bundesreform ist todt. Wir werden die Initiative nicht
mehr ergreifen. Wir sind nicht thöricht genug zu glauben,
Ernst I. und der National-Verein arbeiteten für uns. Was wir
wünschen, ist die Erhaltung des Bestehenden. Auf Vorschläge,
wie die in Frankfurt bereits zurückgewiesenen, können und werden
wir uns nicht einlassen. Die preussische Monarchie ist ein Ganzes

und die militärischen und politischen Kräfte dieses Ganzen werden wir weder einer Delegirten-Versammlung, noch einem irgendwie gearteten executiven Ausschusse zur Verfügung stellen. Der einzig praktische Boden einer Verständigung ist der handelspolitische. Hier würde ich für meine Person zu allen Zugeständnissen bereit sein."

London, 18. Mai 1863.

Der englische Vorschlag eines einjährigen Waffenstillstandes ist in Paris mit Freuden aufgenommen worden, obgleich der ehrliche Baron Gros denselben als *„une idée fabuleuse"* bezeichnet hatte. Man würde in den Tuilerien nie auf den Gedanken gekommen sein und ist nur zu froh, den britischen Ministern die Verantwortlichkeit dafür zuschieben zu können. Oesterreich dagegen weigert sich entschieden, sich an einem Vorschlage zu betheiligen, dessen Ablehnung in Petersburg unzweifelhaft ist. Das k. k. Cabinet bietet Alles auf, die Westmächte von dieser Idee abzubringen und wird ihnen, wenn sie derselben dennoch Folge geben, die Verantwortlichkeit überlassen.

Couriere kommen und gehen und die Telegraphendrähte werden wieder einmal weidlich missbraucht. Die düstersten Gerüchte über die polnischen Zustände finden in den höchsten Kreisen bereitwillig Glauben. Bald soll der General Berg mit dem Marquis Wielopolski zerfallen und zurückberufen sein, bald die russische Armee Befehl erhalten haben, nur noch ihren Unteroffizieren, nicht mehr ihren Offizieren zu gehorchen. Der gleichzeitige Ausbruch des Aufstandes in Lithauen, Volhynien und der Ukraine gilt als unzweifelhaft.

Brunnow ist sehr präoccupirt, und die Mitglieder der russischen Botschaft geben es nachgerade auf, gute Miene zum bösen Spiele zu machen.

Der Herzog von Cambridge sprach mir gestern mit grossem Ernste von der Sachlage. Er betrachtet namentlich die franzö-

sischen Pferde-Ankäufe als ein bedenkliches Symptom und warnt
vor jeder Bundes-Execution in Holstein.

London, 2. Juni 1863.

Graf Rechberg hat in den zwei gleichlautenden, an die österreichischen Botschafter in Paris und London gerichteten Depeschen
vom 23. v. M. Oesterreichs Beitritt zu den Vorschlägen erklärt,
welche die Westmächte nach Petersburg gelangen lassen wollen.
Er nimmt die Conferenz der acht Congressmächte an und ver-
spricht dem Kaiser Alexander die Idee der Waffenruhe (*suspension
d'armes*) anheimzugeben. Das ist die Idee, welche Baron Gros
„*fabuleuse*", Drouyn de Lhuys „*lumineuse*" nannte.

Während meines kurzen Aufenthaltes in Paris theilte ich
dem Fürsten Metternich mit, dass ich Brunnow sehr guten Muthes
verlassen und dass er mir die bestimmte Hoffnung ausgesprochen,
binnen drei Wochen werde es gelingen, den polnischen Aufstand
völlig niederzuwerfen.

„Niemand würde sich darüber mehr freuen als wir," bemerkte
der k. k. Botschafter, „aber leider ist das Vertrauen in den russischen Optimismus seither immer getäuscht worden."

Drouyn de Lhuys hat seiner Genugthuung über die österreichische Depesche vom 23. v. M. einem meiner Bekannten
gegenüber in folgenden Worten Ausdruck gegeben: „*Tout marche
à souhait. Si la Russie accepte la conférence à huit tout se réglera
facilement, si elle refuse il faudra voir.*"

In das Publikum ist über diese neueste Wendung nichts gedrungen. Mit Ausnahme des „Mémorial diplomatique" geben die
französischen Zeitungen nur sehr vage Andeutungen über die österreichische Beitrittserklärung.

Die Pariser Presse ist ganz von der gemachten Wahlagitation
absorbirt, welche Persigny mit mehr Eifer als Geschick aufzu-
bauschen bestrebt ist. Der Kaiser hegt nicht die geringste Besorgniss über den Ausgang der Wahlen. Schlimmsten Falles
würde die Opposition, welche jetzt aus fünf Mitgliedern besteht.

auf etwa zwanzig anwachsen. Er fürchtet ebenso wenig den alten Berryer, wie den alten Thiers. Mit letzterem fertig zu werden, hat der Kaiser zwei Mittel; entweder er schlägt ihn moralisch todt durch einen offenen Brief, oder er macht ihn zum Minister. Die letztere Combination wird durchaus nicht für unmöglich gehalten, aber für sehr gefährlich im Interesse des Friedens.

Vorläufig präoccupirt Mexico weit mehr als die Wahlen. Mit diesen amüsirt man die Pariser *badauds* wie mit den Turcos und Spahis im Bois de Boulogne. Die Nachrichten aus Mexico sind entschieden schlecht. In Puebla wird jedes Haus vertheidigt. Das zwischen dieser Stadt und der Hauptstadt gelegene Défilé ist von den Mexicanern in eine Festung verwandelt worden, welche die Franzosen jedenfalls bis nach Ablauf der jetzt eingetretenen Regenzeit aufhalten dürfte. Schon vergleicht man die Schwierigkeiten, welchen das zweite Kaiserreich in Mexico begegnet, mit denen, die das Ende des ersten in Spanien vorbereiteten. Es liegt darin eine Wahrheit, die um so augenscheinlicher ist, da die französische Flotte nebst allen verfügbaren Transportschiffen für die Dauer dieser Campagne jenseits des Oceans festgehalten und für sonstige Unternehmungen neutralisirt wird.

An die Möglichkeit eines Krieges in diesem Jahre glaubt daher niemand, so oft der Kaiser Napoleon auch wiederholen mag: „*Il faut faire quelque chose pour ces pauvres Polonais.*" Trotzdem lassen letztere die Köpfe hängen. Das Comité ist sehr kleinlaut geworden. Die in Versailles fabricirten Krakauer Telegramme finden keinen Glauben mehr. Die Zuzüge aus Posen und Galizien haben aufgehört. Selbst aus Krakau werden russische Siege telegraphisch gemeldet. Lithauen ist verwüstet, in der Ukraine hat der Aufstand fehlgeschlagen; Alexander Branicki, der für dessen Haupt galt, ist festgenommen und sitzt gefangen in Saratow. Sein Bruder Xavier, des Prinzen Napoleon Freund, soll durch diesen unerwarteten Schlag ganz entmuthigt sein.

Baron Brunnow, den ich bei meiner Rückkehr ebenso guten Muthes fand, als ich ihn verlassen, bestätigte mir diese Pariser

Nachrichten. Eine Conferenz *à huit* erscheint ihm nicht ganz unmöglich. Die Ostsee-Expedition betrachtet er als *humbug* und an Krieg glaubt er vorläufig nicht.

Apponyi dagegen sieht sehr schwarz und bemerkte: „Ist der Friede durchaus nicht mehr aufrecht zu erhalten, so kann sich Oesterreich keiner Täuschung darüber hingeben, dass ein Krieg gegen die Westmächte mit Bundesgenossen wie das heutige Preussen und das heutige Russland keine Aussicht auf Ersatz der Kosten bietet. Wir mussten Farbe bekennen und haben Farbe bekannt. Wie im Krimkriege neutral bleiben, wäre Thorheit. *Vae victis!* Soll es nun einmal Krieg sein, so wollen wir auf der Seite der Sieger stehen. Das hindert nicht, dass wir Alles aufbieten werden, um die Katastrophe hintanzuhalten. Mit England sind wir einig. Ob wir dazu ein sauersüsses oder ein freudiges Gesicht machen, ist gleichgiltig. Die Conferenz werden Oesterreich und England nur dann beschicken, wenn dieselbe auf die acht Congressmächte und ausschliesslich auf die polnischen Angelegenheiten beschränkt bleibt.“

Die Constellation vom Januar 1815 steht wieder am politischen Horizonte: Oesterreich, England und Frankreich gegen Russland und Preussen. Aber kein Bourbon sondern ein Napoleon sitzt in den Tuilerien, im *Foreign Office* Lord Russell anstatt Castlereagh, auf dem Ballplatze Rechberg anstatt Metternich.

London, 21. Juni 1863.

Beruht der Optimismus des Fürsten Gortschakoff auf geheimen Verabredungen mit Frankreich oder auf Selbsttäuschungen? das ist von hier aus nicht zu erkennen. Werden die von den Westmächten und Oesterreich formulirten sechs Vorschläge als Grundlage der Conferenz *à huit* von Russland angenommen, so ist alle Aussicht vorhanden, dass sich die Vertreter der acht Congressmächte am grünen Tische zusammenfinden. Aber ist damit das Problem gelöst? Ist dasselbe am grünen Tische überhaupt lösbar?

Wenn Fürst Gortschakoff morgen die Resultate dieser sieben-wöchentlichen Verhandlungen vor sich haben wird, dürfte er sich überzeugen, dass die Westmächte mehr wollen als *„enfoncer une porte ouverte"*. Die die Hauptdepeschen erläuternden Piècen ent-halten Forderungen, welche russischerseits nicht so leicht zu er-füllen sein werden. Das gilt namentlich von dem Waffenstillstande, welcher den Hauptpunkt bildet.

England ist, nach wie vor, einem Kriege für die Befreiung Polens abgeneigt. Lord Palmerston's vielerprobter parlamentari-scher Taktik wird es nicht schwer werden, im Unterhause den Angriff zurückzuweisen, welchen die von einigen Conservativen unterstützten Ultramontanen heute versuchen wollen.

„Die ‚Times' hat ganz Recht," sagte mir ein britischer Staatsmann, „die Massen sind noch nicht erregt und weit nüchterner als vor dem Krimkriege. Alles hängt jedoch vom Kaiser der Franzosen ab. Will er den Krieg, so bieten die bisherigen Ver-handlungen Mittel genug, uns mit hineinzuziehen. Denn in seiner Hand liegt es, einen Sturm der öffentlichen Meinung zu entfesseln, dem kein englisches Ministerium widerstehen könnte. Schon jetzt schürt er die Pariser Presse. Die säbelrasselnden Artikel der ‚Patrie' würden nicht erscheinen ohne sein Zuthun. Eins ist klar, allein will er den Krieg nicht anfangen. Kommt die Conferenz zu Stande, so giebt es tausend Wege, um die Karten zu ver-wirren und den Ausbruch des Krieges im nächsten Frühjahre unvermeidlich zu machen. Erinnern Sie sich nur an die Wiener Conferenzen, in welchen der Krimkrieg gebraut wurde unter dem Vorwande, denselben zu verhindern."

Baron Brunnow begreift nicht, wie man den Phrasen Monte-bello's in Petersburg ein so leichtgläubiges Ohr leihen konnte. Jetzt wundere man sich darüber, von einem Monarchen getäuscht worden zu sein, dessen Handwerk es sei, andere zu täuschen. Der russische Botschafter ist auf seine Abberufung gefasst und macht kein Geheimniss daraus.

London, 24. Juni 1863.

Das gegenwärtige Cabinet, welches der Popularität seines Chefs das Dasein verdankt, fristet sein Leben, indem es jeder Schwierigkeit ausweicht, jede Entscheidung hinausschiebt und jeder Initiative entsagt. In Zeiten, wo ein Cobden Handelsverträge mit dem Kaiser Napoleon abschliessen kann, blüht der Weizen für die Politiker dritten und vierten Ranges. Zu diesen gehört der Vertreter von Sheffield, Mr. Roebuck. Er hat sich neulich aus eigener Machtvollkommenheit eine Mission ertheilt, um den Kaiser Napoleon über die Wünsche des englischen Volkes gründlich aufzuklären. Für diejenigen, die diesen Volkstribunen kennen, hat es etwas ungemein Komisches, denselben als angeblichen Vertreter Alt-Englands mit dem Sieger von Solferino in den Prachtsälen der schönen Diane von Poitiers über Weltfragen verhandeln zu sehen. Herr Roebuck hat seine eigenen Ideen und eine naive Unbefangenheit, dieselben an den Mann zu bringen. Er hatte für den 30. im Unterhause eine Motion angekündigt, welche nichts Geringeres bezweckt, als die britische Regierung zu veranlassen, in Amerika einzuschreiten und die Anerkennung der Südstaaten auszusprechen. Im Interesse dieses Antrages hielt er es für das Einfachste, den Kaiser der Franzosen selbst zu fragen, ob es wahr sei, dass Seine Majestät seine Politik Amerika gegenüber modificirt habe. Er hoffte, so Lord Palmerston's oft gebrauchten Kunstgriff einer ausweichenden Antwort im voraus zu pariren. So ist er denn, nachdem er sich einer Audienz versichert, am 22. nach Fontainebleau geeilt und vorgestern, von der gefundenen Aufnahme entzückt, zurückgekehrt. Ich bin in der Lage, den mageren Bericht des Pariser Times-Correspondenten über diese Audienz aus bester Quelle zu bestätigen und zu vervollständigen.

Mr. Roebuck rühmt sich, aus dem Munde des Kaisers Napoleon wichtige Eröffnungen empfangen zu haben. Weit entfernt, durch die Ablehnung seiner Vermittelungsvorschläge entmuthigt zu sein, habe der Kaiser den gegenwärtigen Augenblick als den geeignetsten bezeichnet für eine gemeinschaftliche englisch-französische Intervention in Amerika. Auch sei Baron Gros in diesem Sinne bereits instruirt. Mr. Roebuck will hierauf Napoleon III. ermuntert haben, allein vorzugehen, falls Palmerston seine Mitwirkung versage. England werde schon nachfolgen, wenn die Sache einmal in Gang gebracht sei. Ohne den Vorschlag geradezu abzulehnen, scheint der Kaiser das Drängen des Volksmannes mit der Zusage beschwichtigt zu haben, er werde sich die Sache überlegen. Nicht bloss über Amerika, auch über England will Roebuck Aufschlüsse in Fontainebleau erhalten haben. So hat er entdeckt, dass Lord Palmerston in diesem Augenblicke keineswegs in Napoleon's Gunst stehe. Auf die leicht hingeworfene Frage, was man in England über Polen denke, will Roebuck geantwortet haben: „Damit beschäftigen sich in England nur Schwätzer. Jeder ernste Politiker weiss, dass England nicht daran denkt, für Polen Krieg zu führen."

„Ganz wie bei uns," erwiderte der Imperator, „Sie können überzeugt sein, Polens wegen kommt es nicht zum Kriege."

Mr. Roebuck findet es nun ganz unbegreiflich, wie sich der arme Lord Cowley noch immer den Kopf zerbrechen kann, um die wahren Absichten Napoleon's zu ergründen. Hat ihm, Roebuck, der Kaiser doch selbst versichert, er wolle Polens wegen keinen Krieg anfangen!

In diesem Punkte theilt die „Times" Roebuck's Vertrauensseligkeit nicht, dagegen befürwortet das City-Blatt das von dem Volksmanne empfohlene Einschreiten zu Gunsten der Südstaaten von Amerika und verdammt die bisher beobachtete Passivität der Regierung.

In der Sitzung vom 22. hatte Mr. Disraeli Lord Palmerston's unerwartete Enthüllungen über die an die russische Regierung gerichteten Vorschläge einer scharfen Kritik unterworfen. Sonderbarer Weise zog man daraus den irrthümlichen Schluss, die Opposition sei für die völlige Lostrennung Polens von Russland. Es wird sich vielleicht in der heutigen Sitzung Gelegenheit finden,

dieses Missverständniss aufzuklären. Mr. Disraeli ist für seine
Person davon überzeugt, der jetzige Aufstand werde nur zur
völligen Russificirung Polens führen. Gerade deshalb ist er gegen
jede Einmischung fremder Mächte, insbesondere Englands. Seiner
Ansicht nach könne der Kampf dadurch nur verlängert und die
Entscheidung hinausgeschoben werden.

London, 7. Juli 1863.

Das polnische Gewitter scheint sich zu verziehen und das
politische Barometer steigt. Ohne Ungeduld und ohne Spannung
erwartet man im Auswärtigen Amte die russische Antwort auf
die am 27. v. M. abschriftlich mitgetheilten drei Depeschen.
Lord Napier's Berichte haben auf diese Rückäusserung vorbereitet. Lord Russell hat heute morgen mit einem meiner
Freunde, den ich, um ihn nicht zu nennen, mit dem Buchstaben
A. bezeichnen will, die nachstehende vertrauliche Unterredung
gehabt.

A. Also Sie haben Andeutungen über die Antwort, welche
wir vom Fürsten Gortschakoff erwarten?

Lord Russell. Wir haben Grund zu hoffen, dieselbe werde
friedlich und versöhnlich ausfallen *(conciliatory and pacific)*. Den
Waffenstillstand wird Russland entschieden ablehnen, den Congress wahrscheinlich auch. Indessen wird die Thüre offen bleiben.
und wir dürfen hoffen, den Congress zu Stande zu bringen, wenn
wir es allen Ernstes verlangen. Als Basis der Verhandlung
würden unsere sechs Punkte mit Ausnahme des zweiten Annahme finden.

A. Mit Ausnahme des zweiten?

Lord Russell. Wenigstens unter Modification des zweiten.
Russland scheint der polnischen Abgeordneten-Versammlung zwar
das Recht der Steuer-Verwilligung, aber nicht das der Fest-
stellung des Armee-Budgets einräumen zu wollen.

A. Und Sie werden diese Modification zugestehen?

Lord Russell. Ich sollte kaum glauben.

A. Ist es wahr, dass die Polen auf eine europäische Garantie dringen?

Lord Russell. Ueber die Ansprüche der Polen können wir uns nicht wundern. Eine förmliche Garantie würde uns eine zu ernste Verpflichtung auferlegen. Genügt die moralische Garantie, welche in den gewechselten Depeschen und Noten liegt, den Polen nicht, und betrachten sie die Zugeständnisse Russlands nur als eine Abschlagszahlung *(a stepping stone)*, dann müssen wir sie ihrem Schicksale überlassen. Ich für meinen Theil glaube nicht an die Lösung der polnischen Frage. Alle auf dem Papiere gewährten Concessionen werden das glimmende Feuer der Empörung nicht auslöschen. Europa wird noch sechzig, vielleicht hundert Jahre an dem Polonismus laboriren und am Ende wird doch nichts als die Losreissung von Russland übrig bleiben.

A. Wenn nun aber das Petersburger Cabinet jene sechs Punkte nur zum Scheine acceptirt, um Zeit zu gewinnen, was dann?

Lord Russell. Freilich, wenn Russland, nur um uns hinzuhalten, auf unsere Pacifications-Vorschläge eingeht, wenn es sich bereit erklärt, den Congress zu beschicken, nur um denselben unverrichteter Sache auseinandergehen zu lassen, wenn es sich zu nichtssagenden Concessionen versteht, nur um sie später zurückzunehmen, dann wird nichts übrig bleiben . . . .

A. Als . . .?

Lord Russell. Als uns, vorläufig wenigstens, gar nicht mehr um die leidige Sache zu kümmern. Glücklicher Weise ist man in Paris zu derselben Ueberzeugung gelangt. Mr. Drouyn de Lhuys hat seine kriegerische Sprache geändert und vor wenigen Tagen Worte fallen lassen, von denen wir mit Vergnügen Act zu nehmen uns beeilt haben. *„Toute puissance,"* so lauten die *ipsissima verba* des französischen Ministers, *„qui voudrait tenter quelque chose pour la Pologne sans le concours des deux autres, serait insensée."* —

Lord Clarendon führt eine ähnliche Sprache. Ich fragte ihn

heute Abend, ob er schon seine Vorbereitungen treffe, um, wie die Zeitungen behaupteten, England auf dem zu erwartenden Congresse zu vertreten.

„Dazu gehören, Gott Lob! zwei," erwiderte der edle Lord; „einer, der den Bevollmächtigten ernennt und einer, der die Mission übernimmt, der letztere werde i c h nicht sein."

„Wir alle wissen," bemerkte ich lachend, „wie sehr Sie für Polen schwärmen."

„Ganz gewiss. Ich war immer der Meinung, eine Sache müsse gut sein, welche einen Advocaten wie Zamojski vertragen kann. Auch in Paris scheint man nüchterner zu werden. Es hat nicht leicht eine Aufregung gegeben, die mehr den Stempel des Gemachten an sich getragen hätte als diese Polenschwärmerei. Die ganze Sache war faul von Anfang her. Der Pariser Enthusiasmus gleicht dem Sodawasser, aufbrausender Schaum und nichts dahinter. Jetzt ist das Gas schon ganz verpufft."

Es schien mir nicht unwichtig, mich über Clarendon's Ansichten aufzuklären, da das Gerücht seines Eintritts in das Cabinet wieder an Consistenz gewinnt. Man spricht von ernsten Misshelligkeiten im Schosse des Ministeriums, insbesondere sollen Palmerston und Russell über die polnische Frage wieder einmal hart an einander gerathen sein. Im Parlamente haben beide nicht dieselbe Sprache geführt. Der Staats-Secretär des Aeusseren hat immer betont, Polens wegen werde man keinen Krieg führen. Der Premier-Minister hat sich ähnlicher Erklärungen sorgsam enthalten. Die unnöthige Enthüllung der sechs Punkte tadelt Lord Russell, ja er hat es sogar im Oberhause verweigert, Palmerston deshalb zu vertheidigen. Er hatte allerdings, in der Voraussetzung, das Unterhaus werde das Ministerium hart bedrängen, in die Veröffentlichung gewilligt. Die Eventualität trat jedoch nicht ein. Das Haus der Gemeinen hatte bereits die Polendebatte begraben, als Lord Palmerston aus freien Stücken die Analyse der britischen Depesche ausplauderte. Zuweilen schlummert der gute Homeros, zumal wenn er in seinem achtzig-

sten Lebensjahre von der Gicht geplagt wird. Auch über Oesterreich sind die leitenden Minister durchaus nicht einig. Palmerston kann seinen alten Hass, sein tief gewurzeltes Misstrauen
nicht verwinden, während Russell die in Jung-Oesterreich an-
gestellten constitutionellen Experimente im rosigsten Lichte sieht
und im Kaiserstaate das Gegengewicht gegen Frankreich gefunden zu haben glaubt. Hat er doch noch neulich, nachdem
er in Bloomfield's umfangreichen Berichten die Adressdebatte
studirt, Apponyi Glück gewünscht zu dieser *very good debate*
und namentlich zur loyalen Haltung der galizischen Abgeordneten.
Bei alledem stellt Lord Russell eine ernste Meinungsverschiedenheit in Abrede und versichert, es herrsche im Cabinet vollständige Einhelligkeit, da der Alte die Aufrechterhaltung des
Friedens ebenso dringend wünsche wie seine Collegen.

Die Existenz des Cabinets hängt an der Lord Palmerston's,
dessen Wiedererscheinen im Unterhause auf zwei Krücken nicht
eben beruhigt hat, obgleich die Freunde des Premier-Ministers
sein gutes Aussehen rühmen. Ohne Palmerston würde das
Ministerium nicht lange zusammenhalten, darüber machen sich
die Whigs keine Illusionen. Andererseits sind die Tories davon
durchdrungen, dass, so lange Palmerston lebt und halbwegs fähig
ist, die Geschäfte zu führen, ein Ministerwechsel weder im Interesse der conservativen Partei, noch in dem des Landes sein
würde. So stehen die Dinge am Ende dieser unfruchtbaren
Session gerade so, wie sie zu Anfang standen.

London, 17. Juli 1863.

Graf Bernstorff hat gestern Lord Russell auf die kriegs-
schnaubenden Artikel der „Morning Post" aufmerksam gemacht,
ein Blatt, welches nun einmal mit Recht oder Unrecht für das
Organ des Premier-Ministers gelte. Es könne daher nicht
Wunder nehmen, wenn man auf dem Festlande an eine ernste
Meinungsverschiedenheit zwischen beiden leitenden Ministern
glaube. Lord Russell hat die Existenz einer solchen kategorisch

in Abrede gestellt und ein *au contraire* hinzugefügt, welches sich der preussische Botschafter nicht zu deuten vermochte.

Ich habe zufällig den Schlüssel des Räthsels gefunden. Die bereits gemeldeten friedfertigen Dispositionen der hiesigen Regierung sind nämlich vor wenigen Tagen in einer vertraulichen Depesche an Lord Cowley sehr eindringlich betont worden. Wie gewöhnlich, wenn es sich um wichtige Staatsschriften handelt, wurde der Entwurf dem Premier-Minister vorgelegt und gelangte, an mehreren Stellen von dessen Hand verbessert, an das Auswärtige Amt zurück. Diese Verbesserungen hatten keinen anderen Zweck als die Erklärung, England werde wegen Polens nicht zu den Waffen greifen, schärfer zu formuliren. Vor dieser Thatsache zerstiebt das Gerücht jener Meinungsverschiedenheit. Der Nachsatz zu Lord Russell's *au contraire* würde also etwa lauten: im Gegentheil, Palmerston ist noch weit eifriger als ich für die Erhaltung des Friedens. Hinzufügen kann ich. dass Lord Russell seit der Expedition seiner Depesche vom 17. v. M., deren Antwort noch zurücksteht, nur ein einziges Mal an Lord Napier geschrieben hat. Es geschah dies in der guten Absicht, die russische Regierung vor der Gefahr zu warnen, durch allzu grosse Strenge die öffentliche Meinung in Europa aufzuregen und dadurch den Regierungen die Durchführung ihrer friedlichen Absichten zu erschweren. Insbesondere bittet Lord Russell, dem General Murawiew Mässigung zu empfehlen. Es giebt kaum ein undankbareres Geschäft als dergleichen Warnungen. Man würde sich demselben hier nicht unterzogen haben, wenn man nicht in der Aufregung der Massen eine gemeinsame Gefahr aller Regierungen erblickte.

Lord Derby's Rede in der Oberhaus-Debatte vom 13. beruht auf österreichischer Inspiration. Der Führer der Opposition hatte den k. k. Botschafter am Tage vor der Sitzung ersucht, ihm die Sachlage aus einander zu setzen. Den Eindruck dieser Debatte in Paris ersehen Sie aus der „Morning Post".

Die „Times" veröffentlicht einen Bericht aus Lemberg.

welcher das Treiben der Insurrection in den polnischen Wäldern mit lebendigen, aber düsteren Farben schildert.

London, 23. Juli 1863.

Die längst erwartete russische Antwort ist am 17. hier eingetroffen, Tags darauf Lord Russell in seiner Privatwohnung, Chesham Place, mitgetheilt und von diesem sofort dem Conseil vorgelegt worden. Der erste Eindruck soll nicht der beste gewesen sein. Sonnabend den 18. Nachts ging dem russischen Botschafter ein Telegramm zu, welches mir derselbe zu lesen gab. Es ist dies eine nicht unwichtige Nachschrift zu der Depesche. Gortschakoff telegraphirt, der englische und französische Botschafter hätten ihn gefragt, wie sich die Vorbesprechungen mit Oesterreich und Preussen gestalten sollten, welche Russland an die Stelle der abgelehnten Conferenz setzen wolle. Er habe geantwortet, diese Vorbesprechungen könnten in Petersburg stattfinden, die sechs Punkte in einem Protokolle oder Vertrage formulirt und das Actenstück dann England und Frankreich vorgelegt werden. Brunnow bedauerte, dass die Depesche ohne das telegraphische Postscriptum abgegangen sei, welches die Friedensliebe Russlands in das rechte Licht stelle.

Ich erlaubte mir die Frage, ob es nicht vielleicht politisch klüger gewesen wäre, durch eine versöhnlichere Sprache als die in der Depesche beliebte die englischen Minister in ihren friedlichen Absichten zu unterstützen?

„Das ist mir aus der Seele gesprochen," erwiderte Baron Brunnow. „Leider gehört Fürst Gortschakoff zu den Ministern, die die Tinte nicht halten können und das Schreiben mehr lieben als das Handeln. Ich empfehle Ihnen den heutigen Börsenartikel der „Times". Ich habe daraus mit Vergnügen entnommen, dass der Gedanke an einen Krieg in der City *an unquestionable aversion* hervorruft. Auch über die Reden Gladstone's und Palmerston's im Unterhause kann ich durchaus nicht klagen. Dass man in Paris schäumt, schadet nichts. Meine Hauptaufgabe

ist, den hiesigen Ministern klar zu machen, dass sie sich ein
weit grösseres Verdienst durch die Erhaltung des Friedens als
durch Führung des Krieges erwerben können. Krieg anfangen,
kann ein jeder. Bei Mit- und Nachwelt würden sie jedoch dadurch keinen Beifall ernten. Zu glauben, dass Russland den
Krieg wünsche, ist Blödsinn. Die heute oder morgen aus Wien
erwarteten Depeschen werden zur Klärung der Situation beitragen. Nächsten Sonnabend ist wieder Conseil. Montag den 27.
hoffe ich zu wissen, woran wir sind. Von einer Fortsetzung
der Polemik verspreche ich mir nichts, eine Replik der drei
Mächte ist jedoch unabweislich. Auf meine Abberufung bin ich
gefasst. Im Juli packt es sich leichter, als im Februar. Das
Einpacken im Jahre 1854 war nicht gerade angenehm."

London, 6. August 1863.

Die Replik des englischen Cabinets auf die russische Depesche in Sachen Polens ist dem Grafen Rechberg vertraulich
im Entwurfe mitgetheilt worden. Derselbe telegraphirt soeben,
das k. k. Cabinet sei vollkommen einverstanden, werde sich, so
weit thunlich, derselben Argumentation bedienen und Alles aufbieten, in Paris eine übereinstimmende Auffassung zu erzielen.
Das Zusammengehen Oesterreichs und Englands in dieser brennenden Tagesfrage ist auch für die deutschen Angelegenheiten
von Bedeutung. Dieselben scheinen in ein entscheidendes Stadium
getreten zu sein. Dem Hause Rothschild ging soeben ein Telegramm zu, nach welchem der Kaiser von Oesterreich die deutschen
Fürsten zu einem am 16. in Frankfurt zu eröffnenden Fürstentage
geladen hat. Noch fehlt die amtliche Bestätigung dieser Bankier-
Nachricht. Dieselbe konnte jedoch nicht überraschen, da bekannt war, dass Oesterreich hochwichtige Entschliessungen für
die deutschen Fürsten und Völker vorbereite.

Graf Apponyi hat auf telegraphischem Wege einen zwei-
monatlichen Urlaub mit der Reserve erhalten, hierher zurückgesandt zu werden, falls die polnische Frage seine Anwesenheit
erheischen sollte. Er geht über Frankfurt in der Hoffnung, den
Einzug seines Kaisers dort zu erleben. Mündlich wird er Ihnen
besser als dies schriftlich möglich sagen, wie die Dinge hier liegen.

Brunnow schwärmt natürlich für den Bundestag und bezeichnet denselben als die „weiseste Institution des Jahrhunderts“,
an welcher man nicht rütteln solle. Vom Fürstentage erwartet
er ebenso wenig als die meisten englischen Zeitungsschreiber.
Die mexicanische Angelegenheit nennt er „*l'affaire Mexicaine*“,
und hofft, dass daraus eine Verstimmung zwischen Oesterreich
und England erwachsen werde.

In Newcastle upon Tyne hat sich ein naturwissenschaftlicher
Congress der *British Association* unter Sir William Armstrong's
Präsidium vereinigt. Es waren fünfundzwanzig Jahre vergangen,
seitdem eine solche Versammlung in dem Centralpunkte des
britischen Kohlenbergbaues stattgefunden hatte. Der berühmte
Erfinder des vollkommensten Zerstörungswerkzeuges der Neu-
zeit fand sich dadurch veranlasst, einen Rückblick auf die Fort-
schritte der Naturwissenschaften während des letzten Menschen-
alters zu werfen. Seine Rede ist ein Meisterwerk populärer
Darstellung und dürfte im gewerbfleissigen Sachsen Anklang
finden. Von besonderem Interesse werden die statistischen Notizen
sein, die Sir William über die Zukunft des Kohlenbergbaues
zusammengestellt hat. Der Redner zog daraus den Schluss, dass,
falls der jetzt üblichen Vergeudung dieses Brennmaterials nicht
Einhalt gethan werde, die Erschöpfung der britischen Kohlen-
lager in einem Zeitraume von 212 Jahren unvermeidlich sei.
Sir William empfiehlt allen auf die Ersparniss dieses unersetzlichen Brennmaterials abzielenden Erfindungen Vorschub zu leisten,

ja er geht so weit, die Regierung aufzufordern, den bisher unbeschränkten Abbau der Kohlenbassins zu beaufsichtigen. Bei
der Abneigung, welche im Vaterlande des *self government* gegen
jede bureaukratische Bevormundung vorherrscht, verdient diese
Mahnung Beachtung. Die Wichtigkeit, welche die schwarzen
Diamanten für den britischen Nationalwohlstand haben, erklärt
es, wenn die „Times" der Rede Sir William Armstrong's eine
grössere Bedeutung beilegt als derjenigen, mit welcher der Kaiser
von Oesterreich den deutschen Fürstentag eröffnete. „Kohlen,"
ruft das City-Blatt, „Wärme, Gas, Elektricität sind Mächte, welche
die Welt umgewandelt haben und auch in politischer Beziehung
einen weit grösseren Einfluss auf die Geschicke der Menschheit
ausüben als Preussen und Lippe-Detmold."

London, 16. November 1863.

Nur zwei Worte zur Erläuterung meines Telegramms:

„Le dîner encore problématique. Les gastronomes anglais indécis.
Ils se méfient de l'appétit de l'amphitryon; tiennent au cru de quinze
pour ce qui en reste, et réclament avant tout le menu et un pro-
gramme raisonné du festin."

Heute morgen hier eingetroffen, bin ich so glücklich gewesen, Lord Russell, welcher sich eben in das Conseil begeben
wollte, eine Viertelstunde abzugewinnen. Ich sagte ihm, er werde
den Grund meiner verfrühten Rückkehr errathen. Wir müssten
dringend wünschen zu wissen, was England zu thun gedenke,
eine Frage, auf welche der britische Gesandte in Dresden uns
die Antwort schuldig geblieben.

Lord Russell erwiderte: „Bis jetzt haben wir sehr wenig
gethan. Wir haben den Franzosen zuvörderst erklärt, wir er-
achteten die Verträge von 1815 nicht für erloschen, sondern
überall für bindend, wo dieselben nicht aufgehoben worden. Wir
haben gefragt, erstens welche Vorlagen Kaiser Napoleon dem
Congresse zu machen gedenke, zweitens, welche Autorität der
letztere haben solle?"

Drouyn de Lhuys hat ausweichend geantwortet, eine detaillirte Aufstellung der dem Congresse vorzulegenden Fragen würde die Freiheit der Verhandlungen beeinträchtigen.

Meine Frage, ob ich berichten dürfe, England wünsche kein Picknick, erhielt die nachstehende Antwort:

„Auch Kaiser Napoleon wünscht kein Picknick, sondern ein ordentliches Diner, um einen Theil seiner Nachbarn zu verspeisen *(a regular dinner to eat up part of his neighbours)*."

Man wünscht und hofft mit Oesterreich gehen zu können. Lord Russell hat mir jedoch nicht verschwiegen, dass die Stellung beider Mächte sehr verschieden sei. England wolle nichts, und besitze auch, seitdem es das Protectorat über die jonischen Inseln aufgegeben, nichts, was andere begehrten. Oesterreich habe Galizien gegen die Polen, Venetien gegen die Italiener zu vertheidigen.

Ich warf hin, ob es denn nicht möglich, sich mit Oesterreich über Italien zu verständigen.

„Unmöglich," erwiderte der Staats-Secretär, „denn Oesterreich perhorrescirt jede Verhandlung über Venetien, weil es dasselbe nicht aufgeben will."

Unter Autorität des Congresses versteht man hier die Frage, ob der Majorität nach Ansicht des Kaisers der Franzosen das Recht eingeräumt werden solle, die Minorität wenn nöthig durch Waffengewalt zur Annahme ihrer Beschlüsse zu zwingen. Hier ist man entschieden gegen eine solche Interpretation des Wortes Autorität. Uebereilen wird man sich weder hier noch in Petersburg. Selbst in Paris scheint man den Zusammentritt des Congresses keineswegs beschleunigen zu wollen.

London, 27. November 1863.

Der Congress ist gescheitert. Die Rückäusserung Drouyn de Lhuys' ist erst am 24. hier mitgetheilt worden. Man kannte jedoch deren Inhalt aus Cowley's Berichten und schon im Conseil vom 19. konnte der Beschluss gefasst werden, jede Betheiligung

an dem von Frankreich proponirten Congresse endgiltig abzulehnen. Lord Russell hatte seine Depesche concipirt. Der Entwurf fand den einstimmigen Beifall sämmtlicher Minister und
konnte Tags darauf der Königin in Windsor zur Genehmigung
unterbreitet werden. Nur der Form wegen ist der Empfang der
französischen Depesche abgewartet worden.

Nach seiner Rückkehr von Windsor, am 20., theilte Lord
Russell dem k. k. Botschafter unter dem Siegel des Geheim-
nisses die gefasste Entschliessung mit und fügte hinzu, die
Königin habe die ablehnende Depesche mit Freuden gutgeheissen. Rechberg muss also am 21. früh die Entscheidung ge-
kannt haben. Die Sprache, welche der k. k. Botschafter hier zu
führen beauftragt war, mag nicht wenig dazu beigetragen haben,
die britischen Minister in ihrer Abneigung gegen die Congress-
Idee zu bestärken. Lord Russell sprach die Hoffnung aus, Oesterreich werde Englands Beispiele folgen. Apponyi erklärte, dafür
setze er seinen Kopf zum Pfande. „Dann ist auch der Congress
begraben,‟ bemerkte der Staats-Secretär, „denn ohne Oesterreich
und England ist nicht daran zu denken.‟

Russland hatte im voraus erklärt, sich bei keinem Congresse,
an welchem nicht alle Grossmächte vertreten seien, betheiligen
zu können. Brunnow's Commentar zu dem englischen „unable
to attend‟ lautet: „Es geht Alles nach Wunsch. Wir werden
dasselbe thun. Die polnischen Wirren haben jedenfalls das Gute
gehabt, uns über den Werth der französischen Allianz aufzuklären und uns von dieser Illusion zu heilen.‟

Ein Cabinets-Minister sprach mir gestern seine ungetheilte
Genugthuung über das Geschehene aus. „Das unsinnige Phrasen-
goklingel,‟ sagte er, „mit welchem selbst Gladstone uns nicht
verschont hat, gehört nun in die Rumpelkammer. Von der welt-
beglückenden englisch-französischen Allianz wird nun nicht mehr
die Rede sein. Der gesunde Sinn des Volkes hat die französischen Taschenspielerkünste durchschaut. Gestützt auf die öffentliche Meinung haben wir diesem *humbug* ein Ende gemacht und

die Schmach abgewendet, welche Louis Napoleon Europa an-
thun wollte, als er sich zum Schiedsrichter der Weltgeschicke
aufwarf. Freilich wird er jetzt auf Rache sinnen, denn gleichgiltig kann er dieses Fiasco nicht hinnehmen. Was er im
Schilde führt? ich weiss es nicht. Sein Schweigen in der holsteinischen Angelegenheit ist ominös. Sei dem wie ihm wolle,
wir fürchten ihn nicht. Wir haben den Mann und sein Spiel
durchschaut."

In diesem Grabgeläute der westmächtlichen Allianz, welches
jetzt überall erklingt, erblicken manche schon das Vorzeichen
einer europäischen Coalition, die sich gegen den Bonapartismus
zusammenballt.

The Schleswig-Holstein Question ab ovo [1]).

To the Editor of the Times. — Sir, — Charlemagne
declared Holstein a province of the German Empire (803); his
successors, the great Saxon Emperors, Henry I., Otto I., and
Otto II., conquered Schleswig (931 to 975). The town of Schleswig became the seat of a Saxon bishop. The province itself,
however, having never been formally incorporated, the Congress
of Vienna inherited a doubt of a thousand years' standing.
Denmark got the benefit, if any, of that doubt. Schleswig was
not considered to belong to the German Confederation.

But the connexion of Holstein and Schleswig is older than
the German Bund, and has not been abrogated by the settlement of 1815. By the Constitution granted by Waldemar, King
of Denmark, in 1326, the distinct pledge was given „that Schleswig shall never be annexed to Denmark". The Dukes of Schleswig died out in 1375, and the country was united with Holstein.
Erich, King of Denmark, tried, it is true, to disturb that union,
and the Counts of Holstein lost Schleswig for 23 years (1412

---

[1]) Veröffentlicht in: The Times, Friday, December 4, 1863. — Die
deutsche Uebersetzung dieses Briefes ist im Anhange unter Nr. 1 gegeben.

to 1435), but the German Hansa having come to the rescue, King Erich lost not only Schleswig, but his three crowns--Denmark, Sweden, and Norway (1439). Erich's nephew, Christoph of Bavaria, succeeded in Denmark, but died without issue. The Danes offered the vacant throne, first to Adolphus VIII., Duke of Schleswig-Holstein, who declined, and then to Christian I. of Oldenburg, who accepted (1448). Adolphus VIII. having died without issue in 1459, the Schleswig-Holsteiners elected King Christian I. to be their duke. He declared in his letters patent of 1460, „that the prelates, lords, cities, and inhabitants of Schleswig-Holstein having elected him by their own free will and out of good will to be their Sovereign, and having sworn the oath of allegiance to him, not as King of Denmark. but as Duke of Schleswig-Holstein, the order of succession in those two duchies shall not be altered, and belong exclusively to the male line;" whereas, in Denmark, King Juan Otto (991 to 1014) had introduced the succession of females. The „capitulation" upon which Christian I. took the oath, and which he signed for himself, his heirs, and successors, is in fact the „Magna Charta" of the Schleswig-Holsteiners, and their „Bill of Rights". These are the principal rights and privileges enacted therein: —

„Schleswig and Holstein never to be separated; the citizens not to do any military service out of their country; no tax to be imposed without the vote of the Estates in Parliament assembled; no currency to be introduced which is not received at Hamburg and Lubeck; citizens exclusively to be appointed to public functions; no citizen to be judged by a foreign tribunal — no Dane, no foreigner, to be their judge; the Sovereign promises to make no war without the consent of Parliament; Parliament to meet every year. Every successor shall confirm these privileges by his oath; should he object to take that oath, the Schleswig-Holsteiners are at liberty to elect any other male descendant of Christian I. to be their Duke."

Since 1660 Denmark has begun to try to infringe those privileges; but the people, who are the sons of the old Saxons, and who claim the same forefathers as the English, resisted and withstood all those encroachments.

The first Danish statesman who openly took the line of proposing the incorporation of Schleswig was Orla Lehmann, in 1836. His party became powerful after the death of King Frederic VI. Christian VIII. was led by that party to sign the letter patent of 1846 (July 8), declaring the Danish (female) order of succession to be the rule forthwith in the German Duchies. This was resisted as a breach of privilege. The Statholder resigned, the Duke of Augustenburg protested, the Estates joined in the protest, and brought the question before the German Diet. „Hinc illae irae." War broke out in April, 1848, and lasted, with a short interruption after the truce of Malmö, until July, 1849. After Olmütz, Austria undertook the settlement of that long-pending quarrel, and acted, in fact, as arbiter. The Austrian and Prussian plenipotentiaries were throughout those negotiations with Denmark the spokesmen of the Diet. Peace was made, an Austrian army having occupied the Duchies. Austria and Prussia promised to settle the succession question according to the wishes of Denmark, and to acknowledge by an European transaction the principle of the integrity of the Danish monarchy, under the condition that Denmark would fulfil faithfully her engagements towards the Duchies, respect their ancient privileges, never try to separate them, and never incorporate Schleswig into Denmark proper. The German Powers kept their word; the treaty was signed in 1852. Did the Danes keep theirs? The Danish Minister of Foreign Affairs, M. Bluhme, who directed in 1851 and 1852 all those negotiations, has answered that question. The speech he made on the 13th of November last in the Senate of Copenhagen shows that the treaty of 1852 stands or falls, as far as the German Powers are concerned, with the pledge given by M. Bluhme in the name of

Denmark — that Schleswig shall never be incorporated, never separated, from Holstein. But M. Bluhme shows, moreover, that even as far as the non-German Powers are concerned the principle of the integrity of the Danish monarchy would fall to the ground should the Danes accept a Constitution which excludes Holstein and Lauenburg, because the Danish monarchy, which the Powers who signed the treaty of 1852 wanted to uphold, was composed of Denmark Proper, Holstein, Schleswig, and Lauenburg, and not only of Denmark Proper and Schleswig.

The case stands simply thus :—There is a treaty which everybody who signed it wants to uphold; but that treaty will and must remain a dead letter, and cannot be acted upon as long as the Danes will not fulfil their part of the compromise of 1852—viz., withdraw the illegal proclamation of March, 1863, and cancel the Constitution, which the present King has only signed by compulsion and under the threat of a revolution—a Constitution which would incorporate, *de facto,* Schleswig, and destroy for ever the integrity of the Danish monarchy.

The Germans do not want to make any conquest; that is all sheer nonsense. It is not a question between „poor little Denmark" and „big Germany". The „big boy" in the case is Denmark, and the „poor little one" is Holstein. It is, in one word, a question of privilege, not a question of power.

December, the 2ⁿᵈ 1863.

A German who is fond of facts.

London, 7. December 1863.

Nach einem Telegramm d. d. Kopenhagen den 6. December hat die dänische Regierung das Patent vom 30. März zurückgezogen. Die Nachricht war bereits gestern in Pembroke Lodge bekannt und ist mit sichtlicher Freude aufgenommen worden. Man scheint sonach in Kopenhagen die Nothwendigkeit einzulenken erkannt zu haben.

Lord Wodehouse hat gestern die Befehle der Königin in

Windsor eingeholt und gedenkt am 9. sich nach Kopenhagen zu begeben, um dem Könige von Dänemark die Glückwünsche Ihrer Grossbritannischen Majestät zu seiner Thronbesteigung. zugleich wohlgemeinte Rathschläge der hiesigen Regierung zu überbringen. Diese Wahl ist aufgefallen. Hatte doch der junge Lord noch in der letzten Parlaments-Session die Vermittelungs-Politik Lord Russell's in einer Rede angegriffen, welcher man weder Objectivität noch Unparteilichkeit nachrühmen konnte. Der Ehrgeiz, einen Erfolg zu erzielen, der hohe Werth, den man hier auf eine friedliche Abwicklung der dänischen Streit-frage legt, der Umschlag der öffentlichen Meinung zu Gunsten Deutschlands und vielleicht die Rücksicht auf die Königin mögen die schroffen Auffassungen des ehemaligen Unterstaats-Secretärs gemildert haben.

„Der Teufel ist nicht so schwarz, als man ihn an die Wand malt," sagte er vorgestern dem Grafen Bernstorff. „Ich werde den Dänen Frieden predigen und sie ermahnen, den deutschen Mächten alle Zugeständnisse zu machen, die nicht geradezu Un-möglichkeiten impliciren."

Lord Russell ist weit entfernt, die Erfüllung der von Oester-reich und Preussen gestellten Forderungen zu den Unmöglich-keiten zu rechnen.

Bernstorff ist kleinlaut und mit der Wendung der Dinge unzufrieden. Der Widerruf der Proclamation vom 30. März und die Aufhebung der Verfassung, welche die Einverleibung Schleswigs ausspricht, genügen ihm nicht. Um eine halbwegs befriedigende Lösung herbeizuführen, meint er, werde nichts übrig bleiben als die Herzogthümer Schleswig und Holstein durch eine Personal-Union mit dem eigentlichen Dänemark nach dem Vorbilde von Schweden und Norwegen zu verbinden.

Das preussische Rechtsgutachten vom Jahre 1851 über die dänische Successionsfrage ist neuerdings in Kopenhagen veröffent-licht worden. Es geht daraus hervor, dass nach dem deutschen Fürstenrechte nicht ein einziges Mitglied des schleswig-holsteini-

schen Hauses als ebenbürtig zu betrachten ist. Es würde also eine
unabsehbare Verwirrung entstehen, sollte das Londoner Protokoll
ausser Kraft gesetzt werden.

G., der mich heute unaufgefordert besuchte und sich einiger
geheimer Aufträge des preussischen Minister-Präsidenten rühmte,
giebt mir eine erbauliche Schilderung von dem Treiben der
deutschen Umsturzpartei in London. Dieselbe arbeitet unter der
Leitung des bekannten Marx offen auf den Krieg los und hält
die europäische Constellation für sehr günstig für ihre Zwecke.
Russland sei mit Polen, Oesterreich mit Venetien, Frankreich
mit Mexico beschäftigt, und England werde nur bellen, nicht
beissen. Diese extreme Partei geht von der Ansicht aus, die
deutschen Regierungen zeigten sich unfähig, den nationalen Bestrebungen in Sachen Schleswig-Holsteins gerecht zu werden.
Sie trägt sich mit dem abenteuerlichen Gedanken, die Elbherzogthümer unter den Schutz Louis Napoleon's zu stellen und plant zu
diesem Zwecke eine Massen-Deputation in Paris. So würde dem
Völker-Congresse die Thür geöffnet, welchen Emile de Girardin
anstatt des in den Brunnen gefallenen Fürsten-Congresses empfiehlt. G. behauptet, diese kindische Idee sei nicht bloss berathen, sondern zum Beschlusse erhoben worden.

London, 8. December 1863.

In meiner letzten Unterredung mit Lord Russell habe ich
nicht versäumt, den Wortlaut der Reserve zu seiner Kenntniss
zu bringen, unter welcher wir im Jahre 1852 dem Londoner
Vertrage beigestimmt haben.

„Wenn die Frage damals an den Bund gelangt wäre,"
fügte ich hinzu, „würden wir wahrscheinlich für die Annahme
gestimmt haben. Allein die Frage ist eben nicht an den Bund
gelangt und dadurch offen geblieben. Das ist nicht unsere
Schuld, und man kann uns nicht verdenken, wenn wir, nachdem wir uns ausdrücklich die Freiheit unserer Entschliessung
gewahrt, unter völlig veränderten Umständen heute anders

stimmen, als wir vor zehn Jahren gestimmt haben würden. Dass die Frage offen geblieben, kann man beklagen. An der Thatsache lässt sich nichts ändern. Auch kann man sich darüber nicht verwundern, wenn in der gegenwärtigen Erregung dieses Versäumniss jetzt im anti-dänischen Sinne ausgebeutet wird."

Graf Bernstorff beklagt für seine Person die actenwidrige und incorrecte Erklärung, welche die beiden deutschen Grossmächte in Frankfurt abgegeben haben. Er rügt namentlich die unmotivirte Behauptung, Prinz Friedrich von Hessen sei, von dem Londoner Protokolle abgesehen, der legitime Erbe der Krone Dänemarks. Das Erbrecht dieses Prinzen beruhe in Wahrheit nur auf Uebertragung; dessen Mutter Louise Charlotte, die am 3. October 1789 geborene Tochter des verstorbenen Erbprinzen Friedrich von Dänemark, sei rechtlich Königin von Dänemark nach Friedrich's VII. Tode gewesen. Wäre sie es wirklich geworden, so würde sie weder auf Schleswig und Holstein noch auf Lauenburg Anspruch haben erheben können, da dort überall männliche Erbfolge Gesetz sei. Die Zurücknahme des Patentes vom 30. März ist nach der Ansicht des preussischen Botschafters eine blosse Schein-Concession, welche durch die eider-dänische Proclamation an die Holsteiner und Lauenburger neutralisirt wird. „Es ist das alte Spiel," bemerkte Bernstorff, „der durch Terrorismus herrschenden demokratischen Partei. Man hofft durch scheinbares Nachgeben die europäischen Mächte zu gewinnen und uns Deutsche zu täuschen. Mein einziger Trost ist, dass man in Berlin den Ernst der Lage nicht unterschätzt, wie die Uebertragung des Ober-Commandos an den Prinzen·Friedrich Karl beweist. Man wird es wahrscheinlich vorziehen, sich durch die Ereignisse zur Lossagung von dem Vertrage von 1852 drängen zu lassen."

Der Prinz von Wales nimmt, wie nicht anders zu erwarten, für seinen Schwiegervater und für Dänemark Partei. Auch Paget droht, England werde mit einer Kriegserklärung antworten, wenn die deutschen Mächte dem Vertrage von 1852 ihre Anerkennung versagten.

Man mag beklagen, dass die deutschen Grossmächte es nicht für gut befunden haben, in Frankfurt den Standpunkt festzuhalten, welchen wir dort vertreten. Es kann indessen nicht geleugnet werden, dass die Sprache des Grafen Rechberg und des Herrn von Bismarck in ihren eigenen Kammern wesentlich dazu beigetragen hat, die öffentliche Meinung hier zu unseren Gunsten umzustimmen. Hier imponirt nur die Einhelligkeit der deutschen Regierungen, und es wäre jedenfalls ein politischer Fehler, wollten wir die im Schosse des Bundestages hervortretenden Meinungsverschiedenheiten den Blicken des Auslandes blossstellen.

London, 13. December 1863.

Es bot sich heute Gelegenheit, die deutsch-dänische Streitfrage Vormittags mit Lord Russell, Abends mit Lord Palmerston zu besprechen.

Lord Russell war in Pembroke Lodge durch die Vertreter Russlands, Oesterreichs und Griechenlands in Anspruch genommen und konnte mir nur kurze Zeit widmen. Ich beglückwünschte ihn zuerst zu den Erfolgen seiner Vermittelungspolitik, welche, im vorigen Jahre angegriffen, heute von der öffentlichen Meinung in England gebilligt werde. So habe auch Lord Wodehouse die gerechte Nemesis ereilt, da er heute in Kopenhagen das vertheidigen müsse, was er unberufener Weise vor einigen Monaten bekämpfte.

Lord Russell nahm diese Glückwünsche mit sichtlichem Behagen entgegen und bemerkte: „Jetzt freilich werden es die Dänen bereuen, meinem wohlgemeinten Rathe nicht gefolgt zu sein. Denn sie können sich glücklich schätzen, wenn sie so wohlfeilen Kaufes loskommen. Wenn die öffentliche Meinung trotz Lord Derby's und Lord Wodehouse's Kritik heute meine Auffassung theilt, so freut mich dies mehr, als es mich über-

rascht. Es hatte sich niemand die Mühe genommen, die Frage
zu studiren.'

Bezüglich des Bundes-Beschlusses verhehlte mir der Staats-
Secretär nicht, dass er unsere Opposition weder verstehe, noch
billige.

„Jeder, der die Stimmung in Deutschland kennt," antwortete
ich, „kann es nur beklagen, wenn Oesterreich und Preussen den
für beide ganz unverfänglichen Antrag der sächsischen Regierung nicht unterstützt haben. Dieser Antrag würde dann einstimmig angenommen worden sein. Nach den Erfahrungen,
welche Graf Rechberg und Herr von Bismarck seitdem in ihren
Kammern gemacht, werden diese beiden Minister heute bereuen,
einen einstimmigen Bundesbeschluss verhindert zu haben.'

„Seien Sie versichert," replicirte Lord Russell, „Oesterreich
und Preussen haben der Sache Deutschlands einen guten Dienst
geleistet, indem sie muthig der Versuchung widerstanden, nach
Popularität zu haschen. Beide Mächte haben zugleich Europa
in die Lage gesetzt, in Kopenhagen eine Pression zu üben,
welche der Erhaltung des Friedens nur förderlich sein kann."

„Man muss den Tag nicht vor dem Abend loben," erwiderte ich, „die Zukunft wird lehren, wer das deutsche Volk in
dieser Frage besser vertritt, die Bundes-Majorität oder Oesterreich und Preussen. Wir Deutsche gelten, und vielleicht nicht
ganz mit Unrecht, für Theoretiker, die grösseren Werth auf den
Buchstaben des geschriebenen Rechtes als auf die Thatsachen
legen. Wenn man es mit einer tiefgehenden nationalen Aufregung zu thun hat, so muss man vor allen Dingen das
Volk nehmen, wie es ist. Ihr Engländer habt es mit praktischen
Leuten zu thun, denen ihr den Mund mit dem so beliebten
Worte *expediency* stopfen könnt, wir mit theoretischen Idealisten.
Will man letztere führen, so muss man sie nicht durch unnöthige
Glaubensbekenntnisse vor den Kopf stossen. Man läuft dadurch
Gefahr, das Rechtsgefühl des Volkes zu verletzen, das Vertrauen
in die Regierungen zu erschüttern und die Aufregung zu ver-

mehren, anstatt sie zu beschwichtigen. Ersteres ist geschehen, weil die österreichisch-preussische Erklärung die Thatsache ignorirt, dass die dänische Successionsfrage für den Bund eine offene ist. Unser Vorschlag bezweckte im Gegentheil diese That-sache männlich in das Auge zu fassen und ehrlich einzugestehen. Die deutschen Grossmächte haben durch ihre Erklärung nur Oel in das Feuer gegossen und sie werden weder die Integrität Däne-marks noch den Londoner Vertrag zu retten vermögen."

„Möglich; das hindert jedoch nicht, dass die Annahme des sächsischen Antrages auf Occupation den Krieg, den wir zu vermeiden wünschen, herbeigeführt haben würde. Dänemark hat hier erklärt, es werde sich einer Bundes-Execution in Holstein und Lauenburg nicht widersetzen, wohl aber einer Occupation. In diesem Falle würde Europa, wenigstens England und Russ-land, entschieden für Dänemark Partei ergriffen haben."

„Von Occupation stand in dem Entwurfe, den ich Ihnen vorgelesen, kein Wort. In Wahrheit waren alle deutschen Re-gierungen über den Zweck vollkommen einig. Sie wollten den endlichen Austrag dieser langwierigen Differenz. Sie wollten verhindern, dass dieselbe ein Agitationsmittel werde und darum die Lösung nicht den Massen, nicht dem National-Verein oder gar Frankreich überlassen. Nur über die Mittel zur Erreichung dieses Zweckes war man verschiedener Meinung. Hätte man unseren Antrag angenommen, so würden die Bundestruppen die betreffenden Länder besetzt und dadurch die nationalen Leiden-schaften beruhigt haben. Die Regierungen hätten Zeit gewonnen, die Successionsfrage in aller Ruhe an competenter Stelle rechts-giltig zu entscheiden. Dann war für Oesterreich und Preussen der Zeitpunkt gekommen, für die Aufrechterhaltung des Vertrages zu wirken."

„Der Name thut nichts zur Sache. Sie wollten die Occupation unter der Firma Bundes-Execution *pur et simple*. Erstere hätte zum Kriege geführt, mit der letzteren hoffen wir den Frieden aufrecht zu erhalten. Dies ist unser praktischer Standpunkt."

Die dänische Erklärung, auf welche Lord Russell anspielte, ist, wie ich höre, am vergangenen Freitag abgegeben worden. Ein Schreiben des Ministers Hall bezeichnet die Beweggründe des Bundes als entscheidend. Der Bundesexecution in Holstein und Lauenburg werde sich Dänemark nicht widersetzen, sollte aber diese Execution nur erfolgen, um die Successionsfrage der Entscheidung des Bundes zu unterwerfen, so würde es die Ehre Dänemarks erheischen, der deutschen Uebermacht Widerstand zu leisten. Es scheint ein Hysteron Proteron vorzuliegen. Der dänische Minister wusste jedenfalls, ehe er zur Feder griff, auf telegraphischem Wege, dass die Eventualität nicht eintreten werde, bei welcher die Ehre in Frage kommen konnte. Hier hat die Erklärung an massgebender Stelle ihren Zweck nicht verfehlt.

Lord Palmerston, der Abends mein Tischnachbar war, lenkte selbst das Gespräch auf die brennende Tagesfrage mit den Worten: „Baron Beust erregt mein Erstaunen *(I am astonished at Baron Beust).*"

„Ihr Erstaunen," erwiderte ich, „beweist nur, dass Sie vergessen haben, was Ihnen Herr von Beust im vorigen Jahre über die öffentliche Meinung Deutschlands gesagt hat."

„Man vergisst in Deutschland immer die Hauptsache. Oesterreich und Preussen, als sie als Mandatare des Bundes den Vertrag von 1852 unterzeichneten . . . ."

„Als Mandatare des Bundes? Verzeihen Sie, lieber Lord Palmerston, aber Oesterreich und Preussen haben den Londoner Vertrag eben nicht als Mandatare des Bundes unterzeichnet."

„Nun wohl. Oesterreich und Preussen haben jedoch durch Unterzeichnung des Vertrages von 1852 Verpflichtungen übernommen nicht bloss gegen Dänemark, sondern gegen uns, Frankreich, Russland und Schweden. In diesem Vertrage steht kein Wort von Verpflichtungen Dänemarks, von welchen die von den sechs Mächten festgestellte Thronfolge abhängig sein sollte. Wie also kann sich ein Staatsmann, wie Baron Beust, auf einen Causalnexus beziehen, der nicht existirt?"

„Verzeihen Sie, ich muss Sie anderweit unterbrechen, denn Sie sind schlecht unterrichtet. Hierin liegt gerade der Punkt, über welchen wir mit den deutschen Grossmächten nicht einverstanden sind. Auch wir sind der Ansicht der britischen Regierung, dass formell kein Causalnexus vorliegt, und hätten gerade darum gewünscht, dieses Argument auf sich beruhen zu lassen und uns einfach an die Thatsachen zu halten. Thatsache aber ist, dass der Londoner Vertrag dem deutschen Bunde nicht vorgelegen hat. Diese Versäumniss *(oversight)* fällt dem Unterzeichner (Lord Malmesbury), nicht dem Autor (Lord Palmerston) zur Last. Der Vertrag existirt daher für den Bund nicht, und für den Bund ist die Landgräfin Louise Charlotte von Hessen legitime Königin von Dänemark. Dieselbe konnte nach den bestehenden Landes-Verfassungen weder in Schleswig noch in Holstein zur Regierung gelangen, auch weder ihrem Sohne noch ihrer Tochter Rechte übertragen, die sie selbst nicht besass. Die Frage, wer der legitime Souverän von Holstein und Lauenburg, ist für den Bund eine offene, solange er dem Londoner Vertrage nicht beigetreten. Hier liegt die Schwierigkeit, deren Lösung den deutschen Regierungen obliegt, eine Schwierigkeit, die sich weder ignoriren noch ableugnen lässt, sondern offen und fest angefasst werden muss."

Einen dauernden Eindruck durch diese Auseinandersetzung hervorgebracht zu haben, schmeichele ich mir nicht. Ich kann nur dankbar anerkennen, dass der greise Premier, der bei Tische nicht gern spricht, durch mehrfache Zwischenfragen ein ungeheucheltes Interesse bethätigte. Von der Competenz des Bundes will er freilich nicht viel wissen. Der Bundestag sei kein Areopag, keine oberste Instanz für europäische Angelegenheiten. Ob der Bund den Vertrag anerkenne oder nicht, das ändere nichts an der Thatsache, dass Oesterreich und Preussen als europäische Mächte daran gebunden seien. Dass die Verfassung vom 18. November unvereinbar sei mit den von Dänemark Deutschland gegenüber übernommenen Verpflichtungen, gestand Lord

Palmerston zu, mahnte aber zur Geduld, da die Leidenschaften in Kopenhagen ebenso erregt seien als in Deutschland.

Als ich nach dieser ausgedehnten Tischrede hervorhob, unser Unglück sei, dass diese Frage alle Welt hier so gründlich langweile, erwiderte Lord Palmerston lachend, die Geschichte der Menschheit bestehe aus einer Reihe ebenso langweiliger Fragen.

Jedenfalls ist ein Fortschritt unverkennbar, wenn man die Sprache der beiden leitenden Minister mit ihrer früheren Haltung vergleicht. Noch im vorigen Jahre vertrat Palmerston den dänischen Standpunkt mit leidenschaftlicher Heftigkeit im Unterhause, während Russell nicht wagte, seinen Vermittelungs-Vorschlag im Oberhause zu vertheidigen.

Brunnow behauptet, Lord Wodehouse sei ohne Instruction abgereist. Man habe ihn vorläufig nur beauftragt, sich in Berlin zu erkundigen, was die deutschen Grossmächte verlangten. Man werde seinen Bericht abwarten, bevor man ihm über die in Kopenhagen zu führende Sprache die nöthigen Weisungen ertheile.

Die nächste Sitzung des Cabinets wird Mittwoch stattfinden. Möglich, dass über die englische Politik in der dänischen Frage darin endgiltige Entschlüsse gefasst werden.

In Kew Cottage herrscht grosse Bestürzung über die Wendung der Dinge. Die Herzogin von Cambridge empfing mich mit der Versicherung, sie sei aus den Wolken gefallen, als sie vernommen, dass die Successionsfrage nicht definitiv geregelt gewesen. Ihr deutsches Herz könne sie nicht verleugnen, aber der arme König Christian sei sehr zu bedauern, um so mehr als er, ohne allen Ehrgeiz, die ihm zugefallene Krone als eine schwere Last betrachte. Sie habe ihrer Nichte, der Königin, nicht verhehlt, dass die Verfassung vom 18. November nicht hätte gutgeheissen werden sollen. Ihre Majestät habe geantwortet, sie hätten nicht anders gekonnt; es sei ein trostloser Zustand.

Baron Brunnow lässt den Intentionen der sächsischen Regierung volle Gerechtigkeit widerfahren, bezweifelt jedoch, dass ein einmüthiger Bundesbeschluss in unserem Sinne der Aufregung in Deutschland gesteuert haben würde.

„Es ist," bemerkte er, „schlimm, dass heutzutage Alles persönlich genommen wird. Man spricht nicht mehr von Sachsen sondern von Herrn von Beust, nicht mehr von Russland sondern vom Fürsten Gortschakoff. Das ist eine Unsitte, die der Objectivität des Urtheils Eintrag thut. — Die Kosten der Bundes-Execution und die Beschwerden der Einquartierung werden hoffentlich die Holsteiner zur Vernunft bringen. Wenn Deutschland alle Concessionen zurückweist, die wir jetzt gemeinschaftlich mit England in Kopenhagen empfehlen, dann ist der Krieg unvermeidlich. Ein Krieg, welchen Deutschland führt, um Schleswig zu erobern, wird aber die sofortige Betheiligung Schwedens, im Frühjahre die Blokade der Nord- und Ostsee-Küsten und das Erscheinen einer französischen Armee am Rhein zur Folge haben. Zu sehr mit sich selbst beschäftigt, um die Waffen zu ergreifen, wird Russland die Schweden immer lieber in Schleswig sehen als in Finnland. — Was den Londoner Vertrag anlangt, so waren wir, Lord Palmerston und ich, fest überzeugt, Oesterreich und Preussen hätten denselben im Namen und Auftrage des deutschen Bundes unterzeichnet. Wenn der Bund nicht ausdrücklich zum Beitritte aufgefordert worden, so könnte möglicher Weise Preussen es verhindert haben, um sich eine Hinterthür offen zu halten. Das Erbrecht des Herzogs von Augustenburg auf ganz Holstein ist abgesehen vom Londoner Vertrage und von der Verzichtleistung seines Vaters mindestens zweifelhaft. Was halten Sie vom Gottorp'schen Antheil? Ich kenne das Alles so genau nicht. Sollte der Prinz Friedrich wirklich auch auf Schleswig Rechte haben?"

Als Commentar zu diesen Fragen gab mir der russische Botschafter die Sammlung der auf den Londoner Tractat bezüglichen Actenstücke. Dieses kleine Blaubuch ist auf Befehl der dänischen Regierung in Kopenhagen gedruckt worden. Für die Rechtsfrage ist das Warschauer Protokoll (Nr. 6) nicht ohne Interesse, auch verdienen die zwischen dem russischen und dänischen Gesandten gewechselten Noten vom 8. und 24. Mai einige Aufmerksamkeit.

Ueber die geheime Geschichte des Londoner Vertrages geht mir aus zuverlässiger Quelle Folgendes zu.

Im Juni 1850 befand sich Lord Palmerston, damals Staats-Secretär des Auswärtigen, in peinlicher Verlegenheit in Folge seines eigenmächtigen Vorgehens gegen die griechische Regierung. Der Jude Pacifico, ein zweideutiger Abenteurer, hatte als britischer Unterthan Palmerston's Protection angerufen und dieser ohne Vorwissen der Krone und seiner Collegen die britische Flotte gemissbraucht, um von der schwachen Regierung des Königs Otto die Bewilligung der Forderungen Pacifico's zu erpressen. Man erinnert sich der allgemeinen Entrüstung, welche dieser Piratenzug hervorrief. Namentlich missbilligten die beiden anderen Schutzmächte, Frankreich und Russland, diese Gewalt-massregel. Frankreich unter Cavaignac's Dictatur war nicht in der Lage, mit einer Kriegserklärung zu antworten, rief aber Drouyn de Lhuys, damals französischer Botschafter in London, zurück, während Baron Brunnow bei dem officiellen Bankett am Geburtsfeste der Königin durch seine Abwesenheit glänzte. Da Lady Palmerston in dem Nicht-Erscheinen des russischen Gesandten eine Verletzung der Königin erblicken wollte, ging Brunnow zum Prinzen Albert, um diesem die Gründe offen darzulegen, die ihn verhinderten, der Einladung Palmerston's zu folgen. Der Prinz gab dem britischen Minister Unrecht. Das Oberhaus in seiner Sitzung vom 17. Juni 1850 sprach mit einer Majorität von 37 Stimmen ein förmliches Tadels-Votum gegen letzteren aus. Dieser befürchtete, das Unterhaus werde dem Beispiele der Lords folgen, falls Brunnow wie der französische Botschafter seine Pässe verlange. Dann war Lord Palmerston's politische Zukunft verloren. Um sich im Amte zu erhalten, ging er zu Brunnow und fragte, ob es denn kein Mittel gäbe, die Sache beizulegen. *„Do ut des,"* erwiderte der russische Gesandte; „geben Sie uns freie Hand in Kopenhagen und wir geben Ihnen Griechenland preis." Der Handel ward abgeschlossen und das Protokoll vom 4. Juli 1850 besiegelte denselben und gewährleistete die von Russland gewünschte Integrität Dänemarks. Der Vertrag vom 8. Mai 1852, obgleich von Malmesbury unterzeichnet, ist sonach das Werk Palmerston's und Brunnow's. Es kann nicht Wunder nehmen, wenn diese beiden *compères* heute, wo es sich darum handelt, diesen Pact zu zerreissen, für dessen Rettung Himmel und Erde in Bewegung setzen.

London, 21. December 1863.

„London macht bescheiden," sagt Brunnow, der ein Menschenalter hindurch die *„ups and downs"* politischer Thätigkeit in diesem Ameisenhaufen persönlich zu studiren Gelegenheit gehabt hat. Ich bitte es daher nicht dem Mangel an gutem Willen zuzuschreiben, wenn es mir hier nicht gelingt, für unsere Auffassung der deutsch-dänischen Frage Adepten zu werben. Ich bin ganz isolirt. Sie kennen meinen bayerischen Collegen und wissen, wie vortrefflich er von seiner Regierung unterrichtet wird. Er hat mir gestern im engsten Vertrauen versichert, er habe seit 1852 auch nicht eine Zeile von München über die langweilige holsteinische Frage erhalten, die er nie verstanden habe. Er hoffe aber, dass Alles gut ablaufen werde, da die „Allgemeine Zeitung" jetzt ruhigere Artikel bringe.

Mein hannoverscher College ist vor allen Dingen der Sohn seines Vaters. Letzterer, einer der grossen Grundbesitzer Holsteins, sucht das Heil in einer Versöhnung mit Christian IX. Die im Gefolge der Bundes-Execution unvermeidlichen Einquartirungskosten werden mit dem Betrage der Samwer'schen Bonds addirt und ergeben das Facit, dass Friedrich VIII. dem reichen Adel theurer zu stehen kommen würde als Christian IX. Dieses holsteinische Rechenexempel findet im Welfenreiche Anklang, wo man etwas spät die Entdeckung gemacht hat, dass der Herzog eines Staates von 500,000 Unterthanen nothwendig ein Vasall Preussens werden würde. Deren, meint Graf Platen, gebe es in Nord-Deutschland schon genug. Letztere Betrachtung mag auch neben der befürchteten *quarta riscossa* den britischen Friedenspredigten in der k. k. Staatskanzlei Eingang verschafft haben.

In Lord Russell würden wir den einzigen Minister verlieren, der die Frage halbwegs studirt hat. Scheidet der Herzog von Newcastle Krankheits halber aus dem Cabinet, so fehlt das Cement, welches die *happy family* zusammenhält. Newcastle hat die undankbare Rolle des Puffers zwischen Palmerston und Gladstone mit anerkennenswerther Selbstverleugnung zu spielen verstanden. Die Tories rühmen sich 15 neuer Wahlsiege. Greifen wir Schleswig an, so dürfte Palmerston, um am Ruder zu bleiben, die Kanalflotte gegen uns ausspielen. Andererseits könnte Kaiser Napoleon versucht sein, die Rhein-Campagne zu beginnen, wenn er sicher ist, England nicht gegen sich zu haben. Bamberger Noten sind hier nur mit Vorsicht auszugeben. Das Disconto der deutschen Mittelstaaten ist schlecht und es wird überall *à la baisse* speculirt. Die Leute haben es nicht vergessen, dass wir, wie sie meinen, den Krimkrieg hätten verhindern können, wenn wir anfangs mit Oesterreich anstatt mit Preussen gegangen wären. Von den deutschen Grossmächten ist, wie die Dinge liegen, kaum etwas für uns zu erwarten, und überraschen könnte es nicht, wenn sie das *odium* des Krieges auf den Bund wälzten.

Ich betrachte mich als einen Matrosen im Mastkorbe. Ich melde die „*breakers ahead*", die Klippen und Untiefen, die ich sehe, es dem erfahrenen Steuermanne überlassend, den Lauf des Schiffes zu regeln und die Segel einzureffen, wenn es Noth thut.

Gestern bot sich Gelegenheit, mit Mr. Charles Villiers, Lord Clarendon's Bruder, die Rechtspunkte der holsteinischen Frage ausführlich zu besprechen. Dieser Cabinets-Minister gilt in England für radical. In Deutschland würde er zu den Conservativen gerechnet werden. Als Rechtsgelehrter schenkte er meiner Auseinandersetzung mehr Aufmerksamkeit als seine Collegen. Mein Thema war gegeben.

„Die Integrität Dänemarks," sagte ich, „ist eine blosse Phrase. Ob es im Norden einen Staat mit 2,600,000 Einwohnern oder zwei Staaten von je 1,100,000 und 1,500,000 giebt. ist für die Welt, insbesondere für das britische Reich vollkommen gleichgiltig."

Mr. Charles Villiers schien damit ganz einverstanden, kam aber immer wieder darauf zurück, wie gefährlich es sei, Verträge zu brechen, da dadurch die Massen nothwendig demoralisirt werden müssten.

Interessant waren seine Beobachtungen über die Stimmung in Deutschland, welches er seit 1848 alljährlich bereist.

„Im Süden," bemerkte er, „ist mir namentlich in den bürgerlichen Kreisen die veränderte Stimmung aufgefallen. Bis vor vier Jahren hielt dort noch der Eindruck des Jahres 1848 vor. Es wurde mir immer wiederholt, Alles sei besser als Socialismus und Strassentumulte. Seit vier Jahren etwa macht sich eine tiefgreifende Gährung geltend, ein allgemeines Gefühl, dass es so nicht fortgehen kann, dass die Kleinstaaterei, die Zersplitterung, die Ohnmacht nach aussen unerträgliche Uebel geworden. Die Regierungen werden gut thun, die jetzige Bewegung nicht zu unterschätzen. Dem deutschen Michel ist Schleswig-Holstein im Grunde sehr gleichgiltig, alle Parteien erblicken jedoch in dieser Frage eine willkommene Handhabe, um einmal die Kraft Deutschlands dem Auslande zu beweisen. Wer sich einbildet, das deutsche Volk werde nach der Lösung der dänischen Streitfrage zu den Zuständen der deutschen Kleinstaaterei zurückkehren, der irrt sich. Ueberall höre ich klagen, man habe im Jahre 1848 zu viel Geduld gehabt und hätte die Fürsten sämmtlich verjagen sollen, um das Uebel auszurotten. Was man will, ist ein deutsches Parlament um jeden Preis. Telegraphen und Eisenbahnen haben die neuen Ideen verbreitet, und dieselben sind tiefer in die Massen gedrungen, als die Regierungen zu ahnen scheinen."

„Dass etwas geschehen muss," erwiderte ich, „um dem Einheitsdrange zu genügen und den handgreiflichsten Uebeln der Kleinstaaterei abzuhelfen, wird allgemein anerkannt. Diese Erkenntniss hat die deutschen Fürsten nach Frankfurt geführt. In Kaffeehäusern und an der Table d'hôte lässt sich die Volksstimmung nicht studiren. Hier erblickt der frisch gelandete Fremde in den Declamationen gegen den Adel und das Oberhaus häufig das Vorzeichen einer alles Bestehende umstürzenden Revolution, und doch liebt das englische Volk seine Lords wie das deutsche seine Fürsten. Daher wird jede Reform, welche nicht von oben, in England von den Lords, in Deutschland von den Fürsten ausgeht, ohne praktisches Resultat bleiben. Einem politischen Selbstmorde würde es jedoch gleichkommen, wollten die Fürsten eine nationale Bewegung ignoriren oder gar deren Leitung dem National-Vereine und den Turnern überlassen, nur deshalb, weil diese Bewegung zu Ausschreitungen missbraucht werden könnte."

Mr. Charles Villiers wird jedenfalls in dem nächsten Cabinets-Rathe energisch die kriegerische Politik Palmerston's bekämpfen und Alles aufbieten, um die active Betheiligung Englands an dem deutsch-dänischen Kriege zu verhindern. Schon einmal hat er seinem Lande einen ähnlichen Dienst geleistet, als kurz nach der Bildung des jetzigen Ministeriums die Kriegs- und Friedensfrage auftauchte und Palmerston, Russell und Gladstone überstimmt wurden. Damals freilich lebte der friedliche Sir C. Lewis noch, und hinter den Coulissen stand Prinz Albert, der mit fester Hand die sogenannte Hofpartei, mit anderen Worten die angeblichen Nullen des Cabinetes, gegen dessen Hauptziffern leitete. Dieses Atout fehlt heute und die verhüllte Republik, unter welcher wir laboriren, ist dem Hasardspiele nicht abhold.

An die Conferenz *ad hoc* glaubt Villiers ebenso wenig wie der französische Botschafter. Letzterer gab zwar zu, dass Lord Russell sich sehr dafür bemüht, glaubt jedoch nicht, dass sein Kaiser darauf eingehen werde. Eine Besprechung, zu welcher nur die Unterzeichner des Londoner Vertrages und der deutsche Bund geladen werden sollten, könne zu nichts führen. Jeder würde dabei Kläger und Richter zugleich sein und die Autorität fehlen, um den Frieden zu gebieten. Uebrigens meint Fürst Latour d'Auvergne, der Vorschlag komme zu spät, da ja die deutschen Truppen schon am nächsten Freitag die Eider überschreiten und Schleswig besetzen sollten. Dies sei einer Kriegserklärung gleich zu achten. Gelänge es auch, einen Aufschub zu erlangen, so würde doch die Aufrechterhaltung des Friedenszustandes während der Conferenz unlösbare Schwierigkeiten darbieten.

London

1864.

Die conservative Vierteljahresschrift „The Quarterly Review" eröffnete das Jahr 1864 mit einem längeren Artikel Lord
Robert Cecil's. Es wurde darin der in England landläufigen
Auffassung der dänischen Frage ein leidenschaftlicher Ausdruck
geliehen und der Krieg gegen Deutschland gepredigt. Bei der
Stellung des Verfassers in den Reihen der Tory-Partei machte
dieser Aufsatz Aufsehen. Lord Palmerston war erfreut, darin
den Beweis für die kriegerische Stimmung der Opposition zu
erblicken. Er stellte seinen friedfertigeren Collegen vor, das
Ministerium werde gestürzt werden, falls dasselbe den Londoner
Vertrag nicht mit den Waffen in der Hand aufrecht erhalte.

Jeder Zweifel an der Rechtsbeständigkeit des Tractats von
1852 verletzte die Eigenliebe des Premier-Ministers in so hohem
Grade, dass er zu Allem fähig war. Um sein Werk zu retten,
fasste er den Plan, mit einem Theile der britischen Panzerschiffe die Nord- und Ostsee-Küsten Deutschlands, mit einer
anderen Flotte Triest und Venedig heimzusuchen, Mazzini und
Garibaldi in Italien, Kossuth in Ungarn mit englischem Golde
zu unterstützen und so einen unabsehbaren Weltbrand heraufzubeschwören. Ich erfuhr dieses Programm noch zur rechten

Zeit und legte Disraeli die ernste Frage vor, ob die conservative Partei mit dieser revolutionären Politik einverstanden sei und Lord Palmerston freie Hand lassen werde. Disraeli warf zunächst Lord Robert Cecil über Bord. Er versicherte, der Artikel der „Quarterly Review" gebe nur dessen persönliche Ansichten wieder, keineswegs die seiner Partei. Lord Derby sei noch mit dem Studium der Frage beschäftigt und werde mir für jede Aufklärung dankbar sein.

Inzwischen erhielt ich die Antwort des Freiherrn von Beust auf eine Depesche, welche Lord Russell in Betreff der deutsch-dänischen Frage an den britischen Gesandten in Dresden gerichtet hatte. Ich theilte dem Staats-Secretär des Aeusseren diesen Erlass durch ein Privatschreiben mit, in welchem ich hervorhob, der Londoner Vertrag sei schon deshalb imperfect geblieben, weil die dänische Regierung versäumt habe, denselben den schleswig-holsteinischen Ständen vorzulegen. Dieses Privatschreiben wurde mit den beiden nur gedachten Depeschen im Dresdener Journal veröffentlicht. Ich war somit berechtigt, diese drei Actenstücke Lord Derby mitzutheilen. Ich erhielt von ihm eine eingehende Antwort. Meine Replik, in welcher ich die Argumente des Tory-Chefs bekämpfte, führte zu entscheidenden Unterredungen. Es gelang mir zuerst Disraeli, dann auch Lord Derby davon zu überzeugen, dass die Integrität der dänischen Monarchie eine Phrase sei und dass durchaus kein Staats-Interesse Englands vorliege, welches die Kriegspolitik Lord Palmerston's irgendwie rechtfertige. In Osborne mag Lord Derby Aehnliches zu vernehmen gehabt haben. Die Königin, gestützt auf die Mehrheit des Cabinets, hatte bereits eine drohende Thronrede verworfen, welche Lord Palmerston Ihrer Majestät in den Mund legen wollte. Erst am Tage vor der Eröffnung des Parlaments genehmigte die Monarchin die wirklich verlesene, farblose Thronrede. Alles war im höchsten Grade auf die Adress-Debatte gespannt, das Oberhaus überfüllt, als Lord Derby (am 4. Februar) seine dreistündige Rede begann. Ich stand auf den Stufen des

Thrones, dicht an der Balustrade, welche den Sitzungssaal von
den Zuhörern trennt. Der Zufall wollte, dass der Herzog von
Argyll, der Lord Palmerston herbeigeholt, diesen gerade neben
mich stellte. So konnte ich in nächster Nähe im Mienen-
spiele des Premier-Ministers den Eindruck verfolgen, welchen
die Beredsamkeit seines Gegners hervorrief. Mit athemloser
Stille folgte das Haus der Friedenspredigt Derby's, welcher das
Thema, ein Krieg mit Deutschland würde die grösste Calamität
für England sein, mit staatsmännischem Takt und seltener Kunst
entwickelte. Ein Beifallssturm ohne gleichen war der Lohn des
Redners. Lord Palmerston aber verliess das Haus in sichtlicher
Verstimmung. Sein Spiel war verdorben. Seine Collegen stimmten
um so mehr für den Frieden, als es nicht verborgen blieb,
dass die Königin Lord Derby nach Osborne berufen hatte.
Mir hatte der Tory-Chef versprochen, er und seine Partei würden
die Minister nicht zum Kriege treiben. Er hat glänzend Wort
gehalten. Die eigentliche Gefahr war vorüber. Noch zweimal
jedoch versuchte es Lord Palmerston im Laufe dieser Session,
das Cabinet mit sich fortzureissen und den Krieg durchzusetzen.
Er wurde überstimmt. Dreimal besiegte die Königin den angeblichen Dictator im Schosse seines eigenen Cabinets.

Inzwischen fuhr Lord Robert Cecil fort, in den Spalten der
„Times" Stimmung für Dänemark zu machen. Er that dies in
einer Weise, die mir keinen Zweifel darüber lassen konnte, dass
der edle Lord, wie die meisten seiner Landsleute, die einschlagenden
Rechtsfragen nicht ausreichend studirt hatte. Ich übernahm die
Widerlegung unter dem Pseudonym „*Audiatur et altera pars*",
da meine amtliche Stellung mir nicht gestattete, Times-Artikel
unter meinem Namen zu veröffentlichen. Ich bat zugleich einen
anderen Tory, wie Lord Robert Mitglied des Unterhauses, mir
zu secundiren. Lord Robert Montagu, Bruder des Herzogs von
Manchester, that dies um so bereitwilliger, als er schon einmal
kurz nach der Unterzeichnung des Londoner Vertrages gegen
dessen Giltigkeit im Unterhause protestirt hatte.

Die britischen Minister begingen in ihrer Leidenschaftlichkeit den Fehler, Frankreich und Russland gegen Deutschland
aufzuhetzen. Sie übersahen, dass man in Petersburg wie in
Paris nur zu glücklich war, Lord Palmerston und Lord Russell
eine Lection zu ertheilen. In Petersburg hatte man die Einmischung der britischen Regierung in die polnischen Angelegenheiten nicht vergessen. In Paris war man ungehalten über
die Passivität Englands in eben dieser Frage und über die un-
freundliche Ablehnung des Congress-Vorschlages. Russland und
Frankreich, indem sie die deutschen Mächte gewähren liessen und
deren Uebergang über die Eider nicht hinderten, wollten England
beweisen, dass es allein nicht in der Lage sei, Dänemark zu
schützen. Je ernster die deutschen Truppen die militärische
Aufgabe erfassten und je unzulänglicher sich die Dänen im Kampfe
zeigten, desto mehr stieg in London die Aufregung.

Gerade in diesem Momente fand es Lord Palmerston angezeigt, dem Londoner Pöbel ein Schauspiel zu geben, welches
die revolutionären Leidenschaften nur noch mehr entflammen
sollte. Eingedenk des „panem et circenses" der Römer machte
der greise Premier den Massen die Freude, ihnen Garibaldi zu
zeigen. Dieser, nach dem Treffen bei Aspromonte seiner Haft
entlassen, sollte, wenn Palmerston mit seinen Plänen durchdrang,
gegen Venetien, nach Befinden gegen Rom gebraucht werden.
Der Guerrilla-Führer wurde schon bei seiner Landung mit Ovationen überschüttet. In London empfing ihn der Herzog von Sutherland am Bahnhofe und führte ihn in glänzender Gala-Equipage
durch die Hauptstrassen Londons nach Stafford House. Unabsehbare Menschenmassen füllten während dieses Triumphzuges
jubelnd die Strassen. Bei dem Einzuge des französischen Kaiser-
paares im Jahre 1855 wie bei dem der Prinzessin von Wales
waren kaum so viele Menschen auf den Beinen. Garibaldi wurde
im Palais des Herzogs von Sutherland fürstlich beherbergt.
Dort buhlten die vornehmsten Damen der Whig-Aristokratie
um einen Blick, um ein Wort des gefeierten Freiheitshelden.

Ein Bankett ihm zu Ehren vereinigte die Minister und die Führer der Opposition in Stafford House. Die Londoner Gesellschaft umdrängte Abends den Löwen des Tages in den glänzenden Räumen. Es ist Lord Derby und Lord Malmesbury von vielen ihrer Parteigenossen verdacht worden, der Einladung gefolgt zu sein. Der Marquis von Bath, der die Stelle des Einpeitschers der Tories im Oberhause versah, gab seine Entlassung, weil er nicht unter einem Chef dienen wollte, der dem Helden der italienischen Revolution huldigte. Am überschwenglichsten zeigte sich die frühere Ober-Hofmeisterin, Herzogin von Sutherland, als sie in Chiswick dem Abenteurer ein Frühstück gab und denselben an der Thür des Hauses in vollem Schmucke, mit Diamanten übersäet, wie einen König empfing. Um dieses Fest ja nicht zu versäumen, schob Lord Clarendon seine Abreise nach Paris auf, wo er den letzten vergeblichen Versuch machen sollte, den Kaiser Napoleon in den Harnisch zu bringen. Diese Uebertreibungen des britischen Heroen-Cultus hatten etwas unbeschreiblich Komisches. Der Einzige, der unberührt davon blieb, war Garibaldi selbst. Der alte Seemann liess sich durch nichts irre machen, durch nichts imponiren. Er erschien in den vergoldeten Sälen ohne Rock und Weste und paradirte in den Aermeln seines rothen Flanellhemdes. Auf der Strasse trug er seinen schwarzen Filzhut mit rother Feder. Feste und Diners langweilten ihn gründlich. Er verhehlte durchaus nicht seine Abneigung gegen alte Weiber, mochten sie auch den Herzogsmantel tragen. Nach dem Bankett in Stafford House erklärte er, so spät und so lange zu speisen sei er nicht gewohnt. Er verlangte nach seiner Tabakspfeife. Die Herzogin Mutter überwand ihren Widerwillen gegen den Tabaksdampf, führte Garibaldi in ihr Boudoir, zündete ihm selbst die Pfeife an und liess ihn, bis er dieselbe ausgeraucht, nicht aus den Augen.

Meinen italienischen Collegen setzten diese Ovationen in einige Verlegenheit, da der Besiegte von Aspromonte noch immer dem König Victor Emanuel grollte. Lady Palmerston vermittelte

einen *modus vivendi*, und d'Azeglio schloss mit Garibaldi eine Art
von Waffenstillstand für die Dauer seines Aufenthaltes.

Lord Palmerston erreichte seinen Zweck nicht. Das Spek-
takelstück verlief im Sande und die geplante *quarta riscossa*
kam nicht zur Ausführung.

In Sachen Dänemarks täuschten sich die Minister, wie die
Folge lehrte, über die eigentliche Stimmung des Landes. Das
Parlament drängte nicht zum Eintritte in den Krieg, dessen Ausbruch man nicht verhindert hatte. Der Augenblick zum Handeln
war versäumt. Die Erfolge der deutschen Waffen überraschten
und imponirten. Jetzt war es für England zu spät zum Schwerte
zu greifen. Man proponirte eine europäische Conferenz, um dem
Blutvergiessen Einhalt zu thun und der Gefahr ernster parlamentarischer Kämpfe vorzubeugen. Ohne Basis und ohne Waffenstillstand wurde die Conferenz nach London berufen. Oesterreich
und Preussen waren nicht unzufrieden, sich derselben zu bedienen,
um der falschen Stellung zu entgehen, in welche sie als kriegführende Mächte und Mitunterzeichner des Londoner Tractates
gerathen waren. Beide erklärten sich daher bereit, unter der Bedingung die Conferenz zu beschicken, dass der deutsche Bund als
solcher dazu eingeladen werde. Es war seit seinem Bestehen das
erste Mal, dass derselbe Sitz und Stimme in einem europäischen
Areopage erhielt. Die Wahl des Vertreters fiel auf den sächsischen
Staatsminister Freiherrn von Beust, den thätigsten Vorkämpfer
des Bundes-Standpunktes. Er nahm die Wahl an, konnte jedoch,
da die Sache sehr überstürzt wurde, unmöglich am 20. April in
London eintreffen. Das war der Tag, welchen der ungeduldige
Lord Russell für die Eröffnung der Conferenz bestimmte. Preussen
und Oesterreich erklärten, sie würden ohne den Vertreter des
deutschen Bundes an keiner Sitzung theilnehmen. Die erste
Begegnung verlief ohne alles Resultat. In Wahrheit fand die
Eröffnung am 25. April statt.

Wie zu erwarten, ging die Conferenz erfolglos auseinander.
Erfolglos weil dem Kriege dadurch nicht Halt geboten noch dem

Frieden feste Grundlagen geschaffen wurden. Deutschland konnte
jedoch schliesslich mit dem Resultate wohl zufrieden sein. Herr
von Beust hatte erklärt, der deutsche Bund werde den Londoner
Vertrag nun und nimmermehr anerkennen und die völlige Losreissung der Herzogthümer von Dänemark sei die einzig denkbare Lösung. Lord Clarendon, der als zweiter britischer Bevollmächtigter in Wahrheit die Rolle des ersten spielte, bewog Lord
Russell, um dem Blutvergiessen Einhalt zu thun, die Trennung
Holsteins, Lauenburgs und Süd-Schleswigs in Vorschlag zu bringen.
Die Neutralen, Russland und Frankreich, stimmten bei, aber
die Dänen erklärten ihre Instructionen für erschöpft, und so blieb
der Streit auf die Spitze des Schwertes gestellt. Oesterreich und
Preussen, deren Vertreter sich gern der Führung des Bundes-
Bevollmächtigten unterordneten, wurden so aus ihrer falschen
Stellung erlöst, und der Londoner Tractat war und blieb zerrissen.
Vielleicht wäre derselbe zu retten gewesen, hätten die britischen
Minister anfangs gleich erkannt, dass ein Vertrag, der eine *quaestio
de futuro*, eine Eventualität der Zukunft regeln soll, von den
Umständen abhängt, unter welchen diese Eventualität eintritt.
Von ganz anderer Bedeutung sind Verträge, welche wie die von
1815 vollendete Thatsachen normiren und das Endresultat lang-
jähriger Kriege feststellen. Es war ein politischer Fehler, welchen
Palmerston und Russell in ihrem Eifer begingen, als sie erklärten,
den Londoner Vertrag aufheben, hiesse alle übrigen in Frage stellen.
Wäre Napoleon III. damals nicht schon so ernst in Mexico beschäftigt gewesen, er würde die britischen Minister beim Worte
genommen haben. Wie dem auch sei, der Vertrag war todt. Die
Conferenz hatte nicht nur Deutschland geeinigt, sondern auch als
Blitzableiter gegen parlamentarische Gewitter gedient. Der Er-
fahrungssatz, dass nach dem Ascot-Rennen in England kein
Ministerwechsel denkbar, bewährte sich von neuem. Das Ascot-
Rennen war glücklich vorüber. Vor Ende der Session sollten
jedoch die Minister noch eine Demüthigung ohne gleichen erleiden.

Kaum waren die Conferenz-Protokolle dem Parlamente vorgelegt worden, als die Führer der Opposition in beiden Häusern
eine Adresse an die Krone beantragten, um die in der dänischen
Frage befolgte Politik der Minister einer wohlverdienten Kritik
zu unterziehen. Im Unterhause dauerten die Debatten mehrere
Tage, im Oberhause eine einzige Nacht. Disraeli eröffnete den
Angriff mit einer glänzenden Rede. Er machte den Ministern gerechte Vorwürfe über ihre unberufene Einmischungspolitik und
befürwortete sehr entschieden die Aufrechterhaltung des Friedens
zwischen Deutschland und England. Der Umschwung der öffentlichen Meinung innerhalb und ausserhalb des Parlaments war ein
vollständiger. Das Ministerium war verloren, hätte sich nicht
Cobden als Retter in der Noth und als Beschützer Palmerston's
gezeigt. Cobden entwarf ein Amendement, welches er dem liberalen Kinglake in die Feder dictirte. In diesem Amendement
wurden die Minister zu ihrer Friedensliebe beglückwünscht und
nur deshalb freigesprochen, weil sie den Krieg mit Deutschland
vermieden. In Wahrheit hatte der alte Premier-Minister Himmel
und Hölle in Bewegung gesetzt, um den Krieg zu entzünden. Nur
von der Königin und der Mehrheit seiner Collegen war er an
diesem im Laufe der Debatte als wahnsinnig bezeichneten Vorhaben verhindert worden. Kinglake zeigte ihm eine Liste aller
Mitglieder der ministeriellen Partei, welche für Disraeli stimmen
würden, falls Palmerston nicht das Cobden'sche Amendement annehmen und seine Anhänger anweisen wolle, dafür zu stimmen. Der
Premier hatte keine Wahl. Entweder er musste aus dem Amte
scheiden oder die ihm von der Manchester-Schule dargebotene
bittere Pille hinunterschlucken und sich zur Aufrechterhaltung der
unbedingtesten Neutralität verpflichten. Er wählte das letztere
als das einzige Rettungsmittel und war überglücklich, als ihm
schliesslich eine Majorität von achtzehn Stimmen im Amte zu
bleiben gestattete.

Im Oberhause, wo die Entscheidung fast gleichzeitig wie im
Hause der Gemeinen in den Morgenstunden des 19. Juli erfolgte,

wurde das Ministerium mit einer Majorität von neun Stimmen geschlagen.

So wurde der Sieg Deutschlands über die Kriegsgelüste Lord Palmerston's parlamentarisch besiegelt. Lord Russell, über den eingetretenen Umschwung der öffentlichen Meinung im höchsten Grade erstaunt, musste schliesslich dem mit Consequenz festgehaltenen Standpunkte des deutschen Bundes Gerechtigkeit widerfahren lassen. Die Ereignisse bestätigten die staatsmännische Voraussicht des Prinzen Albert, der den Londoner Vertrag von 1852 nie gebilligt hatte.

Unbehelligt durch fremde Einmischung schützten die deutschen Waffen das gute Recht der Elbherzogthümer, auf deren Besitz Dänemark durch den Wiener Frieden vom 18. October Verzicht leistete.

Aus Privatbriefen.

1864.

London, 3. Januar 1864.

Die Eröffnung des Parlamentes wird den Wünschen des Premiers gemäss am 4. Februar stattfinden. An dem gestrigen Cabinetsrathe konnten, durch Unwohlsein verhindert, weder Lord Palmerston noch der Herzog von Newcastle theilnehmen. Alle Entscheidungen über die dänische Frage sind bis zum nächsten Conseil verschoben worden, welchem Palmerston beiwohnen zu können hofft. Soll England den Einmarsch der Bundestruppen in Schleswig als einen *casus belli* betrachten? das ist die Hauptfrage, deren Entscheidung nächsten Dienstag erfolgen soll.

Die Ratificationen des die Abtretung der jonischen Inseln an Griechenland regelnden Vertrages vom 14. November sind

gestern ausgewechselt worden. Lord Russell hat die Gelegenheit
benutzt, um den Botschaftern Oesterreichs und Preussens zu eröffnen, England wünsche vor Allem Zeit zu gewinnen. Es sei
Hoffnung vorhanden, Dänemark zur Zurücknahme der November-
Verfassung zu bestimmen. Der Bundes-Beschluss über den österreichisch-preussischen Antrag vom 28. v. M. möge aufgeschoben
und die Aufstellung von Streitkräften nicht übereilt werden.

Ein längerer Besuch bei Disraeli ist heute im Interesse des
Friedens verwerthet worden. Ich bat ihn, mir aufrichtig zu sagen,
ob der in der „Quarterly Review" erschienene kriegerische Artikel
Lord R. Cecil's, sowie die Deutschland so feindliche Sprache
der Tory-Blätter im allgemeinen, der Auffassung entsprächen,
welche die conservative Partei im Parlamente zu vertreten gedenke.
Disraeli leugnete es mit Entschiedenheit und versicherte, Lord
Robert Cecil habe nur seine Privatansicht ausgesprochen. Ebenso
verträte Seymour Fitzgerald im „Morning Herald" eine Politik,
welche weder von Lord Derby noch von ihm selbst, Disraeli,
gutgeheissen werde. Lord Derby sei gerade jetzt in Knowsley
mit dem Studium der dänischen Frage beschäftigt und werde mir
für jede Aufklärung dankbar sein.

„Wenn dem so ist, so können wir offen reden," sagte ich.
„Ihr habt ein geheimes Abkommen mit Lord Palmerston. Ihr
habt ihm nach aussen freie Hand gegeben, so lange er im Innern
Euere Politik vertritt. Dieses Einverständniss hat gewisse Grenzen,
wie Lord Derby's Veto gegen einen Angriff auf Venetien beweist.
Wisst Ihr Tories, was jetzt vorgeht? Wisst Ihr, was der alte
Firebrand im Schilde führt? Er ist wüthend über die Wendung,
welche die dänische Frage nimmt. Wüthend aus verletzter
Eigenliebe, weil der von ihm mit Brunnow abgekartete Londoner
Vertrag unhaltbar geworden ist. Aus verletzter Eigenliebe plant
er jetzt einen Weltkrieg. Er will die deutschen Nord- und
Ostseehäfen blokiren und brandschatzen, eine zweite Panzerflotte
in das adriatische Meer senden, um Triest und Venedig einzu-
äschern, er will endlich — und das ist der Hauptpunkt — die

Höllenhunde der Revolution entfesseln und auf Deutschland hetzen. Eine Million Pfund Sterling ist für Mazzini und Garibaldi, eine andere für Kossuth in Bereitschaft. Ersterer soll Italien in Brand setzen und die *quarta riscossa* organisiren, letzterer Ungarn und die türkischen Grenzdistricte in Flammen aufgehen lassen. Die meisten Minister sind diesem Plane entschieden abgeneigt. Der Alte droht aber mit Euch und sagt seinen Collegen, wenn w i r den Krieg nicht anfangen, so stürzen uns die Tories, um ihn zu führen. So stehen die Dinge, und die Frage ist nur, ob Sie und Lord Derby die Verantwortlichkeit für einen solchen Weltbrand, der alle conservativen Interessen Europas auf das Spiel setzen würde, übernehmen wollen. Was ist die Integrität Dänemarks? Eine nichtssagende Phrase. Wie kann das Staats-Interesse des britischen Reiches berührt werden durch die Existenz oder Nicht-Existenz eines Kleinstaates von 2,600,000 Einwohnern?"

Disraeli hatte mir mit gespanntester Aufmerksamkeit zugehört und erwiderte: „Ganz einverstanden. Die Integrität Dänemarks ist *humbug*. Sollte das Ländchen jemals wieder zu einer Flotte gelangen, so würde diese im nächsten Kriege für Russland und für Frankreich, nicht für England kämpfen. Wir würden daher genöthigt sein, noch einmal wie vor fünfzig Jahren Kopenhagen zu bombardiren und die dünischen Schiffe zu verbrennen. Wenn man dynastische Verbindungen als bestimmende Factoren für die Politik dieses Landes ausgeben will, so ist dies geradezu kindisch."

„England hat sich wohl gehütet, eine Garantie zu übernehmen," fuhr ich fort. „Ein *casus foederis* liegt nicht vor. Die jetzigen Minister haben es mit Beifall begrüsst, als eine von England selbst eingesetzte Dynastie in Griechenland vertrieben wurde. Sie haben gejubelt, als durch Garibaldi'sche Freischaaren oder piemontesische Bajonette in Parma, Florenz, Modena und Neapel die angestammten Dynastien gestürzt wurden. Mit welchem Rechte wollen diese selben Minister nun den Holsteinern und Schleswigern eine Dynastie aufdringen, welche das Volk nicht will und nicht als legitim anerkennt? Und darum ein europäischer Krieg? Hiesse das nicht Louis Napoleon's Spiel spielen? Würde er nicht, sobald England für Dänemark die Waffen ergreift, für die unterdrückten Nationalitäten in die Schranken treten? Könnte er nicht ein Löwenbündniss mit Preussen abschliessen, Belgien und die Rheinlande bedrohen und endlich den ganzen Continent gegen das ‚perfide Albion' in Harnisch bringen? Das sind Gefahren, wirkliche, handgreifliche, nicht blosse Chimären wie die Integrität eines kleinen Staates."

Mr. Disraeli stimmte mir in allen Punkten bei, wiederholte, die Integrität Dänemarks sei ein zu geringfügiges Object, um einen europäischen Krieg zu rechtfertigen. Er betrachtet es als die Hauptaufgabe Englands, den Kaiser Napoleon zu überwachen und von jeder Einmischung abzuhalten.

Private.   *Hobart Place, January the 4th 1864.*

Dear Lord Russell, [1]) — I wrote this morning in order to request the honour of an interview with your Lordship. But as you will scarcely be able to receive me to-morrow, before the cabinet meets, where the Holstein question is to be discussed — as I understand — I take the liberty of sending you the enclosed copy of a despatch [2]) which reached me this morning. It is Baron Beust's answer to your despatch of the 17th of December.

You will kindly recollect that we never made use of the argument which you impugn in that paper and that we always maintained, that the rights of the German Duchies were based on a stronger and safer ground. Our principal reason for disagreeing with the majority, in the sitting of the federal Diet of the 7th of December has perhaps been that we could not detect a formal connection between Danish engagements of 1851 and the treaty of 1852, although we could not deny the existence of a

---

[1]) Siehe die Uebersetzung dieses Privatschreibens im Anhang (Nr. 2).
[2]) Siehe Seite 276.

moral connection. We did not and we do not say: „the treaty
of 1852 is null and void, as long as Denmark does not keep
the engagements of 1851." What we do say, is simply this:
„there is a treaty by which certain arrangements for the future
have been contemplated; but the contingency for which the said
treaty has been prepared did not arise. King Frederick VII., it
is true, died without issue; but he died also without having been
able to establish lawfully and rightfully in the German parts of
his domains the new order of succession which the Powers, who
signed the treaty of 1852, had in view, and which they would
have been bound to uphold, had those arrangements been really
completed. This not being the case the treaty is imperfect by
itself. To make it perfect three essential conditions are still wanting:

    1. the consent of all the Agnats;
    2. the consent of the Estates of Holstein and Schleswig;
    3. the consent of the German Diet." —

The history of Germany offers a precedent of striking analogy, I mean the so-called „Pragmatic Sanction". Charles VI.
having no male heir wanted to change the existing order of succession in favour of his daughter. He made treaties with all the
leading powers of Europe: but did these treaties satisfy him?
No. He thought it right and wise to submit the „Pragmatic
Sanction" to all the different Estates and provincial Diets of his
dominions and they accepted it. The consequence was, that,
when afterwards some foreign Powers endeavoured to deprive
Maria Theresia of some parts of her inheritance, the people stood
up for her rights.

    If, in the present case, Frederick VII. had acted with the
same wisdom as Charles VI. and if the Holsteiners and the Schleswigers had declared openly in favour of Christian IX., as the
Austrians and the Hungarians did for the Empress-Queen, do
you think Germany would have interfered and questioned the
legality of the order of succession which the treaty of London
endeavoured to create?

I trust you will kindly excuse those few remarks and enable me after having seen Baron Beust's answer, to write home that you can not but acknowledge, that the conduct of the Saxon Government has been entirely consistent with good faith. Believe me etc. `Vitzthum.

Dresde, le 29 décembre 1863.

Monsieur le Comte![1]) Mr. Murray vient de me communiquer une dépêche de son Gouvernement, concernant l'affaire des Duchés de Schleswig-Holstein et dont vous trouverez ci-joint une copie [2]).

Il vous sera facile de constater que la dépêche de Lord Russell s'attache à combattre une manière d'envisager la validité du traité de Londres du 8 Mai 1852, qui n'a jamais été celle du Gouvernement du Roi. Ce n'est pas à nous qu'il appartient de la discuter, et conséquemment je pense que Mr. le Principal Secrétaire d'Etat pour les affaires étrangères de Sa Majesté Britannique jugera inutile que nous acceptions le débat sur ce terrain. Le Gouvernement du Roi se trouve simplement en présence d'une question, dont la Diète, organe de la Confédération germanique, a été saisie à la suite du décès de S. M. le Roi Frédéric VII de Danemarc. L'envoyé de feu Sa Majesté près la confédération a présenté des lettres de créance, pour être admis comme représentant du Roi Chrétien IX en sa prétendue qualité de Duc de Holstein et de Lauenbourg. En même temps le Ministre de Bade a produit des pleinpouvoirs comme mandataire du Prince héréditaire d'Augustenbourg, faisant valoir des prétentions, à titre d'agnat, sur les dits Duchés. Dans cette occurrence la diète est appelée à se prononcer.

Le Gouvernement du Roi pour sa part, fidèle aux principes qu'il a invariablement pratiqués dans des cas analogues, ne saurait prendre d'autre ligne de conduite que le respect du droit.

Après avoir voté à la Diète pour les mesures qui lui semblaient les plus propres à assurer l'exécution pleine et entière de ses décisions, il s'est consciencieusement appliqué à étudier les titres constituant les droits de succession; ce sera d'après le résultat de cet examen qu'il donnera sa voix.

Quant au traité du 8 Mai 1852 il ne sera pas inutile, puisque Lord Russell veut bien nous le rappeler, d'entrer à son sujet dans quelques explications.

---

[1]) Die folgenden zwei Piècen sind dem Dresdener Journal vom 12. Januar 1864 entnommen.

[2]) Siehe Seite 278.

Cet acte, ayant pour objet d'établir un nouvel ordre de succession dans le Royaume de Danemarc, a été accepté et sanctionné par le „Reichstag" danois. Mais pour qu'il devînt légitime et exécutoire pour les Duchés allemands, il fallait obtenir le consentement des agnats appelés par droit d'hérédité à y succéder, ensuite celui des Etats, et enfin celui de la Confédération germanique.

Aucune de ces trois conditions n'a été remplie. Par conséquent la Diète n'a pas besoin de prendre en considération les griefs, que depuis nombre d'années elle a à faire valoir à la charge du Danemarc, relativement à la violation des engagements contractés par cette puissance, pour arriver à contester au traité du 8 Mai 1852 toute espèce d'effet par rapport aux Duchés allemands.

Le Gouvernement du Roi invité dans le temps par les signataires du traité de Londres à y accéder, ne s'est pas refusé à déclarer son assentiment — non pas son accession — à une combinaison laquelle, si le Danemarc avait loyalement rempli ses engagements envers l'Allemagne, aurait pu réussir; car alors il y aurait eu chance d'obtenir le consentement de tous les intéressés dont l'adhésion était indispensable pour rendre le traité valide. On n'a pas seulement tenté de s'assurer de ce consentement par la raison qu'en présence des actes émanés du Gouvernement danois et attentatoires aux engagements contractés par lui, on en reconnaissait d'avance l'impossibilité. C'est ainsi qu'on en est arrivé à laisser le traité incomplet et non exécutoire dans une partie essentielle et ce n'est certes pas à la Confédération, ni à ses membres que les signataires du traité auront à en faire un reproche.

Le Gouvernement du Roi — le Cabinet britannique ne saurait l'ignorer — a fait de plus dans le temps la réserve expresse qu'il ne prétendait point anticiper sur les résolutions que la Confédération par l'organe de la Diète pourrait être amenée à prendre dans cette question. Cette éventualité, prévue alors, se présente aujourd'hui et le Gouvernement du Roi use de la liberté qu'il s'est sagement ménagée.

J'ose espérer, que cet exposé du véritable état des choses amènera Lord Russell à une appréciation de notre conduite conforme à son esprit bien connu d'équité et de justice. Il suffit en effet d'être de bonne foi pour reconnaître que le Gouvernement du Roi n'a pas songé à s'en écarter.

Veuillez, Monsieur le Comte, donner lecture de ma présente dépêche à Mr. le Principal Secrétaire d'Etat pour les affaires étrangères et lui en laisser copie. Agréez etc.

Beust.

A Mr. le Comte Vitzthum à Londres.

Foreign Office, December 17th 1863.

Sir, — [1]) Her Majesty's Government have seen with surprise and pain
the language which has been held with regard to the Treaty of London
of May 1852.

The Powers who signed that Treaty, or who subsequently acceded
to it, must recollect that they bound themselves thereby, not to Denmark
alone. but to Great Britain, France, Russia and Sweden, who were parties
to it, and to all the other States and Powers whose accession thereto was
asked for and obtained, and that the declared object and purpose of that
Treaty was, not to regulate the reciprocal relations of Denmark and Germany, but to serve as an arrangement essential for the general interest
of Europe.

A violation of the engagement taken by Denmark in 1851 — 52
towards Germany is an offence which may be properly resented, and for
which redress may be justly demanded. But such violation cannot cancel
a solemn European engagement taken towards other Parties — the promises made by Denmark in January 1852. regarding Holstein and Schleswig,
may have been the prevailing motive with Austria and Prussia for entering
into the Treaty of May 1852, but those Powers cannot with any show of
reason allege as an excuse for not remaining faithful to the obligations
of that Treaty, that their expectations as to the fulfilment by Denmark of
her engagements, taken at another time and in other documents, have been
disappointed.

The whole foundation of the Treaty-stipulations of Europe would be
subverted if such a reason could be admitted as an excuse for breaking
a plain and simple Treaty engagement. Any Sovereign when called upon
to fulfil his engagements might say: „My motive for cancelling that Treaty
with you was that I had other engagements with one of the Parties to
that Treaty. Those other engagements had not been kept, and therefore
my Treaty with you is null and void." —

Her Majesty's Government are convinced that the Court of Dresden
will see that such process of reasoning, if admitted to be valid, might
shake to pieces any existing Treaty. I forbear from quoting instances in
which such a loose and capricious mode of interpreting Treaties might
prove seriously injurious to the German Powers themselves.

Let it suffice at present for Her Majesty's Government to declare that
they would consider any departure from the Treaty of succession of 1852
by Powers who signed or who acceded to that Treaty. as entirely inconsistent with good faith.

I have etc.   Russell.

P. S. You are instructed to give Baron von Beust a copy of this Despatch.
The Hon. C. A. Murray C. B. etc.

---

[1]) Siehe die Uebersetzung im Anhange (Nr. 3).

Dear Lord Derby, [1]) — Mr. Disraeli tells me, that the
enclosed correspondence [2]), respecting the Dano-German conflict,
may perhaps have some interest for you at the present moment.
I beg to add the copy of a private letter which I have written
to Lord Russell on the subject.

We are accused of indulging in „a loose and capricious
mode of interpreting treaties“; we are told, that Her Majesty's
Government „would consider any departure from the treaty of
succession of 1852“ as „entirely inconsistent with good faith“
and all this, because we doubt, whether the German Diet has
any right to compel the Holsteiners and the Lauenburgers to
recognise King Christian IX. as their legitimate Duke. I do
not recollect that the much abused German Sovereigns have
shown great admiration for the „loose and capricious mode of
interpreting treaties“ which prevailed in Italy, and a few months
ago in Greece. With regard to the London treaty, I need not
remind you that there are treaties of a very different character
and importance: treaties, which regulate the past, which legalise
accomplished facts, which settle *de jure* a *status quo* brought
about by a war or by a series of wars, as the treaties of
Vienna for example; and treaties, which endeavour to regulate
the future, wich are made for certain contingencies, certain even-
tualities. The former are more solemn engagements, are of a
more binding force than the latter, for this simple reason because „*tempora mutantur*“ and „*nos mutamur in illis*“; because
circumstances may change and events may take an unexpected
turn; because the contemplated contingency may never arise,
after all, or present itself under circumstances, which those who
signed the treaty had not, and could perhaps not have foreseen,

---

[1]) Siehe die Uebersetzung im Anhang (Nr. 4).
[2]) Siehe den Privatbrief des Verfassers an Lord Russell und Beilagen,
Seite 274—278.

when they signed the engagement. The Powers who signed the London treaty of May the 8th 1852, for instance, had they not a full right to expect, that the new order of succession which they contemplated would have been rightfully established, would have become the law of the land, before King Frederick's VII. death? — Unfortunately this has not been the case. Denmark failed and the treaty, as far as the German Duchies are concerned, has been left imperfect. Some of the Agnats — I do not speak now of the Duke of Augustenburg and his son — have not assented; the Estates of Holstein, Schleswig and Lauenburg have not assented; the German Confederation has not. The Frankfort Diet could not ignore these facts. The „stat pro ratione voluntas" system does not answer, nowadays, when you have to deal with a deeply roused popular feeling. People will reason; we cannot prevent that. They study Vattel, as we do, and they find, that it has always been considered as an axiom of international law: that every treaty is null and void in itself by which two Powers would engage themselves to do wrong, for example, to deprive of his rights a third Power or individual who is no party to the treaty and who has not formally agreed.

I venture to hope, that you will excuse me with your usual kindness for having troubled you with these cursory remarks and that you may perhaps discover therein some arguments in favour of the late Lord Melbourne's favorite maxim [1]), which you recommended last year — so wisely, as the events have shown — on an other occasion to Her Majesty's Ministers in one of your eloquent speeches.

Please to present my best regards to Lady Derby and believe me etc.   Vitzthum.

---

[1]) Cannot you leave it alone!

(Eigenhändig) *Knowsley, January the 10th 1864.*

Dear Count Vitzthum, [1]) — I have to thank you for your kindness in communicating to me the correspondence between Lord Russell and Baron Beust, and your private letter to the former. I regret however that I cannot concur in the views which your Government takes of the binding nature of the Treaty of 1852, though Lord Russell's view of the obligations imposed by it might have been more courteously, I would almost say less offensively expressed. I am very unwilling to enter into controversial discussion of this very complicated question, which appears to threaten hostilities, the extent of which it is impossible to foresee; but you will not, I hope, take it amiss if I tell you shortly and frankly in what respects I am unable to concur in the doctrines .laid down by Baron Beust. I observe with satisfaction that your Government does not found its objection to the validity of the treaty upon any violation, real or supposed, by Denmark, of the engagements taken by it towards Austria and Prussia in the preceding year; although this objection is not repudiated, but rather waived as unnecessary, the alleged invalidity being, in Baron Beust's opinion, sufficiently established on other grounds. Those grounds are that, to give effect to the treaty, it was necessary that, before taking effect, it should have the assent 1st of all the Agnats; 2d of the States, and 3d of the German Confederation. Now I have not the text of the treaty by me; but if it had been intended that all these consents should be preliminarily required, it is impossible but that so material a modification should have been plainly set forth in the treaty itself, which I am pretty confident was not the case. Indeed if all the parties who might be supposed to .have an interest in the result had been agreed with respect to the proposed change, I

---

[1]) Siehe die Uebersetzung im Anhange (Nr. 5). Ueber denselben Gegenstand siehe auch Malmesbury, Memoirs of an Ex-Minister, vol. II, pag. 310.

do not very clearly see what was the necessity for any treaty
at all; and if it were in the power of any one of the then possibly dissentient parties to put a veto upon its operation, the
treaty would have been little better than waste paper. But it
is incredible that it should have been left to the Estates of
Holstein, and left too by implication, to set aside a treaty en-
tered into between six great Powers, exclusive of Denmark, in
the avowed interests of Europe. for the preservation of the integrity of Denmark, and which, for that purpose, secured to
the present king all the rights enjoyed by his predecessor over
all parts of his dominions, including the Duchies. Of course
the question of succession is completely distinct from that of
the Federal obligations binding on the king as Duke of Holstein
and Lauenburg, the alleged violation of which, by his predecessor, is made the pretext for Federal execution in Holstein.
And I must say that a totally new character is given to that
Execution, when, under the protection of Federal troops, the
pretender to the Duchy is allowed openly to put forward his
claims and to receive the allegiance of his would-be subjects.
This is going a great deal further than „doubting whether the
German Diet has any right to compel the Holsteiners to recognise King Christian IX. as their legitimate Duke.‘ But to return
to the question of assents — I do not deny that it would have
been desirable that, if possible, those assents should have been
all obtained; but I do deny that they were necessary to the
validity of the treaty; and Baron Beust admits the impossibility
of obtaining the assent of Holstein, except upon terms which
would have been tantamount to the dissolution of the Danish
monarchy. But with regard to the Diet, I have always understood (I may be mistaken) that in the treaty of 1852 Austria
and Prussia assumed to act as their plenipotentiaries; and it is
difficult to see how they at least can reconcile a repudiation of
the treaty on the ground of its non-acceptance by the Diet.
And, of all causes to be taken up, that of the Duke of Augusten-

burg seems to me the most indefensible. His father, guilty of
a treasonable rebellion against his Sovereign, having had his
Estates confiscated, and having incurred for himself and his heirs
the penalties attaching to treason, signs for himself and them
an absolute renunciation of any possible rights which he might
have, and under the most solemn sanction pledges himself and
them, never to disturb the peaceable enjoyment by the present
king and his heirs of the rights conferred on them by that
treaty. By the king's free will and indulgence he received a
compensation of, I think, 3,000,000 Thalers for his Estates, the
proceeds of which the present claimant has accepted, and now
enjoys; never did he even protest against the surrender of his
vested interests, till the money had been paid and seven years
had elapsed since the conclusion of the treaty. If private mo-
rality is to be carried into public affairs, I know not in what
terms to stigmatize pretentions put forward on such grounds.

I have frankly stated to you the view which I take of the
obligations imposed upon the signataries of the treaty — Saxony
was not one — and I am unwilling to discuss the amount of
difference between her „assentiment" and her „accession".

We are at a most perilous crisis; and the entrance of a
single German soldier into Schleswig will alter the whole com-
plexion of the case as it stands at present, and render inevitable
a war which may become general. It is as a friend of Germany not less than as a lover of peace that I earnestly hope
such a war may even yet be avoided. The minor States of
Germany, who are most eager in pushing matters to extremity,
would be the first to suffer from the results; and though I have
heard that some of them are thinking, if Austria and Prussia
should hang back, of a new Confederation of the Rhine under
the protection of France!! I cannot for a moment believe, even
in their present excited state, in such a suicidal insanity!

Forgive me if in the frankness of a strictly private and
confidential letter, I have expressed myself too strongly. I regret

more than I can say, what appears to be the discrepancy of our views; but I will not abandon the hope that means may even yet be found to escape the calamities of war, notwithstanding the vacillating, and at the same time offensive course of Lord Russell's diplomacy. Believe me etc.   D e r b y.

Dear Lord Derby, [1]) — I have the honour to acknowledge the receipt of your kind letter of the 10th with deep felt gratitude. Frankness in a case like this is real kindness. I took it as such. I have nothing to forgive, only to thank. If there is yet any chance of peace, it lays in the hope that the statesmen of England will take the trouble of mastering that complicated question, in all its tiresome details, in order to arrive at a clear unbiassed and unprejudiced view of the case. I venture to hope, they will then come to the conclusion that the best they can do, is to leave it alone, in order to „localise" the war if — what God forbid — war is to be.

I certainly do not feel competent to enter into a controversial discussion of such a question with a statesman of your power, with the greatest orator of the British Parliament, not to say, of our age.

Laying confidentially before you the correspondence which had passed between our Governments, my object was not, to complain of Her Majesty's Ministers or to criticise their conduct. My object was, to forward to you a fair and genuine *exposé* of the views entertained, not only by the Saxon Government, but by the overwhelming majority of the German nation. Saxony is a small unit, but in that case may be taken as *pars pro toto.* The Government are, what you would call „liberal-conservatives". They have just been able to reduce considerably the taxes and to increase at the same time the salaries of the public servants up

---

to 25 %. Saxony, if an island, would be a „happy island". We cling to the pecularities of our race as all the German races do; we are devoted to our dynasty which rules over us during thousand years. Foreigners are often mistaken: the Germans are fond of their Princes and cannot do without them, just as the English are fond of their Lords in spite of Messrs. Cobden and Bright. Still, there are certain things those Princes cannot do, not more than your Lordships can. They cannot run against the tide of a national movement such as we have not seen since 1813. They are between two dangers: a war or a revolution; all of them, from the Emperor of Austria down to the Prince of Liechtenstein. This is a sad, but a sober truth. You may depend upon it, the minor German states are wide awake, just now; they know quite as well as you do that their existence is at stake. No childish wish to court popularity, no foolish desire to make political capital out of this unfortunate quarrel have determined their course. You are quite right disbelieving the story a new Confederation of the Rhine under French protection. Nobody dreams of such a suicidal insanity in Germany. The times are past when such things were possible. Heaven be thanked! No minister would be able to keep power for a single day, could he even be suspected of such a folly which would be looked upon as an act of high treason. There is, it is true, a good deal of nonsensical excitement and perhaps even of criminal agitation on the surface; but there is also a not to be mistaken undercurrent of a sober and genuine public feeling against every sort of foreign interference. People look upon the London Treaty as an act of foreign dictation. It was the Emperor Nicholas, they say, who dictated that arrangement when on the height of his power, when Austria had, in an unfortunate hour, been induced to accept his assistance, when Prussia laid at his feet in a state of utter prostration after having returned from Olmütz. The Russian diplomacy, they say, frightened Lord Palmerston out of his wits, by inventing some unfounded claim which Russia might perhaps put forward some day in order to secure the Gottorp part of Holstein and the harbour of Kiel; and they invented also the phrase of the „integrity" of Denmark being a necessity for the balance of power in the North of Europe. A monarchy of two millions and a half, an European necessity!? . . .

„Well! — the English answer — but, after all Austria and Prussia signed the treaty and they at least, if not Germany, are bound by it."

Allow me, in the first place to state as a fact which is openly admitted by the cabinets of Vienna and Berlin, that Austria and Prussia signed the Treaty of 1852 on their own account, and not as plenipotentiaries of the German Confederation, and that they never brought it before the Diet. I may add that you would scarcely find any statesman, neither at Vienna nor at Berlin, who would not acknowledge that Austria and Prussia had no business to sign that treaty, and that, if it were to be done again, they certainly would not do it. The conduct of the Great German Powers is only to be understood in bearing in mind their, may I say, amphibious position as European and as German Powers. I think you will find therein the key to the whole complication. — But „why had they no business to sign that treaty?" Our answer is: because that treaty is inconsistent with the fundamental laws of the German Confederation; because the Federal Act of 1815 and the Final Act of 1820 are, at all events, older engagements than the Treaty of 1852; and, if this treaty is inconsistent with those former engagements (because the German law does not admit that the order of succession in a German State can be altered without the assent of the Agnats and of the Estates) — why, Austria and Prussia have placed themselves in the dilemma: either to repudiate the treaty, or repudiate their former engagements, viz., to break the Federal Constitution.

With regard to the doubt, whether the want of the consent

of the Estates of Holstein — though desirable — could invalidate an European transaction. allow me to explain our view by a fair analogy. Supposing for argument sake. William IV. and his Hannoverian advisers had arrived at the conviction that it would be in the interest of the kingdom of Hannover, never to be separated from England: supposing, the king. in order to secure that object, had persuaded one of his Hannoverian Ministers to sign a treaty with some foreign powers. a treaty by which those powers would declare the „integrity“ of the British-Hannoverian Empire, and the introduction of Salic law in England to be a matter of European interest: do you think the British Parliament would have been bound to acknowledge such a treaty? Do you believe the Duke of Cumberland in whose favour the supposed treaty would have been made altering the lawful order of succession in Great Britain, would have had the remotest chance of being recognised by the Lords and Commons of England as their legitimate Sovereign? Why, I think, in such a case as this you would have been the first to rise and to denounce such a treaty as utterly null and void because the British Parliament had not been consulted! I know very well this is assuming practical impossibilities but I come to the point. And the point is this: that right is right, and that there cannot be two rights and measures as far as right is concerned, for Great Britain and Holstein. Should it become the fashion in Europe to act on the doctrine that the international law is only made for those who are strong enough to take care of themselves, and that those who are not, are obliged to accept meekly without any protest nor opposition what five or six stronger powers have settled between themselves, without consulting the interests of those who are lawfully concerned: then, there would soon be an end of international law altogether, there would be a state of perpetual war and violence, of bloodshed and anarchy, and the Cimbers and Teutons would not be wanted from without to achieve the destruction of our much boasted of civilisation.

The question of the assents is the real question at issue. It is this question of right against might which has stirred up the dormant national feeling in Germany; and the minor States, in defending the rights of the Duchies against what they call „foreign interference", are convinced that they defend their own rights; they feel that it would be suicidal to leave that defence to the democrats, the *Turners* and the *National-Verein*. All this may appear very strange to strangers. Still, I think, you will find that I did my best — in a language which is not my own — to explain to you the things as they are. I will not deny that strong objections may be put against those views. But that is not the question now. The question is: what are the views of the overwhelming majority of the German nation? And I do not think your diplomacy well informed on that point. If they were, they would above all avoid threats in order not to be told, as Baron Beust has been obliged to tell or, in fact, to write to Mr. Murray: „*que pour tout Gouvernement jaloux de son honneur et de sa dignité, il serait difficile à imaginer un moyen plus efficace pour lui faire braver les conséquences d'une décision dictée par le sentiment du devoir, que ne l'est l'emploi de la menace.*"

This unfortunate question has been awfully mismanaged; and I think everbody who meddled with it, has been more or less to blame. I am not for Shylock's „pound of flesh"-doctrine, but that I must say, until now the German Duchies have not even received from Denmark a fair offer of compensation; nobody has said to them:

„For thy three thousand ducats, here are six," and so it is natural enough that they want their „pound of flesh" viz., the separation.

I have never been able to get a sensible answer to the question: what it can matter to England whether Denmark keeps the Duchies or not?

The insignificance of the object appears to me self-evident. The Spanish succession, the Austrian succession, the „integrity"

of the Ottoman Empire may justify an European war. But the
Danish succession, the „integrity" of an empire of two millions
and a half? — As long as you keep out of the quarrel, France
will; as soon as you move, she will. In that case you expose
Antwerp to save Copenhagen! Peace and war, in an European
sense, depend entirely from you. The whole imbroglio will remain
a storm in a tea-pot as long as you keep quiet. The danger
is, I think, the weakness of the present Government. They may
be driven drifting into war by a single speech of your Lordship.

Excuse this long letter and all my sins against the Queen's
English. Whatever its faults may be, it has been written by a
lover of peace and truth and by a faithful admirer of your Lordship. Believe me etc.   V i t z t h u m.

London, 22. Januar 1864.

Die Veröffentlichung der Depesche vom 29. December v. J.
und meines Begleitschreibens an Lord Russell hat in hiesigen
deutschen wie englischen Kreisen erwünschten Eindruck gemacht.
Die Logik unserer Argumentation gegen die Rechtsgiltigkeit des
Londoner Vertrages hat nirgends Widerspruch, mehrfach Beifall
gefunden. Die Stimmung in amtlichen Kreisen ist freilich dieselbe geblieben. Als Beleg dafür kann das Schreiben gelten,
welches Lord Robert Cecil, der Autor des Artikels in der
„Quarterly Review", in der heutigen „Times" veröffentlicht. Ich
werde unvergessen sein, die Irrthümer dieser Darlegung zu widerlegen. Inzwischen erhalte ich täglich durch die Post anonyme
Zusendungen, welche die wachsende Theilnahme des hiesigen
Publikums bezeugen und beweisen, dass der von uns eingenom-
mene Standpunkt mehrfach gebilligt wird.

Das Schreiben eines gewissen Fenton an den Herausgeber
des „Dewsbury Reporter" vom 12. Januar 1863 ist ein Protest
des britischen Rechtsgefühls gegen die durch den Londoner
Tractat versuchte europäische Vergewaltigung. Es wird darin an
einen Angriff erinnert, welchen Lord Robert Montagu, Bruder

des Herzogs von Manchester, im Jahre 1861 im Unterhause
versucht hatte. Durch eine von Lord Palmerston mit dem Führer
der Opposition verabredete Auszählung *(count out)* wurde der
jugendliche Vertheidiger der Rechte der Herzogthümer damals
mundtodt gemacht. Ich werde, sobald das Parlament zusammentritt, diesem mir persönlich bekannten Tory einige unserer
Batterien zur Verfügung stellen, welche er hoffentlich bei vollem
Hause gegen die Regierung spielen lassen soll. Ein anderes
Schriftstück unter dem Titel *Reasons for abrogating the Treaty
of London of the 8ᵗʰ of May 1852 etc.* kommt von dem sogenannten
Lancashire Foreign Affairs Committee, welches sich unter dem
Präsidium des Mr. D. Urquhart gebildet hat. Letzterer, leidenschaftlicher Gegner Russlands und Lord Palmerston's, beschuldigt
seit Jahren den Premier-Minister eines geheimen Einverständnisses
mit dem Petersburger Cabinet. Der Londoner Vertrag bot einen
willkommenen Beleg für dieses Lieblingsthema. Urquhart hat die
Acten studirt und seine Darlegung der Nullitätsgründe des Tractats
von 1852 bekundet die Objectivität seines Urtheils. Es werden
zugleich die Antworten Clarendon's und Palmerston's auf verschiedene Interpellationen, eine Correspondenz mit Lord Malmesbury und ein prophetisches Mémoire veröffentlicht, welches Herr
von Usedom dem Könige von Preussen am 4. Februar 1851
überreicht haben soll.

Sir A. Paget telegraphirte vorgestern, Christian IX. sei entschlossen, dem Rigsraad die Aufhebung der November-Verfassung
zu empfehlen. Der Jubel, den diese Nachricht hervorgerufen,
wird bald verstummen. Wenigstens führen „Times" und „Morning
Post" heute eine weit nüchternere Sprache. Die Berliner Correspondenz des City-Blattes wird ernste Beachtung finden.

Im österreichisch-preussischen Lager hofft man, die Dänen
würden sich dem Uebergange über die Eider nicht widersetzen,
und sich hinter die Danewerke zurückziehen.

Zwei Lösungsversuche sind aufgetaucht. Der eine: Personal-
Union während der Lebenszeit Christian's IX., dann völlige Tren-

nung der Herzogthümer unter dem Augustenburger, wird Schmerling zugeschrieben. Der andere scheint darauf berechnet, den preussischen Kammern den Mund zu stopfen. Hiernach soll Holstein an Preussen überlassen werden, dieses den Augustenburger entschädigen und allen Ansprüchen auf Schleswig entsagen.

In officiellen Kreisen empfindet man die grösste Genugthuung über das Vorgehen Oesterreichs und Preussens und doch wird die Kriegsgefahr dadurch nur gesteigert.

Lord R. Cecil upon Germany and Denmark.

To the Editor of the Times [1]. — Sir, — I regret that in consequence of absence from town I have not been able sooner to reply to the letter which Dr. Forchhammer, Professor of the University of Kiel, has addressed to you in reference to some remarks of mine that appeared in your columns. Much, however, of his letter does not require further discussion, inasmuch as it has been fully answered by your correspondent „H. T. P." Much, also, of the Professor's letter is beside the questions at issue. The grievances under which he alleges that the Schleswigers suffer, the restraints upon their press and upon their right of meeting, may or may not be well founded. They may be the fault of the Danish Government or of the German Opposition; but in any case they are not matters of international complaint. Denmark has not promised to Germany that she will give the Schleswigers a free press; and, except in those cases in which Denmark has bound herself by positive promises to govern Schleswig in a particular manner, no foreign Government has the shadow of a right to interfere in the internal politics of that Duchy. The Germans have, or believe themselves to have, a right to protest against all laws which favour the Danish Schleswiger to the disadvantage of the German Schleswiger. But that right

---

[1] Veröffentlicht in: The Times, January 22, 1864; die Uebersetzung ist im Anhange (Nr. 7) gegeben.

exist , if at all, only by virtue of certain stipulations which
were alleged to have been made in 1852. This limited right
does not give the German Powers any sort of title to interfere
in respect to other laws which they may or may not approve.
but which apply to Dane and German equally. If, indeed, the
German Powers are entering upon a general crusade for the
freedom of the press and the freedom of association, they may
not pay much regard to the limitations of their legal right; but
in that case it would be better to begin with their own race
in Livonia or Alsace, and they may even find a profitable field
for their efforts within the limits of the Confederation itself.

At a moment when war is impending, the only questions
of interest are those out of which, in appearance at least, it is
likely to arise. The Diet goes to war to defeat the Treaty of
London; Austria and Prussia go to war to defeat the Constitution of November last; and these two points are, therefore, the
only ones that are of importance now. Professor Forchhammer's
mode of dealing with the Treaty of London is very popular in
Germany, but it is absolutely unintelligible in England. He
simply inveighs against that Treaty, and appears to imagine
that when he has done so he has made it less binding on those
who signed it. The Treaty is attacked because it was con-
cluded without the assent of the Diet, of the Assemblies of the
Duchies, and of a certain number of the agnates. There was
a good reason for the omission in each case. The Diet was
not consulted, because Austria and Prussia, who did sign the
Treaty, were at the time its mandatories in respect to the affairs
of Holstein, and the idea of a Diet which should set Austria
and Prussia at defiance had not occurred to the statesmen of
that day. The Assemblies of the Duchies were not consulted.
because they were provincial bodies, of modern origin, and of a
competence strictly limited by their charters, which gave them
no authority to deal with questions of succession. The mass
of the agnates were not consulted, because the Duke of Augusten-

burg, who stood first in that line of succession, had renounced his claim for a large sum of money; and his renunciation was held, according to certain well-known European precedents, to be abundantly sufficient to bar those who claimed through him. It is not sufficiently remembered upon the German side that but for this rule the Emperor of Russia would be the rightful heir of Kiel. Either an heir, by renouncing his claim, can bind those who claim through him, or he cannot. If he can, then the renunciation made by the Duke of Augustenburg in 1852 bars his son Prince Frederick. If he cannot, then the renunciation of his undoubted right to Kiel made by the Emperor Paul, in 1773, does not injure the title of the present Emperor Alexander. Either way Prince Frederick has no right to the homage of Professor Forchhammer at Kiel. Every Englishman must concur in the strong language which your correspondent „H. T. P." has used with respect to the conduct the pretender and his father have jointly pursued in the matter of this renunciation. „We promise for us and our family, by our princely word and honour, not in any way to counteract the resolutions which His Majesty may have taken, or in future might take, in reference to the arrangement of the succession to all the lands now united under His Majesty's sceptre." So wrote the Duke of Augustenburg in 1852, and received full payment for the promise. In 1863 he executes an act of renunciation in favour of his son, specially for the purpose of enabling that son to upset the succession which 11 years before he had pledged himself „not to counteract". He receives money in consideration of a special promise; he breaks the promise, but he does not refund the money. If „the Germans of moral character" to whom Professor Forchhammer appeals, approve this mode of dealing with a „princely word of honour" I can only express my surprise.

Even, however, if these objections were as strong as they are weak, they would be worthless now. The fact that the

consent of the Diets, the Estates, and the mass of the agnates
had not been obtained was as patent in 1852 as it is now.
Austria, Prussia, Wurtemberg, and Hanover knew of it as well
as they do now; and yet they signed or adhered to a treaty in
which those consents are not so much as mentioned. If they
may now plead an alleged omission, which they carefully forebore
to notice then, as a ground for dishonouring their signatures,
no security can be attached for the future to any international
obligations. There is no Treaty in existence about which it
may not be pretended that some adhesion was not obtained which
ought to have been obtained.

The last point noticed by Dr. Forchhammer is, perhaps,
the most important, as it is the one upon which Austria and
Prussia have elected to go to war. The assertion that the
Constitution of November last „tends to incorporate“ Schleswig
with Denmark is constantly made, but the exact point in which
this tendency appears is never specified. No attempt has been
made to define this momentous word „incorporate“. upon which
the issues of peace and war are made to turn. There are several
degrees of combination in which two different communities con-
stitutionally governed may exist together under the same Sovereign; and these degrees are marked by the relative position of
the legislative bodies in each. There is the purely dynastic
union, where each community has its own Legislature, co-ordi-
nate and independent. There is the Federal system, where
common affairs are managed by a common assembly, and provincial affairs by a provincial assembly, each being within the
limits of its own competence independent and self-subsisting.
There is the anomalous system of our own empire, in which
one supreme Parliament controls a cluster of subordinate Parlia-
ments; and, lastly, there is the complete combination to which
the metaphor „incorporation“ is more properly applied, and
which takes place when the local or subordinate assembly is
altogether superseded, and the central Parliament assumes the

entire government. The Irish Union is a case in point. The second of these—the Federal system—is that which is sanctioned by the Constitution of November. The provincial Parliament of Schleswig is independent, and within its own sphere supreme. The tie that binds Denmark to Schleswig could only be made looser than it is by converting it into a purely dynastic union; and no one can read the correspondence of 1851—52 without seeing that a dynastic union was the last arrangement contemplated under those engagements. A common assembly for common affairs, and local assemblies for local affairs, is the brief description of the scheme sketched out in that correspondence; and it is also a true description of the Constitution of November. Austria and Prussia have not pointed out what the objections are which they take to that measure, nor have they stated in what other way they require that the relations between Denmark and Schleswig shall be adjusted. They are going to war, in short, for a vague metaphor which they refuse to define, and in order to establish a state of things in Schleswig the nature of which as yet they are not able to describe. And they attach so much importance to these objects that they decline to forego them even for a few weeks till a European Conference can decide upon them! Under such circumstances it is not to be wondered at that their sincerity is regarded with suspicion.

I have the honour to be, your obedient servant.

January 21, 1864.   Robert G. Cecil.

Germany and Denmark.

To the Editor of the Times [1]. — Sir. — Lord R. Cecil's letter, which you printed in „The Times" to-day, contains assertions so utterly inconsistent with the facts that, in the interests of truth, you will allow me to point out some of the most glaring

---

[1] Veröffentlicht in: The Times, January 23, 1864. Die Uebersetzung siehe im Anhange (Nr. 8).

errors, which, if not contradicted, might prevent your readers
arriving at a fair and unprejudiced view of the case. I trust the
noble Lord himself, who, unwittingly, and in perfect good faith,
I am sure, has committed these errors, will admit the fairness,
and, upon inquiry, the truth of the following corrections: —

1. Austria and Prussia did not act as mandatories of the
German Diet, when they signed, on the 8th of May, 1852, the
Treaty of London. Both signed that Treaty on their own account as European Powers. No Austrian, no Prussian statesman
has ever thought of denying this fact.

2. The Diet was not consulted, because the signataries had
every reason to doubt whether they would be able to carry the
consent of that body to an arrangement which is considered as
utterly inconsistent, not only with German, but with international
law, because the assents of the interested parties have not been
obtained.

3. The claim of Russia with reference to certain parts of
Holstein (the so-called „Gottorpsche Antheil“, including Kiel) is
not recognized in Germany as founded in law, because, in consequence of the negotiations (of 1750—1773), the Imperial House
of Holstein-Gottorp, which now reigns over Russia, have ex-
changed their claims on the „Gottorpsche Antheil“ against the
counties of Oldenburg and Delmenhorst. Should they desire to
rescind that arrangement, and revive their title with regard to
certains parts of Holstein, they would be obliged to restore
the equivalent which they received for it—viz., the dominions
of the Grand Duke of Oldenburg. This they cannot do, because
the Grand Duke, according to the Treaty of Vienna, has become
a Sovereign Prince, perfectly independent of his cousin, the
Emperor Alexander. This will be sufficient to show that the
pretensions of Russia, assumed in the protocol of Warsaw, will
be found, after further investigation, utterly abrogated by the
Treaties of Vienna.

4. The Duke of Augustenburg by his declaration, or, as it

is wrongly called, his „renunciation“, could never bind his eldest son, for the simple reason that this son was of age already in 1852. To make the Duke's „renunciation“ lawfully binding on Prince Frederick the assent of the latter was wanted. The Danish Government, by an oversight which would appear strange, were this the only fault of omission they committed, have never thought of asking Prince Frederick's adhesion, and he has never put his name to any paper which could be possibly interpreted as an adhesion or an assent to his father's „renunciation“. If a British peer were to dispose of his entailed property, or even of his rights and expectations to an entailed property, which some day may be obtained by him, without the consent of his son, this son being of age, would such an arrangement be perfect and binding on the son, according to English law? I do not know; but what I do know is that, according to German law, it would be utterly null and void, as far as the son's title and birthright are concerned, provided he had been of age „at the time“ when his father thought fit to dispose of his inheritance or his expectations.

5. The Duke of Augustenburg has never „received full payment for the promise“ not to counteract the arrangements made for the Danish succession. The money which he received has never been considered, not even by Frederick VII. and his advisers, as an equivalent for any promise, but as an indemnity for the estates which were the private property of the Duke, and which the Danish Government compelled him to sell in a given time, for the same reasons of political expediency which induced the present French Government some years ago to compel the Orleans Princes to sell their private estates in France. The Danish Crown bought land and no promise. If King Christian IX would consent to restore these estates to the rightful owner, the house of Augustenburg would be too happy to recoup His Majesty by paying back the comparatively very scanty indemnity which the Duke received in 1852.

I know very well the common report, which says that the
Duke was a „rebel“, and that as such the King of Denmark
had „confiscated“ his property. *Vae victis!* But I think there
are in these happy islands many who, if they knew the true
history of this „rebellion“, would exclaim with Cato, „*Victrix
causa Diis placuit, sed victa Catoni*“. The fact is, that there
has never been a judgment against the Duke, and that the whole,
accusation rests upon *ex parte* statements of the Danish Government, who had the power, but certainly not the right, of confis-
cating the private property of a princely house connected with the
reigning Sovereign.

I enclose my card, though my name would give no more
weight to the foregoing statement, which is based on facts undisputed, as will be easily ascertained.

I am, Sir, your obedient servant,

January 22, 1864.   A u d i a t u r e t a l t e r a p a r s.

Hobart Place, January the 23rd 1864.

Dear Lord R. Montagu, [1]) — Allow me to call your attention to a letter which appeared this morning in „The Times“
under the signature „*Audiatur et altera pars*“. This letter refutes
the most glaring errors of Lord R. Cecil's composition which was
printed in yesterday's „Times“. Still there is an assertion of Lord
R. Cecil which has been left unanswered, viz. „The Assemblies
of the Duchies were not consulted, because they were provincial
bodies, of modern origin, and of a competence strictly limited by
their charters which gave them no authority to deal with questions
of succession.“

Every word of this paragraph is an error. The Assemblies
of the Duchies were not consulted, because the Danish democrats, who ruled over the King and the State of Denmark knew
perfectly well that the Estates of Schleswig and Holstein would

---

[1]) Siehe die Uebersetzung im Anhange (Nr. 9).

never be fools enough to commit the suicidal insanity of accepting the London Treaty. These Assemblies were not more nor less „provincial bodies“ than the Rigsraad of Copenhagen where Denmark proper is exclusively represented. To state, that the Estates of Schleswig and Holstein are of „modern origin“ and had no competence nor authority „to deal with questions of succession“ shows only that the writer has not taken the trouble of studying the question. He would have found that a parliament which actually exercised its competence and authority, not only to deal with, but to decide *proprio motu* the question of succession in 1460 (in the times of Richard of York) can scarcely be looked upon as one of „modern origin“.

If the estates of Schleswig and Holstein (the Knights, Prelates and Cities as they are called) had not had the „competence“ and the „authority“ which Lord R. Cecil contests, why, the title of the reigning House of Oldenburg would be forfeited, because the Holsteiners and Schleswigers elected Christian I (of Oldenburg), King of Denmark, to be their Duke and he — the forefather of all the Holstein branches now living — confirmed the rights and privilegies of those „provincial bodies of modern origin“ by a letter patent, which goes under the name *„Die tapfere Verbesserung“* and recognized therein expressly their right to elect an other male member of the reigning house, should the heir object taking the oath which he. King Christian, as Duke of Schleswig-Holstein took to uphold and to protect the ancient privilegies of the estates.

We have not forgotten in Germany the chivalrous speech you made in June 1861 in favour of the rights of the Duchies when you denounced the London treaty as the London conspiracy and when a „count out“ was found to be the only means of silencing the champion of right against might. I trust that this year you will find a full house to listen to your manly speeches in favour of a good cause.

Should you want facts, dates, documents, I have an arsenal

at your service. For the moment I think a little skirmishing
with Lord R. Cecil would do no harm and I am certain „The
Times" would be most happy to print a statement of yours based
on the facts which I took the liberty to recall to your mind.

Yours very truly,   ˙ Vitzthum.

(Eigenhändig)   *January the 24th 1864.*

My dear Count Vitzthum, [1]) — I wrote yesterday, in a very
hurried manner, an answer to Lord Robert Cecil's letter which
I had just seen. In my haste the passage to which you allude,
escaped my notice; although the error attracted my attention
when I first read his letter. I have therefore sent a short P. S.
to the Times Office. I fear they will not print my letter, as I am
no favorite with the Editor. As far as I can make out from the
blue-books, the Duchies (and Germany) do not desire to break
the treaty, if only the ancient rights of the Duchies be preserved
and their autonomy maintained.

I am sorry that I missed the honour of seeing you when
you called. Any information that you may consent to give me,
I shall be most thankful to receive.

Yours very faithfully,   Robert Montagu.

Germany and Denmark.

To the Editor of the Times [2]). — Sir, — I had barely
two hours after reading the letter of „*Audiatur*" in your impres-
sion of yesterday, and that of Lord Robert Cecil in the preceding
number, to write a few remarks on the inaccuracies which they
contained.

In my haste a most serious error in Lord Robert Cecil's
letter escaped my attention. He says: — „The Assemblies of

---

[1]) Siehe die Uebersetzung im Anhange (Nr. 10).

[2]) Veröffentlicht in: The Times, January 25, 1864. Die Uebersetzung
ist im Anhang (Nr. 11) gegeben.

the Duchies were not consulted, because they were provincial
bodies, of modern origin, and of a competence strictly limited by
their charters, which gave them no authority to deal with questions of succession." Of modern origin! They are of as ancient
an origin as our House of Commons. In 1460 they, of their
free and absolute authority. determined the succession to their
throne. What „charters" can Lord R. Cecil be thinking of?
When they elected Christian I. they required no charter to au-
thorize them; their „competence" was not then strictly limited
to paltry provincial matters. From Christian I. the Kings of
Denmark, the Augustenburgs, and the Glücksburgs have descended.
From him the Kings of Sweden derived their origin, and the
Emperor of Russia has come down. Yet Christian I. had to wait,
cap in hand, for the free election of those maligned and contem-
ned Diets. Had it not been for the assemblies of the Duchies.
where would have been the kingdom of Denmark and the rival
claimants to the throne?

When Christian I. had obtained the desired boon be swore
to maintain the ancient rights of those Duchies, and every King
since his day has taken the same oath, and sworn to maintain
their authority. Now they are set aside as of „modern origin,
and strictly limited competence".

If you will be good enough to append this as a P. S. to my
letter of yesterday evening, or if you will grant it a place in a
succeeding number, you will oblige, your obedient servant,

January 24, 1864.   Robert Montagu.

Lord R. Cecil upon Germany and Denmark.

To the Editor of the Times [1]). — Sir, — Your correspondent who signs himself „Audiatur et altera pars" accuses
me of „glaring errors" and of „assertions utterly inconsistent

---

[1]) Siehe: The Times, Monday, January 25, 1864. Die Uebersetzung
ist im Anhange (Nr. 12) gegeben.

with the facts". So grave a charge must be my excuse for again
troubling you with a demand upon your space, which I have
already taxed so heavily. The statements which have been im-
pugned are based upon well-known documents. It will not be
necessary that I should quote them at length. A brief reference
to them will suffice to satisfy your readers that my assertions
are quite consistent with the facts, and that the error is not
on my side.

1. His first correction rests upon a misapprehension of my
meaning. I did not say that Austria and Prussia signed the
Treaty of London on behalf of the German Diet. What I did
say was that when Austria and Prussia signed the treaty they
were mandatories of the Diet in regard to the affairs of Holstein,
and that that fact, joined to the then undisputed supremacy of
those two States in the Diet, presented to the non-German Powers a sufficient reason for considering that it was superfluous
to consult the Diet formally. I do not quite understand whether
your correspondent doubts that Austria and Prussia were mandatories of the Diet in regard to the affairs of Holstein at the
time the treaty was signed. If so, I can only refer him to the
Federal resolution of two months later (July 29, 1852), be which
that mandate was formally terminated.

2. The reason which induced the Great Powers not to asso-
ciate the Confederation with themselves in the Treaty of London
may be a matter of conjecture; but the reason which prevented
Denmark from asking for its accession at the time that she asked
for that of the other smaller Powers is on record. It was simply
that England declined to assent to her doing so. In the circular
of the Danish Minister, M. Bluhme, of September 9, 1852, the
following passage occurs: —

„The Confederation is not to be found among the States
enumerated in the enclosed list, because there is reason to believe
that, in reference to the invitation of that political body, the
contracting Powers will be less unanimously agreed. According

to information recently received from the King's Minister in London, it appears certain that the British Government, which looks upon a simple notification as sufficient, will refuse to apply for the accession of the Germanic Confederation."

Simple notification, it must be observed, was the course taken towards the least important Powers. The British Minister of the day probably acted from mere considerations of international etiquette; but, whatever his motive, it certainly could not at that time have been, as your correspondent has imagined, any fear that the Diet would reject a proposal upon which Austria and Prussia were agreed.

3. Your correspondent writes to expose my „glaring errors", and among them he enumerates my statement that Russia, under certain contingencies, has a claim to Kiel—a claim which he says „is not recognized in Germany". I must decline to admit that every fact which is not recognized in Germany is a „glaring error". It is a point of at least equal importance that the claim is very strenuously upheld in Russia, as the readers of recent telegrams may have observed. That either of the disputants for the right to so good a harbour as Kiel should „recognize" the title of the other is an amount of impartiality which few will be unreasonable enough to expect. The dispute upon this matter is a complicated one, like all that belong to this case.

The material point of it is that the Emperor Paul (then Crown Prince) in 1773 ceded his portion of Holstein, not to the Kings of Denmark generally, but only to Christian VII and his brother Frederick, and their male descendants. Their lineage is now extinct. It seems to be an inevitable result that the cession, which was made only to those descendants, has ceased to be operative. If so, the right to Kiel and some other parts of Holstein reverts to the Emperor Alexander, the heir of Paul. By the Protocol of Warsaw that right is renounced in favour of the present King and his male heirs. But the protocol expressly provides that if the arrangement by which King Christian was

to inherit the whole Danish monarchy should fail, the renunciation of Russia would cease bo te obligatory.

4. The next „glaring error" of which your correspondent
accuses me is the opinion that the Duke of Augustenburg, in
renouncing his own rights, could bind those who claimed through
him. I can only plead that I sinned in good company, for the
same view was taken by the Powers who negotiated the arrangements of 1852, and especially by Prussia, who procured the
renunciation from the Duke. Nay, I think I can appeal to a
higher authority still. The same view must have been taken by
the Duke himself when he wrote the words, „We promise for
us and our family not to counteract the resolutions which His
Majesty may take in reference to the arrangement of the succession." Your correspondent appears to me 'to have placed the
Duke in a painful dilemma. Either the Duke did believe that
he could bind his family when he wrote those words, in which
case he was guilty of a „glaring error," or he did not believe
it, in which case he was guilty of a gross fraud. But, at any
rate, whether he could bind himself. He did bind himself not
to aid any one in disturbing the succession. Had he adhered
loyally to his promise he would have refused to make any renunciation in favour of his son, and then Prince Frederick would
not have had a shadow of a claim during his father's lifetime.
In reference to the legal argument of your correspondent, I need
hardly observe that his appeal to the English law of entail is
very wide of the question. The case must be argued upon European precedents, and not upon English statute law. I need
not enter into a question which has been so abundantly discussed.
The most important case bearing upon the question, whether a
renouncing claimant can bar those who claim through him, is
the renunciation of Philip V at the peace of Utrecht, and the
tendency of that case is directly adverse to the modern German view.

5. The next „assertion utterly inconsistent with facts" of

which I have been guilty is that the money paid to the Duke was paid in consideration of his renunciation. Your correspondent must have forgotten the terms of the instrument (December 30, 1852) in which the renunciation is contained. The first two sections refer mainly to the cession of landed property; the third section contains the promise not to counteract the new arrangements for the succession, which has been so often quoted. The fourth section then runs as follows: —

„The before-cited cession and transfer of our own rights to the before cited ducal possessions, &c., &c., as well as the obligations, promises, and assurances before mentioned, undertaken by us towards His Majesty, have been accepted by His Majesty the King for himself and his Royal successors to the Crown; and he has on his side promised to us, for himself and his Royal successors to the Crown, the following terms."

Then follows a list of the money payments to be made to the Duke. It requires no argument to prove that not only the cessions of land, but also the promises and obligations mentioned in the first part of the section, together constitute the consideration for the money promised in the second.

I need not go further for the purpose of showing what grounds your correspondent has for charging me with „glaring errors" and „assertions utterly inconsistent with facts". I should not have troubled you with an answer to him at this length but that I am inclined to surmise from internal evidence that he is peculiarly entitled to take a zealous interest in the cause of the House of Augustenburg. I have only to apologize to you for the space I have unwillingly occupied in this reply, and am

your obedient servant,

January 23, 1864.   R o b e r t G. C e c i l.

Germany and Denmark.

To the Editor of the Times [1]). — Sir, — In pointing out to you the other day some of the errors which every one who knows something about the question of the day will have detected in Lord R. Cecil's letter of the 21st inst., my object was certainly not to make any personal attack on his Lordship or to wound his feelings in any way. My object was to serve, in my humble way, a good cause—the cause of peace, which „The Times" defends so ably and so powerfully, let us still hope so successfully—in its columns.

With regard to the points at issue, a short commentary on Lord R. Cecil's reply will be sufficient to show that there is still something to say on the other side of the question.

1. The serious German complication which sprung out of the Danish dispute turns on the fact which I stated, that Austria and Prussia did not act as mandatories of the German Confederation when they signed the London Treaty. The consequence was that the new order of succession which that treaty endeavoured to create for the Duchies of Schleswig, Holstein, and Lauenburg has until this day never been acknowledged, not even (until a few days ago, when Sir A. Malet forwarded a copy of the treaty by a note to the Federal President) officially known by the German Diet. Whether Austria and Prussia had full powers from the Diet for other definite negotiations respecting Holstein; whether those full powers expired in July or in May, 1852; and whether other Powers fancied that Austria and Prussia acted as mandatories of the Confederation, all this is perfectly irrelevant, and has no bearing whatever on the important fact that those two German Powers signed with other Powers a treaty contemplating, for a certain contingency of the future, a new order of succession to be established in a German

---

[1]) Veröffentlicht in: The Times, January 29. 1864. Die Uebersetzung ist im Anhange (Nr. 13) gegeben.

country, without the knowledge, without the authority, and without the full powers of the German Confederation.

2. It pleases Lord R. Cecil to sneer at the Diet, to pooh-pooh the notion that, where the vital interests of a German country are concerned, the central organ of a nation of 40,000,000 to 45,000,000 ought to have been consulted in order to make such an arrangement lawfully binding on Germany. I may tell the noble Lord that he will scarcely find any statesman in England, with some practical knowledge of what is going on just now in Europe, who does not deeply regret, if not deplore, that the German Diet has not been consulted; that, legally and technically, tho Treaty of London does not exist for Germany; and that the Danish succession, so far as the Duchies are concerned, is still an open question, and cannot but be considered by every German statesman as an open question as long as the Diet has not assented. I may tell him, also, that there is in Germany, as far as I know, no statesman worthy of that name who does not deplore hat the imbroglio brought about by this embryo of a treaty has not been avoided by the Danish Government, who by a wiser policy would have found means of conciliating in time the German subjects of the late King. The British Government—let me say this for the honour of a statesman who held the seals of the Foreign Office since a few days only—has not been blind to the danger, which Lord R. Cecil appears still unable to detect, of not consulting the German Diet, and of not binding Germany to that treaty. There will be found somewhere in the pigeon-holes of the Foreign Office the draught of a despatch which was sent in at one time to Vienna and to Berlin, urging Austria and Prussia to lay the London Treaty before the German Diet. And why did Austria and Prussia not act upon that wise and friendly advice? Was it not their own interest to do so, in order to legalize the somewhat irregular course they had taken? No doubt of it. But they could not do it, they could not even think of proposing the legal enact-

ment of that arrangement, because they knew perfectly well that as long as all the Agnates and the Estates of Schleswig and Holstein had not given their assent it would have been out of the question to expect the assent of the German Diet.

3. With regard to the Russian claim, the future will show who is better informed, Lord R. Cecil or myself. All I can say is that newspaper telegrams are not evidence enough for those who happen to know something about the question to induce them to fear that Russia, in the face of certain documents discovered lately, at Kiel I think, and of certain others which are carefully preserved in the State archives of a Northern German State, will seriously bring forward claims which, if they were ever submitted to a British lawyer, would be dismissed as utterly worthless.

4. I have no pretention to judge the Duke of Augustenburg, and I trust the noble Lord will fairly admit that there may be still some family documents which might not have been communicated to Lord R. Cecil, and which, if known by him, might perhaps compel him to pass a milder judgment on a foreign prince, belonging to a house connected with almost all the reigning families of Europe. At all events, the Duke of Augustenburg is beside the question. His acts, intentions, motives have nothing whatever to do with the rights of sis son. Prince Frederick was of age when his father signed his declaration without his son's consent. Every German lawyer would have told the Danish Government that any declaration of the Duke could not be binding on the son being of age. If they have neglected to demand his assent, as they have done, they have only to blame their own carelessness.

5. With regard to the last point, I accept Lord R. Cecil's admission of the 23ᵈ that „cessions of land“ were, after all, made by the Duke of Augustenburg, as refuting the assertions of the letter of the 21ˢᵗ, which said that the Duke „renounced his claim for a large sum of money“, and „that he received

full payment for a promise", without mentioning the fact that, besides a „claim" and a „promise", some estates were thrown into the bargain, estates which, if sold to-day, would fetch certainly more than the Duke received according to the arrangement of December, 1852.

I may be allowed to add that the noble Lord is wrong in surmising „that I am particulary entitled to take a zealous interest in the house of Augustenburg". I have not the honour of knowing either the Duke or the Prince; I have nothing to lose by that cause, and it is to me personally a matter of perfect indifference whether the German Diet finally recognize Frederick VIII. or Christian IX. as Duke of Schleswig and Holstein, this being still, as far as I know, an open question.

I remain, Sir, your obedient servant,

January 27, 1864.   Audiatur et altera pars.

London, 24. Januar 1864.

Nach der Rückkehr Lord Palmerston's und Lord Russell's in die Stadt hat gestern wieder ein Conseil stattgefunden. Die im vorletzten beschlossene Umfrage an die Mitunterzeichner des Londoner Tractates scheint schärfer gefasst worden zu sein, als Graf Bernstorff vermuthete. Latour d'Auvergne versichert, die englischen Minister hätten die I-Punkte nicht vergessen und alle Mitunterzeichner befragt, ob sie bereit seien, die im Tractate von 1852 gewährleistete Integrität Dänemarks mit den Waffen in der Hand zu vertheidigen, falls der deutsche Bund auf der Trennung der Herzogthümer bestehe. Der französische Botschafter bemerkte: „Da Oesterreich und Preussen im Begriff stehen, die Eider zu überschreiten, so wird jede dieser beiden Mächte die Frage mit Nein beantworten. Dass wir dieselbe nicht bejahen werden, bedarf nicht der Versicherung. Baron Brunnow, der Chef-Redacteur, bietet Alles auf, um sein Schosskind, den Londoner Vertrag, zu retten. Dass aber der Kaiser von Russland geneigt sein sollte, die Brunnow'sche Phrase der dänischen Integrität mit den Waffen in der Hand zu vertheidigen, möchte ich stark bezweifeln. Bliebe Schweden. Der Enthusiasmus dieser nordischen Nachbarn Dänemarks hat sich sehr abgekühlt und auch sie dürften, Alles wohl überlegt, mit Nein antworten. Dann werden die britischen Minister ihrem Parlamente erklären: Wir haben überall angeklopft, keiner der Mitunterzeichner hält den Vertrag eines Schusses Pulver werth, wir können daher nichts anderes thun, als die Dänen ihrem Schicksale überlassen."

. Diese Prognose hat viel Wahrscheinliches, wenigstens widersprechen derselben weder die heutige „Times" noch der gestrige „Observer."

Auf der österreichischen Botschaft bezweifelt man, dass eine Anfrage, wie die obgedachte, in Wien gestellt worden. Das schliesst jedoch die Richtigkeit der französischen Nachricht nicht aus. Kein hiesiger Diplomat wird von seinem Hofe besser unterrichtet als Latour d'Auvergne. Die britische Umfrage wird ein *coup d'épée dans l'eau* bleiben. Die Situation spitzt sich heute Abend auf die Frage zu, ob die Dänen sich dem Eider-Uebergange widersetzen und überhaupt Widerstand leisten werden. Lord Palmerston und Lord Russell können sich seit gestern darüber nicht mehr täuschen, dass man in Wien und Berlin den Zusammentritt des Rigsraad nicht abwarten und die versprochene Zurückziehung der November-Verfassung als eine nichtssagende Finte auffassen wird.

Im Hauptquartiere der Opposition habe ich heute die entschiedenste Abneigung gegen jede Einmischung Englands constatiren können. Lady Derby sowohl als Mr. Disraeli haben mir über mein Schreiben vom 13. an Lord Derby die schönsten Dinge gesagt. Wenn ich davon die obligaten Höflichkeitsphrasen abziehe, so bleibt mir ohne Selbstverblendung die Ueberzeugung, dass die dort entwickelten Anschauungen einen über alle Erwartung tiefen und nachhaltigen Eindruck zurückgelassen haben. Die Wahrheit ist eine Macht, und der Muth die Wahrheit zu sagen verfehlt die Wirkung nicht auf objective Menschen, die wie der Tory-Chef gewohnt sind, die Dinge von oben herab zu betrachten.

Die günstige Stimmung, welche der Leitartikel des „John Bull" (das Lieblingsblatt des hochtorystischen Landadels und der Geistlichkeit) kennzeichnet, ist benutzt worden, um Disraeli das nachstehende Thema zu entwickeln.

„Die Behandlung der Angelegenheit", bemerkte ich, „ist von vornherein eine unlogische gewesen. Anstatt sich krampfhaft auf den Vertrag zu steifen, hätten Euere Minister, wenn sie denselben retten wollten, besser gethan, eine grössere Gleichgiltigkeit zur Schau zu tragen. Durch unüberlegten Eifer haben sie nur dem Kaiser der Franzosen in die Hände gearbeitet und diesen dahin gebracht, die Vernichtung des Tractats zu wünschen und zu betreiben. — ‚Ihr habt es selbst gesagt,‘ wird er ihnen zurufen, ‚den Londoner Vertrag zerreissen heisst alle übrigen in Frage stellen; der Londoner Vertrag ist zerrissen, folglich bin ich an keinen anderen gebunden.‘ — Hätte man im Gegentheil jede Pression auf Wien und Berlin vermieden, sich aller Drohung, aller Einmischung enthalten, so würde meine Prophezeiung vom 13. d. nicht, oder wenigstens nicht so schnell eingetroffen sein. Wie ich damals vorausgesagt, befinden sich die deutschen Grossmächte heute in einer Zwangslage. Sie haben nur die Wahl, entweder den Londoner Tractat oder den weit älteren Bundesvertrag zu zerreissen. Nur um nicht mit England zu brechen und die Integrität Dänemarks nicht preiszugeben, haben sich Oesterreich und Preussen am 7. December v. J. dem für sie unverfänglichen Antrage Sachsens widersetzt. Wie ganz anders ständen die Dinge, wenn jene unglückliche Meinungsverschiedenheit vermieden worden wäre. Die Bundes-Commission ist dadurch von vornherein lahm gelegt worden. Und was haben Euere Minister durch ihren Einschüchterungsversuch gewonnen? Nichts — nicht einmal Zeit. Wäre die Spaltung vermieden und ein einhelliger Beschluss gefasst worden, so würde die bekannte Langsamkeit des Bundestages der schleswig-

holsteinischen Frage zu statten gekommen sein. Das von Eueren
Ministern gepriesene eigenmächtige Vorgehen Oesterreichs und
Preussens hat die Kriegsgefahr nur gesteigert. Wäre der Prinz
von Augustenburg als Herzog von Holstein anerkannt worden,
so hätte erst abgewartet werden müssen, ob er dem Bunde das
Ansinnen stellen wolle, ihn in seinen wirklichen oder vermeint-
lichen Rechtsansprüchen auf Schleswig zu schützen. Dann wären
diese Rechtsansprüche geprüft worden und erst später die Frage
zur Entscheidung gelangt, ob der Bund sich für verpflichtet und
berechtigt erachte, dem Herzog von Holstein zu seinem Rechte
auf ein ausserdeutsches Land zu verhelfen. Wochen wären vergangen und jeder Tag war von Wichtigkeit für die Erhaltung
des Friedens. Wie die Sachen jetzt liegen, ist der Krieg nicht
mehr zu vermeiden. Christian IX. hat nur die Wahl zwischen
dem bewaffneten Widerstande und der Revolution. Die überwiegende Mehrheit in den österreichischen wie in den preussischen Kammern ist unserer Ansicht. Rechberg und Bismarck
würden zurücktreten müssen, wenn sie sich nicht entschlössen,
die Integrität Dänemarks und den Londoner Vertrag fallen zu
lassen. Dieser letztere ist in jedem Falle verloren. Wird Krieg,
ipso facto; treten in Wien und Berlin Ministerwechsel ein oder
muss Christian IX. seiner Dornenkrone entsagen, natürlich auch."

„*A strong argument*," erwiderte Disraeli, nachdem er mit
gespannter Aufmerksamkeit meiner Auseinandersetzung gefolgt war.

London, 25. Januar 1864.

Die „Times" hat sich heute von der „Morning Post" den
Rang ablaufen lassen. Letztere bringt bereits die Nachricht von
der Ablehnung der von Dänemark begehrten sechswöchentlichen
Frist und droht wieder einmal mit der Flotte in ominös ge-
sperrter Schrift. Die Verantwortlichkeit für diese Drohung
dürfte aber lediglich ihrem oft desavouirten Chef-Redacteur zur
Last fallen.

London, 31. Januar 1864.

Von der Königin berufen, steht Lord Derby in Begriff, sich nach Osborne zu begeben. Er hatte mich bitten lassen, ihn vorher aufzusuchen. Die Unterredung fand unter vier Augen im Arbeitszimmer des Grafen statt und währte mehrere Stunden.

Nach einigen Höflichkeiten über meine an ihn gerichteten Briefe griff er die Bundes-Execution als unlogisch an und schien einigermassen verwundert, als ich ihm beistimmte.

„Wir haben," sagte ich, „in der Bundestags-Sitzung vom 7. December v. J. gegen diesen Mangel an Logik protestirt und eine Prophezeiung zu Protokoll gegeben, welche eingetroffen ist. Wie die Dinge heute liegen, ist der Krieg zwischen Deutschland und Dänemark unvermeidlich. In Englands Hand und Interesse liegt es, denselben zu localisiren. Ihren Feldzugsplan kenne ich nicht, aber wenn die Opposition den Ministern allzu grosse Friedensliebe vorzuwerfen beabsichtigt, so sind Sie schlecht unterrichtet. Wenn Sie nicht andere Angriffspunkte wählen, so unterstützen Sie, ohne es zu wissen, Lord Palmerston's geheime Umsturzpläne. Das Ministerium ist schwach, die Opposition stark. Vor dem eigenen Lande, wie vor der Geschichte wird letztere verantwortlich sein für den Weltbrand, welchen Lord Palmerston's verletzte Eigenliebe zu entzünden beabsichtigt. Und das alles wegen einer Frage, die Englands Staats-Interesse nicht berührt, sondern höchstens den persönlichen Dünkel des Premier-Ministers. Weil er sich von Brunnow hat düpiren lassen, möchte er jetzt einen Krieg entzünden, dessen Ende niemand voraussehen kann. Ob die Polizei der City aufgehoben und mit der königlichen Polizei der Metropole vereinigt werden soll, das ist für England eine weit wichtigere Frage, als ob die Elbherzogthümer, die kaum halb so viel Einwohner zählen als London, mit Dänemark verbunden bleiben sollen oder nicht. Offen gestanden, ich glaube nicht, dass die britische Regierung je so schlecht unterrichtet gewesen ist, als während dieser Krisis."

Dieser Bemerkung wurde unumwunden beigestimmt. Lord

Derby ist davon durchdrungen, dass Lord Palmerston und Lord Russell durch ihren unüberlegten Eifer den Vertrag und den Frieden compromittirt und das Spiel Louis Napoleon's gespielt haben. Sein einziges Bedenken entsprang der Besorgniss, die Minister könnten Englands Ehre durch bindende Versprechungen verpfändet haben.

Ich bekämpfte diese Befürchtung, indem ich daran erinnerte, dass der Londoner Vertrag keine Garantien enthalte, während die englische Regierung den von ihr ausdrücklich garantirten griechischen Thron Otto's I. habe umstürzen lassen, ohne eine Miene zu verziehen.

Ein feines Lächeln spielte um die beredten Lippen Lord Derby's, als er mir Beifall zunickte. Dann aber sagte er ernst, wie jemand, der eine feierliche Verpflichtung eingeht, indem er mir die Hand reichte: „Wir werden die Minister nicht zum Kriege treiben, das verspreche ich Ihnen." *(We shall urge them to nothing, you may depend on it.)* —

London, 7. Februar 1864.

Lord Derby hat mir glänzend Wort gehalten. Seine meisterhafte Friedensrede in der Adressdebatte liefert den Beweis. Der Zufall wollte, dass der Herzog von Argyll Lord Palmerston bei Beginn der Oberhaus-Sitzung herbeigeholt und neben mich gestellt hatte. So konnte ich, ohne ein Wort des Tory-Chefs zu verlieren, den Eindruck beobachten, welchen diese Friedenspredigt auf den kriegslustigen Premier-Minister machte.

Ich habe übrigens Lord Derby nicht geschenkt, dass er vergessen, die Hauptreserve zu erwähnen, unter welcher Sachsen im Jahre 1852 dem Londoner Tractate beigestimmt hatte. Er gestand dies zu, bemerkte aber lachend: „er habe uns doch besser behandelt als Lord Russell." — „Gewiss" erwiderte ich. „Wenn ich je gewünscht, ein britischer Pair zu sein, so war es nach Lord Russell's Rede. Die Antwort würde ich ihm nicht schuldig geblieben sein."

Die gestern hier eingegangenen Nachrichten vom Kriegs-schauplatze haben hier gewaltig imponirt. Niemand hatte er-wartet, dass die durch den Schley-Uebergang im Rücken be-drohten, vorn vom FML. Gablenz hart bedrängten Dänen das Danewerk mit Zurücklassung ihrer Kanonen so schleunig räumen würden. In officiellen Kreisen erblickt man in dieser raschen Lösung der militärischen Aufgabe eine Bürgschaft für die Erhaltung des Weltfriedens. Die Zeitungen hatten eine energische Vertheidigung des Danewerks, ja eine Niederlage der österreichisch-preussischen Truppen vorhergesagt. Die Ueber-raschung der Salons war daher eine vollständige und die Ent-rüstung gegen Deutschland kennt keine Grenzen.

„Das beweist nur, dass Macht vor Recht geht," schäumte der sonst so friedfertige Lord Grey.

„Ja wohl," erwiderte ich, „denn wenn Macht nicht vor Recht ginge, würde England nie gewagt haben, den Londoner Vertrag zu unterzeichnen."

„In Zukunft werden wir hier nicht mehr von punischer, sondern von deutscher Treue reden."

„Mit demselben Rechte, wie die Franzosen vom ‚perfiden Albion' sprechen."

Ein bereitwilligeres Ohr lieh mir Mr. Charles Villiers. Ich erzählte ihm die geheime Geschichte des Londoner Tractates, und verwies auf den höchst merkwürdigen, vom Prinzen Albert offenbar inspirirten Brief des Prinzen Friedrich von Noër vom 24. März 1853. Zugleich empfahl ich ihm die soeben erschienene Broschüre „Germany versus Denmark by a Liverpool Merchant". Er wird darin und in meinen Erläuterungen Waffen finden, um den Kampf fortzusetzen, den er an der Spitze der sogenannten Hofpartei im Ministerrathe gegen die kriegerischen Gelüste Lord Palmer-ston's zu führen begonnen hat. Lord Derby's Friedensrede hat diese Partei sehr ermuthigt. Das Argument des Premiers: wenn wir den Krieg nicht führen, so stürzen uns die Tories, um den Kampf aufzunehmen, verfängt nicht mehr. Hinter der Mehr-

heit des Cabinets steht die Königin, welche gegen jede Einmischung zu Gunsten Dänemarks ist und Alles aufbietet, um den
Krieg zu localisiren. In der loyalen und friedliebenden City geht
die Sage, Ihre Majestät habe dem Premier-Minister erklärt, sie
werde die Thronrede nicht genehmigen, falls darin die Möglichkeit
einer activen Betheiligung Englands an dem deutsch-dänischen
Streite angedeutet würde. Der Gewährsmann, welcher mir diese
Nachricht brachte, fügte hinzu, diese persönliche Manifestation
des königlichen Willens sei in commerziellen Kreisen mit wahrem
Jubel begrüsst worden. An eine Einmischung Englands sei
selbst dann nicht zu denken, wenn die Herzogthümer ganz von
Dänemark losgerissen werden sollten.

Im Tory-Lager herrscht die Ueberzeugung, Lord Derby's
Friedensrede sei die Folge eines Versprechens, welches die Königin
dem Tory-Chef in Osborne abgenommen.

London, 12. Februar 1864.

Der Feld-Marschall Wrangel liebt die Zeitungsschreiber nicht,
der Telegraph ist mehrfach unterbrochen, im Norden Schleswigs
gar nicht vorhanden; dies erklärt die widersprechenden und
unzureichenden Nachrichten vom Kriegsschauplatze.

In Paris bieten die englischen Minister Alles auf, um den
Kaiser der Franzosen aus seiner zuwartenden Stellung zu drängen.
Schon meldet der Pariser Times-Correspondent die bevorstehende
Absendung eines französischen Observations-Corps von 50,000 Mann
an den Rhein. Bestätigt sich die Nachricht, so erfolgt diese
Demonstration nicht nur im Einverständnisse, sondern auf den
Wunsch der britischen Regierung und unter der Firma, einen
Waffenstillstands-Vorschlag zu unterstützen. Letzterer scheint
nach einem *communiqué* der „Morning Post" von England, Russ-
land, Frankreich und Schweden auszugehen und die Räumung
Schleswigs mit Ausnahme von Alsen als Grundlage zu empfehlen.
Die vom Premier-Minister inspirirten Blätter gefallen sich in
mehr oder minder versteckten Kriegsdrohungen.

Die telegraphische Nachricht aus Frankfurt, wonach die Abstimmung über die Successionsfrage erst in vierzehn Tagen erfolgen soll, kann der Matrose im Mastkorbe nur freudig begrüssen. Zeit gewonnen — Alles gewonnen!

In Wien tritt das Misstrauen gegen Preussen und die Besorgniss *de travailler pour le roi de Prusse* immer schärfer hervor. Hieraus erklärt sich noch mehr als aus der Rücksicht auf
England das principielle Festhalten an der Integrität Dänemarks.
Wird die Trennung der Herzogthümer unvermeidlich, so würde
man die Candidatur des Herzogs von Oldenburg der des Augusten-
burgers vorziehen, da letzterer nur als preussischer Vasall zur
Herrschaft gelangen könnte. Bernstorff ist für seine Person der
Meinung, dass auch in Berlin die oldenburgische Lösung mehr
Chancen haben würde als die Einsetzung Friedrich's VIII., der
durch seine Koketterien mit dem demokratischen Sechsund-
dreissiger-Ausschusse das Vertrauen des preussischen Hofes verloren hat.

Die französische Kriegsgefahr ist gewiss nicht zu unterschätzen, aber auch nicht zu fürchten. Ein unprovocirter Angriff unserer westlichen Nachbarn würde Deutschland sofort
einigen. Einig sind wir stark genug, uns des äusseren Feindes
zu erwehren und Europa von dem Alpdruck des Bonapartismus
zu befreien.

London, 21. Februar 1864.

Fürst Latour d'Auvergne theilt mir soeben mit, man habe
in Paris amtliche Nachricht von der Sendung des preussischen
General-Adjutanten von Manteuffel nach Dresden erhalten, wisse
jedoch über den Zweck derselben nichts Bestimmtes. Ich konnte
ihn nicht darüber aufklären. Der französische Botschafter sprach
sich dann über die Sachlage im allgemeinen ungefähr wie
folgt aus:

„Die deutschen Grossmächte werden bald erkennen, dass
es leichter war nach Schleswig zu gehen als mit Ehren wieder

herauszukommen. Hier liegt man mir fortwährend in den Ohren,
um mir die Nothwendigkeit unseres Einschreitens anschaulich
zu machen. Meine Antwort ist: *Messieurs les Anglais tirez les
premiers*, wie unsere Soldaten vor der Schlacht von Fontenoy
sagten. Ich sehe durchaus nicht, warum wir uns um Dinge
kümmern sollen, die uns weit weniger interessiren als England.
Der Artikel der ‚France‘, der hier zu irrthümlichen Schluss-
folgerungen verleitet hat, bedeutet gar nichts; das Blatt wird
nicht mehr inspirirt. Von Conferenzen ist wieder, oder
vielmehr immer noch die Rede. Wir halten an der Ansicht
fest, dass so lange man sich schlägt, Berathungen am grünen
Tische zu nichts führen können. Auch bestehen wir auf der
Zuziehung des deutschen Bundes und davon will man hier nichts
wissen.“

Das bereits erwähnte Gerücht über den ursprünglichen von
der Königin zurückgewiesenen Entwurf der Thronrede kann ich
bestätigen. Im Cabinet ward derselbe mit einer Majorität von
acht Stimmen verworfen. Es wird versichert, Ihre Majestät habe
einen zweiten Entwurf ebenfalls zurückgeschickt und endlich in
der eilften Stunde am Tage vor der Parlaments-Eröffnung die
farblose Rede gutgeheissen, welche verlesen wurde. Einer der
acht Cabinets-Minister, welche gegen den ersten Entwurf gestimmt hatten, ein Mann des Friedens, tadelte in unzweideutigen
Ausdrücken die Bestrebungen Palmerston’s und Russell’s, den
Kaiser der Franzosen zum Einschreiten zu bewegen. Wenn
die jetzige Aufregung vorüber, meinte er, wird man diese
Aufhetzungen bitter zu bereuen haben. Er fügte zugleich eine
wohlgemeinte Warnung hinzu, welche Beachtung verdient, da
sie von deutschfreundlicher Seite kommt. „Thun Sie Alles,‘
sagte er, „im Interesse des Friedens, um zu verhindern,
dass Oesterreich seine Kriegsschiffe jetzt in der Nord- und
Ostsee zeigt. Erscheinen die zwölf Schiffe, deren Auslaufen
der Telegraph meldet, in unseren Gewässern, so ist für
mehr zu stehen. Wir Engländer sind eifersüchtig und würden

eine Provocation auf unserem Elemente kaum ertragen. Ganz
abgesehen davon wäre die Entblössung der adriatischen Küste
ein unbegreiflicher Fehler. Dass Garibaldi die *quarta riscossa*
vorbereitet, muss man in Wien wissen. Gelingt es den Freischaaren irgendwo zu landen und sich festzusetzen, so erklärt
Italien den Krieg, wird die Landung verhindert, so wird Garibaldi desavouirt und der Frieden erhalten. Die österreichische
Kriegsflotte ist daher in diesem Augenblicke in der Adria
nöthiger als in der Nordsee. Um den deutschen Handel zu
schützen, genügen ein paar Schiffe, dazu bedarf es keiner Flotte.
Wir haben im heutigen Conseil den Effectivstand der k. k. Marine
mit dem der dänischen verglichen und in Folge davon beschlossen
unsere Flotte aus Lissabon heimzurufen. Wenn Wind und
Wetter es gestatten, sollen unsere Schiffe in acht bis zehn Tagen
nach Kopenhagen gehen."

Die Nachricht von dem Ueberschreiten der jütischen Grenze
wird telegraphisch dementirt. Herr von Moltke hat über diese
Bewegung folgende Aufschlüsse nach Berlin gebracht: der Feind
habe behufs der Wiedereroberung Schleswigs Stellung genommen,
sei auf jütländisches Gebiet zurückgeworfen und Kolding besetzt
worden. Welche Aufregung die irrthümliche Nachricht hier
hervorgerufen und wie trefflich der kriegslustige Premier dieselbe ausbeutet, ist aus dem „Observer" zu entnehmen.

Brunnow versichert, an die Erhaltung des Friedens zu
glauben, obgleich Preussen Oesterreich zu verleiten strebe, die
ursprüngliche Militär-Convention auch auf Jütland auszudehnen.
„Wenn man," meinte er, „in Berlin sehen wird, dass man hier
Ernst macht, wird man zahm werden, und wir können es erleben,
dass der König Herrn von Bismarck Knall und Fall entlässt."

London, 22. Februar 1864.

Die durch das Ueberschreiten der jütländischen Grenze gesteigerte Aufregung hat sich beruhigt, seitdem man weiss, dass
die deutschen Truppen Jütland geräumt haben.

Falls Deutschland einig ist, bleibt eine Revision des Londoner Vertrages ohne europäischen Krieg denkbar, auch die vollständige Losreissung Holsteins und vielleicht Süd-Schleswigs von
Dänemark möglich. Erweitert sich jedoch der Bruch zwischen
den deutschen Grossmächten und den Mittelstaaten und ver-
schwindet die Möglichkeit einer Verständigung, dann steht die
Abberufung der Vertreter Oesterreichs und Preussens von Frankfurt und die Sprengung des Bundes in Aussicht. Hier würde
ein solches Ereigniss mit Jubel als der Beweis begrüsst werden,
dass Oesterreich und Preussen allen Ernstes entschlossen sind,
die Integrität Dänemarks aufrecht zu erhalten. Hannover wird
es hoch angerechnet, dass es nicht mit nach Würzburg gegangen.

London, 26. Februar 1864.

Man erwartet noch die dänische Rückäusserung auf den
Conferenz-Vorschlag und erst, wenn dieselbe bejahend ausfällt,
sollen die förmlichen Einladungen an Frankreich, Russland,
Schweden und den deutschen Bund erlassen werden. Baron
Brunnow, dem ich diese Notiz verdanke, fügte hinzu, die Einladung werde so allgemein gehalten werden, dass der deutsche
Bund dieselbe werde annehmen können, ohne seinen bisherigen
Standpunkt dem Londoner Vertrage gegenüber aufzugeben. Zu
wünschen sei nur, dass die Wahl des Bundesbevollmächtigten
auf einen Staatsmann falle und nicht auf einen Doctrinär. Viel
herauskommen werde bei den Conferenzen nicht, aber sie würden
die Gemüther beruhigen, die Friedenspartei im englischen Cabinet
stärken und derselben die Erfüllung ihrer nicht eben beneidens-
werthen Aufgabe erleichtern. Jeder könne sein Sandkorn zum
Frieden beitragen. Bei einem allgemeinen Kriege werde nur
eine Macht gewinnen, Frankreich, und zwar auf Kosten Deutschlands. Diesen allgemeinen Krieg zu vermeiden, sei die Hauptsache, alles Uebrige Nebensache. Preussen zehre von seinem
Kapitale, es lebe nur von den Sympathien Russlands und Englands. „Minister kommen und gehen, die Interessen bleiben.‛

rief er zum Schluss. „Für Oesterreich und die Mittelstaaten
ist der Krieg eine Calamität; sie können dabei nur verlieren,
nichts gewinnen. Die Zustände in Galizien mahnen dringend
zum Frieden und müssen Promenaden nach Jütland bedenklich
genug erscheinen lassen."

Lord Russell fand ich heute in gehobener Stimmung. Er
bestätigte mir zunächst die obigen Nachrichten über die Conferenz,
zu welcher der Bund jedenfalls eingeladen werden solle. Ob
man sich über die Wahl eines Vertreters verständigen werde,
stehe noch dahin. Ich erwiderte, es werde viel auf die Fassung
der Einladung ankommen. Die Dinge schienen in ein ruhigeres
Geleis zu gerathen und man müsse sich nur daran gewöhnen,
Reuter's Telegramme *cum grano salis* zu lesen. — „Gewiss,"
bemerkte der Staats-Secretär lachend, „neulich hat uns noch ein
Reuter'sches Telegramm aus Montenegro ganz nutzlos erschreckt.
Ich telegraphirte, und es war kein wahres Wort daran. Reuter's
Agent erhält 80 Franken für jede Nachricht. Wenn es keine
giebt, erfindet er solche, um sein Brod zu verdienen."

London, 28. Februar 1864.

Die Noten, welche die englischen Botschafter in Wien und
in Berlin überreicht haben, um Oesterreich und Preussen zur
Conferenz zu laden, enthalten kein Wort über die Basis, wohl
aber die Zusicherung, der deutsche Bund werde aufgefordert
werden, sich an den Verhandlungen zu betheiligen. Die beistimmende preussische Antwort ist bereits eingegangen und
Bernstorff beabsichtigt, dieselbe zu überreichen, sobald sein
hiesiger österreichischer College die unterwegs befindlichen über-
einstimmenden Weisungen erhalten haben wird.

Ohne seiner Regierung vorzugreifen, sagte mir der preussische Botschafter, es würde geradezu absurd sein, den Vertrag
vom 8. Mai 1852 den Verhandlungen zu Grunde zu legen. Der
einzig denkbare, vernünftige Zweck der Conferenz sei nur in
dem Versuche einer Lösung zu finden, welche die völlige

administrative Losreissung der Herzogthümer von Dänemark feststelle.

Das Kopenhagener Cabinet hat sein Interesse nicht verstanden, als es sich eine vierzehntägige Bedenkzeit erbat, bevor es auf die Einladung zur Conferenz antworten könne. Die Missstimmung über diese Verzögerung steht deutlich zwischen den Zeilen des Observer-Artikels, welchen der Premier-Minister geradezu dictirt zu haben scheint. Der Alte wird ungeduldig. Die Opposition der Königin macht ihn nervös. Er will die leidige Sache abthun, so oder so. Er fühlt, dass seine ministeriellen Tage gezählt sind, wenn sich nicht bald ein Mittel findet, die Streitfrage zu den Acten zu legen und einen Krieg zu vermeiden, der den Interessen des Landes ebenso wenig entsprechen würde als der Stimmung des Unterhauses.

Die Dinge liegen in dem Augenblicke so, dass sich mit einiger Gewandtheit etwas Erspriessliches für die Herzogthümer thun liesse, namentlich wenn die Conferenz an einem anderen Orte abgehalten werden könnte. Ich fragte den französischen Botschafter, ob dies nicht möglich. Er zuckte die Achseln und erwiderte: „Vor allen Dingen glaube ich noch gar nicht an das Zustandekommen der Conferenz. Die Gründe gegen London sind handgreiflich, aber wir selbst haben uns seiner Zeit gegen Paris ausgesprochen und könnten jetzt unmöglich darauf zurückkommen. Freilich hat sich seitdem die Situation gebessert. Von Massregeln gegen Deutschland ist nicht mehr die Rede, und wenn von anderer Seite Paris in Vorschlag gebracht würde, wäre es nicht undenkbar, dass wir darauf eingingen.‘

Apponyi und Bernstorff haben in ihren Berichten sehr entschieden gegen London protestirt und Brüssel vorgeschlagen. Vielleicht wäre es gut, mit Paris zu drohen, um Brüssel zu erlangen. Die Conferenzen hier abhalten, heisst von vornherein die Möglichkeit eines halbwegs befriedigenden Erfolges abschneiden. Besser wäre es, dieselben geradezu nach Kopenhagen zu verlegen.

„*Vous pourez écrire à Lord Russell que j'ai cessé de bouder l'Angleterre*", so lauteten die Worte, mit welchen Kaiser Napoleon den britischen Botschafter neulich entliess. Lord Cowley hat sich beeilt, den angenehmen Auftrag zu erfüllen. Die Meldung ist mit Frohlocken begrüsst worden. Noch immer harrt man jedoch der Verwirklichung dieser kaiserlichen Verheissung. Lord Russell klagt, weder in Paris noch in Kopenhagen wolle man seine Friedensbestrebungen unterstützen. In den Tuilerien wünsche man augenscheinlich die Fortsetzung des Kampfes. In Kopenhagen gehe die Verblendung der Minister Hand in Hand mit der kriegerischen Stimmung des Volkes. „Bringen wir die Conferenz nicht zu Stande." so schloss das ministerielle Klagelied, „dann weiss ich nicht, was werden soll und wohin wir noch gerathen können."

Die Nachricht von der Ausdehnung der Operationen auf Jütland hat der Staats-Secretär ziemlich zahm aufgenommen und dem Grafen Bernstorff die Hoffnung ausgesprochen, das Cabinet werde dieselbe ebenso ruhig hinnehmen. Nach der Sitzung konnte er dies Apponyi bestätigen. Dieser verfehlte nicht zu bemerken, dass der zur Schau getragene Gleichmuth der britischen Minister eine immer wärmere Theilnahme für Dänemark nicht ausschliesse. Das wurde nicht geleugnet, aber durch die etwas mysteriöse Bemerkung motivirt, wenn die englischen Sympathien für Dänemark, so wüchsen die russischen für Deutschland. Das Erstaunen des Botschafters, der die Worte Russell's mit der Haltung Brunnow's nicht in Einklang bringen konnte, steigerte sich, als ihm der Minister zu verstehen gab, Brunnow sei von der neuesten Wendung der Dinge in Petersburg augenscheinlich nicht unterrichtet. So scheint denn das von den Polen geflissentlich verbreitete Gerücht von dem Wiederaufleben der nordischen Triple-Allianz noch mehr Glauben zu verdienen, als die Artikel der „Morning Post" vermuthen liessen.

London, 28. März 1864.

Die friedensdurstigen britischen Politiker fahren fort, in der Conferenz ohne Waffenstillstand und Basis die Oase zu erblicken, auf welcher Europa den Frieden, das Palmerston-Ministerium die Rettung seiner Existenz finden soll. Ein kundiger Pilger in den Steppen der modernen Diplomatie schüttelt dazu bedenklich das Haupt und flüstert unter vier Augen: *Fata morgana!* Baron Brunnow, nachdem er Alles aufgeboten, um die Conferenz zu Stande zu bringen, verhehlt mir jetzt seinen Skepticismus nicht: „Die Dänen werden nicht kommen; den Franzosen hat nie etwas an der Conferenz gelegen."

Bernstorff vernahm diese russischen Orakelsprüche nicht ohne Behagen. In seinen Augen ist Oesterreich an Allem Schuld, weil es an dem absurden Dogma der dänischen Integrität noch immer festhält. Die dänische Staatsschrift vom 15. März ist dem preussischen Botschafter schwer auf die Nerven gefallen. Er tröstet sich jedoch darüber und hofft, die Sieger von Missunde würden Zeit haben, die Schanzen von Düppel zu nehmen, wenn die Conferenz nicht zu Stande käme.

Ich verhehlte Bernstorff nicht, dass die dänische Kritik nicht überraschen könne, da ja Oesterreich und Preussen immer noch an der Fiction festhielten, mit Christian IX. nicht im Kriege zu sein und für die Integrität Dänemarks zu kämpfen. Im Lichte dieser Fiction müssten manche Massregeln in Schleswig und Jütland als Gewaltacte erscheinen, so einfach sie sich auch durch den thatsächlichen Kriegszustand erklärten.

„Wir sind im vollen Kriege," antwortete Bernstorff, „die Renitenz Dänemarks löst alle unsere Verpflichtungen. Ich würde, wäre ich Minister, gestützt auf die Declaration vom 31. Januar erklären, dass der Londoner Vertrag für Preussen nicht mehr existirt."

„Eine solche Erklärung würde ja die Verständigung sofort herbeiführen. Warum giebt die preussische Regierung dieselbe nicht ab?"

„Aus Rücksicht auf Oesterreich.“

„Oesterreich,“ erwiderte ich, „kann in dieser Frage die Initiative nicht ergreifen. Für den Kaiserstaat ist es Lebensfrage, auch den Schein einer Anerkennung des Nationalitäten-Princips zu vermeiden. Metternich hat ganz Recht, wenn er Bedenken trägt, dem Kaiser Napoleon in Schleswig den kleinen Finger zu geben, um zu vermeiden, dass er in Italien, im Orient oder am Rhein die ganze Hand erfasse. Vor dieser Gefahr verschwinden die übrigen, selbst die einer Trennung von Deutschland. Dies erklärt auch die Widersprüche der englischen Politik, und die Thatsache, dass der Eider-Uebergang die englisch-österreichische Allianz nicht zerrissen hat. Niemand kennt die Hintergedanken Napoleons. Aus den Orakelsprüchen Drouyn de Lhuys' ergiebt sich jedoch, dass man in Paris einen Bruch mit England und einen nationalen Krieg mit Deutschland vermeiden will. Officiell ist man für Vertrag und Integrität, im geheimen für die Los-reissung der Herzogthümer, weil man darin einen Vorwand zu Compensationen zu finden hofft.“

„Ganz einverstanden,“ bemerkte der Botschafter. „Fürchtet man in Paris einen nationalen Krieg mit Deutschland, dann können wir dreist Lauenburg, Holstein und die deutschen Theile von Schleswig losreissen, ohne einen allgemeinen Krieg zu pro-vociren. Vielleicht wäre ein allgemeiner Krieg nicht einmal ein Unglück für Deutschland; es würden sich Compensationen finden für den belgischen Handel, für die Lombardei und für Neuchatel. Jedenfalls würden die Dänen ganz aus Deutschland hinausgeworfen, und das ist doch die einzige Lösung.“

London, 2. April 1864.

Graf Apponyi, Fürst Latour d'Auvergne und Baron Brunnow sind bereits von ihren Regierungen davon unterrichtet, dass sie letztere in der Conferenz hier zu vertreten haben werden. Graf Bernstorff ist noch ohne Instruction und verhehlte mir nicht, wie gern er darauf verzichten werde, als preussischer Bevollmächtigter zu figuriren. Er ist fest entschlossen, diesen Auftrag abzulehnen, falls die ihm zu ertheilenden Weisungen mit seinen persönlichen Ansichten nicht übereinstimmen sollten.

Die preussische Depesche, in welcher die Zuziehung des deutschen Bundes als unabweislich verlangt wird, hat Bernstorff Lord Russell nicht vorgelesen. Er hat sich jedoch sehr entschieden in diesem Sinne ausgesprochen.

Je augenscheinlicher Oesterreich aus Furcht vor Frankreich die Conferenz betreibt, desto lauer wird man in Paris für dieselbe.

Kommt die Conferenz ohne Basis zu Stande, so wird sie an einem Ueberflusse von Basen leiden. Jede der acht Mächte bringt eine solche mit, und es wird sich kaum eine mit der anderen vereinigen lassen.

London, 3. April 1864.

Der fünfte Theil des Blaubuches über die deutsch-dänische Streitfrage bereichert die schon so umfassende Sammlung um 369 während der letzten zwei Monate gewechselte Schriftstücke. Diese Veröffentlichung wird hoffentlich dazu dienen, die deutschen Minister zu grösserer Vorsicht in ihrem Verkehre mit englischen Diplomaten zu mahnen.

Der officiöse „Observer" bringt über die bevorstehenden Veränderungen im Ministerium einen Artikel, welcher indirect das Zugeständniss enthält, dass die öffentliche Meinung Englands sich immer entschiedener für den Frieden d. h. gegen die Einmischung in den deutsch-dänischen Streit ausspricht. Es wird nämlich den Tories die Absicht angedichtet, Dänemark bewaffnete Hilfe zu leisten und aus dieser Erfindung Kapital für Lord Palmerston geschlagen.

Der aus Gesundheits-Rücksichten ausscheidende Herzog von Newcastle wird im Kriegs-Ministerium durch den Peeliten Cardwell ersetzt werden, während Lord Clarendon als Kanzler von Lancaster in das Cabinet eintritt. Die längere Unthätigkeit hat letzteren nicht milder gestimmt und er giebt seiner Danomanie zuweilen leidenschaftlichen Ausdruck. Apponyi sagte ihm neulich geradezu: „Wir können uns glücklich schätzen, Sie in diesem Augenblicke nicht im Auswärtigen Amte zu besitzen."

Garibaldi ist in Southampton gelandet und mit obligatem Enthusiasmus empfangen worden.

London, 10. April 1864.

Die Vermuthung, Lord Clarendon werde in der Conferenz die Rolle des zweiten britischen Bevollmächtigten übernehmen, bestätigt sich. Er selbst macht seit gestern kein Geheimniss daraus. Uebermorgen soll er nach Paris gehen, um noch einen Versuch zu einer directen Verständigung mit dem Kaiser der Franzosen zu machen.

„Hoffentlich bleibt es trotzdem bei der letzten französischen Depesche," so lautete Disraeli's Commentar zu dieser Sendung.

Die dänischen Bevollmächtigten sind eingetroffen. Ich habe heute Herrn von Quaade, den Etats-Rath Krieger und den Legations-Secretär Güldencron in Pembroke Lodge begegnet. Ersterer macht den Eindruck eines Weltmannes, während Etats-Rath Krieger sich mehr in der Kanzlei als im Salon bewegt zu haben scheint.

Hocherfreut über die Ankunft der dänischen Gäste, bemerkte Lord Russell mit Genugthuung, der Ausschuss in Frankfurt habe sich für die Annahme der Einladung und die Absendung eines deutschen Bevollmächtigten ausgesprochen.

London, 15. April 1864.

Lord Russell weigert sich, die formelle Eröffnung der Conferenz bis zum 25. aufzuschieben. Diese Weigerung ist ein Beweis seiner Schwäche und ein neuer Beleg dafür, wie wenig London, namentlich während des Parlaments, sich zum Sitze der Conferenz eignet. Uebrigens ist noch gar nichts vorbereitet und über den *modus procedendi* nichts verabredet. Der Schwerpunkt der Entscheidung liegt in Paris. Die englischen Minister hoffen, Lord Clarendon werde das *mot d'ordre* aus den Tuilerien heimbringen. Er hat seine Abreise verschoben, um das Frühstück ja nicht zu versäumen, welches die Herzogin von Sutherland Garibaldi zu Ehren in Chiswick veranstaltet. Dies wird seiner dortigen Aufnahme nicht geschadet, aber ein sarkastisches Lächeln den kaiserlichen Lippen entlockt haben.

Private.   *London, April the 20th 1864.*

Dear Lord Russell,[1]) — You would oblige me by letting me know whether the Conference will be opened to-day in the absence of the representatives of the German Confederation, of Austria and of Prussia, or whether I may telegraph to Baron Beust that the opening will take place on Monday the 25th inst.

Believe me etc.   Vitzthum.

Private.   *April, the 20th 1864.*

Dear Count Vitzthum,[2]) — I am sorry not to accede to the request of Baron Beust, but the conference must meet to-day. I must remark that, until this morning, when I received an official note from Count Apponyi I have had no official communication on the subject of a postponement. Even now I have had none of an official nature from Prussia.

This mode of proceeding was calculated to throw upon the English Government and upon me personally all the *odium* of a voluntary indifference to the means of arresting the effusion of blood by means of a suspension of arms. Except a wish for such suspension nothing will be done to-day, and the business will be postponed to the 25th, when I trust Baron Beust will be present. I remain yours faithfully,   Russell.

---

[1]) Siehe die Uebersetzung im Anhange (Nr. 14).
[2]) Siehe die Uebersetzung im Anhange (Nr. 15).

Private. *London, April the 21st 1864.*

Dear Lord Russell, [1] — Baron Beust has left Frankfort, will sleep at Brussels, and will be here to-morrow night. I have lost no time in telegraphing the contents of your note of yesterday to Frankfort. I trust that your remark with reference to the want of official application on the subject of postponement does not apply to myself as I had no right to make any official application on behalf of the Diet.

The day for the opening of the Conference having been fixed by the British Government without consulting the Diet and without knowing whether it would suit the Diet. I thought that there would be no objection whatever to a postponement, the more so, as you perfectly admitted the reasons which prevented Baron Beust reaching London.

Believe me etc. Vitzthum.

Private. *Chesham Place, April the 22nd 1864.*

Dear Count Vitzthum, [2] — I will give orders to have Baron Beust's luggage allowed to pass by the Custom House.

I am glad to hear he is coming this evening, as he will have time to rest, and consult with his colleagues of Austria and Prussia before Monday.

In speaking of the absence of official representations, I did not at all allude to you, as I conceive it was not necessary for you to offer any official explanation.

Yours truly. Russell.

London, 5. Mai 1864.

Die negativen Resultate der gestrigen Conferenz beweisen von neuem. dass die Gewandtheit und der gute Wille der englischen Bevollmächtigten vieles zu wünschen übrig lassen.

---

[1] Siehe die Uebersetzung im Anhange (Nr. 16).
[2] Siehe die Uebersetzung im Anhange (Nr. 17).

Lord Russell und Lord Clarendon hatten anfangs den österreichisch - preussischen Antrag einer Waffenruhe *(suspension
d'armes)* zu Land und See unterstützt. Als aber die Dänen sich
weigerten, in die Aufhebung der Blokade zu willigen, versuchten
die britischen Bevollmächtigten unter Brunnow's Leitung der
Waffenruhe den Waffenstillstand *(armistice)* zu unterschieben. Ihr
Vorschlag fiel zu Boden, da weder die Alliirten noch die Dänen
mit ausreichenden Instructionen versehen waren. Die englische
Taktik besteht darin, das *odium* auf die deutschen Mächte zu
wälzen, während in Wahrheit die Dänen das Zustandekommen
der Waffenruhe verhindern. Das Motiv der Halsstarrigkeit des
Kopenhagener Cabinets liegt auf der Hand. Es fürchtet vor
Allem, sich durch die Aufhebung der im Sinne des Pariser Vertrages nicht einmal effectiven Blokade unpopulär zu machen und
hofft im Stillen auf einen Conflict, welcher die Einmischung Englands und Russlands herbeiführen könnte. Das „Dagblad", sowie
die Correspondenz des „Daily Telegraph" d. d. Kopenhagen 1. Mai,
stellen dies ausser Zweifel. Leider ist die Hoffnung der Dänen,
England zu einer Demonstration zur See zu verleiten, nicht unbegründet. Bisher hat sich die britische Regierung damit begnügt, Kopenhagen unter Englands Schutz zu stellen und von den
Zusicherungen der deutschen Mächte Act zu nehmen, ein Bom-
bardement der dänischen Hauptstadt liege nicht in ihrer Absicht. In den letzten Tagen hat die hiesige Kriegspartei entschieden Terrain gewonnen. Ein für Deutschland sehr wohlge-
sinnter Pair sagte mir gestern: „Trachtet um Gottes Willen
baldmöglichst einen Waffenstillstand zu Stande zu bringen. Die
Aufregung steigt hier in bedenklicher Weise. Gelangte die
Kriegs- und Friedensfrage heute zur Abstimmung im Unterhause,
so würden drei Viertheile desselben für den Krieg stimmen." Von
minder unbefangener Seite sind dem preussischen Botschafter
ähnliche Andeutungen geworden. Vergessen wir nicht, dass England durch eine Blokade der deutschen und österreichischen Küsten
mit verhältnissmässig geringem Kostenaufwande auf Wien und

Berlin einen Druck ausüben könnte, namentlich wenn gleichzeitig die Revolution in Italien und Ungarn geschürt würde.

Der russische Bevollmächtigte hat ausserhalb der Conferenz sehr kategorisch erklärt, er werde den Sitzungssaal sofort verlassen, wenn die Integrität der dänischen Monarchie in Frage gestellt werden sollte. Dem französischen Botschafter, der mir diese Drohung hinterbrachte, erwiderte ich: „So lange England und Frankreich bleiben, ist darum die Conferenz noch nicht gesprengt; auch könnte man den Russen das Protokoll offen halten."

Ist Baron Brunnow zu einer solchen Sprache ermächtigt? Wird er vorkommenden Falles seine Drohung ausführen? Ich möchte beides stark bezweifeln. Wie die Dinge heute liegen, dürfte die Hauptfrage in der Conferenz nicht so bald zur Sprache kommen und die auf nächsten Montag anberaumte Sitzung wieder ohne Abschluss des Waffenstillstandes auseinandergehen.

London, 23. Mai 1864.

Während Herr von Beust den Zwischenact zwischen den Sitzungen vom 17. und 28. d. im Interesse der deutschen Sache in Paris verwerthet, treten die Früchte seiner hiesigen Thätigkeit greifbar zu Tage. Die erfolgreiche Taktik der preussischen Bevollmächtigten beruht auf der Inspiration des Vertreters des deutschen Bundes und ihm allein ist auch die Umstimmung der britischen Bevollmächtigten zu unsern Gunsten zu danken. Niemand hatte auszusprechen gewagt, dass nur die völlige Losreissung der Herzogthümer Deutschland befriedigen werde. Herr von Beust hat den Muth gehabt, dies zu thun und dadurch der sogenannten radicalen Lösung die Bahn gebrochen. Lord Clarendon war der erste, welcher sich damit einverstanden erklärte, die völlige Trennung von Holstein, Lauenburg und Süd-Schleswig als Grundlage der weiteren Besprechungen zu wählen. Lord Russell stimmte bei, und beide erhielten in dem vorgestrigen Cabinets-Rathe die Ermächtigung, auf dieser

Basis die Verhandlungen fortzuführen. In Folge dieses Cabinets-
Beschlusses hat Lord Russell heute die Vertreter der neutralen
Mächte versammelt. Das Resultat dieser Vorbesprechung soll
dem preussischen Botschafter morgen vertraulich mitgetheilt
und der Conferenz in ihrer nächsten Sitzung vorgelegt werden.
Die Grundzüge dieses Compromisses sind, wie ich höre, französischen Ursprungs. Die Conferenz würde die Grenzlinie in
Schleswig zu bestimmen haben. Die Bevölkerungen sollen später
darüber befragt werden. Selbst Russland acceptirt die Losreissung
im Princip. Ueber die Befragung der Bevölkerungen scheint
noch kein Einverständniss erzielt zu sein. Bei den in Berlin und
Wien vorherrschenden Dispositionen wäre sonach eine Basis gefunden. Die Neutralen sollen jedoch auf Andrängen Russlands
und Schwedens als *conditio sine qua non* ihres principiellen Zu-
geständnisses die Neutralisirung des Hafens von Kiel verlangen.
Latour d'Auvergne deutete an, alles bisher Errungene stehe
auf dem Spiele, wenn Deutschland Kiel durchaus zum Kriegs-
hafen machen wolle. Auf Frankreichs Unterstützung könnten wir
in diesem Punkte nicht rechnen. Ich bezweifelte letzteres, da
Kaiser Napoleon vorgestern Herrn von Beust unaufgefordert
gesagt, er begreife, dass Deutschland für seine Handels-Marine
eines Schutzes bedürfe. Der französische Botschafter erwiderte
jedoch, die wohlwollenden Aeusserungen seines Herrn seien in
dieser Sache nicht massgebend. Bernstorff legt keinen Werth
auf diese Bedenken und bezeichnet die Bedingung als nicht an-
nehmbar. „Wir werden,“ sagte er, „einfach die Räumung
Schleswigs und Jütlands verweigern, so lange Holstein, Lauenburg und Süd-Schleswig dem deutschen Bunde nicht bedingungslos
überantwortet worden.“

London, 20. Juni 1864.

In der vorgestrigen Oberhaus-Sitzung sind bedeutsame Streif-
lichter auf den Ernst der Lage gefallen. Die Börse ist erschreckt
und die City fürchtet, England werde sein Schwert in die Wag-

schale werfen, falls die Verhandlungen sich zerschlagen und die Waffenruhe über den 26. d. hinaus nicht verlängert werden kann. Die Kriegspartei beutet die negativen Resultate der vorgestrigen Conferenz nach Kräften aus. Namentlich wird die preussische Drohung, Kaperbriefe auszugeben, benutzt, um die schon so erregte öffentliche Meinung noch mehr in den Harnisch zu bringen. Russell lässt sich jedoch dadurch nicht irre machen und hält mit gewohntem Optimismus an der Hoffnung fest, es werde sich noch eine friedliche Lösung finden. Ich wünschte ihm gestern zu seiner im Oberhause gegebenen Erklärung Glück, welche eine völlige Uebereinstimmung mit Herrn von Beust bekunde. Der edle Lord wiederholte jedoch seine Reserve: wenn über das Schicksal der Herzogthümer ohne Befragung der Bevölkerungen nicht verfügt werden dürfe, so sei von einer Befragung der Dänemark verbleibenden Districte Schleswigs nicht die Rede.

Ich fand mich nicht veranlasst, diese unlogische Reserve nutzlos zu bekämpfen, schlug aber vor, eine internationale Commission nach Schleswig zu senden. Diese könne die Stände oder Notabeln-Versammlungen berufen, um der Conferenz — welche auf einige Wochen vertagt werden müsste — über die Wünsche der Bevölkerungen ausführlichen Bericht zu erstatten.

„Ich habe," erwiderte Lord Russell, „in der vorgestrigen Conferenz einen solchen Vorschlag erwartet und es den Betheiligten nahe genug gelegt, damit hervorzutreten. Niemand hat jedoch verstanden, dass ich gerade deshalb den Mangel an Information über die Wünsche und Stimmungen der Bevölkerungen hervorhob. Russland scheint entschieden gegen einen solchen Plan, und die unfruchtbaren Debatten haben nur die Unversöhnbarkeit der gegenseitigen Standpunkte schärfer hervortreten lassen."

Ein kurzes Gespräch mit Herrn von Brunnow bestärkt mich in der Befürchtung, dass es Russland nur darum zu thun ist, eine definitive Lösung hinauszuschieben. Die Hoffnung, die Integrität der dänischen Monarchie zu retten, hat man in Petersburg nicht

aufgegeben. Zu diesem Zwecke predigt die russische Diplomatie zwar officiell den Frieden, bietet aber unter der Hand
Alles auf, um dessen Zustandekommen zu verhindern. Ja, man
verschmäht es nicht, Oel in das Feuer zu giessen. Man insinuirt,
die Ehre Englands sei in Frage und Lord Palmerston werde sich
nicht zum Spott *(laughing stock)* Europas machen lassen. Zeigten
sich die jetzigen Minister zu alt und zu schwach, um zum
Schwerte zu greifen, so werde ein Ministerwechsel die Kriegspartei an das Ruder bringen.

London, 23. Juni 1864.

Der letzte Versuch Englands, den Wiederausbruch des
Krieges zu verhindern, ist in der gestrigen Conferenz gescheitert. Die Dänen hatten sich entschieden geweigert, sich
einem Schiedsspruche über die Theilungslinie in Schleswig zu
unterwerfen. Die Bereitwilligkeit Oesterreichs und Preussens,
bedingungsweise die Vermittelung des Königs der Belgier anzunehmen, konnte nichts mehr fruchten. Angesichts der dänischen Weigerung sahen sich die britischen Bevollmächtigten
nicht veranlasst, mit ihren in sechs Punkten formulirten Vorschlägen hervorzutreten. Wenn Frankreich empfahl, die Bevölkerungen der gemischten Districte zu befragen, so geschah
dies nur *pro forma.* Auf der Tagesordnung der für nächsten
Sonnabend angesetzten letzten Sitzung steht nichts als die Genehmigung des gestrigen Protokolls. Man scheint sich zu be-
mühen, eine Vertagungs-Modalität zu finden, welche einem der-
maleinstigen Wiederzusammentritt die Thüre offen lässt.

Die Grabreden, welche die Zeitungen der Conferenz halten,
sind in Schiller's Fiesco lakonischer gefasst worden: „Der Mohr
hat seine Schuldigkeit gethan, der Mohr kann gehen." Berufen,
um dem britischen Ministerium als Schild zu dienen, hat die
Conferenz ihren Zweck erfüllt. Erfolglose Verhandlungen haben
uns bis nahe an das Ende der Parlaments-Session geführt. Nach
dem Rennen von Ascot, sagt man, ist ein Ministerwechsel un-

denkbar. Wird diese alte Wahrnehmung auch unter den gegenwärtigen exceptionellen Umständen sich als zutreffend erweisen?

Die Leidenschaften sind erregt, das Nationalgefühl verletzt,
die Opposition ungeduldig, die Minister uneinig und erschöpft.
Die Protokolle sollen nächsten Montag beiden Häusern mitgetheilt
werden, und ernste Debatten sind im Laufe der nächsten Woche zu
erwarten. Folgt das Parlament den Sirenenstimmen jenseits des
Kanals und gestattet es dem kriegslüsternen Premier-Minister, das
Land zum Eintritte in den Kampf zu verleiten, so ist das Schlimmste
zu erwarten. Die Nemesis für die Begehungs- und Unterlassungs-
sünden des zweiköpfigen Ministeriums wird nicht ausbleiben. Die
künstlich zurückgestaute Springfluth der Demokratie wird die
Dämme seniler Impotenz durchbrechen und zunächst eine radicale
Reformbill erzwingen, deren Niederschlag — die socialpolitische
Nivellirung — die Zukunft des Reiches in Frage stellen muss.
Ueberhört die aristokratische Kriegspartei den Warnungsruf der
Männer von Manchester und stürzt sie, wie im Jahre 1854, das
Land in einen zweck- und ziellosen Krieg mit dem natürlichen
Bundesgenossen Alt-Englands, so gehört die Zukunft Cobden und
Bright, welche bereits in Gladstone einen parlamentarischen Führer
gefunden haben. Wird aber der alte Palmerston gezwungen, dem
sorgsam vorbereiteten Feuerwerke zu entsagen, so bleibt die radicale
Partei gleichfalls Herrin der Zukunft. Erst jetzt ermisst man
die Bedeutung der Gladstone'schen Rede zu Gunsten einer dem
allgemeinen Stimmrecht nahekommenden Ausdehnung des Wahlrechtes. Drohend für die englische Aristokratie flammt dieses
Mene Tekel auf dunkelem Hintergrunde.

Mag sich das Parlament, von welchem die Minister ihre
Inspirationen erwarten, für Krieg oder Frieden entscheiden, in
jedem Falle steht England am Vorabende unabsehbarer innerer
Krisen. Selbstverblendung jedoch würde es sein, wollten wir die
Gefahren unterschätzen, welche der Eintritt des mächtigsten Welt-
reiches der Gegenwart in den Kampf nach sich ziehen müsste.
Hält sich Deutschland auf der Defensive des bisher Errungenen,

so wird die hiesige Friedenspartei Alles aufbieten, um die Absendung der Kanalflotte nach der Ostsee zu hintertreiben. Eine
weitere Ausdehnung des Kriegstheaters könnte zum Weltkriege
und zur Entfesselung unberechenbarer Elemente führen, welche
überall in den revolutionären Zündstoffen ihre Nahrung finden
müssten. Wird solches Unheil vermieden, so darf Deutschland
mit Genugthuung auf die diplomatische Campagne blicken, welche
siegreich begonnen, siegreich beendet worden ist. Die inneren
Zerwürfnisse, die uns zum Gespött der Welt zu machen drohten,
sind geheilt. Der Londoner Vertrag ist vernichtet. Die Botschafter Oesterreichs und Preussens sind fast unbewusst dem
Bundes-Bevollmächtigten gefolgt, welcher die Logik auf seiner
Seite hatte. Den englischen Staatsmännern war die Consequenz,
mit welcher der Bundes-Standpunkt gewahrt und die Vernichtung
des Londoner Tractates erzwungen worden ist, natürlich sehr un-
bequem. Dennoch lassen sie dem *suaviter in modo* des deutschen
Staatsmannes volle Gerechtigkeit widerfahren.

Die Hauptsache ist, dass bei dem ersten Auftreten Gesammt-
Deutschlands in einer europäischen Conferenz der Ehre des Vaterlandes nichts vergeben worden ist.

London, 7. Juli 1864.

Die Discussion über die deutsch-dänischen Streitfragen hat am
Montag den 4. im Hause der Gemeinen begonnen. Die Adresse,
welche die Politik der Minister tadelt, wurde von Disraeli eingebracht und vertheidigt. Morgen, den 8., soll eine gleichlautende
Resolution im Oberhause eingebracht werden.

Disraeli gab in einer fast dreistündigen Rede einen meisterhaften Rückblick auf die Verhandlungen und Ereignisse seit dem
Parlamentschlusse im August v. J. bis zum Schlusse der Conferenz.

Der ohne alle Garantie abgeschlossene Vertrag vom 8. Mai
1852 theilt seiner Ansicht nach England dieselbe Rolle zu wie
Frankreich, Russland und Schweden. „Wie kommt es nun,"
fragte der Redner, „dass alle Welt die Weisheit des Kaisers der

Franzosen preist, während England allenthalben verhöhnt, von
Dänen und Deutschen verwünscht, gedemüthigt und verlassen
dasteht? Das ist die Folge der Unfähigkeit unserer Minister.
Im September v. J. durften wir in unserem Bestreben, die Integrität und Unabhängigkeit Dänemarks zu wahren, auf Russlands
und Frankreichs Mitwirkung zählen. Hätten wir das Einverständniss mit diesen beiden Mächten zu erhalten gewusst, so wäre der
Krieg nicht ausgebrochen. Mit Russland wegen Polens zerfallen,
hat die Regierung die Verhandlungen ungeschickt genug geführt,
um uns auch mit Frankreich zu entzweien."

Als Beweis für diese Behauptung erörtert der Führer der
Opposition zwei Ereignisse, welche mitten in die schwebenden
Verhandlungen des Bundestages fielen: den französischen Congress-
Vorschlag und den Tod Friedrich's VII. Er legt den Ministern
zunächst zur Last, dass sie den Congress-Vorschlag in verletzender Form abgewiesen haben. Er erinnert daran, dass die Opposition erst im März d. J. aus den damals veröffentlichten Blaubüchern den Ernst der Lage erfahren habe. Um sich zu rächen
für die Passivität Englands in der polnischen Frage, habe der
Kaiser der Franzosen in der dänischen eine für die britische Regierung demüthigende Neutralität proclamirt.

So richtig dies ist, so möchte doch der Beweis für diese
Behauptung aus den dem Parlamente vorliegenden Actenstücken
schwer zu erbringen sein.

„Angesichts dieser neutralen Haltung Napoleon's hatten wir
nur die Wahl," fuhr Disraeli fort, „entweder zu erklären, wir
würden nöthigenfalls mit den Waffen in der Hand die Integrität
Dänemarks vertheidigen oder wie Frankreich uns jeder Einmischung, jeder Drohung, jedes directen oder indirecten Versprechens zu enthalten."

Den Vorwurf, die Opposition habe keine Politik, weist
Disraeli entschieden zurück, indem er unter dem Beifalle des
Hauses erklärt, er würde, wenn Minister, die zweite Alternative

gewählt haben. Anstatt dessen hätte Ihrer Majestät Regierung, zwischen Krieg und Frieden schwankend, durch hohle Drohungen und trügerische Versprechungen sich in unabsehbare Verlegenheiten verirrt, um sich daraus zu retten, bald Russland, bald Frankreich angerufen, den berechtigten Einfluss Englands im Rathe Europas geschwächt und eben dadurch die Garantien für die Erhaltung des Friedens verloren. Zuletzt kommt er auf die Rolle der britischen Bevollmächtigten während der Conferenz.

„Ihr selbst," ruft er, „habt die Zerstückelung Dänemarks vorgeschlagen und das nennt Ihr die Integrität der dänischen Monarchie vertheidigen? Ihr habt vorgeschlagen, den Rest der Staaten Christian's IX. unter europäische Garantie zu stellen und das nennt Ihr deren Unabhängigkeit wahren? Nicht w i r haben die Politik Englands zu leiten, wie keiner in diesem Hause, der nicht verantwortlicher Minister ist. Wir können uns nur darauf beschränken, dem edlen Lord zu sagen, was wir an seiner Stelle n i c h t gethan haben würden. Wir hätten nicht gedroht, ohne zum Handeln gerüstet und entschlossen zu sein. Wir hätten unsere Verbündeten nicht mit trügerischen Hoffnungen getäuscht. Wir hätten wichtige Verhandlungen nicht so geführt, um am Schlusse derselben verurtheilt zu sein, diesem Hause zu erklären, England stehe allein und könne ohne Bundesgenossen nicht handeln. Das sind Worte, die nie über die Lippen eines britischen Ministers kommen sollten. Es gab eine Zeit, als England nicht über die Hälfte der Mittel gebot, welche ihm heute zur Verfügung stehen, und es trug in einer nationalen Sache kein Bedenken, einer Welt in Waffen zu widerstehen. Sollte heute unsere Ehre und Unabhängigkeit in Frage sein, so würde sich dieses Land im Glanze seiner vollen Macht erheben. Wenn es sich jedoch darum handelt, Krieg zu führen, nur um unfähige Minister vor den Folgen ihrer Fehler zu retten, so werde i c h wenigstens niemals dafür stimmen. In diesem Sinne habe ich die Adresse an die Krone abgefasst. Ich bin bereit, die Ehre des Landes zu vertheidigen, wenn es Noth thut, meine heutigen Resolutionen aber habe ich im Interesse des Friedens formulirt."

Diese Worte erregten einen stürmischen Beifall, der mehrere Minuten währte. Erst nach einer Pause gelang es Gladstone, sich Gehör zu verschaffen. Die Beredsamkeit des Schatzkanzlers glänzt, wie bekannt, namentlich wenn es sich um die Vertheidigung einer schlechten Sache handelt. Mögen die Liberalen in seinen hochtönenden Phrasen eine Widerlegung Disraeli's erblicken, in Wahrheit liegt darin nichts als das Eingeständniss einer diplomatischen Niederlage. Es ist das alte Lied: Wir haben versucht, unsere Feinde aufzuwiegeln, um mit deren Hilfe unsere natürlichen Bundesgenossen zu bekämpfen; als es nicht gelang, Frankreich und Russland mitfortzureissen, haben wir unsere Drohungen eingestellt, von denen sich Deutschland nicht einschüchtern lassen wollte. Alles dies lässt sich nicht leugnen, aber ist das eine Entschuldigung? Genügt es, Lord Palmerston dermaleinst vor dem Richterstuhle der Geschichte zu vertheidigen? Gladstone schloss mit der in solchen Fällen oft gebrauchten Beschuldigung: der Führer der Opposition habe, nur um das Ministerium zu stürzen, die Schilderung von der angeblichen Demüthigung Englands übertrieben.

Der Kampf wurde dann von den *Diis minorum gentium* fortgesetzt. Newdegate befürwortete ein absurdes Amendement, für welches er nur die Unterstützung einer einzigen Stimme fand. Dies war der letzte Versuch, den die Kriegspartei wagte.

Kinglake, Mann des Friedens und entschiedener Gegner des Londoner Vertrages, befürwortete ein von Cobden redigirtes Amendement, in welchem dem Ministerium Palmerston der ironische Dank des Hauses für seine Friedensliebe dargebracht und dasselbe zugleich zur strengsten Neutralität kategorisch verpflichtet wird. Dieses Amendement öffnet Lord Palmerston eine Hinterthür. Man versichert, er werde sich derselben bedienen und die demüthigende Absolution Cobden's annehmen. Hat ihm doch

Kinglake schwarz auf weiss bewiesen, dass eine überwiegende Anzahl der ministeriellen Partei für Disraeli's Resolutionen stimmen werde. wenn sich der Premier-Minister nicht entschliesse. sich durch diese *furculae Caudinae* zu retten.

Erst dem General Peel gelang es, die Debatte wieder zu beleben in einer einfachen. offenen Ansprache, welche vielleicht im Lande mehr Wiederhall finden wird als Disraeli's meisterhafte Anklage der Minister.

Auch Lord Stanley legte seinen Einfluss in die Wagschale des Friedens. Der Tadel, den er gegen die Minister erhob. fand selbst unter deren Parteigenossen Beifall. Er tadelt sie, nicht weil ihre Bestrebungen, Frankreich gegen Deutschland aufzuhetzen. gescheitert seien, sondern weil sie von Anfang an einen falschen Weg eingeschlagen. Er tadelt sie, weil sie dem Vertrage von 1852 eine Bedeutung beigelegt, die er nicht hatte, weil sie sich in Dinge gemischt, die sie nichts angingen, und weil sie Partei für Dänemark ergriffen, ohne Grund, da kein englisches Interesse vorlag.

Am 5. nahm Cobden die Debatte wieder auf. Er constatirte zunächst das Fiasco der geheimen Diplomatie, der Cabinets-Politik und des Auswärtigen Amtes, dessen Demüthigung der Freihandelstribun mit Jubel begrüsste. Das Land, sagt er. werde für die Fehler der Minister nicht zu büssen haben, denn der Anachronismus, dessen sie sich durch den Vertrag von 1852 schuldig gemacht, werde nicht wiederholt werden. Von einem Ministerwechsel will er nichts wissen und sich zu den Führern der Opposition wendend ruft er: „Ich sehe nicht. was wir und was Ihr gewinnen würdet, wenn wir Lord Palmerston fortjagten. Im Grunde macht er Euere Sache besser, als Ihr sie machen könnt. Er ist populär und Ihr seid es nicht. Seine Popularität gestattet ihm, jede Reform hintanzuhalten und viel Geld auszugeben. Euch, das wisst Ihr wohl. würden wir die Summen nicht bewilligen, die wir ihm gewähren. Lasst ihn in Frieden sterben — ich spreche von seinem politischen Tode — und wartet!

In seinem Testamente wird er Euch zu seinen Universalerben ernennen."

Dieser Ausfall gegen die Tories ist bezeichnend für die Sachlage. Die Radicalen fühlen sich als die Herren der Zukunft. Es kommt ihnen nicht darauf an, dem alterschwachen Premier das Gnadenbrod zu ertheilen. Noch bezeichnender für den Umschwung der öffentlichen Stimmung zu Gunsten des Friedens war die beissende Ironie, mit welcher Cobden die Dänen-Freunde überschüttete. „Man zeige mir," rief er, „in diesem Hause fünfzehn — was sage ich — fünf Mitglieder, die heute für einen Krieg gegen Deutschland zu Gunsten Dänemarks stimmen würden. Ich gehe noch weiter, ich behaupte, Herr Newdegate hat nur mit Mühe einen Einzigen gefunden, der Willens war, sein Amendement zu unterstützen."

Die Rede Lord Robert Cecil's eröffnete ebenso wenig neue Gesichtspunkte als die des Radicalen Forster. Lord Robert Montagu verfehlte nicht, seiner bekannten Kritik des Vertrages Ausdruck zu leihen. Mr. Roebuck benutzte die Gelegenheit, die Lachmuskeln des Hauses zu erregen. Erwähnt sei noch das brillante, aber sachlich schwache Feuerwerk, mit welchem Horsman die gestrige Sitzung schloss. Man war gespannt auf diese Rede, weil die Sage ging, die Regierung habe dem Redner die Pairswürde in Aussicht gestellt. Gewohntermassen tadelt Horsman alle Welt: Deutschland ist toll, Oesterreich und Preussen sind Räuber, die Minister sind blödsinnig, die Führer der Opposition desgleichen, die Regierung hat Unrecht, das Parlament ebenfalls. Kurz, England ist gedemüthigt und zu Grunde gerichtet, weil es Herrn Horsman nicht zum Premier-Minister gemacht hat.

Im Ganzen hat Deutschland allen Grund, mit der Discussion zufrieden zu sein. Die Friedenspartei triumphirt auf allen Punkten. Lord Stanley hat der Stimmung innerhalb und ausserhalb des Hauses Ausdruck gegeben, als er sagte: „Einen europäischen Krieg heraufbeschwören wegen dieser Herzogthümer, würde nicht bloss ein politischer Fehler, sondern ein Act des

Wahnsinn sein." *(To engage an European war for the sake of these Duchies, would be an act not of impolicy, but of insanity.)*
Das Ministerium, welches diesen Act des Wahnsinns versucht hat, verdient gestürzt zu werden. Jedenfalls wäre dies für Lord Palmerston ehrenvoller als unter Cobden's gnädigem Schutze fortregieren zu müssen. Wie die Würfel auch fallen, der Premier-Minister ist entwaffnet und seine geheimen Groll- und Rachepläne sind verdammt. Der Sieg der Friedenspartei ist ein Sieg der Königin. Geschmäht, beschimpft und deutscher Sympathien bezüchtigt hat Ihre Majestät der Dictatur ihres Premier-Ministers Schach geboten und ihn über die Kriegs- und Friedensfrage in seinem eigenen Cabinete dreimal geschlagen. Die Königin hat die wahren Interessen, die wahren Wünsche ihres Volkes erkannt, sie hat sich nicht irre machen lassen durch das Geschrei der Salons noch durch die Declamationen der Tagespresse.

London, 9. Juli 1864.

Heute morgen ¼3 Uhr erfolgte fast gleichzeitig in beiden Häusern das Verdict des Parlaments über das Verhalten der Regierung in der deutsch-dänischen Frage. Das Oberhaus verdammte die Minister, indem es mit einer Majorität von 9 Stimmen Malmesbury's Resolutionen beitrat. Das Unterhaus nahm das Kinglake'sche Amendement an und absolvirte so die Regierung mit einer Majorität von 18 Stimmen. Durch die Gicht an das Bett gefesselt, hatte Lord Derby die Leitung der Debatte Lord Malmesbury überlassen müssen. Die Beredsamkeit Lord Derby's hätte jedoch seiner Partei kaum eine Stimme mehr verschafft. da der Sieg durch die Abwesenden *(proxies)* entschieden wurde. Lord Grey trennte sich von seinen politischen Freunden und sprach und stimmte für die Tories. Man kann nicht behaupten, dass die Lords über die in England immer noch so wenig verstandene Frage neues Licht verbreitet hätten. Lord Russell liess der

Bundes-Majorität nothgedrungen, wenn auch spät, volle Gerechtigkeit widerfahren. Oesterreich und Preussen, sagte er, hätten besser gethan, der muthigen *(bold)* Politik der deutschen Mittelstaaten beizutreten und die Unausführbarkeit des Vertrages von 1852 offen zu erklären. Gleichzeitig nahm er den früher gegen die deutschen Grossmächte geschleuderten Vorwurf der Unehrlichkeit zurück, indem er erklärte, beide Regierungen hätten ursprünglich den Vertrag aufrecht erhalten wollen, seien aber genöthigt worden, dem einmüthigen Wunsche einer Nation von 44 Millionen nachzugeben. Hätte Lord Russell rechtzeitig diese Wahrheit erkannt und ausgesprochen, so würde das Blut erspart worden sein, welches an der Eider geflossen.

Auch die vorgestrige und gestrige Unterhaus-Debatte förderte keine neuen Argumente für und wider zu Tage. Das lange, nicht eben geschmackvolle Plaidoyer Layard's zu Gunsten Lord Russell's klärte nur einen Punkt auf, der geschichtlich wichtig ist. Der Unterstaats-Secretär des Auswärtigen bewies, dass die so hart getadelten Vermittelungs-Vorschläge vom Herbste 1862 aus London und keineswegs aus Gotha stammen, also nicht, wie man behauptete, unter dem directen Einflusse der Königin und des Herzogs von Coburg entstanden sind. Die Depesche ist vor der Abreise Lord Russell's niedergeschrieben und von diesem Sir A. Paget in Brüssel eingehändigt worden. Nach Zurückweisung aller böswilligen Insinuationen war es Mr. Layard leicht darzuthun, wie alle späteren Verwickelungen vermieden worden wären, wenn das dänische Cabinet in seiner Selbstverblendung jene Vermittelungs-Vorschläge nicht zurückgewiesen hätte.

Bernal Osborne eröffnete die gestrige Sitzung, indem er die Minister, namentlich Lord Palmerston als den Urheber des Vertrages von 1852, sowie die Danomanen, Messrs. Roebuck, Newdegate und Lord R. Cecil dem Gelächter des Hauses preisgab.

Mitternacht war vorüber, als sich Lord Palmerston erhob. Er hatte zu Gunsten einer von allen Seiten verurtheilten Politik wenig zu sagen, betonte jedoch, wie es der Anstand erheischte, die Solidarität des Cabinets. Der Versuch, die Misserfolge in der dänischen Frage mit dem blühenden Stande der Finanzen zu entschuldigen, machte geringen Eindruck.

Als Antragsteller gebührte Disraeli das Schlusswort. Er wies ohne Bitterkeit die der Opposition gemachten Vorwürfe zurück und recapitulirte die Gründe für den Wahrspruch, welchen er dem Hause empfohlen.

Nachdem Newdegate sein Amendement zurückgezogen, wurde das von den Ministern acceptirte, von Kinglake eingebrachte, aber von Cobden dictirte Amendement mit 313 gegen 295 Stimmen angenommen. Thatsächlich bezeichnet dieses Votum den Schluss der gegenwärtigen Session. Das schwache, allseits discreditirte Ministerium bleibt im Amte, nachdem dasselbe vom Unterhause ein Verdict erhalten hat, welches einer Verurtheilung mit mildernden Umständen ähnlicher sieht als einer Freisprechung. Der Einfluss der gegenwärtigen britischen Minister im Rathe Europas ist durch die Rolle, welche sie in diesen Debatten gespielt, keinesfalls gestärkt worden. Deutschland kann mit dem Resultate zufrieden sein. Nach der harten Lection, die er empfangen, in Schach gehalten durch eine Resolution, die ihm die Hände bindet, wird Lord Palmerston am Ruder ungefährlicher sein als auf den Bänken der Opposition.

London, 11. Juli 1864.

Im ministeriellen Lager wird der in der Nacht vom 8. zum 9. erfochtene parlamentarische Sieg mit einem Jubel ohne gleichen gefeiert. Palmerston hatte eine Majorität von höchstens 3 bis 4 Stimmen erwartet. Mehrere Conservative haben mit der Majorität gestimmt und nicht weniger als eilf sich der Abstimmung enthalten. Es erklärt sich dies aus der Besorgniss vor einer katholischen Intrigue. Der Vatican hatte die Gelegenheit benutzen wollen, um den verhassten Premier zu stürzen. Einige direct aus

Rom entsendete *Monsignori* sollen im Palaste von Westminster eifrig bemüht gewesen sein, die Irländer zu bewegen, mit der Opposition zu stimmen. Wie dem auch sei, eine Majorität von 18 Stimmen war ein so unerwarteter Glücksfall, dass der Premier sogar junge Damen, welche von dem Vorgefallenen kaum eine Ahnung hatten, aufforderte, ihm zu gratuliren. Lady Palmerston war überglücklich über die Händedrücke, welche der vor den Thüren des Parlaments versammelte Pöbel dem Premier-Minister spendete.

Das hiesige Parteitreiben ist zum Hasardspiel geworden. Lord Palmerston, in der Meinung, das Land wolle den Krieg, hatte monatelang *noir* pointirt, zuletzt aber gegen seine eigene Ueberzeugung Alles, was er besass, auf *rouge* gesetzt und roth hat gewonnen. Unter dem Vorgeben, er allein könne die Reformfrage lösen, er allein die Ehre Englands und den Frieden wahren, wurde er vor fünf Jahren Minister. Die Reformfrage ist ungelöst geblieben. Wenn es nach Lord Palmerston gegangen wäre, so befände sich England heute mitten in einem welterschütternden Kriege. Die letzten Debatten werden den Ministern kaum zur Ehre gereichen, sie bilden sich aber allen Ernstes ein, das Vaterland gerettet zu haben. Lord Russell war über den Umschwung der öffentlichen Meinung in England im höchsten Grade erstaunt und räumte ein, dass ich ihm von Anfang an die Wahrheit gesagt und die Dinge dargestellt habe, wie sie lagen.

Der Umschwung ist vollständig. Die grosse Mehrzahl der Engländer erblickt in der Losreissung der Herzogthümer eine zweite Auflage der Theilung Polens, einen Gewaltact, welchen zu verhindern England allein zu schwach sei. Dänemark ist geschlagen, folglich hat Dänemark Unrecht. Palmerston hat es in der eilften Stunde eingesehen. Ist es nicht einfacher, den alten zahnlosen Löwen im Amte zu lassen, als einen Wechsel zu riskiren, der neue Männer an das Ruder bringen und uns in einen Krieg mit dem vereinten Deutschland stürzen könnte? So ungefähr lautet das Urtheil der Menge. Die heutige „Times" beruft sich

auf Thukydides, der es schon ausgesprochen, dass Demokraten
unfähig seien, fremde Nationen zu beherrschen. Das City-Blatt
knüpft an dieses Citat die Betrachtung, die Geschichte habe kein
Beispiel aufzuweisen von einer Nation, welche sich so blind in
ihr eigenes Verderben gestürzt habe, als die dänische.

Anhang.

Uebersetzungen der Schriftstücke in englischer Sprache, die schleswig-holsteinische Frage betreffend.

(Nr. 1.) Die schleswig-holsteinische Frage ab ovo.

An den Herausgeber der „Times" [1]). — Karl der Grosse erklärte Holstein für eine Provinz des deutschen Reiches im Jahre 803. Seine Nachfolger, die grossen sächsischen Kaiser Heinrich I., Otto I. und Otto II. eroberten Schleswig 931—975. Die Stadt Schleswig wurde der Sitz eines sächsischen Bischofs. Da aber die Provinz selbst niemals förmlich einverleibt worden war, erbte der Wiener Congress einen tausendjährigen Zweifel. Dieser Zweifel gereichte Dänemark zum Vortheil, wenn es ein Vortheil war. Schleswig wurde nicht als ein Bestandtheil des deutschen Bundes betrachtet.

Die Verbindung zwischen Holstein und Schleswig ist jedoch älter als der deutsche Bund und konnte durch die Verträge von 1815 nicht aufgehoben werden. In der von Waldemar, König von Dänemark, im Jahre 1326 gewährten Verfassung wurde die bestimmte Zusicherung ertheilt, „Schleswig solle nie von Dänemark annectirt werden". Die Herzoge von Schleswig starben im Jahre 1375 aus, und das Land wurde mit Holstein vereinigt. Erich, König von Dänemark, versuchte allerdings diese Vereinigung zu stören, und die Grafen von Holstein verloren 23 Jahre lang, 1412—1435, den Besitz von Schleswig, aber die deutsche Hansa eilte zu Hilfe, und König Erich verlor nicht nur Schleswig, sondern seine drei Kronen — Dänemark, Schweden und Norwegen — im Jahre 1439. Erich's Neffe, Christoph von Bayern, folgte in Dänemark, starb aber kinderlos. Die Dänen boten den erledigten Thron zuerst Adolph VIII., Herzog von Schleswig-Holstein an, welcher ablehnte, dann

---

[1]) Veröffentlicht in der „Times" vom 4. December 1863.

Christian I. von Oldenburg, der im Jahre 1448 annahm. Nach dem kinderlosen Ableben Adolph's VIII. (1459) wählten die Schleswig-Holsteiner Christian I. zu ihrem Herzoge. In seinem Patent von 1460 erklärte er, da
die Prälaten, Herren, Städte und Einwohner von Schleswig-Holstein ihn
aus freien Stücken zu ihrem Fürsten gewählt und er den Eid nicht als
König von Dänemark sondern als Herzog von Schleswig-Holstein geleistet,
so solle die Erbfolge in diesen beiden Herzogthümern nicht geändert und
ausschliesslich der männlichen Linie vorbehalten werden; während in Dänemark König Johann Otto (991—1014) die weibliche Erbfolge eingeführt
hatte. Die Capitulation, welche Christian I. beschwor und für sich, seine
Erben und Nachfolger unterzeichnete, ist in Wahrheit die „*Magna Charta*"
und die „*Bill of Rights*" der Schleswig-Holsteiner. Die vornehmsten, darin
verbrieften Rechte und Privilegien sind:

> „Schleswig und Holstein dürfen niemals getrennt werden; deren
> Bürger haben ausserhalb des Landes keinen Militärdienst zu
> leisten; Steuern dürfen ohne Verwilligung der im Landtage ver-
> sammelten Stände nicht erhoben werden; keine Münzsorten dürfen
> eingeführt werden, welche nicht in Hamburg und Lübeck Geltung
> haben; in öffentlichen Aemtern dürfen ausschliesslich nur Einge-
> borene angestellt werden; kein fremder Gerichtshof darf die Ein-
> geborenen richten, kein Fremder, kein Däne darf ihr Richter sein;
> der Landesherr verspricht keinen Krieg ohne Einwilligung der
> Stände zu führen; der Landtag versammelt sich alljährlich. Jeder
> Nachfolger hat diese Privilegien eidlich zu bestätigen; sollte er
> diesen Eid verweigern, so haben die Schleswig-Holsteiner das
> Recht, jeden männlichen Nachkommen Christian's I. zu ihrem
> Herzog zu wählen."

Seit 1660 hat Dänemark angefangen, den Versuch zu machen, diese Privilegien zu schmälern; aber die Bevölkerung, welche von den alten Sachsen
abstammt und dieselben Vorfahren wie die Engländer zu haben behauptet.
widerstand und verhinderte alle diese Eingriffe.
	Der erste dänische Staatsmann, welcher offen die Einverleibung Schles-
wig's beantragte, war Orla Lehmann im Jahre 1836. Seine Partei wurde
nach dem Tode König Friedrich's VI. mächtig. Christian VIII. wurde durch
diese Partei veranlasst, das Patent vom 8. Juli 1846 zu unterzeichnen und
zu erklären, dass die dänische (weibliche) Erbfolge von nun an in den deutschen Herzogthümern gelten solle. Dem widersetzte man sich als einer
Verletzung der Privilegien. Der Statthalter gab seine Entlassung, der Herzog
von Augustenburg protestirte, die Stände traten dem Proteste bei und brachten
die Angelegenheit vor den deutschen Bund. *Hinc illae irae!* Im Monat
April 1848 brach der Krieg aus und dauerte nach kurzer Unterbrechung
durch den Waffenstillstand von Malmö bis zum Monat Juli 1849. Nach

Olmütz übernahm Oesterreich die Schlichtung dieses seit lange schwebenden Streites und handelte in Wirklichkeit als Schiedsrichter. Die Bevollmächtigten Oesterreichs und Preussens vertraten während dieser Verhandlungen mit Dänemark den deutschen Bund. Nachdem eine österreichische Armee die Herzogthümer besetzt, wurde Friede geschlossen. Oesterreich und Preussen versprachen die Erbfolge-Frage den dänischen Wünschen gemäss zu lösen und durch einen europäischen Vertrag die Integrität der dänischen Monarchie im Princip anzuerkennen unter der Bedingung, dass Dänemark seine Verpflichtungen gegen die Herzogthümer treulich halten, ihre alten Privilegien respectiren, niemals die Herzogthümer zu trennen versuchen, und Schleswig nie in das eigentliche Dänemark einverleiben werde. Die deutschen Mächte hielten ihr Wort; der Vertrag wurde 1852 unterzeichnet. Haben die Dänen Wort gehalten? Der dänische Minister des Auswärtigen, Herr Bluhme, welcher die Verhandlungen in den Jahren 1851 und 1852 leitete, hat diese Frage beantwortet. Die Rede, welche er am 13. November im Senat in Kopenhagen gehalten, beweist, dass der Vertrag von 1852, soweit die deutschen Mächte dabei betheiligt sind, mit der Verpflichtung steht oder fällt, welche Herr Bluhme im Namen Dänemarks übernommen, der Verpflichtung, dass Schleswig niemals einverleibt, niemals von Holstein getrennt werden soll. Herr Bluhme beweist ausserdem, dass sogar für die nicht-deutschen Mächte das Princip der Integrität der dänischen Monarchie hinfällig werden würde, sollten die Dänen eine Verfassung annehmen, welche Holstein und Lauenburg ausschlösse; denn die dänische Monarchie, welche die Unterzeichner des Vertrages von 1852 aufrecht erhalten wollten, bestand aus dem eigentlichen Dänemark, Holstein, Schleswig und Lauenburg und nicht aus dem eigentlichen Dänemark und Schleswig allein.

Die Sache liegt einfach so: Alle Unterzeichner des Vertrages wünschen denselben aufrecht zu erhalten; aber dieser Vertrag wird und muss ein todter Buchstabe bleiben und kann nicht ausgeführt werden, solange die Dänen nicht ihrerseits das Compromiss von 1852 einhalten, nämlich die ungesetzliche Proclamation vom März 1863 zurückziehen und die Verfassung für ungiltig erklären, welche der jetzige König nur gezwungen und von der Revolution bedroht unterzeichnet hat, eine Verfassung, welche Schleswig *de facto* einverleiben und die Integrität der dänischen Monarchie für immer zerstören würde.

Die Deutschen denken nicht daran, Eroberungen machen zu wollen; das ist alles Blödsinn. Es handelt sich nicht um „das arme kleine Dänemark" und „das grosse Deutschland". Im vorliegenden Falle ist Dänemark „der grosse" und „der arme kleine" Holstein. Es liegt mit einem Worte eine Rechtsfrage, keine Machtfrage vor.

2. December 1863.   Ein Deutscher, der Thatsachen liebt.

Lieber Lord Russell! — Ich schrieb Ihnen heute früh, um mir die
Ehre einer Zusammenkunft mit Ihnen zu erbitten. Aber da Sie kaum im
Stande sein werden, mich morgen vor der Cabinets-Sitzung zu empfangen,
in welcher — wie ich höre — die holsteinische Frage berathen werden soll,
so erlaube ich mir, Ihnen die beifolgende Abschrift einer Depesche zu übersenden, welche mir diesen Morgen zuging. Es ist die Antwort des Freiherrn von Beust auf Ihre Depesche vom 17. December v. J.

Wie Sie sich gütigst erinnern werden, haben wir uns der Argumentation, welche Sie in dem gedachten Schriftstücke bekämpfen, niemals bedient und haben stets behauptet, dass die Rechte der deutschen Herzogthümer auf einer stärkeren und sicherern Grundlage beruhen. Der Hauptgrund,
weshalb wir in der Bundestags-Sitzung vom 7. December mit der Majorität
nicht übereinstimmten, lag vielleicht darin, dass wir zwischen den dänischen Verpflichtungen von 1851 und dem Vertrage von 1852 keinen f o r-
m e l l e n Zusammenhang entdecken konnten, obwohl wir das Bestehen eines
m o r a l i s c h e n Zusammenhanges nicht in Abrede zu stellen vermochten. Wir
haben nicht gesagt und sagen nicht: „Der Vertrag von 1852 ist so lange
null und nichtig, als Dänemark seine Verpflichtungen aus dem Jahre 1851
nicht erfüllt." Wir sagen vielmehr einfach: „Es ist ein Vertrag abgeschlossen worden, in welchem gewisse Vorkehrungen für die Zukunft in
Aussicht genommen worden sind. Der Fall aber, für welchen der gedachte
Vertrag Vorkehrung getroffen hat, ist nicht eingetreten. König Friedrich VII.
ist allerdings ohne Nachkommen gestorben; er ist aber auch gestorben,
ohne vermocht zu haben, in den deutschen Theilen seiner Besitzungen die
neue Erbfolgeordnung gesetzlich und rechtlich einzuführen, welche die den
Vertrag von 1852 unterzeichnenden Mächte beabsichtigten, und welche sie
aufrecht zu erhalten verpflichtet gewesen sein würden, wenn die oben erwähnten Vorkehrungen wirklich vollständig durchgeführt worden wären.
Da dies letztere nicht der Fall ist, so ist der Vertrag an sich selbst n i c h t
z u P e r f e c t i o n g e l a n g t. Hierzu fehlt noch die Erfüllung dreier wesent-
licher Vorbedingungen:

1. die Zustimmung sämmtlicher Agnaten,
2. die Zustimmung der Stände von Holstein und Schleswig,
3. die Zustimmung des deutschen Bundes."

Die Geschichte Deutschlands bietet einen Vorgang von schlagender
Aehnlichkeit. Ich meine die sogenannte „Pragmatische Sanction". Karl VI.,
eines männlichen Erben entbehrend, wünschte die bestehende Erbfolge-
Ordnung zu Gunsten seiner Tochter abzuändern. Er schloss mit allen
Hauptmächten Europas Verträge. Genügten ihm aber diese Verträge?
Nein. Er hielt es für recht und weise, die „Pragmatische Sanction" allen
Ständen und Provinzial-Versammlungen seiner verschiedenen Länder vorzu-
legen, und diese nahmen sie an. Die Folge davon war, dass, als später

ausländische Mächte versuchten, Maria Theresia gewisser Theile ihres Erbes zu berauben, das Volk für die Rechte der Kaiserin sich erhob.

Wäre im vorliegenden Falle Friedrich VII. mit derselben Weisheit verfahren wie Karl VI., und hätten sich die Holsteiner und Schleswiger offen zu Gunsten Christian's IX. erklärt, wie es seiner Zeit die Oesterreicher und Ungarn für die Kaiserin-Königin thaten, glauben Sie, dass Deutschland eingeschritten sein und die Gesetzlichkeit der Erbfolge, welche der Londoner Vertrag zu errichten sich bestrebt hat, in Frage gestellt haben würde?

Ich bin überzeugt, Sie werden diese wenigen Bemerkungen freundlich entschuldigen, und nachdem Sie von des Freiherrn von Beust Antwort Kenntniss genommen, mich in den Stand setzen, nach Hause zu berichten, wie Sie nur anerkennen können, dass die sächsische Regierung durchaus in gutem Glauben gehandelt hat.

Genehmigen Sie u. s. w. Vitzthum.

(Nr. 3.) *Auswärtiges Amt, 18. December 1863.*

Mein Herr. — Ihrer Majestät Regierung hat mit Ueberraschung und Bedauern die Sprache vernommen, welche hinsichtlich des Londoner Vertrages vom Mai 1852 geführt worden ist.

Die Mächte, welche jenen Vertrag unterzeichneten oder demselben später beitraten, müssen eingedenk sein, dass sie sich durch denselben nicht allein Dänemark, sondern auch Grossbritannien, Frankreich, Russland und Schweden gegenüber, welche Theilnehmer an dem Vertrage waren, und allen den übrigen Staaten und Mächten gegenüber verbindlich machten, deren Beitritt zu demselben gesucht und erlangt wurde, und dass es der ausgesprochene Gegenstand und Zweck jenes Vertrages war, nicht die wechselseitigen Beziehungen Dänemarks und Deutschlands zu regeln, sondern als ein für das allgemeine Interesse Europas wesentliches Abkommen zu dienen.

Eine Verletzung der von Dänemark in den Jahren 1851—52 gegen Deutschland übernommenen Verbindlichkeit ist eine Beleidigung, welche angemessen geahndet und für welche mit Recht Genugthuung gefordert werden kann. Eine solche Verletzung kann aber einen, anderen Theilnehmern gegenüber eingegangenen, feierlichen europäischen Vertrag nicht ungiltig machen — die von Dänemark im Jahre 1852 hinsichtlich Holsteins und Schleswigs ertheilten Versprechungen mögen für Oesterreich und Preussen der überwiegende Beweggrund gewesen sein, dem Vertrage vom Mai 1852 beizutreten, aber wenn diese Mächte an den Verpflichtungen des Vertrages nicht fest halten, so können sie nicht mit dem geringsten Anschein von Recht als Entschuldigung dafür anführen, dass ihre Erwartungen hinsichtlich der Erfüllung der von Dänemark zu anderer Zeit und in anderen Urkunden übernommenen Verbindlichkeiten getäuscht worden seien.

Die gesammte Grundlage der vertragsmässigen Festsetzungen in Europa würde umgestossen werden, wenn ein solcher Grund als eine Entschuldigung für den Bruch einer klaren und einfachen vertragsmässigen Verpflichtung zugelassen werden könnte. Jeder Souverän könnte, zur Erfüllung seiner Verbindlichkeiten aufgefordert, sagen: „Mein Beweggrund für Widerrufung jenes Vertrages mit Euch ist, dass einer der Vertragstheilnehmer mir gegenüber andere Verbindlichkeiten hatte. Diese anderen Verbindlichkeiten sind nicht erfüllt worden und daher ist mein Vertrag mit Euch null und nichtig."

Ihrer Majestät Regierung ist überzeugt, der Dresdener Hof werde einsehen, dass eine solche Beweisführung, wenn als giltig zugelassen, jeden bestehenden Vertrag vernichten würde. Ich enthalte mich Beispiele anzuführen, in denen eine derartige leichtfertige und launenhafte Vertragsauslegung für die deutschen Mächte selbst ernste Gefahren nach sich ziehen würde.

Für jetzt begnügt sich Ihrer Majestät Regierung zu erklären, dass sie jedes Abgehen von dem Erbfolgevertrage von 1852 seitens solcher Mächte, welche den gedachten Vertrag unterzeichnet haben oder demselben beigetreten sind, als gänzlich unverträglich mit gutem Glauben erachten würde.

Ich habe u. s. w.   Russell.

N. S. Sie sind angewiesen, dem Freiherrn von Beust Abschrift von dieser Depesche zu lassen.

Dem ehrenwerthen

C. A. Murray, Commandeur des Bathordens u. s. w.

(Nr. 4.) *Privatim.*   *London, Hobart Place, 8. Januar 1864.*

Lieber Lord Derby, — Herr Disraeli sagt mir, die beigeschlossene Correspondenz über die deutsch-dänische Streitfrage könnte vielleicht im gegenwärtigen Augenblicke einiges Interesse für Sie haben. Ich erlaube mir ein Privatschreiben abschriftlich beizulegen, welches ich über den Gegenstand an Lord Russell gerichtet habe.

Wir werden beschuldigt, uns in einer leichtfertigen und launenhaften Auslegung von Verträgen zu gefallen; man sagt uns, Ihrer Majestät Regierung würde jedes Abweichen von dem Erbfolgevertrage von 1852 als unvereinbar mit dem guten Glauben erachten, und alles dies, weil wir an der Berechtigung des deutschen Bundes zweifeln, die Holsteiner und Lauenburger zu zwingen, Christian IX. als ihren legitimen Herzog anzuerkennen. Ich wüsste nicht, dass die viel geschmähten deutschen Fürsten der leichtfertigen und launenhaften Auslegung von Verträgen, welche in Italien und vor wenigen Monaten in Griechenland beliebt wurde, grosse Bewunderung gezollt hätten. Was den Londoner Vertrag betrifft, so brauche ich Sie nicht daran zu erinnern, dass es Verträge giebt von sehr verschiedener

Natur und Bedeutung: Verträge, welche die Vergangenheit regeln, vollendeten Thatsachen Gesetzkraft geben und einen *status quo* rechtlich feststellen, welcher aus einem Kriege oder einer Reihe von Kriegen hervorgegangen, wie z. B. die Wiener Verträge; und Verträge, welche die Zukunft zu regeln versuchen und für gewisse Umstände, gewisse Eventualitäten abgeschlossen werden. Die ersteren sind feierlicher und haben mehr bindende Kraft als die letzteren, aus dem einfachen Grunde, weil „*tempora mutantur*" und „*nos mutamur in illis*"; weil die Umstände sich verändern und die Ereignisse eine unerwartete Wendung nehmen können, weil der in Aussicht genommene Fall schliesslich nicht eintrifft oder unter Umständen, welche die Unterzeichner des Vertrages nicht vorgesehen haben, noch vielleicht vorhersehen konnten. Hatten z. B. die Mächte, welche den Londoner Tractat vom 8. Mai 1852 unterzeichneten, nicht das volle Recht zu erwarten, dass die von ihnen in Aussicht genommene neue Erbfolgeordnung rechtsbeständig und Landesgesetz werden würde vor dem Ableben König Friedrich's VII.? Unglücklicher Weise war dies nicht der Fall. Dänemark versäumte es, und der Vertrag, soweit derselbe die deutschen Herzogthümer betrifft, wurde n i c h t p e r f e c t. Einige Agnaten — ich spreche jetzt nicht vom Herzog von Augustenburg und seinem Sohne — haben nicht beigestimmt; die Stände von Holstein, Schleswig und Lauenburg haben nicht beigestimmt, der deutsche Bund ebensowenig. Der Bundestag in Frankfurt konnte diese Thatsachen nicht ignoriren. Das „*stat pro ratione voluntas*" System ist heutigen Tages nicht anwendbar, wenn man es mit einer tief aufgewühlten Volksbewegung zu thun hat. Das Volk will ein Wort mitreden, das kann man nicht verhindern. Das Volk studirt Vattel wie wir und findet, dass es immer als ein Axiom des Völkerrechts betrachtet worden ist: ein jeder Vertrag sei an sich null und nichtig, durch welchen zwei Mächte sich verpflichten Unrecht zu thun, z. B. einen Dritten — sei es eine Macht oder ein Individuum — der dem Vertrage nicht beigetreten oder nicht förmlich zugestimmt hat, seines Rechtes zu berauben.

Ich hoffe, Sie werden mit gewohntem Wohlwollen diese flüchtigen Bemerkungen entschuldigen und darin einige Argumente zu Gunsten der Lieblings-Maxime [1]) des verstorbenen Lord Melbourne entdecken, eine Maxime, welche Sie im vergangenen Jahre -- so weislich, wie die Folge gelehrt hat — bei einer anderen Gelegenheit den Ministern Ihrer Majestät in einer Ihrer Reden empfahlen.

Ich bitte u. s. w. Vitzthum.

(Nr. 5.) *Eigenhändig.* *Knowsley, 10. Januar 1864.*

Lieber Graf Vitzthum, — Ich habe Ihnen für die Güte zu danken, mit welcher Sie mir die Correspondenz zwischen Lord Russell und Freiherrn

---

[1]) Könnt Ihr es denn nicht ruhen lassen?

von Beust, sowie Ihr Privatschreiben an den ersteren mitgetheilt haben. Ich
bedauere jedoch die Auffassungen Ihrer Regierung in Betreff der bindenden
Kraft des Vertrages von 1852 nicht theilen zu können, wenn auch Lord Russell
seine Ansichten über die Verbindlichkeiten desselben in höflicherer, ich möchte
fast sagen weniger verletzender Form, hätte aussprechen können. Ich bin durchaus nicht Willens, mich in eine erschöpfende Discussion einzulassen über diese
sehr verwickelte Frage, welche Feindseligkeiten im Schosse zu tragen scheint.
deren Umfang nicht vorhergesehen werden kann: aber Sie werden es hoffentlich nicht für ungut nehmen, wenn ich Ihnen kurz und aufrichtig sage. in
welcher Hinsicht ich mich ausser Stande sehe, der Auffassung des Freiherrn
von Beust zuzustimmen. Ich bemerke mit Genugthuung, dass Ihre Regierung die Giltigkeit des Vertrages nicht auf Grund einer wirklichen oder
angeblichen Verletzung der im vorhergegangenen Jahre seitens Dänemarks
Oesterreich und Preussen gegenüber übernommenen Verpflichtungen beanstandet, obgleich dieser Grund nicht verworfen sondern eher als unnöthig
bei Seite geschoben wird, weil die angebliche Ungiltigkeit nach der Ansicht des Freiherrn von Beust aus anderen Gründen ausreichend festgestellt
ist. Diese Gründe sind, dass, um den Vertrag auszuführen, vor dessen Ausführung die Zustimmung habe erlangt werden müssen 1. der Agnaten,
2. der Stände und 3. des deutschen Bundes. Nun liegt mir der Vertrag
nicht vor, aber hätte es in der Absicht der Unterzeichner gelegen, dass alle
diese Zustimmungen im voraus verlangt werden sollten, so hätte eine solche
wichtige Bestimmung im Vertrage selbst klar ausgesprochen werden müssen.
und das war nicht der Fall, wie ich alle Ursache habe zu glauben. In
Wahrheit, wenn alle Betheiligten, welche ein angebliches Interesse an dem
Resultate hatten, mit der vorgeschlagenen Aenderung (der Successions-Ord-
nung) einverstanden gewesen wären. so sehe ich nicht recht ein, warum ein
Vertrag überhaupt nöthig war, und lag es in der Macht irgend eines damals
möglicher Weise nicht zustimmenden Betheiligten, ein Veto in Betreff der
Ausführung einzulegen, so würde der Vertrag nicht viel mehr als ein Fetzen
Papier gewesen sein. Es ist jedoch undenkbar, dass es den holsteinischen
Ständen. und noch dazu stillschweigend, zugestanden werden sollte, einen
Vertrag bei Seite zu schieben, welcher abgesehen von Dänemark von sechs
grossen Mächten vollzogen worden im eingestandenen Interesse Europas.
um die Integrität der dänischen Monarchie aufrecht zu erhalten, ein Vertrag, welcher in dieser Absicht dem jetzigen Könige alle Rechte seines Vor-
gängers auf alle Theile seines Reiches mit Einschluss der Herzogthümer sicherte.
Selbstverständlich ist die Successionsfrage ganz von der der Bundesverpflich
tungen zu trennen, welche dem Könige als Herzog von Holstein und Lauenburg obliegen, Verpflichtungen, deren angebliche Verletzungen seitens seiner
Vorgänger den Vorwand bildet zur Bundes-Execution in Holstein. Und ich
muss sagen, dass dieser Bundes-Execution ein ganz neuer Charakter gegeben
wird, wenn, unter dem Schutze von Bundestruppen. dem Prätendenten gestattet wird. seine Ansprüche offen geltend zu machen und die Huldigungen

seiner angeblichen Unterthanen entgegenzunehmen. Das geht um vieles weiter, als „bezweifeln, dass der deutsche Bundestag ein Recht habe, die Holsteiner zu zwingen, Christian IX. als ihren legitimen Herzog anzuerkennen". Doch kehren wir zur Frage der Zustimmungen zurück, so will ich nicht leugnen, dass es wünschenswerth gewesen wäre, wenn wo möglich alle diese Zustimmungen erlangt worden wären; was ich leugne, ist, dass sie für die Giltigkeit des Vertrages nöthig waren; und Baron Beust giebt zu, dass es unmöglich gewesen wäre, die Zustimmung der Holsteiner zu erlangen, es sei denn unter Bedingungen, gleichbedeutend mit einer Auflösung der dänischen Monarchie. Was nun den Bundestag anlangt, so habe ich immer geglaubt (ich kann mich irren), dass im Vertrage von 1852 Oesterreich und Preussen es übernommen haben, als dessen Bevollmächtigte zu handeln; und es ist schwer zu begreifen, wie diese Mächte wenigstens die Verwerfung des Vertrages durch die Nichtannahme seitens des Bundestages motiviren können. Die Sache des Herzogs von Augustenburg erscheint mir unter allen, deren man sich annehmen könnte, am wenigsten zu vertheidigen. Sein Vater, einer verrätherischen Empörung gegen seinen Souverän schuldig, hatte nach erfolgter Confiscation seiner Güter für sich und seine Erben die Strafen des Hochverrathes verwirkt, als er für sich und diese eine unbedingte Verzichtleistung unterzeichnete auf alle nur möglichen Rechte, die er haben könnte, und sich und dieselben unter den feierlichsten Versicherungen verpflichtete, den friedlichen Genuss der Rechte niemals zu stören, welche der Vertrag dem jetzigen Könige und dessen Erben verliehen. Aus freiem Willen und Nachsicht des Königs erhielt er für seine Güter eine Entschädigung von 3 Millionen Thaler, glaube ich, deren Zinsen der jetzige Prätendent angenommen hat und jetzt geniesst; niemals hat er gegen die Preisgebung seiner gesetzlich feststehenden Interessen protestirt, bis das Geld bezahlt und sieben Jahre seit dem Abschlusse des Vertrages verflossen waren. Wenn die im gewöhnlichen Leben geltenden Grundsätze der Moral auf Staatsgeschäfte anwendbar, so weiss ich nicht, in welchen Ausdrücken ich Prätentionen brandmarken soll, die auf diese Weise begründet werden.

Ich habe Ihnen aufrichtig meine Auffassung der Verpflichtungen dargelegt, welche den Unterzeichnern des Vertrages obliegen, — Sachsen gehörte nicht dazu — und ich bin nicht gewillt, über den Grad des Unterschiedes zu streiten, welcher zwischen seiner „Zustimmung" und seinem „Beitritte" liegt.

Wir befinden uns in einer höchst gefährlichen Krisis; und der Eintritt eines einzigen deutschen Soldaten in Schleswig wird die ganze Beschaffenheit der Sache, wie sie jetzt liegt, ändern und einen Krieg unvermeidlich machen, der leicht allgemein werden könnte. Als ein Freund Deutschlands und als ein Freund des Friedens hoffe ich allen Ernstes, der Krieg möge — selbst jetzt noch — vermieden werden. Die kleineren Staaten Deutschlands, welche die eifrigsten sind, die Dinge auf die Spitze zu treiben, würden die ersten sein, unter den Folgen zu leiden; und da muss ich nun hören, dass einige von ihnen, falls Oesterreich und Preussen nicht mitgehen sollten, an einen neuen Rheinbund unter französischem Protectorat denken!! An eine solche selbstmörderische Tollheit will ich, selbst in diesem Augenblicke der Aufregung, nicht glauben!

Entschuldigen Sie, wenn ich mit der Aufrichtigkeit, die ein ganz vertraulicher Privatbrief gestattet, mich zu stark ausgesprochen habe. Ich beklage mehr als ich sagen kann den anscheinenden Gegensatz unserer Auffassungen, aber ich will die Hoffnung nicht aufgeben, dass es selbst jetzt noch möglich sein werde, den Calamitäten des Krieges zu entgehen, trotz der schwankenden und gleichzeitig verletzenden Diplomatie Lord Russell's.

Empfangen Sie u. s. w.   Derby.

(Nr. 6.) *Privatim.*   *London, 4 Hobart Place, 13. Januar 1864.*

Lieber Lord Derby, — Ich behre mich, den Eingang Ihres gef. Schreibens vom 10. mit tiefgefühltem Danke zu bekennen. Aufrichtigkeit in einer Sache, wie die vorliegende, ist wirkliches Wohlwollen. So habe ich es aufgefasst. Ich habe nichts zu vergeben, nur zu danken. Wenn es noch eine Chance für die Erhaltung des Friedens giebt, so liegt dieselbe in der Hoffnung, dass sich die Staatsmänner Englands die Mühe nehmen, diese complicirte Frage in allen ihren langweiligen Details zu studiren, um zu einer klaren, unparteiischen und vorurtheilsfreien Auffassung der Sache zu gelangen. Ich wage zu hoffen, sie werden dann zu dem Schlusse gelangen, dass sie nichts Besseres thun können, als dieselbe auf sich beruhen zu lassen; das wird das einzige Mittel sein, den Krieg zu localisiren, falls — was Gott verhüte — der Krieg ausbrechen sollte.

Es bedarf nicht der Versicherung, dass ich mich nicht für fähig halte, eine derartige Frage mit einem Staatsmanne Ihrer Bedeutung, mit dem grössten Redner des britischen Parlamentes, um nicht zu sagen unserer Epoche, zu discutiren.

Als ich Ihnen die Correspondenz zwischen unseren Regierungen mittheilte, war es durchaus nicht meine Absicht, mich über die Minister Ihrer Majestät zu beklagen, noch deren Verhalten zu bekritteln. Meine Absicht war, Ihnen ein wahrheitsgetreues *exposé* der Ansichten, nicht bloss der sächsischen Regierung, sondern der überwiegenden Mehrheit der deutschen Nation vorzulegen. Sachsen ist eine kleine Einheit, kann aber im vorliegenden Falle als *pars pro toto* genommen werden. Die Regierung ist, wie Sie es nennen würden, liberal-conservativ. Sie hat soeben die Steuern bedeutend ermässigen und gleichzeitig den Gehalt der Staatsbeamten um 25 % verbessern können. Wenn eine Insel, würde Sachsen eine „glückliche Insel" sein. Wir halten fest an der Eigenart unseres Stammes, wie alle deutschen Stämme thun; wir sind unserer

Dynastie ergeben, welche seit tausend Jahren über uns herrscht. Fremde täuschen sich häufig: die Deutschen lieben ihre Fürsten und können sie nicht entbehren, wie die Engländer ihre Lords lieben, was auch die Herren Cobden und Bright sagen mögen. Es giebt jedoch gewisse Dinge, welche diese Fürsten ebensowenig thun können als Euere Herrlichkeiten. Sie können nicht gegen die Fluth einer nationalen Bewegung, wie wir sie seit 1813 nicht gehabt haben, anrennen. Sie sind alle zusammen, vom Kaiser von Oesterreich herab bis zum Fürsten von Liechtenstein, zwischen zwei Gefahren — Krieg oder Revolution — gestellt. Das ist eine traurige, aber nüchterne Wahrheit. Sie können sich darauf verlassen, die kleineren deutschen Staaten haben in diesem Augenblicke die Augen offen; sie wissen ebenso gut als Sie, dass ihre Existenz auf dem Spiele steht. Nicht kindische Popularitäts- hascherei, noch der alberne Wunsch, politisches Kapital aus dieser un- glücklichen Streitfrage zu schlagen, haben ihre Haltung bestimmt. Sie haben ganz Recht, nicht an die Fabel eines neuen Rheinbundes unter französischem Protectorate zu glauben. Niemand in Deutschland träumt von einer solchen selbstmörderischen Tollheit. Die Zeiten sind vorüber, als solche Dinge möglich. Gott sei gelobt! Kein Minister könnte seine Stellung auch nur einen Tag behaupten, der im Verdachte einer solchen Thorheit stände, die als ein Act von Hochverrath aufgefasst werden würde. Auf der Oberfläche, es ist wahr, ist nicht wenig absurde Auf- regung und vielleicht sogar verbrecherische Agitation zu bemerken, aber darunter ist auch eine unverkennbare Strömung eines nüchternen und ächten Nationalgefühls gegen jede fremde Einmischung. Man erblickt in dem Londoner Vertrag ein fremdes Dictat. Der Kaiser Nikolaus, als er auf der Höhe seiner Macht stand, dictirte, sagt man, dieses Abkommen, als Oesterreich in einer unglücklichen Stunde verleitet worden, die Hilfe des Czaren anzunehmen, als Preussen zu seinen Füssen lag in völliger Ohn- macht nach der Rückkehr von Olmütz. Die russische Diplomatie, heisst es, erschreckte und täuschte Lord Palmerston, indem sie einen unbegründeten Anspruch erfand, welchen Russland vielleicht dermaleinst geltend machen könnte, um sich des Gottorp'schen Antheiles in Holstein mit dem Hafen von Kiel zu versichern; die russischen Diplomaten erfanden zugleich die Phrase, die Integrität Dänemarks sei eine Nothwendigkeit für das europäische Gleich- gewicht im Norden. Eine Monarchie von zwei und einer halben Million eine europäische Nothwendigkeit!? . . „Gut!" — lautet die englische Ant- wort — „aber Oesterreich und Preussen haben den Vertrag unterzeichnet und sie wenigstens sind daran gebunden."

Erlauben Sie mir zuerst, die Thatsache hervorzuheben, welche von den Cabineten von Wien und Berlin offen zugestanden wird. dass Oesterreich und Preussen den Vertrag von 1852 in ihren Namen und nicht als Bevoll- mächtigte des deutschen Bundes unterzeichnet und dass sie denselben dem Bundestage nie vorgelegt haben. Ich will hinzufügen, dass Sie weder in Wien noch in Berlin einen Staatsmann finden würden, der nicht zugäbe,

dass Oesterreich und Preussen nicht berechtigt waren, den Vertrag zu unterzeichnen und dass, wäre es noch einmal zu thun, es gewiss nicht geschehen
würde. Das Verhalten der beiden deutschen Grossmächte ist nur zu verstehen, wenn man sich, wenn ich so sagen darf, ihrer Amphibien-Stellung
als europäische und als deutsche Mächte erinnert. Darin liegt, wie ich
glaube, der Schlüssel dieser Verwickelung. — Aber „warum waren sie nicht
berechtigt, diesen Vertrag zu unterzeichnen?" Unsere Antwort ist: weil
der Vertrag mit den Grundgesetzen des deutschen Bundes unvereinbar;
weil die Bundesacte von 1815 und die Schlussacte von 1820 jedenfalls ältere
Abkommen sind als der Vertrag von 1852; und wenn dieser Vertrag mit
den früheren Abmachungen nicht im Einklange steht (denn nach deutschem
Recht kann die Erbfolge-Ordnung in einem deutschen Staate ohne Zustimmung der Agnaten und der Stände nicht geändert werden) — nun wohl,
dann haben sich Oesterreich und Preussen vor das Dilemma gestellt: entweder den Vertrag oder ihre früheren Verpflichtungen zu brechen, mit
anderen Worten, den Bund zu sprengen.

Was den Zweifel betrifft, ob der Mangel der Zustimmung der holstein-
schen Stände — obgleich wünschenswerth — eine europäische Transaction
aufheben könne, so erlauben Sie mir, unsere Auffassung an einem analogen
Beispiele zu erläutern. Setzen wir den Fall, Wilhelm IV. und seine hannoverschen Räthe wären zu der Ueberzeugung gelangt, es liege im Staats-
interesse des Königreiches Hannover, von England niemals getrennt zu
werden; setzen wir den Fall, der König hätte, um dies Ziel zu erreichen,
einen seiner hannoverschen Minister bestimmt, mit fremden Mächten einen
Vertrag zu unterzeichnen, in welchem diese Mächte erklärten, die Integrität
des britisch-hannoverschen Reiches und die Einführung des salischen Rechtes
in England seien Gegenstände von europäischem Interesse; glauben Sie, das
britische Parlament würde verbunden gewesen sein, einen solchen Vertrag
anzuerkennen? Glauben Sie, dass der Herzog von Cumberland, zu dessen Gunsten der fragliche Vertrag behufs Abänderung der in Grossbritannien geltenden Erbfolge-Ordnung geschlossen worden wäre, die geringste Chance gehabt
haben würde, als legitimer Souverän von den Lords und Gemeinen Englands
anerkannt zu werden? Nun, ich denke, in einem solchen Falle würden Sie
der Erste gewesen sein, im Hause der Lords den Vertrag als null und
nichtig zu bezeichnen, weil das Parlament nicht befragt worden! Ich weiss
sehr gut, dass dies praktische Unmöglichkeiten voraussetzen heisst, aber ich
komme zur Hauptsache. Und die Hauptsache ist: dass Recht Recht ist
und es nicht zwei Rechte, noch insofern, als es sich um das Recht handelt, zwei Gewichte für Grossbritannien und Holstein geben kann. Sollte es
in Europa Mode werden, nach der Doctrin zu handeln, dass das Völkerrecht
nur für diejenigen besteht, welche stark genug sind, sich selbst zu be-
schützen und dass diejenigen, welche es nicht sind, demüthig ohne Protest
noch Widerstand Alles annehmen müssen, was fünf oder sechs stärkere
Mächte unter sich verabredet haben, ohne die Interessen der gesetzlich Be-

theiligten zu beachten, dann würde bald das Völkerrecht überhaupt ein
Ende nehmen, ein Zustand von fortwährendem Kriege und Gewaltacten,
von Blutvergiessen und Anarchie eintreten, und die Cimbern und Teutonen
würden nicht von aussen zu kommen brauchen, um unsere vielgerühmte
Civilisation zu zerstören.

Die Frage der Zustimmung ist in Wahrheit die Frage, um die es sich
handelt. Es ist die Frage zwischen Recht und Gewalt, welche das schlum-
mernde Nationalgefühl in Deutschland aufgeschüttelt hat, und die kleineren
Staaten, indem sie die Rechte der Herzogthümer gegen fremde Einmischung,
wie sie es nennen, vertheidigen, sind überzeugt, dass sie ihre eigenen Rechte
vertheidigen; sie fühlen, dass es selbstmörderisch sein würde, diese Vertheidigung den Demokraten, den Turnern und dem National-Verein zu überlassen. Alles dies mag Fremden fremd erscheinen. Hoffentlich werden Sie
jedoch finden, dass ich mein Bestes gethan habe, um in einer Sprache, die
nicht die meine ist, die Dinge darzustellen, wie sie sind. Ich leugne nicht,
dass starke Einsprüche gegen diese Ansichten geltend gemacht werden
können. Aber das ist jetzt nicht die Frage. Die Frage ist: was sind die
Ansichten der überwiegenden Mehrheit der deutschen Nation? Ich glaube
nicht, dass Ihre Diplomatie über diesen Punkt gut unterrichtet ist.
Wäre sie es, so würde sie vor Allem Drohungen vermeiden, um sich nicht
Antworten auszusetzen, wie diejenige, welche Freiherr von Beust genöthigt
gewesen ist, Herrn Murray schriftlich zu ertheilen: *„que pour tout Gouvernement jaloux de son honneur et de sa dignité, il serait difficile à imaginer
un moyen plus efficace pour lui faire braver les conséquences d'une décision
dictée par le sentiment du devoir, que ne l'est l'emploi de la menace."* Diese
unglückliche Frage ist entsetzlich schlecht behandelt worden, und ich glaube,
dass jeder, der damit zu thun gehabt, mehr oder weniger Tadel verdient.
Ich bin nicht für Shylock's Doctrin von dem „Pfunde Fleisch", aber das
muss ich sagen, dass die deutschen Herzogthümer bis jetzt von Dänemark
nicht einmal ein annehmbares Entschädigungsanerbieten erhalten haben; niemand hat ihnen gesagt, „für deine dreitausend Ducaten sind hier sechs-
tausend,' und so ist es denn natürlich genug, dass sie ihr „Pfund Fleisch"
verlangen, nämlich die Trennung.

Ich habe noch nie eine vernünftige Antwort auf die Frage erhalten
können: was England daran liegen kann, ob Dänemark die Herzogthümer
behält oder nicht? Wie unbedeutend das Object, liegt, scheint mir, auf
der Hand. Die spanische Succession, die österreichische oder die Integrität
des türkischen Reiches mögen einen europäischen Krieg rechtfertigen. Aber
die dänische Succession, die Integrität eines Reiches von zwei und einer
halben Million?

So lange Ihr dem Kampfe fern bleibt, wird es Frankreich auch thun,
aber sobald Ihr Euch rührt, wird Frankreich Eurem Beispiele folgen. Es
kann mit Euch, aber ebenso gut gegen Euch gehen. In letzterem Falle stellt
Ihr Antwerpen bloss, um Kopenhagen zu retten! Krieg und Frieden, im

europäischen Sinne, hängen einzig und allein von Euch ab. Die ganze
Verwirrung wird ein Sturm in einem Theekessel bleiben, so lange Ihr Euch
ruhig verhaltet. Die Gefahr liegt, glaube ich, in der Schwäche der jetzigen
Regierung. Dieselbe mag dahin gebracht werden, steuerlos in den Krieg
zu treiben, durch eine einzige Ihrer Reden.

Verzeihen Sie diesen langen Brief und alle meine Sünden gegen die
englische Sprache. Welches auch seine Fehler sein mögen, der Schreiber
ist ein Freund des Friedens und der Wahrheit und einer Ihrer aufrichtigen
Bewunderer.

Genehmigen Sie u. s. w.   Vitzthum.

(Nr. 7). Lord R. Cecil über Deutschland und Dänemark.

An den Herausgeber der „Times"[1]). — Ich bedauere, dass ich in Folge
meiner Abwesenheit von der Stadt nicht früher auf den Brief habe antworten können, welchen Dr. Forchhammer, Professor an der Universität zu
Kiel, an Sie gerichtet hat mit Bezugnahme auf einige meiner Bemerkungen,
die in Ihren Spalten erschienen sind. Ein grosser Theil seines Briefes erheischt
jedoch keine weitere Discussion, da derselbe durch Ihren Correspondenten
„H. T. P." ausführlich beantwortet worden ist. Vieles auch in dem Briefe
des Professors liegt abseits der Streitfrage. Die Beschwerden, unter welchen,
wie er behauptet, die Schleswiger leiden, die Beschränkungen der Presse
und des Versammlungsrechtes mögen begründet sein oder nicht. Sie mögen
der dänischen Regierung zur Last fallen oder der deutschen Opposition;
auf keinen Fall bilden sie den Gegenstand einer internationalen Beschwerde.
Dänemark hat Deutschland nicht versprochen, den Schleswigern Pressfreiheit
gewähren zu wollen; und mit Ausnahme der Fälle, in welchen Dänemark
sich durch positive Versprechungen verpflichtet hat, Schleswig in einer gewissen Art und Weise zu regieren, hat keine fremde Regierung einen Schatten
von Recht, sich in die inneren Angelegenheiten dieses Herzogthumes einzumischen. Die Deutschen haben oder glauben das Recht zu haben, gegen
alle Gesetze zu protestiren, welche die dänischen Schleswiger zum Nachtheile
der deutschen Schleswiger begünstigen. Aber dieses Recht besteht, wenn
überhaupt, nur auf Grund gewisser Stipulationen, welche, wie man behauptet, im Jahre 1852 verabredet worden sind. Dieses beschränkte Recht
gewährt den deutschen Mächten durchaus keinen Rechtstitel, sich in Betreff
anderer Gesetze einzumischen, welche sie gutheissen mögen oder nicht,
die aber sich gleichmässig auf Deutsche und Dänen beziehen. Wenn die
deutschen Mächte wirklich einen allgemeinen Kreuzzug für die Freiheit der
Presse und des Versammlungsrechts beginnen, so werden sie allerdings auf
die Beschränkung ihrer gesetzlichen Rechte geringe Rücksicht nehmen; aber

---

[1]) Siehe: The Times, 22. Januar 1864.

in diesem Falle würde es besser sein, mit ihrer eigenen Race in Livland oder Elsass anzufangen, ja sie würden sogar ein vortheilhafteres Feld für ihre Bemühungen innerhalb der Grenzen des Bundes selbst finden.

In einem Augenblicke, wo der Krieg droht, sind nur diejenigen Fragen von Interesse, aus welchen derselbe möglicher Weise hervorgehen könnte. Der Bund geht in den Krieg, um den Londoner Vertrag zu vernichten; Oesterreich und Preussen gehen in den Krieg, um die November-Verfassung zu vernichten; und diese zwei Punkte sind sonach die einzigen, welche jetzt von Wichtigkeit. Die Art und Weise, wie Professor Forchhammer den Vertrag behandelt, ist in Deutschland sehr populär, aber völlig unverständlich in England. Er schimpft einfach auf den Vertrag und scheint sich einzubilden, er habe, nachdem er dies gethan, den Vertrag für die Unterzeichner weniger bindend gemacht. Der Vertrag wird angefochten, weil er ohne Zustimmung des Bundestages, der Landstände und einiger Agnaten abgeschlossen wurde. Die Unterlassungen hatten eine jede ihren guten Grund. Der Bundestag wurde nicht befragt, weil Oesterreich und Preussen, welche den Vertrag unterzeichneten, gleichzeitig für die Angelegenheiten Holsteins dessen Mandatare waren, und der Gedanke an einen Bundestag, der es auf einen Bruch mit Oesterreich und Preussen ankommen lassen könne, war den Staatsmännern jener Zeit nicht gekommen. Die Ständeversammlungen der Herzogthümer wurden nicht befragt, weil sie provinziale Körperschaften, modernen Ursprunges und von einer durch ihre Verfassungen scharf begrenzten Competenz waren, Verfassungen, welche ihnen kein Recht gaben, über Successionsfragen zu verhandeln. Die Masse der Agnaten wurde nicht befragt, weil der Herzog von Augustenburg, der zunächst berechtigte, seinen Rechten für eine bedeutende Geldsumme entsagt hatte; und seine Verzichtleistung wurde nach gewissen wohlbekannten europäischen Vorgängen für vollkommen ausreichend erachtet, diejenigen auszuschliessen, welche ihre Ansprüche aus den seinigen herleiteten. Auf deutscher Seite scheint man sich nicht daran zu erinnern, dass ohne diese Abmachung der Kaiser von Russland der rechtmässige Erbe von Kiel gewesen wäre. Entweder ein Erbe kann durch seine Verzichtleistung diejenigen, die ihr Recht von dem seinigen ableiten, ausschliessen oder er kann es nicht. Wenn er es kann, dann schliesst die Verzichtleistung des Herzogs von Augustenburg im Jahre 1852 seinen Sohn, den Prinzen Friedrich, aus. Wenn er es nicht kann, dann kann die Verzichtleistung des Kaisers Paul im Jahre 1773 auf sein unzweifelhaftes Recht auf Kiel den Kaiser Alexander nicht schädigen. In diesem wie in jenem Falle hat Prinz Friedrich keinen Rechtsanspruch auf die Huldigungen des Professors Forchhammer in Kiel. Jeder Engländer muss der starken Sprache beistimmen, welcher sich Ihr Correspondent „H. T. P." in Betreff des Verhaltens bedient hat, das der Prätendent und sein Vater gemeinschaftlich in Sachen dieser Verzichtleistung beobachtet haben. „Wir versprechen für uns und unser Haus, bei unserem fürstlichen Ehrenwort, den Entschliessungen in keiner Weise zuwiderzuhandeln, welche Seine Majestät

genommen oder in Zukunft nehmen wird mit Bezug auf die Successions-
Ordnung in allen Ländern, welche jetzt unter Seiner Majestät Scepter vereinigt sind." So schrieb der Herzog von Augustenburg im Jahre 1852 und
erhielt volle Bezahlung für sein Versprechen. 1863 vollzieht er eine Verzichtleistung zu Gunsten seines Sohnes, insbesondere zu dem Zwecke, diesen
in den Stand zu setzen, die Successions-Ordnung umzustossen, welcher nicht
zuwiderzuhandeln er eilf Jahre zuvor sich verpflichtet hatte. Er empfing
Geld für ein besonderes Versprechen; er bricht das Versprechen, aber er
zahlt das Geld nicht zurück. Wenn „die Deutschen von ehrenhaftem Charakter", an welche Professor Forchhammer appellirt, diese Art mit einem
„fürstlichen Ehrenwort" umzugehen billigen, so kann ich nur meine Ueberraschung darüber aussprechen.

Aber selbst wenn diese Einsprüche so stark wären, wie sie schwach
sind, so würden sie jetzt werthlos sein. Die Thatsache, dass die Zustimmung
des Bundes, der Stände und der Mehrzahl der Agnaten nicht erlangt worden, war 1852 ebenso bekannt als heute. Oesterreich, Preussen, Württemberg und Hannover wussten davon ebenso gut als heute; und doch unterzeichneten sie oder billigten einen Vertrag, in welchem von diesen Zustimmungen keine Rede ist. Wenn es ihnen jetzt gestattet ist, sich auf den
angeblichen Mangel dieser Zustimmungen zu berufen, was sie sorgfältig zu
erwähnen damals versäumten, als einen Grund ihren Unterschriften untreu
zu werden, so kann in Zukunft keiner internationalen Verpflichtung irgend
eine Sicherheit beigelegt werden. Es giebt keinen Vertrag, von welchem
sich nicht behaupten liesse, dass irgend ein Beitritt nicht erlangt worden,
der hätte erlangt werden sollen.

Der letzte Punkt, welchen Professor Forchhammer hervorhebt, ist vielleicht der wichtigste, weil Oesterreich und Preussen darauf ihre Kriegserklärung zu gründen sich entschlossen haben. Die Behauptung, dass die
November-Verfassung „darauf hinausläuft, Schleswig der dänischen Monarchie
einzuverleiben," wird immer wiederholt, aber der bestimmte Punkt, wo diese
Tendenz hervortritt, niemals genau bezeichnet. Kein Versuch ist gemacht
worden, dieses wichtige Wort „einverleiben" zu definiren, von welchem
Krieg und Frieden abhängig gemacht werden. Es giebt verschiedene Grade
der Bedingungen, unter welchen zwei besondere, verfassungsmässig regierte
Gemeinschaften unter demselben Souverän zusammen bestehen können; und
diese Grade werden durch die gegenseitigen Stellungen der gesetzgebenden
Körper einer jeden bestimmt. Es giebt zuerst die rein dynastische Einigung,
in der jede Gemeinschaft ihren eigenen gesetzgebenden Körper hat, beige-
ordnet und unabhängig; — dann das föderative System, nach welchem gemeinschaftliche Angelegenheiten durch eine gemeinschaftliche Versammlung
behandelt werden und provinziale in provinzialen Versammlungen, von denen
eine jede innerhalb der Grenzen ihrer Competenz unabhängig und selbständig
ist; — ferner das unregelmässige System unseres Reiches, wo ein oberstes
Parlament eine Gruppe untergeordneter Parlamente regiert; — endlich die-

jenige Combination, auf welche das Wort „Einverleibung" im eigentlichen
Sinne Anwendung findet; diese tritt ein, wenn die locale oder untergeord-
nete Versammlung völlig beseitigt ist und das Central-Parlament die gesammte Regierung übernimmt. Die irische Union giebt hiervon ein Beispiel.
Die zweite Modalität — das föderative System — liegt der November-Verfassung zu Grunde. Das Provinzial-Parlament von Schleswig ist unabhängig
und innerhalb seiner Sphäre souverän. Das Band, welches Dänemark mit
Schleswig verbindet, würde durch Verwandlung in eine rein dynastische
Einigung nur loser werden; und niemand kann die Correspondenzen von
1851—52 lesen, ohne zu sehen, dass eine dynastische Einigung bei diesen
Abkommen die letzte Combination war, an welche man dachte. Eine gemeinschaftliche Versammlung für gemeinschaftliche Angelegenheiten, eine
locale für locale, das ist kurz gesagt der Plan, welcher in dieser Correspondenz angedeutet wird; und das ist auch die wahre Bedeutung der November-
Verfassung. Oesterreich und Preussen haben ihre Einwände gegen diese
Massregel nicht näher bezeichnet, noch haben sie gesagt, auf welchem anderen Wege die Beziehungen zwischen Dänemark und Schleswig geregelt
werden sollen. Sie beginnen, mit einem Worte, den Krieg wegen eines
vagen Wortes, welches sie näher zu definiren ablehnen und um in Schleswig einen Zustand herbeizuführen, dessen Natur sie bis jetzt unfähig sind
zu bezeichnen. Und sie legen dieser Absicht eine solche Bedeutung bei,
dass sie es ablehnen, einige Wochen zu warten, bis eine europäische Conferenz darüber zu entscheiden vermag! Unter solchen Umständen kann man
sich nicht wundern, dass ihre Aufrichtigkeit verdächtigt wird.

  Ich habe die Ehre u. s. w.

21. Januar 1864.   Robert G. Cecil.

(Nr. 8.)   Deutschland und Dänemark.

  An den Herausgeber der „Times" [1]). — Lord R. Cecil's Schreiben, welches
Sie in der heutigen „Times" abdruckten, enthält Behauptungen, mit den
Thatsachen so völlig unvereinbar, dass Sie mir im Interesse der Wahrheit
gestatten wollen, die augenfälligsten Irrthümer hervorzuheben, welche, wenn
nicht widerlegt, Ihre Leser verhindern könnten, zu einer gerechten und
vorurtheilsfreien Beurtheilung der Frage zu gelangen. Ich bin überzeugt,
der edle Lord selbst, welcher ohne es zu wissen und sicherlich im besten
Glauben diese Irrthümer begangen hat, wird die Gerechtigkeit und nach
näherer Untersuchung die Wahrheit dieser Widerlegungen zugestehen.

  1. Oesterreich und Preussen haben nicht als Mandatare des deutschen
Bundes gehandelt, als sie am 8. Mai 1852 den Londoner Vertrag unterzeichneten. Beide unterzeichneten diesen Vertrag für sich als europäische

---

[1]) Siehe: The Times, 23. Januar 1864.

Mächte. Kein österreichischer, kein preussischer Staatsmann hat je daran gedacht, diese Thatsache zu leugnen.

2. Der Bundestag wurde nicht befragt, weil die Unterzeichner alle Ursache hatten zu bezweifeln, dass sie die Zustimmung dieser Körperschaft zu einem Abkommen durchsetzen würden, welches als vollkommen unvereinbar nicht bloss mit deutschem Rechte, sondern mit dem Völkerrechte betrachtet wird, weil die Zustimmung der Betheiligten nicht erlangt worden war.

3. Der Anspruch Russlands auf gewisse Theile von Holstein (der sogenannte Gottorp'sche Antheil mit Einschluss von Kiel) wird in Deutschland nicht als rechtsgiltig betrachtet, weil in Folge der Verhandlungen von 1750—1773 das kaiserliche Haus von Holstein-Gottorp, welches jetzt in Russland herrscht, seine Ansprüche auf den Gottorp'schen Antheil gegen die Grafschaften von Oldenburg und Delmenhorst ausgetauscht hat. Sollte Russland wünschen, dieses Abkommen aufzuheben und seinen Rechtstitel auf gewisse Theile von Holstein wiederaufleben zu lassen, so würde es genöthigt sein, das dafür erhaltene Aequivalent wieder herauszugeben, nämlich die Lande des Grossherzogs von Oldenburg. Das kann aber nicht geschehen, da der Grossherzog kraft der Wiener Verträge ein souveräner Fürst geworden ist, vollkommen unabhängig von seinem Vetter, dem Kaiser Alexander. Das wird genug sein zu beweisen, dass die Prätensionen, welche Russland in dem Warschauer Protokoll geltend machte, wie eine weitere Nachforschung ergeben wird, durch die Wiener Verträge vollkommen aufgehoben worden sind.

4. Der Herzog von Augustenburg konnte durch seine Erklärung, oder durch seine, irrthümlich so genannte, „Verzichtleistung" seinen ältesten Sohn niemals binden aus dem einfachen Grunde, weil dieser im Jahre 1852 schon volljährig war. Um die „Verzichtleistung" des Herzogs für den Prinzen Friedrich rechtsgiltig bindend zu machen, war des letzteren Zustimmung nothwendig. Die dänische Regierung, durch ein Versehen, welches sonderbar erscheinen könnte, wenn dies die einzige Unterlassungssünde wäre, die sie begangen, hat nie daran gedacht, den Beitritt des Prinzen Friedrich zu erlangen, und er hat niemals irgend ein Document unterzeichnet, welches möglicher Weise als eine Zustimmung oder Beitritt zu seines Vaters „Verzichtleistung" ausgelegt werden könnte. Wenn ein britischer Pair über ein fideicommissarisch ererbtes (entailed) Gut verfügen wollte, oder auch nur über seine Rechte und künftigen Ansprüche auf ein solches, ohne die Zustimmung seines Sohnes, vorausgesetzt dass dieser volljährig, würde ein solches Abkommen rechtsbeständig und für den Sohn bindend sein nach englischem Gesetz? Ich weiss es nicht; aber das weiss ich, dass nach deutschem Gesetze ein solches Abkommen völlig null und nichtig sein würde, soweit des Sohnes Rechtstitel und Geburtsrecht in Frage kommen, falls derselbe volljährig war zu der Zeit, als sein Vater für gut befand, über sein Erbe und seine künftigen Ansprüche zu verfügen.

5. Der Herzog von Augustenburg hat niemals volle Bezahlung für das Versprechen erhalten, der neuen dänischen Successions-Ordnung nicht zuwiderzuhandeln. Das Geld, welches er erhalten, ist niemals, nicht einmal von Friedrich VII. und seinen Räthen als ein Aequivalent für irgend ein Versprechen angesehen worden, sondern als eine Entschädigung für die Güter, welche Privateigenthum des Herzogs waren und zu deren Verkauf binnen einer gewissen Frist er von der dänischen Regierung genöthigt worden war aus denselben politischen Rücksichten, welche das jetzige französische Gouvernement vor einigen Jahren veranlasste, die Prinzen von Orleans zu nöthigen, ihre Privatgüter in Frankreich zu verkaufen. Die dänische Krone kaufte Land, kein Versprechen. Sollte König Christian IX. darein willigen, diese Güter dem rechtmässigen Eigenthümer zurückzustellen, so würde das Haus Augustenburg nur zu glücklich sein, Seiner Majestät die verhältnissmässig sehr geringe Entschädigung zurückzubezahlen, welche der Herzog im Jahre 1852 erhalten.

Das allgemeine Gerücht ist mir wohl bekannt, nach welchem der Herzog „ein Rebell" gewesen und der König von Dänemark ihm als solchen seine Güter „confiscirt" haben soll. *Vae victis!* Aber ich glaube, dass es auf dieser glücklichen Insel viele giebt, welche, wenn sie die wahre Geschichte dieser „Rebellion" kennten, mit Cato ausrufen würden: „*Victrix causa Diis placuit, sed victa Catoni.*" Thatsache ist, dass ein Urtheilsspruch gegen den Herzog durchaus nicht vorliegt und die Anklage durchaus auf Partei-Angaben der dänischen Regierung beruht, welche die Macht, aber gewiss nicht das Recht hatte, das Privateigenthum eines fürstlichen, mit dem regierenden Souverän verwandten Hauses zu confisciren.

Ich füge meine Karte bei, obgleich mein Name der vorstehenden Darlegung nicht mehr Gewicht geben würde, da dieselbe auf unbestrittenen und leicht zu ermittelnden Thatsachen beruht.

Ich bin Ihr gehorsamer Diener

22. Januar 1864. *Audiatur et altera pars.*

(Nr. 9.) *London, Hobart Place, 23. Januar 1864.*

Lieber Lord Robert Montagu! — Gestatten Sie mir, Sie auf ein Schreiben aufmerksam zu machen, welches heute mit der Unterschrift „*Audiatur et altera pars*" in der „Times" erscheint. Dieses Schreiben widerlegt die augenfälligsten Irrthümer von Lord R. Cecil's Aufsatz, den die gestrige „Times" brachte. Doch giebt es noch eine Behauptung Lord R. Cecil's, welche unbeachtet geblieben ist, nämlich „die Ständeversammlungen der Herzogthümer wurden nicht befragt, weil sie provinziale Körperschaften, modernen Ursprunges, und von einer durch ihre Verfassungen scharf begrenzten Competenz waren, Verfassungen, welche ihnen kein Recht gaben, über Successionsfragen zu verhandeln."

Jedes Wort dieses Paragraphen ist ein Irrthum. Die Versammlungen
der Herzogthümer wurden nicht befragt, weil die dänischen Demokraten,
die den König und den dänischen Staat beherrschten, recht gut wussten.
dass die schleswig-holsteinischen Stände nicht solche Narren sein würden,
den selbstmörderischen Blödsinn zu begehen und den Londoner Vertrag anzunehmen. Diese Versammlungen waren nicht mehr noch weniger provinziale
Körperschaften als der Rigsraad von Kopenhagen, in welchem das eigentliche Dänemark ausschliesslich vertreten ist. Wenn behauptet wird, dass
die schleswig-holsteinischen Stände modernen Ursprungs sind und keine
Competenz noch Autorität hätten, über Successionsfragen zu verhandeln.
so beweist dies nur, dass der Autor sich nicht die Mühe genommen hat,
die Frage zu studiren. Er würde gefunden haben, dass ein Parlament,
welches thatsächlich seine Competenz und Autorität ausgeübt hat, nicht
bloss um über die Successionsfrage zu verhandeln, sondern dieselbe *proprio
motu* zu entscheiden im Jahre 1460 (zu Zeiten Richard's von York), kaum
als ein Parlament „modernen Ursprunges" angesehen werden kann.

Hätten die schleswig-holsteinischen Stände (die Ritter, Prälaten und
Städte, wie sie genannt wurden) nicht die Competenz und Autorität gehabt,
welche ihnen Lord R. Cecil abspricht, nun dann würde der Rechtstitel des
regierenden Hauses von Oldenburg verfallen sein, denn die Schleswiger
und Holsteiner wählten Christian I. (von Oldenburg). König von Dänemark,
zu ihrem Herzoge und er — der Ahn aller jetzt lebenden holsteinischen
Häuser — bestätigte die Rechte und Privilegien dieser „provinzialen Körperschaften modernen Ursprunges" durch das Patent, welches unter dem
Namen „die tapfere Verbesserung" bekannt ist. anerkannte darin ausdrücklich deren Recht, ein anderes männliches Mitglied des regierenden Hauses
zu erwählen, sollte der Erbe den Eid verweigern, welchen er, König
Christian, als Herzog von Schleswig-Holstein leistete: zu erhalten und zu
schützen die alten Privilegien der Stände.

Wir haben in Deutschland die ritterliche Rede nicht vergessen, welche
Sie im Juni 1861 zu Gunsten der Rechte der Herzogthümer gehalten. als
Sie den Londoner Vertrag die Londoner Verschwörung nannten und als
eine Auszählung sich als das einzige Mittel herausstellte, um den Vertheidiger des Rechtes gegen die Macht zum Schweigen zu bringen. Ich
hoffe, Sie werden in diesem Jahre ein volles Haus finden bereit, Ihren
männlichen Reden zu Gunsten einer guten Sache Gehör zu schenken.

Sollten Sie Thatsachen, Daten, Documente brauchen, ich habe ein
Arsenal zu Ihren Diensten. Für den Augenblick, glaube ich, ein kleines
Vorpostengefecht mit Lord R. Cecil würde nichts schaden und ich bin
überzeugt, die „Times" würde gern eine Darlegung von Ihnen bringen.
welche sich auf die Thatsachen stützt, die ich mir die Freiheit nahm, in
Ihr Gedächtniss zurückzurufen.

Aufrichtigst der Ihrige   Vitzthum.

(Nr. 10.) *Eigenhändig.* 24. *Januar 1864.*

Mein lieber Graf Vitzthum! — Ich habe gestern in grosser Eile eine Antwort auf Lord R. Cecil's Schreiben niedergeschrieben, von welchem ich soeben Einsicht genommen hatte. In der Eile ist die Stelle, die Sie hervorheben, meiner Aufmerksamkeit entgangen, obgleich der Irrthum mir aufgefallen war, als ich das Schreiben zuerst las. Ich habe daher ein kurzes Postscriptum in das Bureau der „Times" geschickt. Ich fürchte, sie werden mein Schreiben nicht abdrucken, da ich bei dem Herausgeber nicht in Gunst stehe. Soviel ich aus den Blaubüchern ersehen kann, wünschen die Herzogthümer (und Deutschland) nicht, den Vertrag zu brechen, wenn nur die alten Rechte der Herzogthümer gewahrt und ihre Autonomie erhalten wird.

Ich bedaure, dass ich Sie verfehlt habe, als Sie bei mir vorsprachen. Ich werde für jeden Aufschluss dankbar sein, den Sie mir gewähren wollen.

Aufrichtigst der Ihrige Robert Montagu.

(Nr. 11.) Deutschland und Dänemark.

An den Herausgeber der „Times" [1]. — Ich hatte kaum zwei Stunden, nachdem ich in Ihrem gestrigen Blatte das Schreiben von „*Audiatur*" und das Lord R. Cecil's in der vorhergehenden Nummer gelesen, um einige Bemerkungen über die Ungenauigkeiten, welche sie enthielten, niederzuschreiben.

In meiner Eile entschlüpfte der ernsteste Irrthum Lord Robert Cecil's meiner Aufmerksamkeit. Er sagt: „Die Ständeversammlungen der Herzogthümer wurden nicht befragt, weil sie provinziale Körperschaften, modernen Ursprunges, und von einer durch ihre Verfassungen scharf begrenzten Competenz waren, Verfassungen, welche ihnen kein Recht gaben, über Successionsfragen zu verhandeln." Modernen Ursprunges! Sie sind so alten Ursprunges wie unser Haus der Gemeinen. Im Jahre 1460 regelten sie, aus freien Stücken und kraft ihrer unbeschränkten Autorität die Erbfolge ihres Thrones. An welche „Verfassungen" kann wohl Lord R. Cecil denken? Als sie Christian I. erwählten, bedurften sie keiner Verfassung, um sie dazu zu ermächtigen. Ihre „Competenz" war damals nicht scharf begrenzt auf kleine provinziale Angelegenheiten. Von Christian I. stammen die Könige von Dänemark, die Glücksburger wie die Augustenburger ab. Von ihm stammen die Könige von Schweden und der Kaiser von Russland. Und doch hatte Christian I. zu warten, den Hut in der Hand, auf die freie Wahl dieser geschmähten und verachteten Landtage. Ohne jene Versammlungen der Herzogthümer, wo würde das Königreich Dänemark und die Mitbewerber um den Thron geblieben sein?

---

[1] Siehe: The Times, 25. Januar 1864.

Als Christian I. die erwünschte Wohlthat erlangt hatte, schwor er, die alten Rechte der Herzogthümer aufrecht zu erhalten, und jeder König hat seitdem denselben Eid geleistet und geschworen, ihre Autorität aufrecht zu erhalten. Jetzt werden sie beiseite geschoben wegen ihres „modernen Ursprunges und ihrer scharf begrenzten Competenz".

Wenn Sie die Güte haben wollen, dies meinem gestrigen Schreiben als Nachschrift beizufügen oder in einer Ihrer nächsten Nummern aufzunehmen, so werden Sie verpflichten Ihren gehorsamen Diener

24. Januar 1864.   Robert Montagu.

(Nr. 12.) Lord R. Cecil über Deutschland und Dänemark.

An den Herausgeber der „Times"[1]). — Ihr Correspondent, der sich „*Audiatur et altera pars*" unterschreibt, beschuldigt mich augenfälliger Irrthümer und Behauptungen völlig unvereinbar mit den Thatsachen. Eine so grosse Beschuldigung muss mich entschuldigen, wenn ich Sie wiederum mit einer Bitte, mir Raum zu gönnen, belästige, nachdem ich Sie schon so oft belästigt habe. Die Darlegungen, welche angegriffen wurden, gründen sich auf wohlbekannte Documente. Es wird nicht nöthig sein, dieselben vollständig anzuführen. Eine kurze Bezugnahme darauf wird genügen, um Ihre Leser davon zu überzeugen, dass dieselben mit den Thatsachen vereinbar und dass der Irrthum nicht auf meiner Seite liegt.

1. Seine erste Berichtigung beruht auf einer Missdeutung des von mir Gesagten. Ich habe nicht gesagt, Oesterreich und Preussen hätten den Vertrag für den deutschen Bund unterzeichnet. Was ich gesagt habe, ist, dass Oesterreich und Preussen, als sie den Vertrag unterzeichneten, Mandatare des Bundes waren in Betreff der holsteinischen Angelegenheiten und dass diese Thatsache, verbunden mit dem damals unbestrittenen Uebergewicht dieser beiden Mächte im Bundestage, den nichtdeutschen Mächten genügenden Grund bot, es als überflüssig zu betrachten, den Bundestag förmlich zu befragen. Ich verstehe nicht recht, ob Ihr Correspondent bezweifelt, dass Oesterreich und Preussen zur Zeit, als sie den Vertrag unterzeichneten, in Betreff der holsteinischen Angelegenheiten die Mandatare des Bundestages waren. Wenn dem so ist, so kann ich ihn nur auf den zwei Monate später (29. Juli 1852) gefassten Bundesbeschluss verweisen, durch welchen jenes Mandat förmlich beendet wurde.

2. Die Ursache, warum die Grossmächte den Bund bei Unterzeichnung des Londoner Vertrages nicht herbeigezogen, mag Gegenstand der Vermuthung sein; aber der Grund, welcher Dänemark verhinderte, dessen Beitritt nachzusuchen zu jener Zeit, als es den der übrigen kleinen Staaten

---

[1]) Siehe: The Times, Montag, 25. Januar 1864.

nachsuchte, ist actenmässig festgestellt. Es war einfach, weil England seine Zustimmung dazu ablehnte. In der Circulare des dänischen Ministers Herrn Bluhme, vom 9. September 1852 kommt folgende Stelle vor:

„Der Bund befindet sich nicht unter den Staaten, welche in der beigeschlossenen Liste aufgeführt sind, weil wir Ursache haben zu glauben, dass in Betreff der Einladung dieser politischen Körperschaft weniger Einstimmigkeit zwischen den contrahirenden Mächten obwalten möchte. Nach einem vor kurzem eingegangenen Berichte des königlichen Gesandten in London scheint es gewiss, dass die britische Regierung eine einfache Anzeige für hinreichend erachtet und sich weigern würde, den Beitritt des deutschen Bundes zu beantragen."

Eine einfache Anzeige war der Gang, das muss bemerkt werden, den man gegen diejenigen Mächte beobachtete, welche die unbedeutendsten waren. Der damalige britische Minister handelte wahrscheinlich nur aus Rücksicht auf die internationale Etiquette; aber welches auch immer seine Beweggründe gewesen sein mögen, auf keinen Fall konnte es damals die Besorgniss sein, wie Ihr Correspondent sich einbildet, der Bundestag werde einen Vorschlag ablehnen, über welchen Oesterreich und Preussen sich verständigt.

3. Ihr Correspondent schreibt, um meine augenfälligen Irrthümer aufzudecken, und darunter führt er meine Behauptung an, dass Russland unter gewissen Umständen Anspruch auf Kiel habe — einen Anspruch, welcher, wie er sagt, in Deutschland nicht anerkannt wird. Ich muss es ablehnen zuzugestehen, dass jede Thatsache, die in Deutschland nicht anerkannt wird, ein augenfälliger Irrthum ist. Es ist wenigstens ebenso wichtig, dass dieser Anspruch in Russland sehr stark aufrecht erhalten wird, wie die Leser der neuesten Telegramme bemerkt haben werden. Dass ein jeder, der das Recht auf einen so guten Hafen, wie Kiel, beansprucht, den Rechtstitel des anderen anerkennen werde, ist ein Grad von Unparteilichkeit, welchen wenige unvernünftig genug sein werden zu erwarten. Der Streit über diese Angelegenheit ist complicirt wie Alles, was sich auf diese Frage bezieht.

Der Kernpunkt ist, dass der Kaiser Paul (damals Kronprinz) im Jahre 1773 einen Antheil an Holstein nicht den Königen von Dänemark überhaupt, sondern nur Christian VII., seinem Bruder Friedrich und deren männlichen Nachkommen cedirte. Ihre Linie ist jetzt ausgestorben. Hieraus scheint unvermeidlich zu folgen, dass die Cession, welche nur diesen Nachkommen gemacht worden, aufgehört hat, giltig zu sein. Ist dem so, so fällt das Recht auf Kiel und einige andere Theile von Holstein dem Kaiser Alexander zu, als dem Erben des Kaisers Paul. Durch das Protokoll von Warschau ist auf dieses Recht zu Gunsten des jetzigen Königs und dessen männlichen Nachkommen verzichtet worden. Aber das Protokoll bestimmt ausdrücklich, dass, falls das Abkommen. nach welchem der König Christian die ganze dänische Monarchie erben soll, nichtig werden sollte, die russische Verzichtleistung aufhören würde, giltig zu sein.

4. Der nächste augenfällige Irrthum, dessen mich Ihre Correspondenz beschuldigt, ist die Meinung, dass der Herzog von Augustenburg, indem er auf seine eigenen Rechte verzichtete, diejenigen binden konnte, welche ihr Recht von ihm ableiteten. Ich kann nur sagen, dass, wenn ich gesündigt habe, dies in guter Gesellschaft geschehen ist, denn diese selbe Ansicht wurde von den Mächten getheilt, welche über das Abkommen von 1852 verhandelten, und insbesondere von Preussen, welches die Verzichtleistung des Herzogs verschaffte. Ja ich glaube, ich kann an eine noch höhere Autorität appelliren. Dieselbe Ansicht muss der Herzog selbst gehabt haben, als er die Worte schrieb: „Wir versprechen für Uns und Unsere Familie den Entschliessungen nicht zuwiderzuhandeln, welche Seine Majestät in Bezug auf die Successions-Ordnung treffen mag." Ihr Correspondent hat, wie mir scheint, den Herzog vor ein peinliches Dilemma gestellt. Entweder der Herzog glaubte, als er diese Worte niederschrieb, er könne seine Familie binden, in diesem Falle hat er sich eines augenfälligen Irrthums schuldig gemacht, oder er glaubte es nicht, dann war er eines groben Betruges schuldig. Aber ob er seinen Sohn binden konnte oder nicht, in jedem Falle konnte er sich selbst binden. Er verpflichtete sich, keinem dabei zu helfen, die Succession zu stören. Hätte er sein Versprechen ehrlich gehalten, so würde er jede Verzichtleistung zu Gunsten seines Sohnes verweigert haben, und dann würde Prinz Friedrich während der Lebensdauer seines Vaters nicht den Schatten eines Rechtanspruches gehabt haben. In Bezug auf das juristische Argument Ihres Correspondenten brauche ich kaum zu sagen, dass seine Berufung auf das englische Gesetz über fideicommissarischen Grundbesitz weit von der Frage abführt. Der Fall muss nach europäischen Präcedenzfällen, nicht nach englischen Statuten beurtheilt werden. Ich brauche nicht näher auf eine Frage einzugehen, welche so ausreichend besprochen worden ist. Der wichtigste Fall, der sich auf die Frage bezieht, ob ein verzichtleistender Bewerber diejenigen ausschliesse, welche ihr Recht von ihm ableiten, ist die Verzichtleistung Philipp's V. im Frieden von Utrecht, und die Tendenz dieses Falles steht in directem Widerspruche mit der modernen deutschen Auffassung.

5. Die nächste Behauptung, deren ich als völlig unvereinbar mit den Thatsachen beschuldigt werde, ist, dass das dem Herzog bezahlte Geld für seine Verzichtleistung bezahlt worden ist. Ihr Correspondent muss den Text der Urkunde (vom 30. December 1852) vergessen haben, welche die Verzichtleistung enthält. Die zwei ersten Abschnitte beziehen sich lediglich auf die Cession von Grundbesitz; der dritte Abschnitt enthält das Versprechen, der neuen Successions-Ordnung nicht zuwiderzuhandeln, ein Versprechen, welches schon so oft angeführt worden. Der vierte Abschnitt lautet wie folgt:

„Die vorbesagte Cession und Uebergabe unserer eigenen Rechte
auf die obgedachten herzoglichen Besitzungen u. s. w. sowohl
als die oben erwähnten Verpflichtungen, Versprechungen und Versicherungen, welche wir Seiner Majestät gegeben, sind von Seiner
Majestät dem Könige für sich und die Kron-Nachfolger angenommen worden; und er hat uns seinerseits, für sich selbst und
seine Kron-Nachfolger, die folgenden Bedingungen zugestanden."

Dann folgt ein Verzeichniss der dem Herzoge zu bietenden Geldzahlungen.
Es bedarf keines Beweises, dass nicht bloss die Cession von Grundbesitz,
sondern auch die in dem ersten Abschnitte erwähnten Versprechungen und
Verpflichtungen, zusammen die Gegenleistung für das in dem zweiten versprochene Geld bilden.

Ich brauche nicht weiter zu gehen, um zu zeigen, welchen Grund Ihr
Correspondent gehabt hat, mich „augenfälliger Irrthümer" und „Behauptungen völlig unvereinbar mit den Thatsachen" zu beschuldigen. Ich hätte
Sie nicht mit einer so langen Antwort behelligt, aber ich bin geneigt, aus
inneren Gründen zu vermuthen, dass er ganz besonders berechtigt ist, ein
eifriges Interesse an der Sache des Hauses Augustenburg zu nehmen. Ich
habe nur um Entschuldigung zu bitten für den Raum, den ich Ihnen durch
diese Replik, ohne es zu wollen, genommen habe, und bin
                    Ihr gehorsamer Diener
23. Januar 1864.   Robert G. Cecil.

(Nr. 13.)   Deutschland und Dänemark.

An den Herausgeber der „Times" [1]. — Als ich Ihnen neulich einige
Irrthümer anführte, welche jeder, der von der Tagesfrage weiss, in Lord
R. Cecil's Schreiben vom 21. d. entdeckt haben wird, war es gewiss nicht
meine Absicht, den edlen Lord persönlich anzugreifen oder irgendwie zu
verletzen. Meine Absicht war, in bescheidener Weise der guten Sache zu
dienen, der Sache des Friedens, welche die „Times" so geschickt und kräftig,
und hoffentlich erfolgreich in ihren Spalten vertheidigt.

Bezüglich der Punkte, auf welche es ankommt, wird ein kurzer Commentar der Replik Lord R. Cecil's hinreichen, um zu zeigen, dass im Widerspruch mit seiner Ansicht noch etwas zu sagen ist.

1. Die ernste deutsche Verwickelung, welche aus dem dänischen Streite
hervorgegangen, dreht sich um die Thatsache, welche ich angeführt, dass
Oesterreich und Preussen nicht als Bevollmächtigte des deutschen Bundes
handelten, als sie den Londoner Vertrag unterzeichneten. Die Folge war,
dass die neue Successions-Ordnung, welche dieser Vertrag für die Herzog-

---

[1] Siehe: The Times, 29. Januar 1864.

thümer Schleswig, Holstein und Lauenburg zu schaffen versuchte, bis auf
diesen Tag niemals anerkannt worden ist, nicht einmal (bis vor wenigen
Tagen, als Sir A. Malet eine Abschrift des Vertrages dem Bundes-Präsidenten
mittels einer Note überreichte) dem deutschen Bundestage amtlich bekannt
war. Ob Oesterreich und Preussen für andere bestimmte Verhandlungen
in Betreff Holsteins Vollmachten des Bundes besassen, ob diese Vollmachten
im Juli oder im Mai 1852 abliefen, und ob andere Mächte sich einbildeten,
Oesterreich und Preussen handelten als Mandatare des Bundes, alles dies ist
vollkommen gleichgiltig und hat durchaus mit der Thatsache nichts zu thun,
dass diese beiden deutschen Mächte mit anderen Mächten einen Vertrag
unterzeichneten, welcher zum Zweck hatte, für eine gewisse Eventualität
der Zukunft, in einem deutschen Staate eine neue Successions-Ordnung zu
errichten, ohne die Kenntniss, die Autorität und die Vollmacht des deutschen
Bundes.

2. Es beliebt Lord R. Cecil, den Bundestag zu verhöhnen und die Bemerkung lächerlich zu machen, dass in einer Lebensfrage eines deutschen
Landes das Central-Organ einer Nation von 40 bis 45 Millionen hätte befragt werden müssen, um ein solches Abkommen für Deutschland gesetzlich
verbindlich zu machen. Ich darf dem edlen Lord wohl sagen, dass er kaum
einen Staatsmann mit einiger praktischen Kenntniss dessen, was gerade jetzt
in Europa vorgeht, in England finden wird, der nicht tief bedauert, um
nicht zu sagen beklagt, dass der deutsche Bundestag nicht befragt worden
ist, dass gesetzlich und technisch der Londoner Vertrag für Deutschland
nicht existirt, und dass die dänische Erbfolge, soweit dieselbe die Herzogthümer berührt, immer noch eine offene Frage geblieben ist und von jedem
deutschen Staatsmanne nur als eine offene Frage betrachtet werden kann,
solange der deutsche Bundestag nicht zugestimmt hat. Ich darf ihm wohl
auch sagen, dass es in Deutschland, so viel ich weiss, keinen giebt, der ein
Staatsmann genannt zu werden verdient, welcher nicht beklagte, dass die
durch diesen embryonischen Vertrag herbeigeführte Verwirrung seitens der
dänischen Regierung nicht verhindert worden ist, welche in einer weiseren
Politik Mittel gefunden haben würde, in Zeiten die Unterthanen des verstorbenen Königs zu versöhnen. Das britische Gouvernement — zu Ehren
eines Staatsmannes sei es gesagt, welcher die Siegel des Auswärtigen Amtes
erst seit wenigen Tagen übernommen — war für die Gefahr nicht blind,
welche Lord R. Cecil, wie es scheint, immer noch nicht zu entdecken vermag, die Gefahr, welche darin bestand, dass der deutsche Bundestag nicht
befragt und dass der Vertrag für Deutschland nicht bindend gemacht
worden war. Es wird sich irgendwo in den Winkeln des Auswärtigen
Amtes das Concept einer Depesche finden, welche zu einer gewissen Zeit
nach Wien und nach Berlin gesendet wurde, um Oesterreich und Preussen
dringend aufzufordern, den Londoner Vertrag dem deutschen Bundestage vorzulegen. Und warum befolgten Oesterreich und Preussen diesen weisen
und wohlwollenden Rath nicht? Lag es nicht in ihrem Interesse dies zu

thun, um ihr etwas unregelmässiges Vorgehen zu legalisiren? Ohne Zweifel! Aber sie konnten es nicht, sie konnten nicht einmal daran denken, die gesetzliche Bestätigung dieses Abkommens zu beantragen, weil sie ganz gut wussten, dass, solange alle Agnaten und die Stände Schleswig-Holsteins ihre Zustimmung nicht gegeben, der Beitritt des Bundestages unmöglich zu erwarten war.

3. In Betreff des russischen Anspruches wird die Zukunft lehren, wer besser unterrichtet ist, Lord R. Cecil oder ich? Alles was ich sagen kann, ist, dass Zeitungstelegramme nicht beweisend genug sind für diejenigen, welche zufällig etwas von der Frage wissen, um sie dahin zu bringen zu fürchten, dass Russland angesichts gewisser Documente, welche vor kurzem, ich glaube, in Kiel entdeckt worden sind, und einiger anderer, welche sorgfältig in den Staats-Archiven eines norddeutschen Staates aufbewahrt werden, ernstlich Ansprüche geltend machen werde, die jeder Rechtskundige Englands, wenn sie ihm je vorgelegt würden, als völlig unbegründet abweisen würde.

4. Ich habe nicht die Prätention, über den Herzog von Augustenburg ein Urtheil zu fällen, und ich bin überzeugt, der edle Lord wird gerecht genug sein zuzugeben, dass Familien-Documente vorhanden sein könnten, die Lord R. Cecil vielleicht nicht mitgetheilt worden und welche, wären sie ihm bekannt, ihn nöthigen würden, einen fremden Fürsten milder zu beurtheilen, der einem Hause angehört, verwandt mit fast allen regierenden Familien Europas. Auf alle Fälle ist der Herzog von Augustenburg nicht in Frage. Seine Handlungen, Absichten und Beweggründe haben mit den Rechten seines Sohnes gar nichts zu thun. Prinz Friedrich war volljährig, als sein Vater die Erklärung unterzeichnete ohne seines Sohnes Zustimmung. Jeder deutsche Rechtskundige würde dem dänischen Gouvernement haben sagen können, dass jedwede Erklärung des Herzogs den Sohn nicht binden konnte, sobald dieser volljährig war. Wenn sie versäumt haben, seine Zustimmung zu verlangen, wie sie gethan haben, so haben sie die Folgen nur ihrer eigenen Sorglosigkeit zuzuschreiben.

5. Den letzten Punkt betreffend, so acceptire ich Lord R. Cecil's Zugeständniss vom 23., dass „Cessionen von Grundbesitz" von dem Herzog von Augustenburg in der That gemacht worden sind, als einen Widerruf der Behauptungen des Schreibens vom 21., welches besagte, der Herzog habe „für eine bedeutende Geldsumme auf seine Ansprüche verzichtet" und „für ein Versprechen volle Bezahlung erhalten", ohne der Thatsache zu gedenken, dass ausser „den Ansprüchen" und „dem Versprechen" auch noch einige Güter Gegenstand des Handels waren, Güter, welche, wenn heute verkauft, sicherlich mit höheren Summen bezahlt werden würden, als der Herzog in Folge des Abkommens vom December 1852 empfangen hat.

Ich erlaube mir hinzuzufügen, dass der edle Lord sich irrt, wenn er vermuthet, dass ich ganz besonders berechtigt bin, ein eifriges Interesse an der Sache des Hauses Augustenburg zu nehmen. Ich habe nicht die Ehre, weder den Herzog noch den Prinzen zu kennen; ich habe an dieser Sache nichts zu gewinnen und nichts zu verlieren, und es ist mir persönlich vollkommen gleichgiltig, ob der deutsche Bundestag schliesslich Friedrich VIII. oder Christian IX. als Herzog von Schleswig-Holstein anerkennt, was immer noch, so viel ich weiss, eine offene Frage ist.

Ich bin Ihr gehorsamer Diener

27. Januar 1864. *Audiatur et altera pars.*

(Nr. 14.) *Privatim.* *London, 20. April 1864.*

Lieber Lord Russell! — Sie würden mich verbinden, wenn Sie mir sagen wollten, ob die Conferenz heute in Abwesenheit der Vertreter des deutschen Bundes, Oesterreichs und Preussens eröffnet werden soll, oder ob ich dem Freiherrn von Beust telegraphiren darf, dass die Eröffnung am 25. d. stattfinden wird. Empfangen Sie u. s. w. Vitzthum.

(Nr. 15.) *Privatim.* *20. April 1864.*

Lieber Graf Vitzthum! — Ich bedauere dem Verlangen des Freiherrn von Beust nicht entsprechen zu können, aber die Conferenz muss heute eröffnet werden. Ich muss bemerken, dass ich bis heute Morgen, als ich eine officielle Note des Grafen Apponyi empfing, keine amtliche Mittheilung in Betreff eines Aufschubes erhalten habe. Jetzt sogar habe ich von Preussen keine Mittheilung amtlicher Natur empfangen.

Dieses Vorgehen war darauf berechnet, das volle *odium* einer absichtlichen Gleichgiltigkeit gegen die Möglichkeit, dem Blutvergiessen durch eine Waffenruhe Einhalt zu thun, auf die englische Regierung und auf meine Person zu wälzen. Nichts wird heute geschehen, als dem Wunsche für eine solche Waffenruhe Ausdruck zu geben und der Beginn der eigentlichen Verhandlungen wird auf den 25. verschoben werden; dann wird, wie ich hoffe, der Freiherr von Beust hier sein.

Aufrichtigst der Ihrige Russell.

(Nr. 16.) *Privatim.* *London, 21. April 1864.*

Lieber Lord Russell! — Der Freiherr von Beust ist von Frankfurt ab gereist, verbringt die Nacht in Brüssel und wird morgen Abend hier sein. Ich habe keine Zeit verloren, um den Inhalt Ihres gestrigen Billets nach Frankfurt zu telegraphiren.

Ich hoffe, dass Ihre Bemerkung über den Mangel eines amtlichen Antrages wegen des Aufschubes nicht auf mich geht, denn ich hatte kein Recht, irgend einen amtlichen Antrag im Namen des Bundestages zu stellen.

Da der Tag für die Eröffnung der Conferenz seitens des britischen Gouvernements ohne Befragen des Bundestages und ohne zu wissen, ob derselbe dem Bundestage genehm sein würde, bestimmt war, so glaubte ich, ein Aufschub würde keine Schwierigkeiten haben, um so mehr, als Sie die Gründe vollkommen zugaben, welche den Freiherrn von Beust verhindert haben, London zu erreichen. Genehmigen Sie u. s. w.   Vitzthum.

(Nr. 17.) *Privatim.*   *Chesham Place, 22. April 1864.*

Lieber Graf Vitzthum! — Ich werde die nöthigen Befehle an das Zollamt wegen des Gepäckes des Freiherrn von Beust geben. Ich freue mich zu hören, dass er heute Abend kommt, da er bis Montag Zeit haben wird, sich auszuruhen und sich mit seinen Collegen von Oesterreich und Preussen auszusprechen.

Als ich von dem Mangel amtlicher Vorstellungen sprach, habe ich Sie durchaus nicht gemeint: für Sie war es, soviel ich glaube, nicht nothwendig, eine amtliche Erläuterung zu geben.

Aufrichtigst der Ihrige   Russell.

Personen-Register.

Souveräne und Mitglieder souveräner Häuser siehe unter dem Namen des betreffenden Landes.

Abamalech, Fürst, russischer Oberst, I 21. 22. 24.

Aberdeen, George Hamilton Gordon, 4th Earl of, britischer Premier-Minister, I 27. 32. 58. 61. 63. 65. 66. 69. 74. 75. 93. 133. 140. 141. 143. 144. 145. 163. 221. 252. 254.

Adams, Mr., Gesandter der Vereinigten Staaten in London, II 137. 189. 219.

Alfieri, Cesare Marchese di Sostegno, I 271.

Ampthill. Lord — siehe Russell, Odo Lord.

Antonelli. Giacomo, Cardinal-Staatssecretär, I 295. 302. — II 10. 11. 53. 138.

Apponyi, Rudolf Graf, österreichischer Gesandter, später Botschafter in London. I 287. 288. 305. 306. 307. 332. 339. 340. 344. — II 57. 65. 80. 119. 126. 131. 132. 164. 180. 182. 209. 215. 228. 235. 236. 239. 242. 322. 323. 325. 327. 328. 336.

Arese, Graf, italienischer Staatsmann. II 28.

Argyll, George Douglas Campbell, Herzog von, britischer Minister, II 265. 314.

Armstrong, Sir William, II 239. 240.

Arndt, Dr. Leibarzt des Kaisers Nikolaus I., I 47.

Athanasius, griechischer Pope, I 90.

Avila, Graf d', portugiesischer Minister, I 264. 291. 293.

Azeglio, Emanuel Marquis d'. sardinischer Gesandter in London. I 55. 56. 283. 308. 315. — II 39. 268.

— Chevalier Massimo d', italienischer Premier-Minister, I 51. 56. 271. 315.

Bach, Alexander Freiherr von, Dr. k. k. Minister des Innern, I 70. 272. — II 19. 61.

Bacon, Francis, Baron von Verulam, Viscount St. Albans, britischer Lord-Kanzler, II 152.

Bailey, Dr. Leibarzt des Prinzen Albert, II 166.

Bath, John Alexander Thynne, Marquis von, II 267.

Beaconsfield, Earl of — siehe Disraeli.

Bedford, Herzog von, I 281. 282. — II 137.

— siehe auch Russell, Mr. Hastings.

Belgien, Leopold I. König von. I 7. 114. 202. 257. 304. — II 6. 60. 75. 80. 155. 171. 173. 174. 175. 178. 187. 213. 214. 223. 334.